BENOÎT MALBRANQUE

LES THÉORICIENS FRANÇAIS DE LA LIBERTÉ HUMAINE

Paris, 2020
Institut Coppet

« S'il est vrai que la théorie qui nous a été transmise ne répond plus et ne peut plus répondre aux prétentions du temps actuel, parce que de nouveaux éléments de civilisation ont pris place dans la vie économique et sociale des peuples, il n'en est pas moins vrai que nous ne trouvons de base solide pour l'établissement de nos propres idées, qu'en nous rattachant au passé et en puisant dans ses trésors intellectuels. Ne perdons pas de vue que d'anciennes questions depuis longtemps en repos renaissent tout à coup avec une nouvelle vigueur, et remarquons d'autre part que souvent aussi des théories anciennes ne sont insuffisantes pour notre époque que parce qu'elles nous ont été transmises d'une manière également insuffisante. »

— August Oncken

« Les hommes instruits, en général, font moins de mal, commettent moins de dégâts que ceux qui ne le sont pas. L'homme qui a étudié l'agriculture, et qui sait ce qu'il faut de soins pour faire pousser une plante, pour élever un arbre, celui qui connaît leurs usages économiques, sont moins près de les détruire, que l'ignorant chez qui ces précieuses productions ne réveillent aucune idée. De même, l'homme qui a étudié les bases sur lesquelles se fondent l'ordre social et le bonheur des nations, ne les sape jamais sans répugnance. »

— Jean-Baptiste Say *

* August Oncken, Introduction aux *Œuvres économiques et philosophiques de François Quesnay*, 1888, p. xvi-xvii ; Jean-Baptiste Say, *Olbie, ou Essai sur les moyens de réformer les mœurs d'une nation*, 1799, p. 5.

INTRODUCTION

Écouter le passé

Comme la guerre, l'épidémie est plutôt une chose du passé, et si notre monde s'affola tant de la plus récente d'entre elles, c'est aussi que l'événement blesse notre orgueil de civilisation avancée. Il nous renvoie à l'échec de notre supériorité fantasmée, au récit éternel de la lutte entre l'homme et la nature, que nous avons cru achever dans une sorte de « fin de l'histoire ». L'homme est portant resté avec ses faiblesses.

Autrefois, la mort même faisait partie du paysage ; on l'oubliait sans doute moins qu'aujourd'hui, et même en temps de paix durable au besoin elle faisait rappeler sa présence dans des épisodes de maladie au cours desquels le malheureux était souvent laissé livré à lui-même et surtout le savait.

Les générations précédentes qui ont foulé cette terre ont sans doute à nous apprendre par la manière avec laquelle elles ont enduré les épreuves épidémiques et les deuils. La mort fut toujours un drame : la foi cependant lui donnait une signification ; l'habitude en enlevait une grande part de terreur.

Au milieu du XIXᵉ siècle, la mort était une compagne si habituelle pour le pauvre que d'après une commission d'enquête britannique, le corps d'un être cher décédé était « dans les classes inférieures souvent traité avec aussi peu d'attention que la carcasse d'un animal à l'étal d'un boucher. » Le vœu commun était bien à ces occasions d'organiser des funérailles nobles et aussi grandiloquentes que possible pour l'être cher perdu, mais en attendant de réunir l'argent, d'organiser l'affaire, le corps restait souvent dans la pièce de vie, et on s'y habituait. « On mange, on boit, on dort, il est toujours là, poursuit le témoin anglais. Continuellement mêlé à toutes les fonctions journalières de la vie, il devient aussi familier que lorsqu'il vivait et qu'il se mouvait dans le cercle ordinaire. De la familiarité au mépris, il n'y a qu'un degré. Le corps, étendu sur deux chaises, est renversé par les enfants ; il sert de table pour placer toutes sortes d'objets. Si un étranger entre inopinément, on cache derrière ce cadavre la bouteille de bière ou d'eau-de-vie. » [1]

---

[1] L. Mounier et M. Rubichon, *De l'action de la noblesse et des classes supérieures dans les sociétés modernes*, Paris, Guillaumin, 1848, p. 199-200.

La mort, en idée et en fait, était banalisée. Intellectuellement, elle tâchait aussi d'être pensée. À travers les siècles, la religion et la philosophie cherchaient à la replacer dans le cadre plus général de la condition humaine.

Montaigne raconte quelque part le sort de condamnés à mort que l'autorité judiciaire renvoyait souvent sur le lieu où le crime avait été commis et qui traversaient champs et villages vers le lieu de leur exécution. Certainement ils avaient occasion de contempler sur le chemin de beaux paysages, mais comment pouvaient-ils les apprécier ou y prendre plaisir ? Montaigne poursuit en soulignant que la vie humaine n'est pas autre chose qu'un de ces voyages de condamné à mort, car qui d'entre nous n'est pas ultimement condamné à mourir ? Mais si la mort nous attend au bout du chemin, dit-il, sommes-nous cependant empêchés de profiter du temps passé à le parcourir ? [1] Et que dire encore des conseils des anciens : de Lucrèce nous invitant à « sortir de la vie comme un convive rassasié »[2], ou d'Ovide, disant que « la mort est moins cruelle que l'attente de la mort »[3] ? Ces auteurs du passé ne méritent-ils pas bien un peu d'être médités ?

Cependant notre époque prête peu de crédit aux religions et accorde peu d'attention aux philosophes. Montaigne est un mauvais souvenir de lycéen, plutôt qu'un guide pour l'homme bien fait.

Collectivement et individuellement, nous avons fait ces derniers mois le choix de récuser l'opinion de Benjamin Constant, selon laquelle « il vaut mieux s'habituer aux intempéries de l'air que de vivre dans un souterrain »[4] ; mais pourvu qu'on n'oublie pas qu'il disait aussi que l'étouffement d'une liberté est souvent suivi d'un autre, parce que « l'arbitraire est contagieux »[5], on peut bien le contredire une fois. Confinés dès lors, et travaillant à distance par ordinateur, internet, messageries instantanées, visio-conférences, rien n'était fait pour nous rappeler à la continuité du passé et du présent. Et pourtant, à ce nouvel exemple, une même observation s'impose : le travail à domicile est lui-même une chose essentiellement du passé, que le passé nous aide à comprendre et à dominer par la réflexion.

---

[1] Michel de Montaigne, *Essais*, 1595, liv. I, ch. XX ; éd. Pléiade, 2007, p. 85.

[2] *Ut plenus vitae conviva.* — Lucrèce, *De la nature*, III, 938 ; éd. Garnier, 1931, p. 190.

[3] *Morsque minus poenae quam mora mortis habet.* — Ovide, *Héroïdes*, Ariane à Thésée, 82 ; éd. Belles Lettres, 1928, p. 62.

[4] Benjamin Constant, *De la liberté des brochures, des pamphlets et des journaux*, 1814 ; *Œuvres complètes* de Benjamin Constant, vol. IX, éd. De Gruyter, 2001, p. 88-89.

[5] Benjamin Constant, *Principes de politique*, 1815, p. 224 ; *Œuvres*, vol. IX, p. 801.

Au cours des siècles, le travail à domicile fut extrêmement ré-pandu, en particulier chez les femmes, et il donnait prise à des cri-tiques étonnamment modernes. Les économistes évoquaient toutes ces jeunes filles — dont l'occupation au métier à tisser, à domicile, était si répandue, qu'en Angleterre le terme de *spinster* (fileuse) resta longtemps le terme officiel pour fille non mariée — penchées sur leur besogne douze à seize heures de suite, n'arrêtant pas même leur tâche pour allaiter leur enfant ou prendre leur repas, de peur de gaspiller un temps précieux. Cet « overworking » — selon le terme qu'un jeune économiste[1] fit le choix d'emprunter à la langue an-glaise, l'année même où Marx, sous l'influence d'Hegel, préférait des appellations comme l'aliénation — découlait du progrès des techniques, de l'apparition des grandes manufactures et du fait con-sécutif qu'on ne pouvait plus alors « vivre en épluchant le coton, en triant la laine, en bobinant au coin de son foyer »[2] et que les femmes qui s'entêtaient à le faire poursuivaient à leur propre détriment une activité que les conditions économiques avaient rendu obsolète. Le travail en manufacture était un progrès, une émancipation, par des causes qui rendront peut-être le travail à domicile à nouveau essen-tiellement progressiste. Il l'était même si bien qu'à l'aube du XXe siècle, qui demeurera peut-être dans l'histoire le siècle des femmes, les économistes conservateurs vantaient encore le travail à domicile comme permettant seul à la femme d'œuvrer pleinement comme mère et épouse. Une des notabilités de la science d'alors, Alfred Neymarck, dont la série historique et théorique en cours sur *Les Finances contemporaines* (7 volumes entre 1902 et 1911) faisait l'admi-ration de tous, disait alors : « Ne refusons pas le travail aux femmes, soit, mais donnons-leur surtout du travail à domicile »[3], dans un choix de mots assez malheureux, mais porteur de sens, et résumant une position assez commune à l'époque, que Neymarck cependant finira par désavouer partiellement.[4]

Si, dans le choix de vos exemples, vous ne craignez pas d'être accusé de passéisme comme Neymarck, dites à un homme moderne que l'amour d'une mère pour son enfant, ou d'un homme pour une femme, ne peut pas avoir été bien différent il y a trois siècles qu'aujourd'hui, après avoir relevé votre petitesse d'esprit il donnera certainement foi à votre propos ; mais emmenez-le sur le plan éco-

[1] Gustave de Molinari, « Études économiques », *Le Courrier français*, 31 octobre 1844 ; *Œuvres complètes*, éd. Institut Coppet, t. I, p. 231.

[2] Paul Leroy-Beaulieu, *Le travail des femmes au XIXe siècle*, 1873, p. 33.

[3] Société d'économie politique, séance du 5 octobre 1903 ; *Bulletin de la Société d'économie politique*, année 1903, p. 154.

[4] *Ibid.*, p. 33

nomique, social, culturel, et jamais il ne consentira à ce que les mobiles de l'homme passé soient encore ceux de l'homme présent, ou que les principes fondateurs des sociétés modernes puissent se prendre dans l'une quelconque des sociétés anciennes.

Je ne peux pas réfuter en bloc cette représentation, sauf à donner des exemples précis, et je les donnerai. Mais premièrement, croire que le sentiment est de toute éternité, mais non l'organisation de la société, c'est se méprendre beaucoup sur la nature réelle de certains sentiments. Dans les temps où l'homme ne voit pas sa subsistance assurée, il n'est pas rare que les sentiments d'affection pour ses enfants ou sa femme ne comptent pas autant que la tension qu'il ressent pour maintenir sa propre existence. En plein XVIIIe siècle, où le sentiment dominait comme rarement, où la sensibilité, l'émotion et le cœur étaient à leur paroxysme, Turgot raconte que dans les villages pauvres du Limousin la puissance du sentiment amoureux y était parfois bien faible. Dans les années disetteuses, « souvent les paysans regretteront plus leur vache que leur femme ou leur fils, écrivait-il, parce qu'ils calculent mieux le prix de cette vache que les privations du cœur. »[1]

Toutefois la persistance des mêmes motifs, inclinations, d'un même *ordre* enfin, dans les phénomènes sociaux ou économiques, est suffisamment frappante. Déjà en 1623, Émeric Crucé révoquait l'opinion commune « que les hommes d'aujourd'huy ne se gouvernent pas à la façon des anciens. Et je responds que ceste maxime est fausse, et contraire à l'experience, à la raison, et à l'authorité du sage qui nous enseigne *que rien ne se voit nouveau soubs le soleil*. Les actions et evenemens sont nouveaux en leur individu, mais les especes ont toujours esté comme à present. Les mesmes causes qui ont jadis conservé les monarchies, les peuvent encore maintenir, et aussi elles se ruinent par les mesmes moyens que le temps passé. »[2] Et Tocqueville, jetant son regard d'aigle au-dessus des siècles de notre histoire, parle d'elle similairement comme d'« une galerie de tableaux où il y a peu d'originaux et beaucoup de copies. »[3]

Voulez-vous vous en persuader, lisez les récits du XVIe siècle évoquant le sort des « quémands » ou « oyseulx » (nous dirions des *chômeurs*), et voyez combien leurs craintes personnelles sont les mêmes que de nos jours, et comme sont semblables, encore, les

[1] Lettre à Condorcet, 16 juillet 1771 ; *Œuvres de Turgot et documents le concernant*, éd. Institut Coppet, t. III, p. 474.

[2] Émeric Crucé, *Le nouveau Cynée, ou Discours des occasions et moyens d'établir une paix générale et la liberté du commerce par tout le monde*, 1623, p. 182-183.

[3] Alexis de Tocqueville, *L'Ancien régime et la Révolution*, 1856, p. 101 ; *Œuvres complètes*, Gallimard, vol. II, t. I, p. 133.

dangers que la puissance publique trouve dans l'augmentation de leur nombre. D'après Jean Bodin, écrivant en 1576, « ceux qui ne sçavent aucun mestier pour gaigner s'adonnent à voler, ou semer des seditions »[1] ; ils rejoignent les protestations et toutes ces révoltes fiscales qui émaillent les siècles passés : mais n'insistons pas ici, nul ignore qu'elles ne sont pas d'aujourd'hui.

Quel sujet contemporain ne se retrouve pas, d'une manière plus ou moins transformée par les circonstances historiques, dans les annales du temps ancien ?

Les préoccupations environnementales elles-mêmes se retrouvent partout dans les écrits des libéraux français. Vers 1750, Turgot remarquait « cette énorme consommation de bois qui se fait dans la capitale et qui augmente tous les jours, qui peu à peu épuise les provinces de proche en proche au point que les bois de construction commencent à manquer »[2]. En 1836, Adolphe Blanqui, l'un des premiers professeurs d'économie de notre histoire, regrettait que la production du fer en France s'opérât encore avec le charbon de bois et entraînât par conséquent la destruction des forêts, « comme si une génération ne devait penser qu'à elle, et avait le droit de léguer aux races futures un sol dépouillé. »[3] « Que deviendront les générations suivantes quand les mines seront épuisées, se demandait aussi son collègue et mentor, Jean-Baptiste Say, quelques années plus tard ? Car elles le seront inévitablement un jour. On en découvrira d'autres qui seront épuisées à leur tour : que deviendront alors nos descendants ? Il y a des gens qui craignent que le monde ne finisse par le feu ; on doit plutôt craindre qu'il ne finisse faute de feu. »[4] Ailleurs il vantait les mérites des espaces verts pour la pureté de l'air dans les villes et recommandait qu'on plante des arbres sur tous les quais. [5] Toutes ces préoccupations s'exprimaient inlassablement ; la question du défrichement des forêts, en particulier, était l'objet de nombreux articles dans le *Journal des économistes*, organe en titre des meilleurs esprits en la matière. Certains économistes s'ingéniaient même à fournir à ces préoccupations une assise théorique. Dans sa grande étude sur les missions de l'État dans une société libre, dont la pre-

---

[1] Jean Bodin, *Les six livres de la République*, éd. de 1580, p. 494.

[2] Fragment sur la géographie politique, vers 1754 ; *Œuvres* de Turgot, éd. Institut Coppet, vol. I, p. 390.

[3] Adolphe Blanqui, *Cours d'économie industrielle au Conservatoire des arts et métiers, 1836-1837*, 1837, p. 24.

[4] Jean-Baptiste Say, *Cours complet d'économie politique pratique*, tome II, 1828, p. 118 ; *Œuvres complètes de Jean-Baptiste Say*, vol. II, t. I, Economica, 2010, p. 266.

[5] Jean-Baptiste Say, *Traité d'économie politique*, 3ᵉ édition, 1817, p. 131 ; *Œuvres complètes*, vol. I, t. I, 2006, p. 228.

mière édition parut en 1890, Paul-Leroy Beaulieu, professeur d'économie politique au Collège de France, revendiquait pour la puissance publique une fonction de « conservation générale » à assumer, la considérant comme « l'une des plus importantes et des moins bien remplies »[1]. « Elle consiste d'abord, dit-il, autant que l'homme y peut réussir, dans le maintien ou l'amélioration du climat, dans la conservation du territoire cultivable, dans la protection des richesses naturelles qui ne se reproduisent pas. Pour l'accomplissement de cette tâche multiple, qui est l'une de celles que le passé a le plus négligées, l'État doit lutter tantôt contre certaines forces naturelles qui ne se laissent pas aisément contrôler, tantôt contre la cupidité ou l'imprévoyance des générations actuelles. »[2]

Il n'y a pas jusqu'à la sécurité routière, thème bien de notre époque en apparence, où les siècles du passé nous regardent avec la pitié de l'homme savant qui n'espère qu'à trouver son élève. Aux siècles de la royauté, deux longues files de voitures s'étalaient dans les deux sens sur la route de Versailles à Paris ; les gens aisés attelaient des chevaux appelés des « enragés », qui vous faisaient aller et revenir en trois heures. Ces « enragés » provoquaient parfois des victimes : « Il y avait alors, presque chaque jour, raconte Hippolyte Taine, des passants roués à Paris par les voitures à la mode, et c'était l'habitude chez les grands d'aller très vite. »[3]

Sur tous ces sujets soi-disant neufs, l'opinion publique pourrait fort bien tirer profit d'une cure de jouvence, par une plongée, raisonnée et sans naïveté, dans les eaux troubles de l'histoire passée. Voici bien le moyen de faire le plein d'idées neuves, de perspectives différentes : c'est le moyen de ressortir un homme nouveau, comme font ceux qui découvrent des civilisations inconnues.

Cette nourriture intellectuelle paraît d'autant plus précieuse pour notre époque que les questions politiques, sociales et économiques y remplissent les discussions et monopolisent les esprits ; signe funeste toutefois, car « les gens qui se portent bien ne parlent pas perpétuellement de médecine, lors même qu'ils sont médecins »[4] rappelait en son temps Pierre Daunou. Cette prégnance a toutefois depuis longtemps cessé de nous surprendre et même de nous attrister. Au mépris de la toute-puissante *évidence*, dont les physiocrates faisaient, au

---

[1] Paul Leroy-Beaulieu, *L'État moderne et ses fonctions*, 4ᵉ éd., 1911, p. 143.

[2] *Ibid.*, p. 143-144.

[3] Hippolyte Taine, *Les origines de la France contemporaine*, t. I, 1876, p. 59 ; p. 111-112, p. 115.

[4] Pierre Daunou, « Des garanties individuelles dues à tous les membres de la société », *Le Censeur européen*, t. X, 1818, p. 9 ; *Essai sur les garanties individuelles que réclame l'état actuel de la société*, 1827, p. 229.

siècle des Lumières, l'arme première contre les abus, nous ne nous détachons pas d'un pouce de notre vaine prétention à avoir déjà trouvé la perfection en matière de système social et économique, quand il faudrait plutôt faire mourir sur nos lèvres ces mots un peu honteux : *notre système social que le monde nous envie*. C'est bien là notre caractère que d'être glorieux ; notre histoire est faite toute entière de ce rêve. Au milieu du XIXᵉ siècle, Frédéric Bastiat disait pourtant déjà sur ce sujet : « Il n'est certainement aucun peuple qui se brûle à lui-même autant d'encens que le peuple français, quand il se considère en masse, et, pour ainsi dire, en nation abstraite. "Notre terre est la terre des braves ; notre pays, le pays de l'honneur et de la loyauté par excellence ; nous sommes généreux et magnifiques ; nous marchons à la tête de la civilisation, et ce qu'ont de mieux à faire tous les habitants de cette planète, c'est de recevoir nos idées, d'imiter nos mœurs et de copier notre organisation sociale." »[1] Soyons donc un peu plus honnêtes avec nous-mêmes, et déchargeons-nous d'une arrogance qui nous dessert. Puisons dans l'exemple de nos ancêtres les maximes d'une conduite plus sage. Cela ne ternira pas leur mémoire ; ils nous y inviteraient même s'ils le pouvaient.

Je consens pour cela à me lancer dans un peu d'archéologie : archéologie française, s'entend, car les compétences me manquent pour oser au-delà. La chose cependant peut servir, car notre histoire intellectuelle est marquée par une contribution sans précédent dans l'une des voies les plus utiles à explorer, celle de la liberté humaine. Cet éloge ne signifie pas que notre raison doit désarmer devant les auteurs dont il sera question, et que c'est dans la contemplation et l'hébétement qu'il faut les étudier, à l'instar des livres religieux, qui ne se lisent bien qu'à genoux ; les grands au contraire nous veulent mettre à leur hauteur, et près à rendre une sentence sévère s'il y a lieu : c'est la marque des vrais maîtres de la pensée que de briller encore après avoir été secoués et critiqués de fond en comble. La France en compte quelques-uns : dans la philosophie, dans la religion, dans la littérature, dans l'économie, dans la sociologie, la liberté a été pensée et repensée par des générations de maîtres tels que Descartes, Montaigne, Turgot, Tocqueville, Bastiat, et d'autres qu'on découvrira davantage dans les pages qui vont suivre. Agglomérées, leurs doctrines forment un héritage cohérent, savoureux, et surtout précieux, capable de fonder tout un monde.

---

[1] Frédéric Bastiat, « De l'influence du régime protecteur sur la situation de l'agriculture en France », *Journal des économistes*, décembre 1846 ; *Œuvres complètes*, éd. Institut Coppet, vol. II, p. 25.

CHAP. Ier. — LE LIBRE ARBITRE

Sous peine de manquer à l'objectif même de l'historien, à savoir de comprendre et faire comprendre le passé, un exposé préalable des conditions particulières du temps dans lequel nous allons entrer, paraît s'imposer. Nous remonterons d'abord au XVIIe siècle, âge d'or de la pensée philosophique, qui a fourni les premiers grands arguments sur la liberté humaine, l'organisation de la paix, la tolérance : trois notions qui feront l'objet d'amples développements dans les premiers chapitres de cette étude.

Nous entrons dès lors dans un siècle où, malgré la constance de l'être humain, nous risquons fort d'être dépaysé. Certainement les hommes s'y agitent avec leurs passions de toujours ; l'amour et la haine, la paix et la guerre, y laissent des traces ; sans doute aussi des hommes gouvernent leurs semblables bien ou mal. Toutefois à supposer par la pensée que vous soyez soudainement projeté dans la France du XVIIe siècle, beaucoup d'usages vous étonneraient, et les vôtres, que vous manifesteriez même sans le vouloir, paraîtraient pareillement incroyables. Quoique ce soit bien à cette époque qu'on se mit à répéter l'ancienne formule, *homo homini lupus*, que l'homme est un loup pour l'homme, on ne vous en recevrait pas moins dignement, car les Français de cette époque cultivaient à un haut point l'appréciation de l'étranger, et il n'est peut-être pas inutile, pour commencer, de le bien rappeler. Cette bienveillance paraissait si puissante et si remarquable, qu'un auteur anglais pouvait écrire en 1614 ces phrases qu'on pourrait méditer : « Le monde ne rendit jamais grâces assez amplement à l'hospitalité françoise, laquelle semble ouvrir le temple de l'humanité, pour y donner entrée à la fortune de tous les estrangers. L'on y faict estat de l'esprit des hommes et non de leur pays. L'on n'y suit l'erreur commun des autres nations, lesquelles punissent aux estrangers et passagers, le sort de leur naissance. Elle se porte si candidement et sincèrement à l'amour de la vertu, qu'elle admire sans envie és grands personnages de quelque part qu'ils viennent, et se plaist à leur faire part de son opulence. Aussi pour récompense d'une si grande humanité, elle reçoit en premier lieu la loüange publique, puis elle joüit de la fortune et la réputation de tant d'estrangers, qu'elle a inserez en son corps par une adoption non indigne ni inutile. Il n'est pas besoin aux estrangers d'oublier les mœurs de leur pays, ou les ployer à la mode de France, moyennant qu'il n'y ait point d'orgueil, ou de barbarie trop rustique : Car mesme l'on peut gagner les affections de cette nation curieuse, en faisant profession d'une mode estrangere ; veu qu'elle juge plus candidement des coustumes estrangeres que des siennes : voire mesme elle se plaist à quelques imperfections de vie ou de corps si elles viennent de loin. » [1] Un siècle exactement plus tard, un Allemand, dans un guide destiné aux jeunes de ses compatriotes qui entendaient visiter notre pays, ne manque pas de préciser que toute défectueuse leur maîtrise de la langue française fût-elle, ils n'auraient pas à en recevoir des brimades, car « la nation françoise en général n'est pas d'une humeur à se moquer d'un étranger, qui ne sait pas d'abord s'énoncer sur tout ce qu'il pense, avec la pôlitesse que cette langue demande. Au contraire ils prennent la peine de corriger ses défauts de la manière du monde la plus obligeante, pour peu qu'ils le connoissent ». [2] Et Charles Perrault, l'auteur des contes, écrit à la fin du XVIIᵉ siècle dans un petit discours, la réplique suivante : « L'ABBÉ : Je connois vôtre passion démesurée pour tout ce qui est étranger et éloigné, car vous étes parfaitement françois de ce côté-là. — LE PRÉSIDENT : Il est vray que nôtre nation a toûjours été accusée d'aimer les étrangers jusqu'à la manie. » [3]

Ce qui certainement vous frapperait, c'est la dureté des conditions de la vie : non pas même du bas peuple, des « povres », selon l'orthographe du temps, qui blessera peut-être vos yeux mais que je vous prie de bien vouloir souffrir encore au moins quelques chapitres ; non d'eux, donc, mais des plus grands seigneurs eux-mêmes, dont la vie forme un tableau qui nous rappelle éternellement l'étendue des progrès qui ont été accompli.

Les grandes bâtisses que nous admirons pour leur architecture et leur pompe, offraient un confort des plus médiocres, incapables qu'elles étaient, en particulier, d'être même passablement chauffées. Le grand poète Malherbe, qui vécut au début du XVIIᵉ siècle, recourait, contre l'excès de froidure, à une superposition déconcertante de couches de vêtement, et « monstra un jour quatorze que chemises, chemisettes, ou doublures ». [4] À Versailles même, on avait recours à des aménagements particuliers pour se tenir tant bien que mal au chaud. Saint-Simon nous raconte que dans les périodes de froid, Louis XIV venait rendre visite à Mme de Maintenon, son épouse, et

---

[1] *Le Tableau des Esprits de M. Jean Barclay traduict en François*, Paris, 1625 ; rééd. Brepols, 2009, p. 132 ; l'original latin, *Ioannis Barclaii Icon animorum*, fut publié à Londres en 1614.

[2] J.-C. Nemeitz, *Séjour de Paris, c'est-à-dire instructions fidèles pour les voyageurs de condition* [1716], éd. 1727, p. 67.

[3] Charles Perrault, *Parallèle des Anciens et des Modernes*, t. I [1688], éd. 1693, p. 5.

[4] Tallemand des Réaux, *Les Historiettes. Mémoires pour servir à l'histoire du XVIIᵉ siècle*, 1657 ; édition 1862, p. 206.

qu'alors il « se mettoit dans un fauteuil près d'elle, dans sa niche, qui étoit un canapé fermé de trois côtés ». [1] Les journaux tenus sur la santé du monarque par ses médecins n'en sont pas moins remplis de remarques sur divers maux causés par l'excès de froid, comme à la date du 16 novembre 1705, où on lit que « son rhume augmenta à cause du froid de sa chambre, qui n'était pas suffisamment échauffée ». [2]

Entouré de médecins, comme aucun autre gentilhomme du pays, Louis XIV ne souffrait pas moins de maux qui nous paraîtraient très évitables. Ses dents, par exemple, étaient dès son âge mûr dans un état pitoyable. En 1685, soit trente ans avant sa mort, ses médecins mentionnent que toutes ses dents, fortement cariées, avaient dû déjà été arrachées. [3] Quant à Mme de Maintenon, si elle conserva plus longtemps, semble-t-il, une dentition plus ou moins intacte, elle n'en écrivit pas moins dans sa vieillesse qu'« on ne m'entend plus, parce que la prononciation s'en est allée avec les dents » .[4] Si donc un grand seigneur de ce temps-là venait visiter aujourd'hui un de nos ouvriers en sa demeure, après l'avoir bien observé il jugerait sans doute, pour paraphraser Jean-Baptiste Say, *qu'il a été introduit chez l'un des princes du pays.* [5]

Mais comme c'est l'expérience inverse que j'entends vous faire subir, pour vous faire toucher du doigt le cadre historique des théories et des théoriciens que nous allons commencer à étudier, pénétrez dans cet ancien temps, arpentez les rues du vieux Paris, par exemple, et laissez-vous prendre à la gorge, littéralement, par ce qui vous choquerait en premier lieu, à savoir la saleté et la puanteur des lieux. On peut difficilement, certes, employer massivement les chevaux et avoir pour usage de jeter ses déchets et le produit des latrines dans la rue, et de faire toutefois que l'effet ne suive pas la cause. Les rues de Paris même étaient sales et boueuses, d'une crasse qui vous collait si bien aux sabots que l'expression « tenir comme boue de Paris » devint proverbiale. [6] Les trottoirs, d'importation anglaise, n'apparurent qu'à la veille de la Révolution ; en leur absence, le sol ne restait sec qu'en été : en saison de pluie, l'homme était démuni. Il

[1] Saint-Simon, *Mémoires* [1707] ; édition Ramsay, 1978, t. VI, p. 64.

[2] *Journal de la santé du roi Louis XIV de l'année 1647 à l'année 1711*, éd. J. A. Leroi, 1862, p. 283.

[3] *Ibid.*, p. 162.

[4] Lettre de Mme de Maintenon à Mme la Princesse des Ursins, 9 juillet 1714 ; *Lettres inédites de Mme de Maintenon*, vol. III, 1826, p. 83.

[5] Jean-Baptiste Say, *Cours complet d'économie politique pratique*, t. II, 1828, p. 348 ; *Œuvres complètes*, vol. II, t. I, p. 383.

[6] Henri Sauval, *Histoire et recherches des antiquités de la ville de Paris*, vol. I, 1727, p. 186.

se protégeait passablement par le parapluie, qui n'est pas une invention récente, quoiqu'il soit venu comme dérivé du parasol, son prédécesseur, du fait que nos ancêtres, les dames surtout, craignaient plus le soleil que la pluie ; mais il ne trouvait aucun moyen de faire que la ville ne soit sale, malodorante et insalubre.

L'hygiène n'était de toutes les manières pas la qualité première du peuple dans lequel je vous ai proposé de pénétrer. Se laver était peu fréquent. Il est vrai qu'au Moyen-âge la mode des bains, gérés par ceux qu'on appelait *étuvistes*, s'était développée ; cependant ils donnèrent matière à jaser et devinrent de mauvaise réputation, de sorte qu'au début du XVIIe siècle, l'hygiène avait déjà sévèrement reculé, d'un niveau qui n'était déjà guère louable. L'auteur d'un opuscule se faisant fort de présenter, comme le dit son titre, *Les lois de la galanterie*, croit bon de conseiller que « l'on peut aller quelquefois chez les baigneurs pour avoir le corps net »[1], le *quelquefois* valant son pesant d'or ; et même une grande reine de ce temps là ne s'offusque pas d'écrire, dans un dialogue amoureux composé vers 1610 : « Il n'y a que ces belles mains qui soyent dignes de cette offrande ; voyés les bien, et quoique je ne les aye decrassées depuis huict jours, gageons qu'elles effacent les vostres. »[2] Au-delà de la crasse même, qu'en l'absence d'eau courante on pouvait croire impossible de vaincre jamais, les usages anti-hygiéniques pullulaient, comme cette curieuse habitude des hommes de ce temps là de conserver dans leur braguette, qui était la seule poche des vêtements d'alors, ou leur mouchoir, ou leurs gants, ou leur bourse, ou même des fruits. Et un docteur du nom de Louis Guyon nous apprend qu'au début du XVIIe siècle il « n'estoit pas incivil, estant à table, de présenter les fruicts conservez quelque temps en cette brayette ».[3]

Arpentez les rues des principales villes du royaume, vous verrez mille et une enseignes, les unes traditionnelles, les autres étonnantes. Vous trouverez tous les artisans fabriquant à la fenêtre, car c'est une prescription légale de ce temps-là qu'un artisan ne doit fabriquer qu'à la vue du public : qu'il « oevre seur rue, à fenestre ouverte et à huis entr'overt », comme disent déjà les statuts des corporations du XIIIe siècle.[4] Vous trouverez les commerces pompeusement décorés, fort actifs, et le dimanche même, car il était fréquent alors que dans chaque métier et dans chaque ville, un ou plusieurs confrères tienne

[1] *Les lois de la galanterie*, 1644, p. 11.

[2] Marguerite de Valois, *La Ruelle mal assortie ou entretiens amoureux d'une dame éloquente avec un cavalier gascon, etc.* ; réédition 2000, p. 31-32.

[3] *Les diverses leçons de Loys Guyon, sieur de La Nauche*, 1606, p. 233.

[4] Statuts des boucliers d'archal ; *Règlements sur les arts et métiers de Paris, rédigés au XIIIe siècle et connus sous le nom du Livre des métiers d'Étienne Boileau*, éd. Depping, 1837, p. 59.

boutique le dimanche, à tour de rôle. Ainsi des gantiers parisiens, où chacun ouvrait sa boutique un dimanche sur six : « Nul gantier de Paris ne peut ne doit vendre ses gans ne sa fenestre ouvrir pour vendre au jour de dimanche, fors que au tour qui y est de six sepmaines en six sepmaines ».[1] Conformément aux mœurs du temps, certains statuts précisaient que l'ouverture ne pouvait toutefois pas avoir lieu avant l'exécution des obligations religieuses : ce que prévoient les maréchaux, qui déclarent que « pour le service du publicq, l'un des garçons alternativement, après avoir ouy la messe le matin, sera tenu de garder la boutique les festes et dimanches, depuis le matin jusques au soir ». [2] Dans quelques professions, le bénéfice tiré des affaires du dimanche était employé à des œuvres de bienfaisance : c'est le cas des orfèvres de Paris, qui jusqu'au début du XVIIe siècle utilisaient ces profits pour offrir un grand dîner à Pâques aux malades de l'Hôtel-Dieu, ou, pour le dire comme eux, qu'ils maintenaient « un ouvroir que chascun ouvre à son tour à ces fetes et au diemenche ; et quanques cil gaaigne qui l'ouvroir a ouvert, il le met en la boiste de la conflarrie des orfèvres... De tout l'argent de celle boiste done-on chascun an le jor de Pasques un disner as povres de l'Ostel-Dieu de Paris ». [3] Ce curieux assemblable de liberté et de contrainte, de dévotion et de commerce, de philanthropie et de préindustrialisme, fait la particularité et la saveur de ces temps reculés.

Les saveurs sont d'ailleurs un domaine dans lequel le temps passé peut nous regarder en égal. Passant devant les « ouvroirs » (les boutiques) des villes françaises du XVIIe siècle, vous retrouverez les métiers de bouche en grande pompe, avec toutefois une organisation un peu différente qu'aujourd'hui.

Les pâtissiers vendent encore des pâtés, particulièrement nos pâtés en croute, qui étaient alors de grande consommation, la viande se conservant mal sans apprêt. Les gâteaux, quant à eux, étaient produits par les gasteliers ou gastilliers, à l'exception de certaines pâtisseries légères, appelées « oublies », qui étaient l'objet du commerce des oublieurs. En 1566, des lettres patentes réunirent ces oublieurs aux pâtissiers, et ces nouveaux artisans prirent alors un autre nom curieux, celui de « faiseurs de pain à chanter », peut-être parce que dans les grandes maisons c'était l'usage de faire venir les faiseurs d'oublies à la fin des repas, moment où ils proposaient leurs gour-

---

[1] Statuts des gantiers de la ville de Paris ; Ordonnance du 24 juin 1467 ; *Ordonnances des rois de France de la troisième race*, vol. XVI, 1814, p. 618.
[2] Statuts des maréchaux ; Ordonnance du 17 septembre 1687 ; René de Lespinasse, *Les métiers et corporations de la ville de Paris*, vol. II, 1892, p. 448.
[3] Statuts des orfèvres ; *Règlements sur les arts et métiers de Paris, rédigés au XIIIe siècle et connus sous le nom du Livre des métiers d'Étienne Boileau*, éd. Depping, 1837, p. 39.

mandises, et qu'alors on les conviait aussi à chanter, comme dans d'autres lieux et d'autres temps on faisait chanter les cabaretiers, les marchands de vin ou les femmes publiques, quand on avait affaire à eux. Mais leur chalandise était moindre qu'en notre temps, nos pâtisseries modernes, fort sucrées, étant impossibles à consommer pour eux le matin, où l'on ne mangeait rien de semblable, et elles auraient fait mauvais ménage avec le vin, qu'on prenait volontiers dès l'aube. Ce n'est pas qu'on n'appréciait le sucre : on en consommait même autant que possible, selon les moyens, soit pour les vertus médicinales qu'on lui trouvait, soit pour agrémenter un plat, c'est-à-dire, selon l'usage du temps, pour saupoudrer sa viande. [1] Le pain d'épices était aussi à la mode, et les pains d'épiciers formaient une corporation spécifique (leurs statuts datent de février 1596) ; au cours de la première moitié du XVIIe siècle, on en faisait une grande consommation : le *Mercure de France* racontera un siècle plus tard que « tout le monde en portoit dans sa poche ; on s'en donnoit aussi les uns aux autres, et on en vendoit dans tous les lieux où il y avoit des assemblées, soit de plaisir, soit de dévotion ». [2]

Il ne faut pas toutefois espérer trouver un restaurant dans les villes françaises du temps, car on n'en connaissait pas encore, et on n'en vit éclore qu'à l'aube de la Révolution ; la chose même paraît n'avoir pas d'équivalent ancien. Au XVIIe siècle, les taverniers, qui livraient vin et victuailles, prétendirent un temps préparer et servir des mets divers, mais une déclaration du 29 novembre 1680 leur en interdit la pratique, et ne consentit au service de plats qu'à la condition qu'ils aient été achetés déjà cuits des rôtisseurs ou des charcutiers. [3] Néanmoins on trouvait des glaces, à Paris du moins, depuis qu'un certain Francesco Procopio soit entré en France en 1672 et ait commencé à en faire le commerce, notamment dans son café Procope, qui existe encore ; on n'en aurait trouvé toutefois que l'été, les clients ne s'étant pas encore habitués à la sensation de froid que la glace produisait.

Vous verrez encore dans les villes du XVIIe siècle d'autres boutiques étonnantes : soit parce que vous imaginez que certaines d'entre elles n'existaient pas encore, comme les opticiens, qu'on trouve à Paris dès 1467, sous le nom de lunetiers[4], ou les guides touristiques, qui existaient au XVIIe siècle, comme le prouve l'ex-

---

[1] *De honesta voluptaie*, traduit en français par Christol, 1505, f° xvi, verso.
[2] *Mercure de France*, février 1732, p. 206.
[3] Déclaration du roi du 29 novembre 1680 ; Nicolas Delamare, *Traité de la police*, t. III, 1719, p. 720.
[4] Ordonnance dite des Bannières, de juin 1467.

emple d'un certain Germain Brice, dont l'ouvrage subséquent, *Nouvelle description de la ville de Paris et de tout ce qu'elle contient de plus remarquable*, rencontra un certain succès. D'autres boutiques vous étonneraient encore, parce que vous avez perdu la mémoire de la nature des mœurs du temps. Ainsi en va-t-il du commerce des cheveux, qui était très considérable au XVIIe siècle ; la confection des perruques en absorbait même tant, qu'à la fin du siècle on dut avoir recours au crin de cheval, malgré la présence de pas moins d'une cinquantaine de marchands de cheveux dans Paris. [1] De même la vente des armes à feu était libre dans Paris, et les chalands pouvaient en faire l'acquisition en pleine rue, comme s'il s'était agi de chapelets. Les marchands de fusils avaient le droit de faire de la réclame pour leurs produits et de crier « fusils, bons fusils », comme une chanson du temps rapporte qu'ils faisaient en effet. [2] Les statuts des artilliers, fabricants et vendeurs d'armes à feu à longue portée, précisent au surplus que le client avait le droit d'essayer les armes qu'il entendait acquérir, « d'icelles tirer trois coups, si bon luy semble, en la présence du vendeur, pour sçavoir si elles sont bonnes et loyales ». [3] La chose ne choquait pas : le fusil était un objet de consommation, et comme les boutiques étaient fréquemment sombres et mal éclairées, parfois aussi puantes, les affaires se faisaient le plus couramment en pleine rue : pour éviter de se faire tromper, la pratique était même conseillée.

Au titre des marchandises de grande consommation qui auront pour nous un certain goût d'exotisme, on peut encore citer les protections d'osier, coffres ou *jambards*, qu'on utilisait pour pouvoir s'asseoir en sécurité tout auprès du feu, sans risquer de se rôtir les jambes. [4]

Les villes françaises du XVIIe siècle regorgeaient de métiers curieux, même parmi les plus établis et qu'on n'aurait guère pu qualifier de « gagne-petit ». Ici des *geôliers*, qui avaient obtenu l'affermage de prisons, recevaient de chaque prisonnier une redevance appelée geôlage, et dont des règlements encadraient la profession, en interdisant notamment les geôles souterraines, et les obligeant à fournir au moins aux prisonniers de l'eau et du pain. Là des *pleureuses*, qu'une famille frappée par un deuil pouvait louer par dizaines, pour verser

---

[1] P.-L. Savary, *Dictionnaire universel de commerce* [1723], éd. 1759, t. I, p. 1070.

[2] Chanson nouvelle de tous les cris de Paris, et se chante comme la volte de Provence ; Paul Lacroix, *Paris ridicule et burlesque au XVIIe siècle*, 1859, p. 367.

[3] Statuts des artilliers ; Ordonnance du 4 mai 1576 ; René de Lespinasse, *Les métiers et corporations de la ville de Paris*, vol. II, 1892, p. 349.

[4] Alfred Franklin, *Dictionnaire historique des arts, métiers et professions exercés dans Paris depuis le XIIIe siècle*, 1906, p. 284.

leurs larmes à profusion lors des funérailles, une torche à la main, et donner ainsi un cachet de suprême dignité à l'occasion. Ou encore les *quéreurs de pardons*, pèlerins par procuration, que des chrétiens fervents mais pressés, ou inquiets devant les peines et les dangers d'un long voyage, envoyaient obtenir pour eux l'expiation d'une faute.

Les villes françaises du XVIIe siècle vous présenteraient encore le tableau des derniers restes de quelques métiers en voie de disparition : ce sont par exemple les copistes, que l'apparition de l'imprimerie en Europe (le mot *invention* est injuste : on imprime des livres en Asie dès le IXe siècle) a privé d'emploi, et qui subsistent tant bien que mal en donnant des leçons d'écriture, comme leurs collègues enlumineurs, chargés auparavant des lettres dorées et des dessins entourant les copies manuscrites de livres, et qui finirent par donner des cours de dessin avant de disparaître.

Dans certains cas, les produits ou services de notre temps avaient leur ancien équivalent, mais vous n'auriez pas eu l'idée de vous adresser à ceux qui en faisaient alors le commerce, comme vous pourriez faire l'erreur de sonner chez un pâtissier pour des pâtisseries. Jusqu'au XVIIe siècle, les barbiers, qui sont aussi des coiffeurs, joignent à leur activité celle toute différente de chirurgien. Ambroise Paré, le célèbre chirurgien, fut d'abord un modeste barbier. Sans peine un chirurgien-barbier pouvait-il pratiquer la saignée à un client à qui il venait de couper les cheveux ; cette saignée alors si fort en usage, soit pour guérir d'un mal, à défaut d'autre curatif, la médecine étant dans l'enfance — et c'est ainsi qu'au début du XVIIe siècle, en une seule année Bouvart, médecin de Louis XIII, le fit saigner quarante-sept fois[1] ; soit pour se prêter à des usages sociaux qui nous paraîtront bien étranges, comme celui de mêler son sang à celui d'un ami ou d'un frère, en signe d'éternelle affection. La particularité des chirurgiens-barbiers s'arrêta au XVIIe siècle, quand Louis XIV ordonna qu'on créerait un nouveau corps de *barbiers-barbants*, qui ne pourraient plus s'occuper de chirurgie, et qu'on réunirait à une corporation déjà multifonctionnelle, celle des *baigneurs-étuvistes-perruquiers*. Ainsi les bizarreries continuaient : les établissements de bains publics étaient tenus par des maîtres *barbiers-baigneurs-étuvistes-perruquiers*. Le temps était aux classifications arbitraires, et on pourrait dire insolites : dans la même veine, les beurriers, fabricants de beurre, appartenaient à la corporation des fruitiers.

[1] *Archives curieuses de l'histoire de France*, par Cimber et Danjou, 2e série, t. V, 1838, p. 63.

Telle est la ville française au XVIIe siècle, et si vous comptez parcourir de long en large la plus remarquable d'entre elles, Paris, vous pourrez employer, déjà, des transports en commun, avec ses travers éternels de surdensité. Au XVIIe siècle, en effet, les transports publics débutaient. Mme Perrier, sœur de Blaise Pascal, raconte à propos des omnibus, qu'on appelait les « carrosses à cinq sols », qu'ils faisaient l'objet d'une telle demande qu'il fallait fréquemment les attendre, et en voir passer plusieurs, avant de pouvoir avoir son tour : « On voit le monde dans les rues qui attend un carrosse pour se mettre dedans ; mais quand il arrive, il se trouve plein : cela est fâcheux. Mais on se console, car on sait qu'il en viendra un autre dans un demi-quart d'heure. Cependant, quand cet autre arrive, il se trouve qu'il est encore plein, et quand cela est arrivé ainsi plusieurs fois, on est contraint de s'en aller à pied. Et afin que vous ne croyiez pas que je dis cela par hyperbole, c'est que cela m'est arrivé à moi-même. »[1]

Tel était le Paris, telle était la France dans laquelle, par plusieurs générations, des penseurs d'une envergure considérable, de Montaigne à l'abbé de Saint-Pierre, en passant par Descartes ou Malebranche, la doctrine de la liberté, de la tolérance, de la paix, de l'échange volontaire, va progressivement se construire et s'affiner.

Enfin voici tout ceci écrit en guise d'introduction, par moi-même qui délibéra longtemps quant à savoir si je devais entrer abruptement en matière, ainsi que faisaient parfois habilement les docteurs en Sorbonne de ce temps là, pour frapper et déconcerter d'emblée l'âme qu'il fallait convaincre ; et dès lors ils ne la laissaient pas en répit. J'ai cru user de plus de prévention : ceci pourtant à mon corps défendant, et malgré la saine maxime de Dupont (de Nemours), que je voulais faire mienne, mais qui pourrait sonner désormais comme une mauvaise plaisanterie, que *lorsqu'on est jeune, il faut faire des études très longues, et des ouvrages fort courts*. [2]

Cela étant dit, je poursuis, et ferais observer qu'on se doutera aisément qu'au milieu d'un tel siècle les conceptions et les débats philosophiques ayant trait à la notion de la liberté aient été aussi un peu curieux. Déconcertants, ils le sont bien, au moins de prime abord ; et notamment chez Descartes, le plus grand de nos philosophes, et celui qui passe à juste titre pour le premier pilier de la pensée française. Sa conception de la liberté n'en est pas moins

---

[1] Lettre de Mme Perrier à Arnauld de Pomponne, 21 mars 1662 ; *Lettres, opuscules et mémoires de Mme Perrier et de Jacqueline, sœurs de Pascal*, 1845, p. 82.
[2] *Réponse demandée par Monsieur le marquis de *** à celle qu'il a faite aux Réflexions sur l'écrit intitulé : Richesse de l'État*, 1763, p. 11.

extrêmement intéressante, parce qu'aussi éloignée et toute métapha-
sique qu'elle paraisse être, elle s'avère cependant d'une grande modernité, d'une grande actualité même, tout comme le monde économique que nous avons présenté ci-avant, se trouve tout autant
rempli de bizarreries, que de bonnes leçons à tirer.

René Descartes (1596-1650), qui ouvre pour nous la modernité
par sa conception de la philosophie, de la science et du progrès, se
rattache fortement au milieu intellectuel dans lequel il a évolué et
qui, de même que les échoppes et les mœurs des cités du temps, était
extrêmement typique. Par vue rétrospective, ce milieu apparaît tout
dominé par la théologie, cette théologie que Descartes, à l'instar des
intellectuels ses contemporains, maîtrisait, à la suite de son instruction au collège des jésuites de La Flèche, et qui l'a toujours marqué,
ou du moins suivi, au point que vingt-sept ans après sa sortie du
collège jésuite, il pouvait écrire à son ami Mersenne qu'il avait emporté en voyage une somme de Saint Thomas d'Aquin et une Bible,
ouvrages dont vraisemblablement il ne pouvait ou ne voulait pas
s'affranchir totalement. [1] Ses ouvrages philosophiques subséquents
restèrent empreints d'un fort fond théologique, et leur visée, leur
objectif, fut en grande partie de nature religieuse : tantôt à fournir la
preuve de l'existence de Dieu, tantôt de celle de l'immortalité de
l'âme, entre autres choses.

Dans son examen de la notion de liberté, Descartes poursuivait,
tout en s'en démarquant, les discussions engagées par les théologiens, à la suite de Saint Augustin, de Saint Thomas d'Aquin, et à
travers des auteurs comme Francisco Suárez, Pierre de Bérulle, ou
Guillaume Gibieuf, dont naturellement nous n'aurons pas à rendre
un compte précis ici.

La première entrée de Descartes dans le champ de la question de
la liberté, concerne une sorte de liberté qui nous paraîtra un peu
vieillie : c'est celle de la *liberté divine*.

L'affaire, en elle-même, est assez simple. Nous savons que deux
et deux font quatre et que cette vérité n'est affaire ni de temps ni de
lieu. Nous savons pareillement que la somme des trois angles d'un
triangle est égale à deux droits, et nous tenons cette vérité pour également *nécessaire*, dans le sens où il en est de l'essence d'un triangle
d'avoir cette propriété, en sorte qu'on ne pourrait concevoir un
triangle qui ne satisfasse pas à cette règle.

---

[1] Lettre à Mersenne, 25 décembre 1639 ; *Correspondance de Descartes*, éd. PUF, 1941,
vol. III, p. 301

Or c'est une question sérieusement, je dirais même âprement débattue à cette époque, que de savoir si Dieu aurait pu faire qu'il en soit autrement. C'est le débat de la liberté divine, un débat étonnant pour nous, futile en apparence, et qui cependant a conditionné une grande partie des premières discussions sur la notion de liberté, qu'on pourrait dire *humaine*, en comparaison.

Si Dieu est tout-puissant, comme il doit l'être évidemment selon la conception que s'en fait le chrétien, alors il aurait pu très bien, lorsqu'il a conçu le monde, faire que les principes que nous tenons pour certains ne soient pas : que par exemple les trois angles d'un triangle ne soient pas égaux à deux droits.

C'était, dans cette grande controverse, l'opinion de Descartes. « Je dis, écrivait-il au Père Marin Mersenne, que Dieu a été aussi libre de faire qu'il ne fût pas vrai que toutes les lignes tirées du centre à la circonférence fussent égales, comme de ne pas créer le monde. »[1] Cette position sauvegardait en Dieu la toute-puissance, tout en la raccordant à la certitude invincible des vérités premières, telles que deux et deux font quatre. « Encore que Dieu ait voulu que quelques vérités fussent nécessaires, écrit Descartes, ce n'est pas à dire qu'il les ait nécessairement voulues ; car c'est toute autre chose de vouloir qu'elles fussent nécessaires, et de le vouloir nécessairement, ou d'être nécessité à le vouloir. »[2] Autrement dit, Dieu a été libre dans la création des vérités nécessaires : et Descartes le professera contre l'opinion contraire de certains théologiens, comme Suárez, pour qui Dieu étant parfait, il connaît parfaitement toutes les vérités, mais cela n'implique pas qu'il aurait pu les faire autre qu'elles sont ; ou comme Bérulle, pour qui les vérités émanent de Dieu comme les rayons émanent du soleil, c'est-à-dire qu'elles sont issues de lui, elles sont en lui, mais on ne peut dire qu'il les crée librement.

La position « libérale » de Descartes ouvrait néanmoins plusieurs difficultés : la première, c'est que lorsqu'on dit de Dieu qu'il a pu faire que les lignes du centre à la circonférence ne soient pas égales dans un cercle, on n'explique pas comment il aurait pu faire cela autrement, c'est-à-dire quelle possibilité il avait en effet de produire la chose différemment.

Là intervient un argument de Descartes qui me semble trop peu examiné, qui d'ailleurs tempère fortement l'image un peu dogmatique qu'on a de lui, et qui ouvre des perspectives tout à fait intéressantes. C'est l'argument des limites de la raison humaine.

---

[1] Lettre à Mersenne, 27 mai 1630 ; *Œuvres et Lettres*, éd. Pléiade, p. 938.
[2] Lettre à Mesland, 2 mai 1644 ; *Œuvres et Lettres*, éd. Pléiade, p. 1167.

C'est le même argument qu'il développait déjà dans son premier écrit d'importance, les *Règles pour la direction de l'esprit* : « Rien ne me semble plus absurde, y écrivait-il, que de discuter hardiment sur les mystères de la nature, sur l'influence des cieux sur notre terre, sur la prédiction de l'avenir et autres choses semblables, et de n'avoir cependant jamais cherché si la raison humaine est capable de découvrir ces choses. » [1] Et il pose ainsi en effet cette règle, qu'« il ne faut s'occuper que des objets dont notre esprit paraît capable d'acquérir une connaissance certaine et indubitable », avant de prouver pourquoi, en s'arrêtant devant les recherches qui « dépassent les bornes de l'intelligence humaine », l'homme fait preuve de sagesse et de savoir, et non de maladresse ou d'inhabilité. [2]

En l'espèce, certainement si Dieu est tout-puissant et indifférent, c'est-à-dire s'il aurait pu créer ou ne pas créer le monde, le créer dans le temps ou de toute éternité, et selon tel principe ou tel autre, alors il a pu faire qu'une vérité aujourd'hui nécessaire ne soit pas. Mais il est vain, nous dit Descartes, de chercher à sonder *pourquoi* il s'est arrêté à créer le monde, à le créer dans le temps, et a fait que les principes que nous reconnaissons comme vrais, le soient en effet, comme il est vain de rechercher *comment* il aurait pu œuvrer différemment. *La raison humaine est trop faible* pour examiner de telles questions, et on peut dire de celles-ci que proprement elles dépassent les limites de la connaissance. « Je ne me dois point étonner, si mon intelligence n'est pas capable de comprendre pourquoi Dieu fait ce qu'il fait, et qu'ainsi je n'ai aucune raison de douter de son existence, de ce que peut-être je vois par expérience beaucoup d'autres choses, sans pouvoir comprendre pour quelle raison ni comment Dieu les a produites. Car, sachant déjà que ma nature est extrêmement faible et limitée, et que celle de Dieu au contraire est immense, incompréhensible et infinie, je n'ai plus de peine à reconnaître qu'il y a une infinité de choses en sa puissance desquelles les causes surpassent la portée de mon esprit. » [3]

Approfondissant la liberté divine de constituer un monde où les vérités que nous connaissons ne soient pas, Descartes écrit en effet : « Je n'oserais même pas dire que Dieu ne peut pas faire qu'une montagne soit sans vallée, ou qu'un et deux ne fassent pas trois ; mais je dis seulement qu'il m'a donné un esprit de telle nature que je ne saurais concevoir une montagne sans vallée ou une somme d'un et

---

[1] *Règles pour la direction de l'esprit* ; *Œuvres et Lettres*, éd. Pléiade, p. 65.
[2] *Ibid.*, p. 39, 64.
[3] *Méditations* ; *Œuvres et Lettres*, éd. Pléiade, p. 303.

de deux qui ne soit pas trois ». [1] Ou en termes plus philosophiques, que « notre esprit est fini, et créé de telle nature qu'il peut concevoir comme possibles les choses que Dieu a voulu être véritablement possibles, mais non pas de telle sorte qu'il puisse aussi concevoir comme possibles celles que Dieu aurait pu rendre possibles, mais qu'il a toutefois voulu rendre impossibles. » [2] On ne peut tout simplement pas appliquer à l'entendement divin ce qu'on applique à notre propre entendement ; par conséquent, dire que nous ne concevons pas comment telle vérité puisse être autrement, ne signifie pas que Dieu ne puisse la concevoir autrement. Dieu peut très bien avoir créé librement des choses nécessaires, c'est-à-dire que, comme un roi donne des lois aux sujets de son royaume[3], il peut avoir choisi librement que deux et deux feront quatre, et que pour nous il n'en pourra pas être autrement.

Au-delà des apparences, l'argument est précieux, et ce pour deux raisons. D'abord parce qu'il rappelle que Descartes n'était pas un dogmatique de la raison, un rationaliste à tout prix, comme beaucoup ont voulu le représenter ; et j'ai en tête ici en particulier Friedrich A. Hayek, qui caractérisait le cartésianisme comme une tradition intellectuelle profondément antilibérale ; mais j'aurai l'occasion d'y revenir. La seconde raison, c'est que s'il est des domaines qui dépassent les limites de la connaissance humaine, il peut en être dit ainsi de certaines agitations et menées des hommes, qu'on prétend courber sous le joug uniforme d'une autorité supérieure. Ce sera le grand message des intellectuels libéraux français du XVIIIᵉ siècle : il est certaines opérations, économiques et sociales, où l'autorité ne peut produire un résultat aussi satisfaisant que l'amas des volontés individuelles le pourrait, et où il convient par conséquent de *laisser faire*. « Un grand État ne peut ni ne doit être gouverné comme une famille où des yeux médiocres peuvent tout voir, tout compter, tout arranger en détail » dira le physiocrate Louis-Paul Abeille. [4] Or ceci est déjà contenu, en essence, chez Descartes.

Car celui-ci ne cantonne pas son appel aux limites de la raison à la question des motifs de Dieu. Ayant en vue la défense de la foi et de ses vérités, Descartes se concentrait naturellement sur cette connaissance de la divinité que nous pourrions avoir, connaissance imparfaite et « accommodée à la petite capacité de nos esprits »[5].

[1] Lettre à Arnauld, 29 juillet 1648 ; *Œuvres et Lettres*, éd. Pléiade, 1309-1310.
[2] Lettre à Mesland, 2 mai 1644 ; *Œuvres et Lettres*, éd. Pléiade, p. 1167.
[3] Lettre à Mersenne, 15 avril 1630 ; *Œuvres et Lettres*, éd. Pléiade, p. 933.
[4] Louis-Paul Abeille, *Principes sur la liberté du commerce des grains*, 1768, p. 100.
[5] *Méditations*, Réponses aux objections ; *Œuvres et Lettres*, éd. Pléiade, p. 354.

Mais il donnait encore, dans un ordre plus concret, d'autres exemples, comme celui du chiliogone, un polygone de mille côtés. « Que si je veux penser à un chiliogone, je conçois bien à la vérité que c'est une figure composée de mille côtés, aussi facilement que je conçois qu'un triangle est une figure composée de trois côtés seulement, mais je ne puis pas imaginer les mille côtés d'un chiliogone, comme je fais les trois d'un triangle, ni pour ainsi dire, les regarder comme présents avec les yeux de mon esprit. »[1] Ce n'est donc pas uniquement par l'infini, par le divin, qu'on touche les limites de notre raison ; c'est aussi par le trop complexe.

Descartes reçut plusieurs objections d'ordre théologique à ses principes, tel que celui-ci : si Dieu a créé librement les lois qui sont désormais pour nous des nécessités, peut-il en créer désormais d'autres, différentes et même contradictoires aux premières, et nous les imposer à nouveau comme nécessaires ? À cela Descartes trouvait dans la théologie une réponse aisée : Dieu étant un être parfait, et embrassant toute chose, il ne peut pas changer de volonté à un certain moment du temps, car cela emporterait contradiction : ou qu'il n'avait pas créé le monde parfaitement d'emblée, ou qu'il n'avait pas eu connaissance d'éléments qui lui ferait choisir désormais certaines dispositions qu'il n'avait d'abord pas choisies.[2] D'après Descartes, la perfection divine emporte la parfaite connaissance des fins et des moyens ; par conséquent Dieu avait parfaitement produit son œuvre ; par conséquent encore celui-ci n'aurait aucune raison de le refaire autrement qu'il n'est, et de changer les vérités que nous tenons pour certaines. Cet argument avait pour Descartes le mérite de la simplicité, quoiqu'il apportât aussi de la confusion dans son système philosophique et dans sa recherche scientifique des lois de la nature, qu'une autre conception théologique aurait pu rendre plus stable et assurée.

Pour donner une assise métaphysique stable et recevable à sa physique, Descartes se devait aussi de fournir des explications sur le libre arbitre et sur l'erreur. Il s'en acquitta de la manière suivante : « J'expérimente en moi-même une certaine puissance de juger, laquelle sans doute j'ai reçue de Dieu, de même que tout le reste des choses que je possède ; et comme il ne voudrait pas m'abuser, il est certain qu'il ne me l'a pas donnée telle que je puisse jamais faillir, lorsque j'en userai comme il faut. »[3] Il n'était en effet pas concevable pour lui d'affirmer que l'erreur provient de Dieu même : ce dernier

[1] *Méditations* ; *Œuvres et Lettres*, éd. Pléiade, p. 318.
[2] Lettre à Mersenne, 15 avril 1630 ; *Œuvres et Lettres*, éd. Pléiade, p. 934.
[3] *Méditations* ; *Œuvres et Lettres*, éd. Pléiade, p. 301-302.

étant bon et juste, il ne pourrait pas vouloir sciemment me tromper ; étant omniscient, il ne pourrait m'engager par mégarde sur une voie funeste. Dès lors, toutefois, une question se posait : pourquoi Dieu *permet-il* que je me trompe ?

Descartes répondait à cette interrogation en revenant sur son idée des limites de la raison. Nous nous trompons, non pas parce que Dieu le veut, mais parce que nous sommes des êtres finis, imparfaits. Mais dès lors surgissait une nouvelle objection : pourquoi Dieu, en créant le monde parfait, a-t-il voulu créer l'homme imparfait ; ou encore : pourquoi Dieu nous a-t-il créé libres, si cette liberté est pour nous l'occasion de nous tromper ?

Descartes ne s'en remit pas, ici, à une autre raison que celle qu'on lui a vu employer si fréquemment : Dieu l'a créé ainsi, car il a su que c'était là la perfection ; que nous, humains, ne soyons pas capables de le comprendre, ne résulte de rien d'autre que de l'écart infranchissable qu'il existe entre l'entendement divin et notre propre entendement. Le fait même que nous soyons portés à errer, à nous tromper, peut très bien participer à la perfection du monde, sans que nous ayons aucun moyen cognitif pour le concevoir. La difficulté essentielle vient, d'après notre auteur, de ce que nous avons déduit, du fait que nous avons été créés à l'image de Dieu, et comme le roi de la création, des conséquences qui n'en découlaient pas nécessairement.

Sur la nature de la liberté et du libre arbitre, Descartes fut également amené à produire des considérations personnelles, dans la fin de justifier ses principes philosophiques. Sur ce point il soutint que la libre volonté, en tant que puissance, est illimitée, et à ce titre qu'elle peut être dite aussi grande que celle de Dieu ; que cependant elle n'est ni aussi éclairée, ni aussi efficace, et c'est pourquoi l'homme peut se tromper. Certainement je suis libre de désirer telle ou telle fin, et de choisir tel ou tel moyen pour l'obtenir ; mais ce choix procédant à partir d'une intelligence bornée, me conduit fréquemment à l'erreur, et d'autant plus que je ne saurais employer justement ma raison.

L'erreur provient ainsi d'une défaillance de l'usage de notre libre arbitre, et il ne tient qu'à nous de raisonner judicieusement, en jugeant d'après une perception juste et distincte des choses. L'homme, de ce point de vue, peut se libérer de l'erreur : c'est en jugeant sainement des choses qu'il soumet à sa volonté, et ensuite, ce qu'il ne faut pas oublier, en s'abstenant de juger des choses qui dépassent son entendement. Dès lors, quand Descartes affirme que la science peut être parfaite, et qu'il ne tient qu'à nous de la rendre telle, il faut le prendre au mot, quoique ce soit sans oublier que dans sa conception il existe aussi des choses au-delà de la science, par exemple les notions de la divinité. « Car en effet ce n'est point une imperfection en Dieu, de ce qu'il m'a donné la liberté de donner mon jugement, ou de ne le pas donner, sur certaines choses dont il n'a pas mis une claire et distincte connaissance en mon entendement ; mais sans doute c'est en moi une imperfection, de ce que je n'en use pas bien, et que je donne témérairement mon jugement, sur des choses que je ne conçois qu'avec obscurité et confusion. » [1]

Dans son appréciation du libre arbitre (ou *franc arbitre*, comme l'on disait aussi), Descartes se heurtait à diverses représentations théologiques. Le grand Luis de Molina soutenait par exemple que nous sommes libres lorsque notre volonté peut se porter indifféremment sur l'un des objets de choix. Descartes récusa cette représentation, et la renversa. D'après lui, plus nous nous sentons attirés vers l'un des objets de choix, conduits par l'exercice de notre raison et de notre jugement, plus nous pouvons dire que nous choisissons librement : la conviction que nous avons de choisir bien, en affaiblissant notre indifférence entre les partis à prendre, renforce par cela même notre liberté. Pour citer ses mots, « cette indifférence que je sens lorsque je ne suis point emporté vers un côté plutôt que vers un autre par le poids d'aucune raison, est le plus bas degré de la liberté, et fait plutôt paraître un défaut dans la connaissance qu'une perfection dans la volonté : car si je connaissais toujours clairement ce qui est vrai et ce qui est bon, je ne serais jamais en peine de délibérer quel jugement et quel choix je devrais faire ; et ainsi je serais entièrement libre, sans jamais être indifférent. » [2] Aussi chez lui la liberté ne consiste pas à demeurer indifférent entre deux options qui nous seraient également ouvertes, mais à pencher délibérément vers l'une ou vers l'autre, selon ce que nous dicte notre conscience.

Concevoir la liberté parfaite comme une pure indifférence serait au surplus, selon notre auteur, méconnaître la distance immense qu'il existe entre l'homme et Dieu. Dieu peut être dit indifférent dans ses choix, dans la mesure où ceux-ci produisent ou emportent avec eux la conception du bien et du mal. Or l'homme, en délibérant sur ses choix, trouve déjà existante la notion du bien et du mal, et il ne pourrait être indifférent qu'en restant ignorant et incapable de raisonner. [3]

À travers son examen de la liberté divine et humaine, Descartes mettait ainsi en valeur les limites de la raison et l'incapacité de notre

---

[1] *Méditations* ; *Œuvres et Lettres*, éd. Pléiade, p. 308.
[2] *Ibid.*, p. 305.
[3] *Méditations*, Réponses aux objections ; *Œuvres et Lettres*, éd. Pléiade, p. 535-536.

entendement à expliquer et comprendre certains phénomènes qui nous dépassent.

Il m'a paru très nécessaire d'évoquer ces idées en commençant, d'abord pour leur caractère fondateur, pour leur influence subséquente, quoique parfois discrète, sur les théoriciens de la liberté des siècles suivants ; mais aussi parce que leur interprète lui même, Descartes, a été, comme Montaigne, dont nous parlerons plus tard, l'objet de critiques tout à fait injustifiées, de la part de gens qui soit ne l'avaient pas lu en entier ou correctement, soit qui cherchaient désespérément un bouc-émissaire et qui imaginèrent que l'un et l'autre faisaient bien l'affaire.

Dans plusieurs de ses travaux, Friedrich A. Hayek critiqua ce qu'il appelait le constructivisme rationaliste, hérité de Descartes. Après avoir peut-être lu Descartes comme celui-ci craignait de l'être, c'est-à-dire « comme un roman, pour se désennuyer, et sans y avoir grande attention »[1], Hayek soutient que par ses « flatteuses suppositions sur les pouvoirs illimités de la raison humaine »[2] (sic), le cartésianisme aboutit à construire des utopies sur du sable mouvant et pave finalement la voie des totalitarismes. L'examen attentif des idées de Descartes prouve cependant que celui-ci maintenait côte à côte un programme scientifique ambitieux et une grande clairvoyance sur les limites de la raison humaine ; et il n'y a rien d'étonnant à ce que les derniers mots des *Méditations* soient précisément employés pour clamer une dernière fois qu'« il faut reconnaître l'infirmité et la faiblesse de notre nature ».[3] Loin d'aboutir à un culte de la raison, la philosophie cartésienne, bien comprise, ouvre même la voie, comme nous l'avons montré, à l'une des inspirations les plus géniales des penseurs libéraux du XVIIIe siècle, à savoir ce que nous appellerions l'impossibilité du planisme.

Au-delà, on peut même prouver que le cartésianisme inspira la recherche de lois et de principes dans le domaine de la politique et de l'économie, qui étaient restés longtemps les esclaves des préjugés et de la routine.

On retrouve ce programme assez révolutionnaire, socle du mouvement des Lumières, dans l'éloge de Descartes par Antoine-Léonard Thomas, où on lit que : « L'art de procurer aux société la plus grande somme de bonheur possible est une des branches de philosophie des plus intéressantes ; et peut-être dans toute l'Europe est-elle moins avancée que n'était la physique avant la naissance de

---

[1] *Ibid.*, p. 372.
[2] F. Hayek, *La Constitution de la Liberté* [1960], éd. Institut Coppet, p. 83.
[3] *Méditations* ; *Œuvres et Lettres*, éd. Pléiade, p. 334.

Descartes. Il y a des préjugés non moins puissants à renverser. Il y a d'anciens systèmes à détruire ; il y a des opinions et des coutumes funestes, et qui n'ont cessé de paraître telles que par l'empire de l'habitude. Les hommes réfléchissent si peu, qu'un mal qui se fait depuis cent ans leur paraît presque un bien. Ce serait une grande entreprise d'appliquer le doute de Descartes à ces objets, de les examiner pièce à pièce comme il examina ses idées, de faire une revue générale des coutumes, des usages et des lois, comme il fit la revue des systèmes, et de ne juger de tout que d'après sa grande maxime de l'évidence. » [1] L'année qui suivit cet Éloge, le physiocrate G.-F. Le Trosne reproduisait la même pensée, en l'appliquant aux questions économiques. Trois ans après avoir introduit dans les langues de l'Europe le mot « économiste », et tandis qu'à Paris, un professeur écossais du nom d'Adam Smith se faisait recevoir dans les salons, Le Trosne soulignait l'importance d'appliquer la méthode de Descartes, celle du doute, dans cette nouvelle science de l'économie politique : « Il s'agit de revenir sur les principes qu'on a suivis, particulièrement depuis un siècle, écrit-il ; de repasser sur toutes les opinions reçues, de les soumettre à une révision exacte, afin de ne rien admettre dont l'évidence n'ait été vérifiée, et d'appliquer le doute universel de Descartes à tous les points de la science économique. » [2] Le même Le Trosne était l'un des plus ardents avocats du *laissez faire*, principe auquel il fallait accorder la préférence, d'après lui, dans tous les domaines de la vie sociale où l'intervention de l'autorité ne pouvait que provoquer des dérangements. « C'est une maladie dont il serait bien temps de nous guérir, soulignait-il, que celle de vouloir tout régler, tout ordonner, et tout soumettre à nos vues si faibles et si courtes. » [3] Et constatant les méfaits de l'intervention publique dans la marche du commerce des grains, il en accusait les limites de la raison. « Tout ce désordre vient de ce que les hommes ont voulu administrer ce qui, de sa nature, doit être abandonné au libre concours des intérêts particuliers. En entreprenant de diriger le commerce et de gouverner les prix, ils ont méconnu la portée de leur faible intelligence ; ils ont essayé de tenir une balance qui leur échappe, et dont la direction surpasse leur pouvoir et leur force. » [4] Ce langage ne nous paraît-il pas un peu familier ?

---

[1] A.-L. Thomas, *Éloge de Descartes*, 1765 ; *Œuvres complètes de A.-L. Thomas*, 1825, vol. III, p. 382-383.

[2] *Journal de l'agriculture, du commerce et des finances*, juillet 1766, p. 60.

[3] *Éphémérides du citoyen*, 1765, volume I, p. 70.

[4] *Lettres à un ami sur les avantages de la liberté du commerce des grains et le danger des prohibitions*, 1768, p. 52

Descartes est peut-être, tout bien considéré, un héros oublié du libéralisme français. Il a parlé de la liberté toute sa vie, dans des œuvres multiples et qui ouvrirent des perspectives nouvelles aux esprits qui entamèrent plus distinctement que lui l'édification du socle théorique libéral. Il a aussi vécu en homme libre, quittant l'atmosphère intellectuellement étouffante de Paris, pour rejoindre une contrée aussi riche que libre, la Hollande, et son « grand peuple fort actif et plus soigneux de ses propres affaires que curieux de celles d'autrui ». [1]

Comme cela est bien connu, la pensée de Descartes eut un impact considérable et son effet fut tout à fait révolutionnaire : tandis qu'à son époque on estimait encore une théorie et un auteur par son ancienneté et sa capacité à avoir résisté au temps, lui sapait sciemment les fondements de l'autorité dans le domaine de la connaissance, et appelait à douter méthodiquement pour construire une science ferme et sûre, quoique nécessairement limitée par les bornes de la raison humaine. Ce fut un philosophe du progrès, en des temps où l'on n'estimait guère que la conservation.

Sa philosophie était celle de l'individu contre la masse, comme on ne le perçoit encore que trop faiblement. Nous citerons plus tard, en évoquant la question de la démocratie, ses propos sur la probabilité avec laquelle un individu unique peut se retrouver seul détenteur de la vérité, quand tout le siècle déraisonne, et qu'ainsi le faire taire, parce qu'il est dans la minorité, est proprement un acte aberrant. [2] À un autre endroit du *Discours de la méthode*, Descartes affirmait également qu'on trouverait plus aisément la vérité chez un homme qui raisonne pour son propre intérêt, que chez celui qui tisse des plans destinés à l'humanité ou à se faire valoir. Ce n'est peut-être pas une idée impropre pour achever ce chapitre. « Il me semblait, écrit-il, que je pourrais rencontrer beaucoup plus de vérité dans les raisonnements que chacun fait touchant les affaires qui lui importent, et dont l'événement le doit punir bientôt après s'il a mal jugé, que dans ceux que fait un homme de lettres dans son cabinet, touchant des spéculations qui ne produisent aucun effet, et qui ne lui sont d'autre conséquence, sinon que peut-être il en tirera d'autant plus de vanité qu'elles seront plus éloignées du sens commun, à cause qu'il aura dû employer d'autant plus d'esprit et d'artifice à tâcher de les rendre vraisemblables. » [3] De cette réflexion, jointe aux autres, à la doctrine de la liberté, il n'y avait guère que quelques pas.

---

[1] *Discours de la méthode* ; *Œuvres et Lettres*, éd. Pléiade, p. 146.
[2] *Règles pour la direction de l'esprit*, *Œuvres et Lettres*, éd. Pléiade, p. 43.
[3] *Discours de la méthode* ; *Œuvres et Lettres*, éd. Pléiade, p. 131.

CHAP. II. — LA DIVERSITÉ

Jacques Necker, un temps ministre, écrivait, avant de l'être, et aussi un peu pour le devenir, cette belle maxime qu'*il ne faut jamais faire d'expérience d'anatomie sur les corps vivants*[1] ; sans y prétendre, prenez toutefois la peine d'observer attentivement ces nouveau-nés qui, suivant nos lois et nos mœurs, *naissent égaux*. Sans parler même de la couleur des cheveux, de la peau et des yeux, dont l'humanité offre une vaste palette, au point qu'il y a bien cent mille façons pour des yeux d'être bleus, voyez comme la diversité humaine se signale déjà, à ce stade premier, en multiples façons : rythme de sommeil, courbe de croissance, capacités olfactives et d'ouïe, force physique, flexibilité du corps, métabolisme, tolérance à certains aliments ou médicaments ; de sorte que pour parler mal, mais clair, chaque être humain est un produit unique. Et cette diversité extrême va façonnée et refaçonnée de mille manières par les coutumes, les expériences de la vie, ainsi que par la confrontation avec autrui.

La diversité étant un commandement de la nature, elle ne saurait être vaincue ; mais l'idée qu'on nomme *intolérance*, ambitionne néanmoins ce combat. On refuse de souffrir qu'un individu adopte un comportement qui, tout en ne nuisant pas à autrui, lui déplaît, comme de reconnaître que la diversité humaine puisse produire un bien quelconque.

À l'opposé de cette conception, de grands penseurs, et en premier lieu Montaigne, ont promu la diversité et la tolérance, soutenant que, par la confrontation avec l'autre, lequel, par définition, est partout, l'homme se voit offrir l'occasion de se corriger, de se polir, « comme des cailloux raboteux se polissent et s'arrondissent dans la mer par leur frottement journalier et réciproque », pour reprendre la jolie formule de l'abbé de Saint-Pierre. [2]

La doctrine de Montaigne, sur laquelle nous nous arrêterons tout particulièrement, pour son caractère fondateur, désarçonnera peut-être : non tant par l'orthographe extravagante dans laquelle elle est exprimée, car c'est celle du temps, mais par une ouverture d'esprit extrême, qui ne semble plus de mise. La philanthropie et le cosmopolitisme qu'il revendique paraîtront incongrus, en des temps où ces notions jouissent d'un médiocre crédit. Toutefois la confusion des

---

[1] Necker, *Sur la législation et le commerce des grains*, 1776, p. 400.

[2] *Projet pour perfectionner l'éducation* ; *Œuvres diverses de M. l'abbé de Saint-Pierre*, vol. I, 1730, p. 78.

idées et des mots, sur ce sujet précis, ne date pas d'aujourd'hui, et cent Confucius ne suffiraient pas pour accomplir la rectification des noms. Qu'on appelle encore un *misanthrope*, haïsseur de l'espèce humaine, celui qui, comme chez Molière, se désintéresse d'autrui et le laisse tranquille, est absurde et blessant, quand nous faisons la révérence et plions les genoux devant ceux qui veulent régir l'espèce entière et la courber sous un joug d'uniformité, en régentant jusqu'aux loisirs et à la vie intime.

Contre ces travers, la véritable philanthropie nous enseigne l'acceptation de l'autre, en tant qu'il est autre, c'est-à-dire différent, et l'amélioration de chacun par l'exemple de tous. Parmi les penseurs qui ont particulièrement eu à cœur de défendre ces principes, Montaigne nous intéresse particulièrement : à une époque charnière, il exprima la quintessence du relativisme et de la diversité, et prépara l'épanouissement de la doctrine de la liberté dans la voie de la tolérance, qui est un autre grand combat des Lumières.

Michel de Montaigne (1533-1592) apparaît toutefois déprisé par les défenseurs modernes des libertés, c'est-à-dire par ceux-là même avec lesquels il partage tant, et à qui il aurait tant à offrir. Tourné en ridicule pour un chapitre célèbre et fort court, qui a pour titre : « Le profit de l'un est dommage de l'autre », il est rejeté injustement comme *mercantiliste*, qui est un autre terme pour dire archaïque, inepte et absurde. Cette représentation qui, comme nous allons le démontrer, est sans fondement, doit beaucoup à Ludwig von Mises, lequel, étudiant l'idée reçue qui fait du commerce un jeu à somme nulle, la rapporte à Montaigne, et l'appelle même « le sophisme de Montaigne ». [1] Plutôt que de souscrire au dogme rabougri de l'auteur des *Essais*, il conviendrait d'après lui et les libéraux qui ont entonné la même musique, de suivre la voie tracée par Henri de Boulainvilliers, lequel écrivait : « Qui dit commerce dit un trafic réciproque où le vendeur et l'acheteur trouvent leur compte »[2], ou par l'abbé de Saint-Pierre, chez lequel on trouve ces mots similaires : « Quand il se fait une vente entre marchands, le vendeur y gagne et l'acheteur aussi : car sans un gain réciproque et réel ou apparent, ni le vendeur ne vendrait à tel prix, ni l'acheteur de son côté n'achèterait à tel prix. »[3] À l'opposé de ces tendances, de concorde et de paix, le dogme de Montaigne enfanterait les guerres de commerce, les haines nationales et le nationalisme économique. Cette proposition, que l'on ne

---

[1] Ludwig von Mises, *L'Action Humaine*, partie IV, chap. XXIV.
[2] Henri de Boulainvilliers, *État de la France*, etc., 1727, vol. II, p. 339.
[3] *Projet pour perfectionner le commerce de France* ; *Ouvrages de politique de l'abbé de Saint-Pierre*, vol. V, 1733, p. 173.

s'enrichit qu'au détriment d'autrui, serait même, selon Bastiat, le
« sophisme type, sophisme souche, d'où sortent des multitudes de
sophismes, sophisme polype, qu'on ne peut couper en mille que
pour donner naissance à mille sophismes, sophisme anti-humain,
anti-chrétien, anti-logique ; boîte de Pandore d'où sont sortis tous les
maux de l'humanité, haines, défiances, jalousies, guerres, conquêtes,
oppressions ; mais d'où ne pouvait sortir l'espérance. » [1]

C'est pourtant forger une interprétation délirante d'un petit chapitre de quelques lignes, dont la doctrine est toute autre. Revenons-
en au texte de Montaigne :

« Demades, Athenien, condemna un homme de sa ville, qui fai-
soit mestier de vendre les choses necessaires aux enterremens, soubs
tiltre de ce qu'il en demandoit trop de profit, et que ce profit ne luy
pouvoit venir sans la mort de beaucoup de gens. Ce jugement
semble estre mal pris ; d'autant qu'il ne se faict aucun profit qu'au
dommage d'autruy, et qu'à ce compte il faudroit condamner toute
sorte de guein. Le marchand ne faict bien ses affaires, qu'à la dé-
bauche de la jeunesse : le laboureur à la cherté des bleds : l'architecte
à la ruine des maisons : les officiers de la justice aux procez et querelles des hommes : l'honneur mesme et pratique des ministres de la
religion se tire de nostre mort et de nos vices. Nul medecin ne prent
plaisir à la santé de ses amis mesmes, dit l'ancien Comique Grec, ny
soldat à la paix de sa ville : ainsi du reste. Et qui pis est, que chacun
se sonde au dedans, il trouvera que nos souhaits interieurs pour la
plus part naissent et se nourrissent aux despens d'autruy. » [2]

Il est difficile de trouver ici trace d'un quelconque antilibéra-
lisme, non plus que la source du nationalisme, du bellicisme, etc.
Bien au contraire, Montaigne critique distinctement le rejet que la
morale traditionnelle fait de certaines professions, et il les absout
pour ainsi dire de leurs pêchés. C'est ce qu'il semble que dans chaque civilisation un penseur courageux ait eu à faire, tant l'opinion
publique mésestimait la collection d'artisans et de commerçants qui
ne prospéraient qu'à mesure que certains vices, la boisson, le jeu,
etc., se développaient dans la population. En Chine, le *Han Fei Zi*,
datant du IIIᵉ siècle avant notre ère, enseigne cette même leçon :
« Le fabricant de carrosses souhaite à tous les hommes de devenir
riches et importants ; le fabricant de cercueils espère qu'ils seront
nombreux à mourir jeunes. Cela ne signifie pas que le premier soit
bienveillant et le second malveillant... Ce dernier trouve seulement

---

[1] Ébauche de 1847 ; *Œuvres complètes de Frédéric Bastiat*, t. VII, p. 327.
[2] *Essais*, 1580, liv. I, chap. xxi ; éd. Pléiade, 2007, p. 110.

son intérêt dans la mort d'autrui. » [1] Et lisons, dans notre civilisation, dans le libéralisme même, ce que les auteurs ont trouvé à dire sur ce point, nous les trouverons tous en accord avec Montaigne. Bastiat même écrit précisément la même chose : « En tant que producteurs, il faut bien en convenir, chacun de nous fait des vœux antisociaux. Sommes-nous vignerons ? nous serions peu fâchés qu'il gelât sur toutes les vignes du monde, excepté sur la nôtre... Sommes-nous médecins ? nous ne pouvons nous empêcher de voir que certaines améliorations physiques, comme l'assainissement du pays, le développement de certaines vertus morales, telles que la modération et la tempérance, le progrès des lumières poussé au point que chacun sût soigner sa propre santé, la découverte de certains remèdes simples et d'une application facile, seraient autant de coups funestes portés à notre profession. » [2] Cessons donc d'excommunier Montaigne, en le répudiant dans le camp des mercantilistes, avec lequel il n'a rien de commun, et ouvrons plutôt son livre, qui est l'un des plus individualistes qui soient, et qui contient, en son cœur, la leçon de la tolérance.

Rien n'impressionne plus que l'ambition proprement et étonnamment libérale et individualiste de ses *Essais*. Certainement Rousseau a dit fermement, en commençant des mémoires destinés à le peindre, lui-même et par lui-même : « Je forme une entreprise qui n'eut jamais d'exemple et dont l'exécution n'aura point d'imitateur. Je veux montrer à mes semblables un homme dans toute la vérité de sa nature ; et cet homme ce sera moi »[3] ; mais la profession de foi était mensongère. Deux siècles plus tôt, Montaigne avait conçu et réalisé un projet parfaitement identique. « Me trouvant entierement despourveu et vuide de toute autre matiere, dit-il, je me suis presenté moy-mesmes à moy pour argument et pour subject. C'est le seul livre au monde de son espece, et d'un dessein farousche et extravaguant. »[4] Et en tête, comme avertissment au lecteur, il écrivit donc : « C'est moy que je peins », et encore : « je suis moy-mesmes la matiere de mon livre »[5]. Cette profession de foi n'était ni feinte, ni exagérée ; l'expression du moi dans les *Essais* est la plus pure, la moins sophistiquée que l'on puisse concevoir, suivant en cela le vœu même de l'auteur. « Je veux qu'on voye mon pas naturel et ordinaire ainsi

[1] *Han Fei Zi* ; trad. fr., éd. du Châtelet, 2010, p. 101.
[2] *Sophismes économiques*, 1845 ; *Œuvres*, t. IV, p. 9.
[3] *Les Confessions* ; *Œuvres complètes*, éd. Pléiade, t. I, 1959, p. 5.
[4] *Essais*, II, xviii ; éd. Pléiade, p. 404.
[5] *Essais* ; éd. Pléiade, p. 27.

detraqué qu'il est, écrit Montaigne. Je me laisse aller comme je me trouve. »[1] On peut dire qu'il y a réussi.

Les *Essais* peignent ce moi de toutes les façons, l'auteur ne se lassant jamais de parler de lui, et ne répugnant nullement à partager ses expériences les plus personnelles. Aujourd'hui s'occuper de soi est un travers, et depuis deux siècles on use pour cela de ce mot d'*individualisme*. Chez Montaigne, l'intérêt porté à soi est revendiqué, pensé, et il fait le fond d'une morale et d'une philosophie qu'on devrait dire *individuelle*, plutôt qu'individualiste, car les mots en -isme sont suspects, ils sentent trop la haine de ceux qui les ont conçus.

L'être humain ne regarde pas son semblable sans émotion, et beaucoup passent leur existence dans la contemplation malsaine et le jugement critique des autres. Montaigne prend les choses au rebours. « Le monde regarde tousjours vis à vis : moy, je replie ma veüe au dedans, je la plante, je l'amuse là. Chacun regarde devant soy, moy je regarde dedans moy : Je n'ay affaire qu'à moy, je me considere sans cesse, je me contrerolle, je me gouste. Les autres vont tousjours ailleurs, s'ils y pensent bien : ils vont tousjours avant : moy, je me roulle en moy-mesme. »[2] Et si l'auteur des *Essais* préfère s'occuper ainsi de lui-même, se scruter, s'étudier, ce n'est guère par un gonflement d'estime et un amour-propre délirant, mais essentiellement dans des fins d'amélioration personnelle. « Il y a plusieurs années que je n'ay que moy pour visée à mes pensées, que je ne contrerolle et n'estudie que moy. Et si j'estudie autre chose, c'est pour soudain le coucher sur moy, ou en moy, pour mieux dire. »[3] Car « chacun est à soy-mesmes une tres bonne discipline, pourveu qu'il ait la suffisance de s'espier de pres. Ce n'est pas icy ma doctrine, c'est mon estude : et n'est pas la leçon d'autruy, c'est la mienne. »[4]

C'est qu'au-delà d'affirmer le primat de l'individu, la philosophie de Montaigne emporte avec elle une leçon de vie et une morale, porteuse de sens et de fruit, s'en revenant au sens premier de la philosophie, qui est la cultivation de la sagesse. « Quand j'oy reciter l'estat de quelqu'un, je ne m'amuse pas à luy, écrit-il : je tourne incontinent les yeux à moy, voir comment j'en suis. Tout ce qui le touche me regarde. Son accident m'advertit et m'esveille de ce costé-là. Tous les jours et à toutes heures, nous disons d'un autre ce que

---

[1] *Essais*, II, x ; éd. Pléiade, p. 429.
[2] *Essais*, II, xvii ; éd. Pléiade, p. 697.
[3] *Essais*, II, vi ; éd. Pléiade, p. 397.
[4] *Essais*, II, vi ; éd. Pléiade, p. 396.

nous dirions plus proprement de nous, si nous sçavions replier aussi bien qu'estendre nostre consideration. »[1] Ainsi, quoiqu'en homme de bien, ma première préoccupation et charge soit et doive être moi-même, autrui m'est précieux dans la mesure où il me fournit l'occasion de m'améliorer. Or la philosophie du temps est toute opposée : au lieu de chercher dans l'autre un exemple et des leçons, l'on y projette nos propres résolutions, dans la folie de ce que l'amélioration humaine, qui est notre tâche et notre but de chaque jour, doive être entendue comme l'amélioration d'autrui, sans lui et malgré lui : « comme qui oublieroit de bien et saintement vivre ; et penseroit estre quitte de son devoir, en y acheminant et dressant les autres ; ce seroit un sot »[2].

Face aux prêcheurs de vertu et aux scrutateurs d'autrui, Montaigne défend l'individualité, entendant que l'homme se concentre davantage sur lui-même. « Si le monde se plaint dequoy je parle trop de moy, je me plains dequoy il ne pense seulement pas à soy » affirme-t-il.[3] Car ceci est selon la nature, et conforme à la morale. En outre, la procédure apporte aussi la clé de la connaissance, et son fondement, étant remarqué que « qui ne s'entend en soy, en quoy se peut il entendre ? »[4]

Cette individualité radicale, développée en morale et en philosophie, aboutit aussi à ne pas dépendre d'autrui. « J'ay prins à haine mortelle, écrit Montaigne, d'estre tenu ny à autre, ny par autre que moy. J'employe bien vivement, tout ce que je puis, à me passer : avant que j'employe la beneficence d'un autre, en quelque, ou legere ou poisante occasion ou besoing que ce soit. »[5] Ce qui pourrait s'exprimer de même, en usant du fameux serment individualiste d'Ayn Rand, dans *Atlas Shrugged* : « Je jure sur ma vie et l'amour que j'ai pour elle, de ne jamais vivre pour les autres ni demander aux autres de vivre pour moi ».[6]

Autrui est un ami, un frère ; par ses fautes, il peut m'aider à me réformer moi-même et à me perfectionner. Mais ma vocation sur cette terre n'est pas de contrôler ses actions, ni de dépendre de ses louanges ou de ses bienfaits. L'homme accompli, qui prend lui-même pour base, ne prétend pas régenter les autres. « Je ne me mesle pas de dire ce qu'il faut faire au monde, d'autres assés s'en meslent »

---

[1] *Essais*, II, viii ; éd. Pléiade, p. 415.
[2] *Essais*, III, x ; éd. Pléiade, p. 1052.
[3] *Essais*, III, ii ; éd. Pléiade, p. 845.
[4] *Essais*, II, xii ; éd. Pléiade, p. 590.
[5] *Essais*, III, ix ; éd. Pléiade, p. 1014-1015.
[6] *I swear — by my life and my love of it — that I will never live for the sake of another man, nor ask another man to live for mine.* — Ayn Rand, *Atlas Shrugged*, 1957, p. 1139.

écrit bien Montaigne. [1] Et pour illustration de cette attitude, lui aimant tant les exemples tirés de son expérience, il nous explique comment, recevant des lettres destinées à d'autres que lui, il se fit toujours toute sa vie un plaisir de les maintenir closes et inviolées. « Jamais homme ne s'enquit moins, écrit-il avec fierté, et ne fureta moins és affaires d'autruy. » [2]

Car encore une fois, autrui n'est pas, chez Montaigne, un ennemi à dompter : c'est un partenaire extérieur, une aide, dans la voie du perfectionnement individuel.

À l'échelle des nations ou des nationalités, l'altérité et la diversité apportent des services semblables. Et si, à travers les *Essais*, Montaigne abonde autant en descriptions des usages étrangers, il n'en faut pas chercher ailleurs la raison. « Je veux icy entasser aucunes façons anciennes, que j'ay en memoire, explique-t-il : les unes de mesme les nostres, les autres differentes : à fin qu'ayant en l'imagination cette continuelle variation des choses humaines, nous en ayons le jugement plus esclaircy et plus ferme. » [3] Cette justification est très claire : il ne s'agit ni de jouer avec les faits, de les tourner et retourner de tant de façon, qu'on en obtienne la conclusion que les mœurs et valeurs de France valent mieux que les autres ; pas plus qu'il n'est question de forcer les peuples barbares à adopter des mœurs plus raisonnables : Montaigne n'a d'autre ambition que de se servir de l'exemple des autres pour s'améliorer soi-même.

Pour cela, il convient cependant de repousser la préférence innée, mais maladroite, que chacun conçoit pour les usages auxquels il est accoutumé. Les impressions que laisse l'usage sont profondes, elles s'infiltrent en nous dès la naissance et se renforcent au contact prolongé du petit monde entre lequel nous vivons. L'accord unanime des préférences emporte la conviction et nous persuade que nous sommes dans le vrai, quand le nombre, en ces matières, ne devrait nous convaincre de rien. « Il y a du mal'heur d'en estre là, écrit Montaigne, que la meilleure touche de la verité, ce soit la multitude des croyans, en une presse où les fols surpassent de tant, les sages, en nombre. » [4]

À regarder le monde, la diversité des pratiques et des coutumes humaines paraît infinie. L'auteur des *Essais* se plaît à les rappeler et à les placer les unes au regard des autres, comme en une fresque picturale. Il est des régions, rappelle-t-il, où « les femmes vont à la guerre

[1] *Essais*, I, xxvii ; éd. Pléiade, p. 199.
[2] *Essais*, II, iv ; éd. Pléiade, p. 383.
[3] *Essais*, I, xlix ; éd. Pléiade, p. 317.
[4] *Essais*, III, xi ; éd. Pléiade, p. 1074.

quand et leurs maris, et ont rang, non au combat seulement, mais aussi au commandement », tandis qu'il en est d'autres « où l'on estime si mal de la condition des femmes, que l'on y tuë les femelles qui y naissent, et achepte l'on des voisins, des femmes pour le besoing ; où les maris peuvent repudier sans alleguer aucune cause, les femmes non pour cause quelconque ; où les maris ont loy de les vendre, si elles sont steriles. »[1] De même, « il est des nations, qui noircissent les dents avec grand soing, et ont à mespris de les voir blanches : ailleurs ils les teignent de couleur rouge. »[2] Ou encore cet exemple d'apparence triviale : « Nous portons les oreilles percées, les Grecs tenoient celà pour une marque de servitude. »[3] Et de tels exemples paraissent sans fin.

Si nous ne nous enquerrons guère des usages étrangers, l'habitude de nos propres usages nous enferme et nous pousse à croire naturelles des choses qui ne sont en nous que parce que nous sommes nés en un siècle et en un lieu qui les avaient adoptées, de sorte que ce que nous tenons très fermement comme une vérité, n'est peut-être que le fruit d'une longue et bien enracinée erreur. « Par où il advient, note Montaigne, que ce qui est hors les gonds de la coustume, on le croid hors les gonds de la raison : Dieu sçait combien desraisonnablement le plus souvent. » [4] Tel est bien l'effet de l'habitude. « Le principal effect de sa puissance, c'est de nous saisir et empieter de telle sorte, qu'à peine soit-il en nous, de nous r'avoir de sa prinse, et de r'entrer en nous, pour discourir et raisonner de ses ordonnances. De vray, parce que nous les humons avec le laict de nostre naissance, et que le visage du monde se presente en cet estat à nostre premiere veuë, il semble que nous soyons nais à la condition de suyvre ce train. Et les communes imaginations, que nous trouvons en credit autour de nous, et infuses en nostre ame par la semence de nos peres, il semble que ce soyent les generalles et naturelles. » [5] Or la réflexion que nous pouvons faire en nous-mêmes sur les sources et la valeur de nos usages, peut permettre de nous en dégoûter, quand nous les verrons étranges, et *plus étranges que les étrangères*, comme aussi fondées sur rien d'autre qu'un accord accidentel. Montaigne raconte qu'ayant une fois l'envie de convaincre un étranger de la valeur d'une habitude qu'il avait contractée et qui était d'usage en son pays, « j'y trouvay le fondement si foible, qu'à

[1] *Essais*, I, xxii ; éd. Pléiade, p. 115, 116.
[2] *Essais*, II, xii ; éd. Pléiade, p. 508.
[3] *Essais*, II, xii ; éd. Pléiade, p. 618.
[4] *Essais*, I, xxii ; éd. Pléiade, p. 119.
[5] *Essais*, I, xxii ; éd. Pléiade, p. 119.

peine que je ne m'en degoustasse, moy, qui avois à la confirmer en autruy. »[1]

Dans le même but d'amélioration de soi qui, au niveau individuel, aboutissait à l'utilisation des erreurs d'autrui comme guide à notre propre perfectionnement, Montaigne recommande le commerce des hommes et la visite des pays étrangers, dans le but de policer notre nation, encore barbare, quoi qu'on en dise. Car encore une fois, ce n'est pas pour juger autrui en rapportant ses usages aux nôtres, qu'on doit l'observer, mais « pour en rapporter principalement les humeurs de ces nations et leurs façons : et pour frotter et limer nostre cervelle contre celle d'autruy ». [2] Le monde est vaste et divers ; c'est de ce point de vue une école précieuse. « Il se tire une merveilleuse clarté pour le jugement humain, de la frequentation au monde » car « nous sommes tous contraints et amoncellez en nous, et avons la veüë racourcie à la longueur de nostre nez. » [3] De ce point de vue, le voyage dessille les yeux. « Le voyager me semble un exercice profitable, lit-on dans les *Essais*. L'ame y a une continuelle exercitation, à remarquer des choses incogneuës et nouvelles. Et je ne sçache point meilleure escole, comme j'ay dict souvent, à façonner la vie, que de luy proposer incessamment la diversité de tant d'autres vies, fantasies, et usances : et luy faire gouster une si perpetuelle varieté de formes de nostre nature. » [4] C'est l'éloge de la diversité, écrit par un homme et à une époque où celle-ci ne déplaisait encore que modérément, de sorte qu'on pouvait encore l'exprimer sans prendre la peine de l'accompagner de son pendant, aujourd'hui nécessaire : la tolérance.

Toutefois, pour jouir, dans les voyages, des leçons de la diversité humaine, il est impératif de voyager pour connaître, et non pour y médire des mœurs qu'on ne veut pas même comprendre, contre la pratique courante de l'époque, et de tous les temps, que les *Essais* vilipendent fortement : « J'ay honte de voir nos hommes, enyvrez de cette sotte humeur, de s'effaroucher des formes contraires aux leurs. Il leur semble estre hors de leur element, quand ils sont hors de leur village. Où qu'ils aillent, ils se tiennent à leurs façons, et abominent les estrangeres. Retrouvent ils un compatriote en Hongrie, ils festoient ceste avanture : les voyla à se r'alier, et à se recoudre ensemble ; à condamner tant de mœurs barbares qu'ils voyent. Pourquoy non barbares, puis qu'elles ne sont Françoises ? Encore sont ce

[1] *Essais*, I, xxii ; éd. Pléiade, p. 120.
[2] *Essais*, I, xxv ; éd. Pléiade, p. 158.
[3] *Essais*, I, xxv ; éd. Pléiade, p. 163.
[4] *Essais*, III, ix ; éd. Pléiade, p. 1018-1019.

les plus habilles, qui les ont recognuës, pour en mesdire : La pluspart
ne prennent l'aller que pour le venir. Ils voyagent couverts et resser-
rez, d'une prudence taciturne et incommunicable, se defendans de la
contagion d'un air incogneu. »[1] Et Montaigne indique en peu de
mots ce qu'est, à l'inverse, sa pratique : « Au rebours, je peregrine
très saoul de nos façons : non pour chercher des Gascons en Sicile,
j'en ay assez laissé au logis : je cherche des Grecs plustost, et des
Persans : j'accointe ceux-la, je les considere ». [2]

L'homme qui a vocation à s'améliorer n'examine pas autrui
pour en rire, mais pour se réformer par cet exemple. Et de même
qu'au niveau individuel, le fou peut encore donner des leçons au
sage, de même les peuples qui nous paraîtraient les plus étrangers, et
dont les mœurs sembleraient incompatibles aux nôtres, doivent être
jugés et médités sainement. C'est l'exemple fameux des cannibales
de l'Amérique : là comme ailleurs, *l'étranger n'est pas étrange*. Montaigne avoue courageusement sa foi : « Je trouve qu'il n'y a rien de
barbare et de sauvage en cette nation, à ce qu'on m'en a rapporté :
sinon que chacun appelle barbarie, ce qui n'est pas de son usage.
Comme de vray nous n'avons autre mire de la verité, et de la raison,
que l'exemple et idée des opinions et usances du païs où nous
sommes. Là est tousjours la parfaicte religion, la parfaicte police,
parfaict et accomply usage de toutes choses. »[3] Dès lors les *Essais*
vont rapportant les usages des cannibales, et, sans préjugé, en donnent les fondements. Ainsi la pratique cruelle et inhumaine pour
nous de manger le corps d'un défunt, est accomplie dans la vue de
s'approprier ses qualités, pour faire de notre corps un réceptacle et le
plus beau des tombeaux. « Il n'est rien si horrible à imaginer, que de
manger son pere. Les peuples qui avoyent anciennement ceste coustume, la prenoyent toutesfois pour tesmoignage de pieté et de bonne
affection, cherchant par là à donner à leurs progeniteurs la plus
digne et honorable sepulture : logeants en eux mesmes et comme en
leurs moelles, les corps de leurs peres et leurs reliques : les vivifiants
aucunement et regenerants par la transmutation en leur chair vive,
au moyen de la digestion et du nourrissement. Il est aysé à conside-
rer quelle cruauté et abomination c'eust esté à des hommes abreuvez
et imbus de ceste superstition, de jetter la despouïlle des parens à la
corruption de la terre, et nourriture des bestes et des vers. »[4] Et à ce
sujet il ajoute en outre, avec une certaine audace : « Je pense qu'il y

[1] *Essais*, III, ix ; éd. Pléiade, p. 1031-1032.
[2] *Essais*, III, ix ; éd. Pléiade, p. 1032.
[3] *Essais*, I, xxx ; éd. Pléiade, p. 211.
[4] *Essais*, II, xii ; éd. Pléiade, p. 616-617.

a plus de barbarie à manger un homme vivant, qu'à le manger mort, à deschirer par tourmens et par geénes, un corps encore plein de sentiment, le faire rostir par le menu, le faire mordre et meurtrir aux chiens, et aux pourceaux (comme nous l'avons non seulement leu, mais veu de fresche memoire, non entre des ennemis anciens, mais entre des voisins et concitoyens, et qui pis est, sous pretexte de pieté et de religion) que de le rostir et manger après qu'il est trespassé. »[1] Ce thème de la comparaison des barbaries étrangères avec les nôtres lui inspire encore cette pensée, que « nous les pouvons donc bien appeller barbares, eu esgard aux regles de la raison, mais non pas eu esgard à nous, qui les surpassons en toute sorte de barbarie. Leur guerre est toute noble et genereuse, et a autant d'excuse et de beauté que cette maladie humaine en peut recevoir : elle n'a autre fondement parmy eux, que la seule jalousie de la vertu. Ils ne sont pas en debat de la conqueste de nouvelles terres : car ils jouyssent encore de cette uberté naturelle, qui les fournit sans travail et sans peine, de toutes choses necessaires, en telle abondance, qu'ils n'ont que faire d'agrandir leurs limites. »[2] Néanmoins, la plus remarquable, à n'en pas douter, de ces leçons discrètes, que la comparaison de nos usages avec ceux des nations présentées comme les plus barbares produit dans l'esprit de Montaigne, est celle qui concerne le pouvoir. Les peuplades cannibales de l'Amérique ne reconnaissent pas, en matière d'autorité, les principes de l'hérédité à tout prix, qui fondent la constitution de la France d'alors. Moins d'un siècle après la mort de l'auteur des *Essais*, Louis *quatorzième*, comme on disait en ce temps là, héritera du trône à l'âge de quatre ans et demi ; et au siècle suivant, son arrière-petit-fils lui succèdera à l'âge de cinq ans. On arrangea le droit avec les faits, en instaurant une régence, et le fait parût bon an mal an *normal*. Dans ses *Essais*, Montaigne rapporte qu'à l'inverse de l'hérédité pure, la pratique des peuplades cannibales est de placer l'autorité dans les mains de ceux qui sont les plus capables et les plus respectés, souvent les plus forts, parfois aussi des anciens ; et il note qu'en apprenant la pratique française, ils paraissaient fort étonnés. « Ils dirent qu'ils trouvoient en premier lieu fort estrange, que tant de grands hommes portans barbe, forts et armez, qui estoient autour du Roy (il est vray-semblable qu'ils parloient des Suisses de sa garde) se soubmissent à obeir à un enfant, et qu'on ne choisissoit plustost quelqu'un d'entre eux pour commander. »[3]

---

[1] *Essais*, I, xxx ; éd. Pléiade, p. 216.
[2] *Essais*, I, xxx ; éd. Pléiade, p. 216-217.
[3] *Essais*, I, xxx ; éd. Pléiade, p. 221.

Certainement Montaigne n'est pas ethnographe, et ses observations ne sont pas toujours justes, quand il juge des peuplades éloignées ; mais n'étaient-ils pas plus ridicules encore ces héritiers de Rousseau qui traversèrent l'Atlantique, imaginaient y retrouver l'homme bon et sain d'esprit, et y trouvèrent nos mêmes vices, de lucre, de rapacité, tout à fait établis ?

La grande richesse de Montaigne, c'est son regard curieux et cosmopolite sur le monde. « J'estime tous les hommes mes compatriotes, clame-t-il : et embrasse un Polonois comme un François ; postposant cette lyaison nationale, à l'universelle et commune. Je ne suis guere feru de la douceur d'un air naturel. »[1] Il tire d'ailleurs de ces sentiments des leçons politiques pratiques, en faisant l'éloge de la diversité et de la liberté. « Je n'ay point cette erreur commune, de juger d'un autre selon que je suis. J'en croy aysément des choses diverses à moy. Pour me sentir engagé à une forme, je n'y oblige pas le monde, comme chascun fait, et croy, et conçoy mille contraires façons de vie : et au rebours du commun, reçoy plus facilement la différence, que la ressemblance en nous. Je descharge tant qu'on veut, un autre estre, de mes conditions et principes : et le considere simplement en luy mesme, sans relation, l'estoffant sur son propre modelle. »[2] Et de la reconnaissance de la diversité, Montaigne passe sans difficulté à son intégration dans les lois. « Les hommes sont divers en goust et en force ; il les faut mener à leur bien selon eux, et par routes diverses. »[3] Grande leçon pour toutes les époques.

Esprit libre et indépendant, Montaigne estimait peu la contrainte ; sa propension à applaudir et glorifier les puissants était faible. Il demandait distinctement à ce que la postérité soit sans indulgence pour les défauts des rois quand ils avaient cessé de vivre, car toute faute devait être blâmée, même dans un roi. [4] « Toute inclination et soubsmission leur est deuë, sauf celle de l'entendement : Ma raison n'est pas duicte à se courber et fleschir, ce sont mes genoux. »[5] Les rois, disait-il encore, sont faits de même pâte que les hommes, ils ont les mêmes vices et les mêmes passions, de sorte qu'il est inutile de faire reposer notre obéissance sur autre chose que sur des motifs politiques. En vrai, seuls les effets pratiques des actions des rois les font distinguer de nous. « Les ames des Empereurs et des savatiers sont jettees à mesme moule. Considerant l'importance des actions

---

[1] *Essais*, III, ix ; éd. Pléiade, p. 1018.
[2] *Essais*, I, xxxvi ; éd. Pléiade, p. 234.
[3] *Essais*, III, xii ; éd. Pléiade, p. 1098.
[4] *Essais*, I, iii ; éd. Pléiade, p. 39.
[5] *Essais*, III, viii ; éd. Pléiade, p. 980.

des Princes et leur poix, nous nous persuadons qu'elles soyent pro-
duictes par quelques causes aussi poisantes et importantes. Nous
nous trompons : ils sont menez et ramenez en leurs mouvemens, par
les mesmes ressors, que nous sommes aux nostres. La mesme raison
qui nous fait tanser avec un voisin, dresse entre les Princes une
guerre : la mesme raison qui nous fait fouëtter un laquais, tombant
en un Roy, luy fait ruiner une Province. Ils veulent aussi legerement
que nous, mais ils peuvent plus. »[1]

Les vices des rois ne méritent pas l'approbation, par une prove-
nance supérieure qui en changerait la nature, pas plus que l'arbitraire, en prétextant ses raisons, ne s'absout de ses vices au regard
du sage.

Adversaire de l'arbitraire sans but et sans substance, Montaigne
laissa une critique substantielle de la torture, qu'on employait encore
couramment dans les affaires criminelles, mais aussi religieuses.
« C'est une dangereuse invention que celle des gehennes, et semble
que ce soit plustost un essay de patience que de verité. Et celuy qui
les peut souffrir, cache la verité, et celuy qui ne les peut souffrir. Car
pourquoy la douleur me fera elle plustost confesser ce qui en est,
qu'elle ne me forcera de dire ce qui n'est pas ? Et au rebours, si celuy
qui n'a pas faict ce dequoy on l'accuse, est assez patient pour supporter ces tourments, pourquoy ne le sera celuy qui l'a faict, un si
beau guerdon, que de la vie, luy estant proposé ? Je pense que le
fondement de cette invention, vient de la consideration de l'effort de
la conscience. Car au coulpable il semble qu'elle aide à la torture
pour luy faire confesser sa faute, et qu'elle l'affoiblisse : et de l'autre
part qu'elle fortifie l'innocent contre la torture. Pour dire vray, c'est
un moyen plein d'incertitude et de danger. »[2] À rebours de l'opinion
commune, qui prétextait que la torture détournait les âmes faibles du
mauvais chemin, Montaigne souligne à quel point elle paraît fortifier
les résolutions de ceux qui auraient peu tenu à leurs résolutions, les
eût-on laissé tranquille. « Voire je ne sçay si l'ardeur qui naist du
despit, et de l'obstination, à l'encontre de l'impression et violence du
magistrat, et du danger, ou l'interest de la reputation, n'ont envoyé
tel homme soustenir jusques au feu, l'opinion pour laquelle entre ses
amys, et en liberté, il n'eust pas voulu s'eschauder le bout du
doigt. »[3]

L'observation en rejoignait d'autres, à travers les *Essais*, pour
convaincre du démérite, en général, de l'emploi de la contrainte. À

---

[1] *Essais*, II, xii ; éd. Pléiade, p. 500.
[2] *Essais*, II, v ; éd. Pléiade, p. 387.
[3] *Essais*, II, xii ; éd. Pléiade, p. 600-601.

titre personnel même, Montaigne avait, on le sait, peu de goût pour
elle. « Je fuis le commandement, l'obligation, et la contrainte. Ce
que je fais aysément et naturellement, si je m'ordonne de le faire, par
une expresse et prescrite ordonnance, je ne sçay plus le faire. »[1] Dans
l'un des chapitres qu'il consacre à la question de l'éducation des
enfants, il reprend ce thème, et condamne l'usage des voies de contrainte. « J'accuse toute violence en l'education d'une ame tendre,
qu'on dresse pour l'honneur, et la liberté. Il y a je ne sçay quoy de
servile en la rigueur, et en la contraincte : et tiens que ce qui ne se
peut faire par la raison, et par prudence, et addresse, ne se fait jamais
par la force. »[2] La prescription, d'usage général, s'accompagnait,
dans le cas de l'éducation, de justifications particulières, l'auteur
insistant sur la petitesse d'esprit de celui qui a appris par cœur, sait
bien répéter ce qu'ont dit ses maîtres, et ne sort de l'école qu'avec
l'habilité d'un automate.

Sceptique face à l'usage de la contrainte, en quelque domaine
que ce soit, Montaigne abordait la question politique armé d'une
conviction originale. Ses commentaires sur les lois s'en ressentent.
« La plus part des choses du monde se font par elles mesmes »[3] écrivait-il, anticipant des développements futurs, sur lesquels nous reviendrons. « Il ne nous faut guere non plus d'offices, de reigles, et de
loix de vivre, en nostre communauté, qu'il en faut aux grues et for-
mis en la leur. Et neantmoins nous voyons qu'elles s'y conduisent
tres ordonnément, sans erudition. »[4] À rebours de cet idéal *négatif*,
dans lequel donna aussi Rabelais, la nation française connaissait une
profusion de lois et de règlements, incapables de régler correctement
la marche des affaires humaines. « Nous avons en France, plus de
loix que tout le reste du monde ensemble ; et plus qu'il n'en faudroit
à reigler tous les mondes d'Epicurus »[5] — on se rappelle qu'Épicure
soutenait que par suite de l'assemblage d'une infinité d'atomes, il
existait une infinité de mondes. « Et encore crois-je, continue Montaigne, qu'il vaudroit mieux n'en avoir point du tout, que de les
avoir en tel nombre que nous avons. »[6] Ce qui semble avoir été une
tentation fréquente à l'âge de l'hyperlégislation, comme nous le
montreraient les exemples de Rabelais, puis, au XVIIIe siècle, des
premiers économistes, dont *laissez-faire* sera le credo. Avant ces derniers, l'idéal négatif d'un roi *qui règne mais ne gouverne pas* se déve-

---

[1] *Essais*, II, xvii ; éd. Pléiade, p. 688.
[2] *Essais*, II, viii ; éd. Pléiade, p. 408.
[3] *Essais*, III, viii ; éd. Pléiade, p. 978.
[4] *Essais*, II, xii ; éd. Pléiade, p. 513.
[5] *Essais*, III, xiii ; éd. Pléiade, p. 1112.
[6] *Essais*, III, xiii ; éd. Pléiade, p. 1112.

loppera, s'étendra, solfié sur tous les tons. Nous le retrouverons bientôt dans sa maturité : tâchons alors de retrouver les traits qu'il avait en naissant ; et en lisant Boisguibert, Turgot, Tocqueville, Constant, n'oublions pas leur ancêtre, qui disait aussi, dans sa langue : « Les Princes me donnent prou, s'ils ne m'ostent rien : et me font assez de bien, quand ils ne me font point de mal : c'est tout ce que j'en demande. »[1]

Tout au long de cette époque charnière, quoique relativement moins étudiée, qui va de la Renaissance au siècle des Lumières, et qui voit l'abandon progressif du classicisme, comme aussi de l'autorité et de la tradition, que supplante progressivement la liberté, cette grande question de la diversité s'exprima de multiples manières : elle pénétra un à un les domaines de la connaissance et de la vie sociale, et les transforma par pans entiers. L'invasion du relativisme fut profonde et extrêmement étendue. Dans le domaine économique même, à quoi aboutit la question de la liberté du travail, sinon à reconnaître que les goûts des consommateurs étant divers, ils doivent être servis diversement, et non d'après des règlements uniformes, et encore que ce qu'un siècle a reconnu comme l'étalon du goût, peut bien ne pas convenir et ne pas être suivi partout et toujours ?

À cet égard, nous pourrions, en guise d'illustration, examiner la liberté en tout : dans la musique, dans la peinture, dans l'architecture, et jusque dans la science des jardins, qu'on sait fameuse à l'ère d'André Le Nôtre et de Versailles : on pourrait étudier les feuilles et les arbustes, dans l'apogée et le déclin de la mode « à la française », qui voulait dire tyrannique. Forcé de me borner, je me concentrerai sur la littérature, où la question de la diversité fut à l'origine d'une querelle fameuse et extrêmement influente.

La *querelle des Anciens et des Modernes*, comme on l'appelle, opposa avant tout deux conceptions extrêmement divergentes de l'art. D'un côté, lesdits Anciens soutenaient que l'Antiquité était l'horizon indépassable de la création artistique ; qu'on devait refuser la *diversité*, et n'accepter que la *conformité* aux modèles passés. De l'autre, les Modernes, favorables au progrès, entendaient repousser les bornes de l'esprit humain en l'affranchissant de l'obligation des modèles et des règles héritées de la tradition.

La prétention de l'Antiquité à servir de modèle et d'étalon de valeur à la création littéraire et artistique du XVIIe siècle avait assurément quelque chose de blessant. En plein siècle de Louis XIV, main-

[1] *Essais*, III, ix ; éd. Pléiade, p. 1013.

tenir la supériorité des Anciens, quand les génies modernes pullulaient et qu'on pouvait voir apparaître des pièces comme le *Psyché*
(1661), écrite par Molière et Corneille, sur une musique de Lully,
apparaissait aux esprits libres comme une servitude abjecte. Et lorsque, refusant leurs louanges aux Anciens pour les porter de préférence sur leurs contemporains, ils s'attiraient la réponse qu'en comparaison d'Homère, les poètes du temps étaient médiocres, leur
aigreur, certainement, allait croissante. « Nous pouvons espérer, dira
Fontenelle, qu'on nous admirera avec excès dans les siècles à venir,
pour nous payer un peu du peu de cas que l'on fait aujourd'hui de
nous dans le nôtre. »[1] Et alors la fièvre consuma les esprits ; on jeta
les lances sur l'adversaire ; les louanges les plus outrées, comme les
critiques les plus énergiques, furent adressées aux maîtres de
l'Antiquité. On leur aurait passé certaines fautes, lorsque leur mérite
était universellement reconnu ; mais dès lors que leur mode s'en
allait, on se raidissait, on se bornait, et la grandeur devenait perfection. Dans l'autre camp, le scepticisme n'apparaissait pas suffisant :
on rabaissait, on méprisait, et ce avec une grande violence. À titre
d'exemple, parce qu'il apparaît que dans l'Antiquité Homère était lu
avant tout des bonnes femmes, le poète Boisrobert, favori du cardinal de Richelieu, osa le comparer « à ces chanteurs de carrefour, qui
ne débitent leurs vers qu'à la canaille. »[2]

La querelle dégénéra malgré, ou peut-être à cause d'un équilibre
remarquable des puissances contradictoires et la présence, dans
l'arène même, de certains des plus grands esprits du temps. Les
Anciens comptaient parmi eux Boileau, l'auteur de *l'Art poétique* ;
mais aussi Racine, dont les œuvres, comme *Phèdre* ou *Iphigénie*,
s'inspiraient de l'Antiquité, la dernière étant reprise directement
d'Euripide ; et encore La Fontaine, qui lui aussi puisa dans le corpus
ancien, et notamment dans les *Fables* d'Ésope, pour bâtir son œuvre.

Selon ces auteurs, le modèle antique était gage de succès et
d'excellence ; perfectionné par un travail d'adaptation, il permettait
de livrer des chefs-d'œuvre au nouveau siècle. Dans la préface
d'*Iphigénie*, Racine se félicitera d'avoir suivi exactement Euripide
ainsi que son autre modèle, Homère, et d'avoir été approuvé par le
public parisien, qui s'émut de cela même qui provoqua l'émotion des
spectateurs d'Athènes. [3] Quant à La Fontaine, il revendiquait également ses emprunts, quoiqu'en soulignant l'importance de la part

---

[1] Fontenelle, *Digression sur les Anciens et les Modernes*, 1688 ; *Œuvres*, éd. Depping, t. II,
1ère partie, 1818, p. 363.
[2] *Journal encyclopédique*, février 1762, t. I, 1ère partie, p. 92.
[3] Jean Racine, préface d'*Iphigénie* ; *Œuvres*, éd. Pléiade, t. I, p. 699.

d'adaptation, qui permettait de faire d'un classique du passé un succès du présent :

> « Souvent à marcher seul j'ose me hasarder.
> On me verra toujours pratiquer cet usage ;
> Mon imitation n'est point un esclavage »[1]

La rhétorique des Anciens était habile et leur message présenté avec soin. Ils faisaient valoir tout d'abord ce que l'on pourrait appeler l'argument de la tradition, c'est-à-dire que ce qui a été admiré de tous temps ne peut être qu'admirable, ou que l'approbation générale fait la loi. « Un consentement si général et qui dure depuis tant d'années, demande très exactement Longepierre, ne devrait-il pas rendre un peu plus retenus ceux qui condamnent des ouvrages si universellement, je ne dis pas approuvés, mais admirés ? » [2] Et Boileau dit quant à lui, sur le mode affirmatif : « L'antique et constante admiration qu'on a eue pour un ouvrage de belles-lettres, est une preuve sûre et infaillible qu'on doit l'admirer. » [3] C'était déclarer le jugement infaillible et la tradition inattaquable. Or à l'épreuve du temps, les sciences se polissent, certaines doctrines sont abandonnées pour d'autres, et la tradition n'y peut rien ; comme pour la terre, dont le consentement universel à la dire plate, ne l'a jamais rendue moins ronde.

Une confusion est entretenue dès lors entre la grandeur et la perfection. Les Anciens, disent leurs défenseurs, ont porté les sciences à un très haut point, et aujourd'hui encore, ce n'est pas un petit objectif, pour un savant, que de se hisser à leur niveau. « L'on croit encore maintenant être bien savant quand on entend assez parfaitement tout ce qui nous est demeuré de l'Antiquité »[4] dit Mersenne. Ce qui, devons-nous dire, est preuve de leur grandeur, et non de leur supériorité, contre la conclusion que l'auteur en tire négligemment, en disant qu'à part quelques questions de détail, comme les observations sur le cosmos, « nous pouvons conclure que les Anciens ont été plus savants que nous en toutes sortes de sciences ». [5]

Acculés, les Anciens trouvaient encore à soutenir que les progrès réalisés par les Modernes dans les sciences provenaient moins d'un

---

[1] Jean de La Fontaine, À Monseigneur l'évêque de Soissons, 1687 ; *Œuvres diverses*, éd. Pléiade, p. 647.

[2] Hilaire-Bernard de Longepierre, *Discours sur les Anciens*, 1687, p. 26.

[3] Nicolas Boileau, *Réflexions critiques sur Longin*, 1693 ; *Œuvres complètes de Boileau*, éd. Daunou, 1825, t. III, p. 216.

[4] Marin Mersenne, *Questions inouïes*, 1634, p. 146.

[5] *Ibid.*, p. 146-147.

développement de l'esprit, mais de l'accumulation des faits, véritable don de la nature, et de quelques inventions, fruits du hasard. « L'unique cause de la perfection des sciences naturelles, dit Du Bos, ou pour parler avec précision, l'unique cause qui fait que ces sciences sont moins imparfaites aujourd'hui qu'elles ne l'étaient dans les temps antérieurs, c'est que nous savons plus de faits qu'on n'en savait alors. Le temps et le hasard nous ont fait faire depuis quelques siècles une infinité de découvertes. »[1] D'après lui, les anciens étaient plus intelligents, mais n'avaient pas les faits que nous, plus faibles qu'eux, avons obtenu grâce au temps. « Si nous voyons une plus grande portion de vérité que les Anciens, ce n'est donc pas que nous ayons la vue meilleure qu'eux, c'est que le temps nous en montre davantage. »[2]

Et le tableau ne serait pas complet, certainement, sans une dépréciation du temps présent, dont, parmi les causes, on me permettra d'en citer une, assez plaisante : « On peut dire que notre nation et notre siècle, dit Huet, corrompus par le goût des femmes, sont ennemis des ouvrages longs et soutenus. Il ne nous faut plus que des madrigaux, des triolets et des rondeaux. »[3] Cette dépravation et l'abaissement des esprits du siècle fait que nous méprisons les Anciens, malgré leurs mérites, comme « un peintre français de vingt ans qui arrive à Rome pour étudier ne voit pas d'abord dans les ouvrages de Raphaël un mérite digne de leur réputation ».[4]

L'argumentaire développé par les Modernes pour défendre le progrès et la liberté artistique par la fin de l'assujettissement à l'autorité et à la tradition, se concentre sur plusieurs points.

Tout d'abord, les Modernes soutiennent qu'il ne faut pas adorer sans raison, comme font les partisans des Anciens. « Je dis adorer, précise Charles Perrault, puisque renonçant à toutes les lumières de leur esprit, ils traitent de divin tout ce qu'ils y lisent, lors même qu'ils ne l'entendent pas ».[5] Et Perrault, dans son fameux discours sur « le siècle de Louis Le Grand », dit en effet :

> « La belle antiquité fut toujours vénérable ;
> Mais je ne crus jamais qu'elle fût adorable.
> Je vois les anciens, sans plier les genoux ;

---

[1] Jean-Baptiste Du Bos, *Réflexions sur la poésie et la peinture*, 1732, p. 244-245.

[2] *Ibid.*, p. 261.

[3] Pierre-Daniel Huet, Dissertation sur le parallèle des Anciens et des Modernes, ou Lettre à M. Perrault ; *Dissertations sur différents sujets*, 1720, p. 400.

[4] Jean-Baptiste Du Bos, *Réflexions sur la poésie et la peinture*, 1732, p. 273.

[5] Charles Perrault, Lettre à M. Charpentier sur la préface de l'Iphigénie de M. Racine ; *Œuvres posthumes de M. Perrault*, 1729, p. 302.

Ils sont grands, il est vrai, mais hommes comme nous ;
Et l'on peut comparer, sans craindre d'être injuste,
Le siècle de Louis au beau siècle d'Auguste. » [1]

Au lieu d'adorer aveuglément les maîtres de l'Antiquité, il faut user de sa raison, selon la leçon déjà donnée par Descartes. Dans sa dissertation critique sur l'*Iliade* d'Homère, l'abbé Jean Terrasson écrit en ce sens, en précisant son ambition : « Ma vue principale est de faire passer jusqu'aux belles-lettres cet esprit de philosophie qui depuis un siècle a fait faire tant de progrès aux sciences naturelles. »[2] Or cette appréciation par la raison n'admet aucune autorité qui repose sur la tradition plutôt que sur la vérité.

En l'occurrence, au surplus, il s'avère à l'examen que les Anciens ne sont pas sans défauts. L'œuvre d'Homère, par exemple, sur laquelle se concentrât la querelle, est remplie de fautes de goût et d'extravagances.

« Vaste et puissant génie, inimitable Homère,
D'un respect infini ma Muse te révère...
Cependant si le Ciel favorable à la France
Au siècle où nous vivons eût remis ta naissance,
Cent défauts qu'on impute au siècle où tu naquis
Ne profaneraient pas tes ouvrages exquis. »[3]

Homère avait, renchérit Terrasson « une imagination naturellement dérangée »[4], qui explique de nombreux défauts de son œuvre, lesquels ne sont pas tous imputables à son siècle. Aussi, le traducteur devait se le tenir pour dit. Loin de chercher à rendre le génie original du poète, il fallait résolument tâcher d'adapter au temps présent les écrits estimables du passé. Houdar de La Motte, traducteur de l'*Iliade*, adopta cette position et note dans l'avant-propos de son travail : « J'ai suivi de l'*Iliade* ce qui m'a paru devoir en être conservé, et j'ai pris la liberté de changer ce que j'y ai cru désagréable... Homère est quelquefois si défectueux en ce qu'il a pensé et

---

[1] Charles Perrault, Le siècle de Louis le Grand, discours prononcé le 27 janvier 1687 ; *Parallèle des Anciens et des Modernes en ce qui concerne les arts et les sciences*, éd. 1693, vol. I, p. 173.

[2] Jean Terrasson, *Dissertation critique sur l'Iliade d'Homère*, vol. I, 1715, p. iii.

[3] Charles Perrault, Le siècle de Louis le Grand ; *Parallèle des Anciens et des Modernes, etc.*, éd. 1693, vol. I, p. 176.

[4] Jean Terrasson, *Dissertation critique sur l'Iliade d'Homère*, vol. I, 1715, p. xxxiv.

dit que le traducteur prosaïque et le plus déterminé à être fidèle est souvent contraint de le corriger en beaucoup d'endroits. »[1]

Les fautes de goût dans les écrits des Anciens sont innombrables, soutiennent les Modernes. « Cicéron lui-même, dans ses plaidoyers contre Antoine, contre Clodius, contre Pison et contre Verrès, leur dit des injures en plein Sénat, qu'un honnête homme aujourd'hui aurait peine à dire devant ses valets. »[2] De même, le raisonnement est tenu en faible estime chez eux, et tout leur paraît digne de servir de preuve. Ils ne connaissaient pas l'œuvre de Descartes et la grande règle de n'adopter comme vrai que ce qui est démontré évidemment, indique Fontenelle, et ainsi ils péroraient sans approfondir leurs thèses. « Sur quelque matière que ce soit, les Anciens sont assez sujets à ne pas raisonner dans la dernière perfection. Souvent de faibles convenances, de petites similitudes, des jeux d'esprit peu solides, des discours vagues et confus, passent chez eux pour des preuves ; aussi rien ne leur coûte à prouver ». [3]

Les Modernes soutiennent encore que les accomplissements des Anciens ne sont pas le signe de leur supériorité. La contribution des Anciens est digne d'estime, cela est indubitable, dit Fontenelle, mais la raison est autre que celle qu'en donnent leurs adorateurs : ils furent brillants non par leur supériorité naturelle, mais parce qu'ils eurent le privilège de venir les premiers. Et Fontenelle d'indiquer plaisamment : « J'aimerais autant qu'on les vantât sur ce qu'ils ont bu les premiers l'eau de nos rivières, et que l'on nous insultât sur ce que nous ne buvons plus que leurs restes. » [4] Et il ajoute, plus sérieusement : « Si l'on nous avait mis en leur place, nous aurions inventé ; s'ils étaient en la nôtre, ils ajouteraient à ce qu'ils trouveraient inventé : il n'y a pas là grand mystère. »[5]

Et qu'on remarque bien qu'il ne s'agit pas dans tout ceci d'un combat d'égos ; les Modernes le reconnaissent volontiers : « nous serons quelque jour Anciens ; et ne sera-t-il pas bien juste que notre postérité, à son tour, nous redresse et nous surpasse ? »[6] Le processus cumulatif doit être permis. Dans l'opinion des Modernes, les hommes vont en se perfectionnant au fil des siècles, chaque généra-

---

[1] Houdar de la Motte, Discours sur Homère, en préface de sa traduction de l'*Iliade* ; *Œuvres de M. Houdar de la Motte*, 1754, vol. II, p. 108.

[2] Charles Perrault, *Parallèle des Anciens et des Modernes en ce qui concerne les arts et les sciences*, éd. 1693, vol. I, p. 283.

[3] Fontenelle, *Digression sur les Anciens et les Modernes*, 1688 ; *Œuvres*, éd. Depping, t. II, 1ère partie, 1818, p. 357.

[4] *Ibid.*, p. 355.

[5] *Ibid.*, p. 355.

[6] *Ibid.*, p. 358.

tion apportant sa contribution et élevant plus haut le niveau de l'humaine connaissance. Les siècles avancent et les hommes se perfectionnent. « Étant éclairés par les vues des Anciens, et par leurs fautes mêmes, il n'est pas surprenant que nous les surpassions »[1] dit Fontenelle. De même Perrault, adoptant une philosophie de l'histoire essentiellement progressiste, considère la succession des époques comme autant de petites luttes que chaque génération eut à mener avec ses armes, pour la plus grande perfection de ses petits-neveux. Dès lors ce n'est pas rabaisser l'Antiquité que de lui opposer les chefs-d'œuvre du présent : il s'agit du processus historique même. « Je ne dis point que les siècles d'Alexandre et d'Auguste aient été barbares, écrit Perrault, ils ont été autant polis qu'ils le pouvaient être, mais je prétends que l'avantage qu'a notre siècle d'être venu le dernier, et d'avoir profité des bons et des mauvais exemples des siècles précédents, l'a rendu le plus savant, le plus poli et le plus délicat de tous. Les Anciens ont dit de bonnes choses mêlées de médiocres et de mauvaises, et il ne pouvait pas en arriver autrement à des gens qui commençaient, mais les Modernes ont eu le bonheur de pouvoir choisir, ils ont imité les Anciens en ce qu'ils ont de bon, ils se sont dispensés de les suivre dans ce qu'ils ont ou de mauvais ou de médiocre ». [2] Quels progrès eurent pu accomplir les grands esprits modernes, s'ils s'étaient de tout temps cantonnés à l'imitation des Anciens ? Négligeant une « si noble émulation »[3], pour reprendre les mots de Fénelon, ils auraient manqué à leur rôle historique, qui est d'élever l'humanité à un stade encore supérieur.

À l'inverse, l'imitation pure et simple et le culte des Anciens met des bornes au talent, comme le prouve, aux dires des Modernes, l'exemple de la poésie. « La France, soutient Terrasson, n'a jamais eu de si mauvais poètes que ceux qui après François Ier s'assujettirent totalement à l'imitation des Anciens, comme Ronsard ou Jodelle qui faisaient en français des odes et des pièces de théâtre toutes grecques. Notre poésie en général et notre théâtre en particulier ne se sont perfectionnés que depuis que nous avons trouvé et suivi le vrai génie de notre langue, et l'extrême bienséance de nos mœurs. » [4] De sorte que s'il est bien un conseil à donner aux savants, aux écrivains et aux artistes, c'est de s'affranchir de la tradition, de l'autorité, pour

---

[1] Fontenelle, *Digression sur les Anciens et les Modernes*, 1688 ; *Œuvres*, éd. Depping, t. II, 1ère partie, 1818, p. 357.

[2] Charles Perrault, *Parallèle des Anciens et des Modernes en ce qui concerne les arts et les sciences*, éd. 1693, vol. I, p. 400.

[3] Fénelon, Lettre à Houdar de la Motte, 4 mai 1714 ; *Œuvres de Fénelon*, éd. 1865, vol. III, p. 245.

[4] Jean Terrasson, *Dissertation critique sur l'Iliade d'Homère*, vol. I, 1715, p. xxxviii.

composer librement selon les convenances et les goûts du temps. Dès la jeunesse même, il faut apprendre à remettre en cause le contenu des lectures proposées ou imposées. Et si on réprouve un pauvre étudiant qui critique les Anciens, il faut tenir ferme. « Un jeune homme critiquer Homère, Virgile ! Attendez, jeune téméraire, que vous ayez la barbe grise pour oser parler de ces grands hommes qui ont fait l'admiration de tous les siècles. L'on ne voit pas que d'empêcher les jeunes gens de faire de bonne heure usage de leur raison, c'est travailler à les rendre dans les suites des vieillards présomptueux et ignorants. »[1]

L'époque moderne, encore une fois, a le privilège de connaître l'œuvre de Descartes et de savoir raisonner juste. Dès lors, le recours incessant aux Anciens et la représentation de l'Antiquité comme un horizon indépassable, ne saurait que comprimer l'essor du génie dans les diverses branches de la connaissance. Dans le domaine de l'art, cessons de concevoir le tragique ou le comique à la mode ancienne, et portons plutôt les yeux sur nos mœurs et les aspirations du public. « Le vrai moyen de se gâter le goût et de faire peu de progrès vers la perfection serait de se conformer à ce que les autres ont fait, sans réfléchir à ce qui convient et à ce qui ne convient pas et sans comparer ainsi leurs ouvrages aux idées qu'on a du vrai, lesquelles ne se découvrent que par la méditation. »[2] C'est la supériorité de la liberté sur l'autorité des Anciens, dans le domaine de la création. Cette supériorité est à reconnaître et à passer dans la pratique. Et dès lors la leçon à donner à l'artiste est celle donnée par De Pons : « Non, Monsieur, non, ne soyez pas infidèle à vos lumières, osez penser par vous-même, et ne prenez point l'ordre de ces stupides érudits qui ont prêté serment de fidélité à Homère ».[3] La liberté vaudra mieux.

Dans l'art, dans la littérature, dans les sciences, s'affranchir de l'héritage des Anciens — en tant qu'il est règle fixe, et non modèle libre — permettra des progrès considérables, soutiennent les partisans des Modernes. Historiquement, une vue dégagée nous permet de prononcer ce verdict que l'épanouissement de la pensée au siècle des Lumières doit beaucoup à cette liberté nouvelle gagnée sur le terrain de la création, par les adversaires de cette tutelle embarrassante qu'on nomme la tradition. « Rien n'arrête tant le progrès des

[1] Thémiseul de Saint-Hyacinthe, *Lettre à Madame Dacier sur son livre des causes de la corruption du goût*, 1715, p. 46.

[2] Jean-François de Pons, *Lettre à Madame Dacier*, 1715 ; *Œuvres*, rééd. 1971, p. 35.

[3] Jean-François de Pons, *Lettre à Monsieur *** sur l'Iliade de Monsieur de La Motte*, 1714, p. 5-6.

choses, écrit bien Fontenelle, rien ne borne tant les esprits, que l'admiration excessive des Anciens. Parce qu'on s'était dévoué à l'autorité d'Aristote, et qu'on ne cherchait la vérité que dans ses écrits énigmatiques, et jamais dans la nature, non seulement la philosophie n'avançait en aucune façon, mais elle était tombée dans un abîme de galimatias et d'idées inintelligibles, d'où l'on a eu toutes les peines du monde à la retirer. Aristote n'a jamais fait un vrai philosophe ; mais il en a beaucoup étouffé qui le fussent devenus, s'il eût été permis. »[1] Or à partir du XVIIe et plus encore au XVIIIe siècle, le génie semblera n'avoir plus de bornes : on révoquera les traditions en tout ; et on renversa la monarchie comme une vieille statue d'Homère.

L'affranchissement de l'héritage d'Homère et des autres fut pour les créateurs de génie une bénédiction. Sans trop sortir du cadre que je me suis fixé, je prendrais l'exemple de Benjamin Constant qui, au début du XIXe siècle, conçut son propre modèle de tragédie en opposition à celui des Anciens. Dans la droite lignée de ses conceptions politiques, il voulait que le tragique provienne du poids terrible que la société, toute-puissante, faisait peser sur l'individu. « Notre public, pensait-il, sera plus ému de ce combat de l'individu contre l'ordre social qui le dépouille ou qui le garotte, que d'Œdipe poursuivi par le Destin, ou d'Oreste par les Furies ».[2] Et il écrira son fameux roman, *Adolphe*, où on lit en effet que « le malheur d'Ellénore prouve que le sentiment le plus passionné ne saurait lutter contre l'ordre des choses. La société est trop puissante. »[3]

La critique des Anciens, développé dans la querelle, permit aussi, dans les idées politiques et économiques, de s'affranchir d'un héritage encombrant. Dans ces deux domaines du savoir aussi, les écrits des Anciens avaient formé le fond des prescriptions et des réalisations. Or à mesure qu'on osa récuser leur héritage, des voies nouvelles s'ouvrirent. La condamnation des Anciens devint même la condition de toute œuvre sérieuse ; et Montesquieu, tout génie est-il, en donnant dans ce travers, s'attira les foudres de Destutt de Tracy, qui notera : « Ce profond penseur a souvent le tort de beaucoup trop respecter les peuples barbares et leurs institutions. »[4] C'est que l'organisation politique des nations de l'Antiquité, faite pour la guerre et les conquêtes, ne pouvait convenir à une époque où l'on

---

[1] Fontenelle, *Digression sur les Anciens et les Modernes*, 1688 ; *Œuvres*, éd. Depping, t. II, 1ère partie, 1818, p. 364.

[2] Benjamin Constant, « Réflexions sur la tragédie », *Revue de Paris*, 1829, p. 136.

[3] Benjamin Constant, *Adolphe*, 1817 ; *Œuvres complètes*, vol. III, 2017, p. 179.

[4] Destutt de Tracy, *Commentaire sur l'Esprit des Lois de Montesquieu*, 1819 ; *Œuvres complètes*, t. VII, 2016, p. 101.

tâchait de faire reposer le développement de la civilisation sur la paix et le commerce. Le physiocrate Le Trosne, que nous avons déjà rencontré, signala cette particularité dans son premier écrit : « Le gouvernement de Rome était purement militaire. La guerre était l'unique objet vers lequel étaient dirigées les récompenses, les châtiments, toutes les institutions. Les vertus guerrières étaient le chemin des distinctions, des honneurs et des dignités. Tous les citoyens naissaient soldats, et recevaient de bonne heure une éducation conforme à cette destination. La ville au milieu de la paix offrait une image de la guerre. Les délassements, les exercices étaient des jeux militaires. Le champ de Mars était une école publique où les jeunes gens faisaient leur apprentissage, et se formaient des corps robustes, où tous les citoyens s'entretenaient dans l'exercice et l'habitude de supporter les fatigues et les travaux. Le Romain regardait ses armes comme faisant partie de lui-même et la guerre comme son état, et il savait allier cette profession avec l'agriculture, le barreau et les autres occupations de la paix. »[1] Son collègue Nicolas Baudeau, directeur des *Éphémérides du Citoyen*, parlera quant à lui de ces « deux petits peuples que le talent d'écrire des livres élégants a rendu célèbres pour le malheur de l'humanité, c'est-à-dire des bourgeois d'Athènes et de Rome, déprédateurs avides et cruels de cent provinces, qu'ils ravagèrent moins par leurs armes quand ils voulurent les conquérir, que par leurs publicains quand ils les eurent usurpées ».[2] Pas plus qu'en politique, l'Antiquité n'apparaissait comme un modèle digne d'attention sur les questions économiques, et à travers le XIXe siècle, elle fournira même un contre-modèle particulièrement efficace aux économistes comme Jean-Baptiste Say ou Frédéric Bastiat. D'après le premier, « la législation intérieure des Anciens, leurs traités, leur administration des provinces conquises, annoncent la plus complète ignorance des fondements de la richesse des nations. »[3] Quant au second, la dépréciation de l'héritage de l'Antiquité est une constante dans ses œuvres. « L'Antiquité nous offre partout, écrit-il, en Égypte, en Perse, en Grèce, à Rome, le spectacle de quelques hommes manipulant à leur gré l'humanité asservie par la force ou par l'imposture »[4] ; ces peuples « vivaient de rapine », « toutes les propriétés

---

[1] G.-F. Le Trosne, *Discours sur le droit des gens et sur l'état politique de l'Europe*, 1762, p. 39-40.

[2] Nicolas Baudeau, *Première introduction à la philosophie économique, ou analyse des États policés*, 1771, p. 93-94.

[3] Jean-Baptiste Say, *Traité d'économie politique*, 2e éd., 1814, p. xxxiv ; *Œuvres complètes*, t. I, vol. I, p. 22.

[4] Frédéric Bastiat, *La Loi*, 1850 ; *Œuvres*, t. IV, p. 375.

étaient le fruit de la spoliation »[1] ; or il faut aux sociétés policées tout le contraire : la liberté, la propriété et la sécurité. Il en va encore de même pour les visées bellicistes de la république romaine : « la société romaine est directement l'opposé de ce qu'est ou devrait être notre société, soutient Bastiat. Là, on vivait de guerre ; ici, nous devrions haïr la guerre. Là, on haïssait le travail ; ici, nous devons vivre du travail. Là, on fondait les moyens de subsistance sur l'esclavage et la rapine ; ici, sur l'industrie libre. »[2] Tout ceci, on avait appris à le penser et à oser l'affirmer, à travers la grande querelle des Anciens et des Modernes, laquelle, d'abord restée indécise, sanctionna finalement les visées progressistes et libérales de tous ceux qui voulaient pousser plus avant l'humanité, et qui le firent en effet.

La diversité remportait un combat signalé. L'ère de la liberté s'ouvrait encore un peu plus : liberté pour les adorateurs des Anciens, de louanger et répéter les modèles passés *ad nauseam* ; liberté pour leurs contradicteurs, de s'essayer dans de nouvelles voies, multiples et diverses. Ce fut, comme on l'a dit, un facteur puissant de l'épanouissement de la pensée au XVIIIe siècle, que ce renversement des autorités et cette acceptation de la diversité. Un autre facteur, très lié, compta également, sur lequel une trop faible attention paraît avoir été accordée, en particulier par les historiens de la liberté humaine : il s'agit de l'influence de ce qu'on pourrait appeler le relativisme philosophique, et qui n'est qu'une continuation, mise en pratique, des préceptes de Montaigne.

En ouvrant les yeux sur le monde dans des fins non de domination, mais d'enrichissement mutuel, l'esprit européen rencontra une occasion historique de perfectionnement, lequel non seulement fut saisi, mais s'avéra déterminant. Forcé, là encore, de me borner, je me limiterai à l'exemple très frappant de la Chine. De manière croissante, à partir du XVIIe siècle, et suivant malgré elle les préceptes de Montaigne, l'Europe va découvrir la Chine et se servir de cet exemple pour réformer ses idées et plus tard ses institutions.

La force de ce modèle provenait d'abord de l'excellence du sujet, bien accentué par les missionnaires jésuites, principaux témoins, et directement intéressés à n'en dire que du bien ; il découlait aussi d'une acclimatation croissante, d'un dossier dressé siècle après siècle, avec les meilleures pièces.

À partir de la toute fin du XIIe siècle, les Croisades, bien que ce ne fut naturellement pas leur objectif premier, ni même un objectif

---

[1] Frédéric Bastiat, *Propriété et Loi*, 1848 ; *Œuvres*, t. IV, p. 280.
[2] Frédéric Bastiat, *Maudit argent*, 1849 ; *Œuvres*, t. V, p. 92-93.

du tout, rapprochèrent le continent européen de la Chine, après que la chute de l'Empire romain ait anéanti les maigres espoirs de rapprochement culturel et commercial. Au milieu du Moyen-âge, on se prit d'une première fascination pour l'Extrême-Orient. « Aux yeux des habitants miséreux et grossiers de l'Europe, écrit le sinologue Chklovski, l'Orient apparaissait opulent et merveilleux, comme dans un conte de fées. S'emparant des palais magnifiques, les croisés n'y voyaient que richesse, magnificence et fantaisie, sans s'apercevoir qu'en Orient également la pauvreté et la famine régnaient en maîtres. C'est à cette époque que la légende du faste et des trésors de l'Orient a été créée. »[1] En pillant Constantinople lors de la quatrième croisade, au tout début du XIIIe siècle, le français Villehardouin nota : « Les autres genz qui furent espandu parmi la ville, gaaigniérent assez, et fu si granz la gaaiez fait, que nus ne vos en sauroit dire la fin d'or et d'argent, et de vasselement, et de pierres precieuses, et de samiz, et de dras de soie, et de robes vaires, et grises, et hermines, et toz les chiers avoirs qui onques furent trové en terre. Et bien tesmoigne Joffroi de Ville-Hardouin li Mareschaux de Champaigne à son escient por verté, que puis que li siecles fu estorez, ne fu tant gaaignié en une ville. »[2]

Les premiers voyageurs à séjourner en Chine renforcèrent cette appréciation positive de l'Asie. Le plus célèbre d'entre eux est bien entendu Marco Polo, dont l'éloge de la Chine, pays où l'or, les pierreries et les richesses afflueraient par millions, parut si excessif à ses contemporains, qu'il reçut le surnom moqueur d'*Il Milione*. D'après Jacopo d'Acqui, Marco Polo aurait, sur son lit de mort, expliqué à ses amis le pressant d'avouer avoir menti sur les beautés de l'Asie, qu'il n'avait pas dit la moitié de toutes les merveilles qu'il y avait vu.[3] L'ouvrage eut une certaine renommée, et on le retrouvera plus tard entre les mains d'un certain Christophe Colomb. Ici l'histoire prend un tour curieux, qui paraît assez méconnu, quoique même le film célèbre qui lui fut consacré en 1992 soit très transparent sur le fait. Colomb prit la mer non pour découvrir l'Amérique, qu'on ignorait, mais pour découvrir une nouvelle voie pour parvenir jusqu'à l'Orient et ses richesses grandioses. L'ancienne route de la soie devenue un quasi-monopole des Turcs, elle se voyait bloquée pour les Espagnols. Il était nécessaire de découvrir une nouvelle route afin d'y accéder, et Colomb eut cette intuition géniale : pourquoi ne pas

---

[1] Victor Chklovski, *Le voyage de Marco Polo*, éd. Payot, 2002, p. 15.
[2] Geoffroy de Villehardouin, *De la conqueste de Constantinople* [1204] ; Michaud, *Nouvelle collection des mémoires pour servir à l'histoire de France*, t. I, 1836, p. 59.
[3] Jacopo d'Acqui, *Imago mundi* (vers 1330).

se diriger vers l'ouest, pour rejoindre l'Asie par l'autre côté ? En partant il fit la promesse de toucher la terre d'Asie en six semaines. Avant le départ, Colomb réunit son équipage et lui expliqua en long le but du voyage. « L'Amiral, rapporte un biographe, expose plus précisément ses intentions à ses équipages, leur raconte comment il espère rallier par le ponant les îles identifiées par les voyageurs en Asie, dont Cipango (le Japon), la plus riche et la plus peuplée, et de là gagner le continent en passant par la mer de Chine. »[1] Une fois arrivé sur les premières îles d'Amérique, l'explorateur se croît au Japon, et espère bientôt trouver la Chine. Sa correspondance de l'époque est extrêmement révélatrice et très curieuse de ce point de vue. En octobre 1492, Pinzón, capitaine de *la Pinta*, débarque sur Cuba, et il se convainc qu'il ne s'agit pas d'une île, mais déjà du contient ; d'où il conclut qu'il est peut-être déjà entré sur les terres du Grand Khan de Chine. Aussi Colomb fait-il préparer un message adressé au Grand Khan, et le fait porter par des Indiens. N'ayant pas reçu de résultats, il réitère cette action le 2 novembre. Après de premières expéditions, il revient en Espagne, puis repart en Amérique, et jamais il ne lui vient à l'esprit qu'il n'est pas sur les rivages de la mer de Chine, mais sur un nouveau continent. La fascination exercée par les récits du *Devisement du Monde* de Marco Polo, ouvrage que Christophe Colomb avait toujours avec lui dans ses traversées, poursuivait de produire ses effets.

En France, où l'on était resté en retrait à ce point de vue, les initiatives se multiplièrent sérieusement au XVIIᵉ siècle. En 1664, Colbert créa la Compagnie des Indes orientales, dans la vue d'entrer en partage avec les richesses des pays asiatiques, et de la Chine notamment. Son admiration provenait très certainement des premiers récits de voyageurs qui avaient été publiés récemment : le *Sommaire de divers voyages* d'Alexandre de Rhodes (1653), et le *Voyage au travers de la Chine* de Domingo Navarette (1658).

Pour Alexandre de Rhodes, la Chine était tout simplement « le plus grand, et à mon avis le plus riche du monde. »[2] La grandeur de sa population était signe de sa prospérité, et dépassait les bornes de l'imagination. « Le peuple de ce royaume est si nombreux, que je ne crois pas me tromper si je dis qu'il y a dans la seule Chine deux fois plus de monde qu'en toute l'Europe ; ceux qui sont allés jusqu'au bout de cet empire disent des choses incroyables des principales villes qui sont Pékin, Nankin, et Hancheau, où ils disent qu'il y a quatre millions d'âmes en chacune... J'ai vu la ville de Canton, qui

---

[1] Marie-France Schmidt, *Christophe Colomb*, 2011, p. 61.
[2] *Voyages et missions du père Alexandre de Rhodes*, éd. 1854, p. 55.

est la quatrième de Chine, où j'ai trouvé un peuple innombrable ; elle est fort grande, les rues fort larges et toujours si pleines de monde que j'avais peine à y passer. »[1] En tout, il rapporte qu'on y dénombre pas moins de 250 millions d'habitants, lesquels produisent par leur ardeur et leur travail des richesses innombrables. Commerce, artisanat, agriculture, tout est en activité, aussi bien, sinon mieux qu'en Europe.

Les voyageurs, particulièrement les missionnaires jésuites, qui vont affluer en Chine par vague, vont renouveler et renforcer cette représentation élogieuse, jusqu'à faire de la Chine un modèle, un idéal. Économiquement, politiquement, socialement, culturellement, philosophiquement, ils feront apparaître la Chine comme la devancière de l'Europe. La pureté morale même, qu'un Chrétien croirait être son monopole, car la perfection morale en dehors de la religion est impensable pour lui, devint même un objet sur lequel la Chine aurait des leçons à donner au monde. « La Chine, raconte Le Comte, a pratiqué les maximes les plus pures de la morale, tandis que l'Europe et presque tout le reste du monde était dans l'erreur et dans la corruption. »[2] Et quand il décrit les femmes chinoises, il ne peut se redresser de son langage élogieux : « On dirait à les voir que ce sont des religieuses de profession, recueillies et occupées uniquement de Dieu. »[3] Des puérilités, dira-t-on, mais qui ouvraient des questions infinies, et les libre-penseurs ou libertins du XVIIe siècle le comprirent très bien.

L'admiration de la Chine emportait à sa suite un renversement des idées, quoique l'effet n'entrât jamais dans les vues de ses promoteurs ; mais combien de fois n'a-t-on pas vu des hommes préparer d'eux-mêmes et dans l'allégresse la corde qui servirait à les pendre ?

La découverte extensive de la Chine sonna d'abord la fin de l'eurocentrisme, non qu'on cessât tout à fait de l'afficher et de le professer, car de même les hommes ne cessent jamais tout à fait de déraisonner, ou plutôt, une fois qu'ils s'entichent de préjugés, ils semblent avoir à cœur de les user jusqu'au bout ; l'exemple chinois toutefois décrédibilisa la prétention de l'Europe de marcher à la tête de la civilisation. Qu'on imagine la confusion d'un Européen du XVIIe siècle, bien fier qu'un certain Gutemberg ait inventé l'imprimerie, et qui apprend qu'on imprimait des livres en Asie, dès la fin du Ier millénaire. « Nous nous escrions, écrira Montaigne sans

---

[1] *Voyages et missions du père Alexandre de Rhodes*, éd. 1854, p. 56-57.
[2] Louis Le Comte, *Nouveaux mémoires sur l'état présent de la Chine*, 1696, vol. II, p. 146-147.
[3] *Ibid.*, vol. I, p. 268.

jalousie, du miracle de l'invention de nostre artillerie, de nostre impression : d'autres hommes, un autre bout du monde à la Chine, en jouyssoit mille ans auparavant. »[1] N'est-il pas un peu honteux pour le soi-disant supérieur européen, d'apprendre qu'au tout début du XVe siècle, époque où la bibliothèque du roi anglais Henri V comptait à peine six ouvrages, tous manuscrits, l'empereur Yongle dirigeait dans le même temps la réalisation d'une encyclopédie du savoir qui mobilisa plus de dix mille savants et aboutit à la production d'une masse littéraire de près de 12 000 volumes, soit 50 millions de sinogrammes ?

Dans le renversement des idées, que la découverte de l'autre, en l'occurrence ici, de la Chine, provoqua dans l'esprit français, la grande tolérance que les empereurs chinois manifestaient sur la question religieuse impressionnait et donnait à penser. Déjà Marco Polo notait que « les Tartares n'ont souci de savoir quel Dieu est adoré dans leurs territoires. Si seulement tous sont fidèles au Seigneur Khan et très obéissants, et payent le tribut fixé, et se maintiennent bien en justice, de votre âme vous pouvez faire ce qu'il vous plaît. »[2] Au XVIIe siècle, où la question religieuse domine de beaucoup les débats, les libre-penseurs ne manquèrent pas d'user de l'exemple chinois. Ainsi de Pierre Bayle, qui propose en modèle l'empereur régnant Kangxi : « Voilà un empereur chinois très persuadé que la religion des Jésuites est fausse et tout à fait opposée à celle dont lui et tous ses sujets ont profession, qui ne laisse pas de souffrir des missionnaires et de les traiter fort humainement. »[3] Et dans son combat pour la liberté de la pensée, contre les aberrations religieuses, il ne manque pas non plus d'insister sur la juxtaposition, en Chine, de la morale la plus pure et de l'égarement total, du point de vue chrétien, des Chinois sur la question du vrai Dieu. Bayle signale que Confucius, « qui a laissé d'excellents préceptes de morale, était athée »[4], et cela lui sert à prouver aisément que la morale peut exister sans religion.

Dans son combat contre le fanatisme religieux, Voltaire n'eut aussi de cesse de revendiquer l'exemple chinois. La liberté de conscience était une vertu chinoise à importer en France. « La fureur des prosélytes a toujours été inconnue dans la Haute-Asie, écrit-il. Ja-

---

[1] Michel de Montaigne, *Essais*, III, vi ; éd. Pléiade, 2007, p. 952.
[2] Marco Polo, *Le Devisement du Monde* ; éd. 1955, p. 21.
[3] *Nouvelles de la République des Lettres*, février 1685, p. 203.
[4] Pierre Bayle, Pensées sur l'athéisme ; *Œuvres diverses de Pierre Bayle*, 1727, t. III, 1ère partie, p. 397.

mais ces peuples n'ont envoyé de missionnaires en Europe. »[1] Le fanatisme, les persécutions, l'intolérance, n'y semblaient pas non plus en usage.

La blessure la plus profonde peut-être que la découverte de l'exemple chinois causa à la pensée traditionnelle, ancrée dans les textes religieux, fut celle relative au calendrier. L'histoire chinoise faisait remonter ses premiers empereurs à 3000 ans avant notre ère. La difficulté d'admettre l'existence d'une nation si sage, et si ancienne, était déjà en soi une source de gêne considérable pour les esprits européens : elle le devenait bien davantage, lorsque l'on se figura que la chronologie chinoise plaçait ses premiers empereurs avant même la date officiellement fixée par l'Église au Déluge. En 1584, Juan González de Mendoza, dans son *Histoire de la Chine*, rapporte que d'après les annales qu'il a consultées, les premiers empereurs chinois gouvernèrent la Chine ancienne deux siècles avant le Déluge. En 1658, Martino Martini précise qu'il s'agit de pas moins de sept souverains. Un Hollandais, Isaac Vossius, s'ingénia alors à rechercher dans les annales chinoises les traces d'un récit du Déluge, afin de pouvoir raccommoder les chronologies chrétienne et chinoise : sans succès, on s'en doute.

Et quand, après l'histoire, c'est la philosophie chinoise qu'on importa et qu'on « inocula »[2] aux Français, les répercussions furent plus grandes encore. À partir de 1687, les œuvres de Confucius furent introduites en Europe grâce aux travaux du jésuite Philippe Couplet, qui donna une large traduction latine sous le titre *Confucius Sinarum Philosophus*. Le futur Contrôleur-général de Louis XV, Étienne de Silhouette, vanta l'ouvrage et le recommanda chaudement comme « utile pour l'étude des lois naturelles »[3]. « Les livres du philosophe chinois, écrivit-il, font voir ce que la nature seule est capable de faire, lorsqu'on écoute ses conseils. Ces sortes d'ouvrages font beaucoup mieux connaître les lois naturelles, que ceux des jurisconsultes modernes. »[4] Les défenseurs du laissez-faire et de la liberté, considérée comme un droit naturel, trouvaient en Confucius un vénérable appui.

Dès lors que la Chine était reconnue comme supérieure, la pratique chinoise était un test de vérité pour toutes les opinions, comme

---

[1] Voltaire, *Le Siècle de Louis XIV* ; *Œuvres historiques de Voltaire*, éd. Pléiade, 1958, p. 1109.

[2] Melchior Grimm, *Correspondance littéraire, philosophique et critique*, mai 1786 ; éd. 1880, vol. XIV, p. 359.

[3] Étienne de Silhouette, *Idée générale du gouvernement et de la morale des Chinois*, 1731, p. 85.

[4] *Ibid.*, p. 10.

naturellement un arsenal pour tous les combats. À ceux que l'organisation sociale de la France ne contentaient pas, la Chine présentait l'image d'une monarchie stable où l'on aurait cherché en vain une noblesse héréditaire telle que la nôtre. « Les Chinois, re- marque bien Silhouette, ne reconnaissent d'autre noblesse que la vertu, et d'autre rang que celui où l'on est élevé par les charges. Par cette sage politique, ils font fleurir le commerce que l'oisiveté de la noblesse a coutume de ruiner. »[1] De même, l'auteur, affilié aux physiocrates de François Quesnay, d'une histoire de *Yu le Grand et Confucius* (1769), n'oublie pas cette particularité. « Il n'y a point de noblesse héréditaire à la Chine ; le mérite et la capacité d'un homme marquent seuls le rang où il doit être placé. Les enfants du premier ministre de l'empire ont leur fortune à faire et ne jouissent d'aucune considération ; si leur inclination les porte à l'oisiveté ou s'ils man- quent de talents, ils tombent au rang du peuple et sont souvent obli- gés d'exercer les plus viles professions ; cependant un fils succède aux biens de son père, mais pour lui succéder dans ses dignités et jouir de sa réputation, il faut s'élever par les mêmes degrés ; c'est ce qui fait attacher toutes les espérances à l'étude, comme à la seule route qui conduit aux honneurs. »[2] Cette méritocratie, qui faisait l'objet des espérances des esprits éclairés d'Europe, paraissait en Chine dans toute sa grandeur, aux dires des observateurs jésuites. Elle était renforcée par l'institution des examens impériaux, préten- dument impartiaux, et qui ouvraient seuls la voie aux postes de l'administration : ce qui offrait un contraste saisissant avec l'usage français, où la noblesse était héréditaire, et où au surplus les charges s'achetaient.

Enfin comment les intellectuels des Lumières, pour qui l'éco- nomie se rangeait, pour la première fois, au rang des préoccupations premières, pouvaient-ils ne pas méditer sérieusement l'exemple d'une nation dont la prospérité apparaissait saisissante, et toute fondée sur le respect pour la liberté et la propriété ?

À une époque où personne n'osait questionner la désirabilité d'une nation très populeuse, la population considérable de l'Empire chinois étonnait et émerveillait. « La multitude des gens qui parais- sent dans les rues est si grande qu'on en est effrayé » avait dit Le Comte.[3] Et ce dernier, continuant son compte-rendu, notait même,

---

[1] Étienne de Silhouette, *Idée générale du gouvernement et de la morale des Chinois*, 1731, p. 41.
[2] Nicolas-Gabriel Le Clerc, *Yu le Grand et Confucius, histoire chinoise*, 1769, vol. II, p. 463.
[3] Louis Le Comte, *Nouveaux mémoires sur l'état présent de la Chine*, 1696, vol. I, p. 121.

un grain impertinent : « Cela, Monseigneur, paraîtra extraordinaire à ceux qui ne connaissent que l'Europe, et qui s'imaginent que Paris est la plus grande, comme est, sans doute, la plus belle ville au monde »[1] ; et pourtant, conclue-t-il après avoir procédé à des mesures, « Paris n'est tout au plus que la quatrième partie de Pékin ».[2]

Dans son mémoire consacré à la Chine, François Quesnay pointait directement du doigt l'origine des succès économique de la Chine, comme, par ricochet, il dévoilait aussi celle des travers français. « Un Chinois passe les jours entiers à bêcher ou remuer la terre à force de bras ; souvent même, après avoir resté pendant une journée dans l'eau jusqu'aux genoux, il se trouve fort heureux de trouver le soir chez lui du riz, des herbes et un peu de thé. Mais ce paysan a sa liberté et sa propriété assurée ; il n'est point exposé à être dépouillé par des impositions arbitraires, ni par des exactions de publicains, qui déconcertent les habitants des campagnes et leur font abandonner un travail qui leur attire des disgrâces beaucoup plus redoutables que le travail même. Les hommes sont fort laborieux partout où ils sont assurés du bénéfice de leur travail ; quelque médiocre que soit ce bénéfice, il leur est d'autant plus précieux que c'est leur seule ressource pour pourvoir autant qu'ils le peuvent à leurs besoins. »[3] Et sur le même ton sermonneur, que la liberté de la parole, au siècle des Lumières, avait cessé de rendre impertinent, Pierre Poivre, le voyageur philosophe, poursuivait en s'adressant directement aux ministres de son temps : « L'extrémité orientale du continent de l'Asie, habitée par la nation chinoise, donne une idée ravissante de ce que serait toute la terre, si les lois de cet empire étaient également celles de tous les peuples… Princes qui jugez les nations ! qui êtes les arbitres de leur sort, venez à ce spectacle, il est digne de vous. Voulez-vous faire naître l'abondance dans vos États, favoriser la multiplication de vos peuples et les rendre heureux ? Voyez cette multitude innombrable qui couvre les terres de la Chine, qui n'en laisse pas un pouce sans culture ; c'est la liberté et son droit de propriété qui ont fondé une agriculture si florissante, au moyen de laquelle ce peuple heureux s'est multiplié comme le grain dans ses campagnes. »[4]

La description de la Chine se transformait en grand programme de rénovation de la France. En entrant dans mille détails, on pouvait

---

[1] Louis Le Comte, *Nouveaux mémoires sur l'état présent de la Chine*, 1696, vol. I, p. 120.

[2] *Ibid.*, p. 120.

[3] François Quesnay, *Despotisme de la Chine*, 1767 ; *Œuvres économiques complètes et autres textes*, éd. INED, vol. II, p. 1050.

[4] Pierre Poivre, *Voyages d'un philosophe, etc.*, 1768, p. 137-138.

professer des propositions de réforme claires, avec la douce consolation de parler de la France sans en parler. Quesnay, particulièrement
habile à ce jeu là, en donne un exemple fameux avec son *Despotisme
de la Chine*. Sur toutes les questions, la pratique chinoise est expli-
quée : et comme elle est meilleure que la française, elle mérite imitation. Ainsi de la fiscalité : « en général l'impôt y est fort modéré, il y
est presque toujours dans un état fixe, et il s'y lève sans frais ». [1] Et
ainsi de suite.

On comprend que tout le siècle se soit intéressé à la Chine : c'est
l'argument-massue. Turgot ne s'y trompera pas, lui qui, avant
d'entrer au ministère, cherchera à vérifier les faits qui fondent la
supériorité du libre-échange, en demandant à deux Chinois qui
avaient été emmenés en France : « Est-il libre à tout le monde de
vendre et d'acheter du riz quand il veut ? Est-il permis d'en faire des
magasins ? N'oblige-t-on jamais les marchands ou les laboureurs
d'ouvrir leurs magasins ou de le porter au marché ? Les mandarins
n'en fixent-ils jamais le prix ? Le laisse-t-on passer librement d'une
ville à l'autre dans les temps de disette ? » [2]

Les physiocrates, que nous étudierons plus à fond dans un prochain chapitre, usèrent abondamment, peut-être même abusivement,
de cette manœuvre. À l'instar des libre-penseurs, pour qui Confucius
et la Chine devaient servir à renverser le catholicisme ; ou de Voltaire, qui fit de la Chine une arme redoutable dans le combat contre
l'intolérance religieuse et le fanatisme ; de même les physiocrates en
firent usage dans la voie de la transformation révolutionnaire de la
France. Le système complet des idées françaises était à revoir,
d'après eux, et nos institutions, nées en des temps de barbarie, devaient être refondées. Or les Chinois qui, d'après Mirabeau (le père),
« nous ont dépassé de bien loin dans la connaissance des vraies et
solides bases de la société (soit montré à la durée et stabilité de leur
Empire) » [3], et qui avaient plus raison que nous de se dire supérieurs [4],
se présentaient d'eux-mêmes, et peut-être malgré eux-mêmes, comme un programme révolutionnaire : c'est celui qu'on retrouve en
toutes lettres dans les *Éphémérides du Citoyen*, le journal des physiocrates : « Nous avons sur la police de très fausses idées : on croit
qu'elle doit régler tout, ordonner tout. Police des marchés, police
des arts, des métiers et du commerce ; maîtrises, compagnonnages,

[1] François Quesnay, *Despotisme de la Chine*, 1767 ; *Œuvres économiques complètes et autres textes*, éd. INED, vol. II, p. 1112.

[2] Turgot, Questions sur la Chine adressées à deux Chinois, 1766 ; *Œuvres*, éd. Coppet, t. II, p. 464.

[3] Marquis de Mirabeau, *Lettres sur la dépravation de l'ordre légal*, 1769, vol. II, p. 108.

[4] *Ibid.*, vol. I, p. 12.

apprentissages, bayles et jurés. Il y a quatre mille ans que l'Empire de la Chine existe, il y a quatre mille ans qu'il se passe de tout cela. Nous l'avons imité, en anéantissant la plus grande partie de la police des grains ; il s'agit d'achever sur cet article de commerce, de commencer par rapport à tous les autres. » [1] Ce sera l'œuvre de la Révolution, et l'héritage, indirect, des successeurs de Montaigne.

[1] *Éphémérides du Citoyen*, 1770, t. VI, p. 260.

CHAP. III. — LA PAIX

Je dis pour la gloire de mon espèce et la félicité de mes enfants que la guerre, jadis horizon indépassable, objet de louanges, de prestige et de gloire, n'apparaît plus désormais que comme une extravagance et une folie, de celles qu'enfantent les esprits faibles, ou mal domptés, ou restés trop longtemps à bouillonner.

Suivant le conseil de l'abbé de Saint-Pierre, l'un des pacifistes qui ont le plus contribué à forger notre époque, quoiqu'ayant été bien mal payé pour le service, j'ai parfois donné de l'attention aux récits de la guerre, sentant combien dans leur férocité même ils pouvaient avoir la vertu de nous maintenir dans notre appréciation de la paix. [1] J'ai vu des bandes d'hommes s'entretuer parce qu'ils ne vivaient pas du même côté d'un fleuve ; ou parce qu'à l'époque de leur arrière-grand-père, dont ils ignoraient s'il était prêtre ou maçon, certaine querelle qu'ils méconnaissaient et qu'ils avaient l'imprudence de s'exagérer, ne fut pas correctement vidée, c'est-à-dire bien plutôt suffisamment remplie, de leur propre sang ; ou encore pour des raisons dont l'historien d'aujourd'hui reste ébahi, et qu'il préfère avouer indéterminables, quoiqu'on sache bien de quelle sorte elles étaient : raisons futiles, basses et vaines, qui n'auraient pas engagé deux poissonnières du temps à se quereller ; enfin j'ai vu tous ces hommes après le carnage se glorifier, se chanter des hymnes et se distribuer des marques d'honneur, et estimer bien haut, dans la victoire, le privilège de pouvoir pleurer leurs morts dans leur propre langage.

Au cours des siècles mêmes au cours desquels je recherche les fondements des doctrines de la liberté humaine, doctrines progressistes et pleine d'émancipation, la paix semble introuvable : c'est une exception ; au mieux elle s'appelle trêve. Aux contemporains, la guerre apparaît comme un horizon indépassable, et, d'un mal faisant un bien, on lui trouve même des vertus. En 1588, l'auteur du *Restaurateur de l'estat françois* rapporte cette opinion très commune : « On dit, que les guerres sont aux Estats et choses publiques, ce que les medecines, les saignees, les coteres et les setons sont au corps humain : Par ces moyens le corps se purge des humeurs vicieuses et surabondantes, survenues ou par l'influence des astres, ou par l'intemperie des saisons qui corrompent l'air, ou par les excés et abus faicts en ceste vie par nos peres ou par nous : les guerres semblable-

---

[1] C.-I. Castel de Saint-Pierre, *Projet pour rendre la paix perpétuelle en Europe*, 1713, t. II, p. 189.

ment nettoyent les Estats des esprits remuants et dereglés, ambitieux, coleriques, contentieux, desireux de nouveauté et affamé du bien et du sang d'autrui. » [1] J'ai déjà dit que les préjugés se maintiennent souvent fort longtemps après avoir été sapés et pleinement ridiculisés, comme si on voulait les user jusqu'au bout ; et ce préjugé là ne fait pas exception.

Au XVIIe siècle, dans lequel nous n'avons pas encore tout à fait fini de nous promener, la paix paraissait bien impensable, au sens premier du terme ; et pourtant les matériaux ne manquaient pas pour la penser. Les diverses traditions, grecque, latine, et désormais humaniste, faisaient de l'entente et de la concorde des vertus : et l'on verra plus loin le premier de nos grands pacifistes se réclamer de Cinéas, diplomate un temps sénateur, dont Plutarque, notamment, rapporta les réflexions. Dans le même temps, en France, des évènements décisifs et la juxtaposition de guerres civiles et de guerres extérieures, dont les retombées économiques étaient naturellement considérables, questionnaient de plus en plus les intellectuels.

Dès la fin du Moyen-âge, des premiers projets d'entente et de paix avaient vu le jour. Ils procédaient toutefois d'une logique incomplète, à l'image de celui de Pierre Dubois, qui ne sollicitait la formation d'une association des puissances de l'Europe chrétienne que comme un moyen de reconquérir la Terre Sainte par les armes. [2]

Deux projets, par contraste, furent véritablement innovants ; ils se succédèrent à un siècle de distance : celui d'Émeric Crucé, en 1623, et celui de l'abbé de Saint-Pierre, entre 1713 et 1717. Ces deux auteurs conclurent, à leur manière, à des propositions similaires : un pacifisme intégral, l'instauration d'institutions internationales d'arbitrage, et le respect de la pleine liberté du commerce entre les peuples.

Émeric Crucé est un auteur sur lequel on sait peu, ou pour ainsi dire rien, à part qu'il fut l'auteur d'un chef-d'œuvre : et cela nous dédommage assez de ne pas savoir en quel jour il est né, fut baptisé, ou est mort, et s'il avait femme et enfants.

La première élaboration des projets pacifistes, dont la vocation, ainsi qu'il a été dit, était plus offensive que défensive, et tournée vers la conquête, plus que vers la conservation paisible, souleva la critique de cet intellectuel méconnu, qui se proposa ainsi de dépasser le demi-pacifisme. « La paix est un subject trivial, écrit-il dans la préface de son livre ; je le confesse, mais on ne la pourchasse qu'à de-

---

[1] *Le restaurateur de l'estat françois, où sont traittees plusieurs notables questions sur les polices, la justice et la religion*, 1588, p. 3-4.

[2] Pierre Dubois, *De recuperatione Terrae sanctae*, 1305.

my. Quelques uns y exhortent les princes chrestiens, afin que par leur union ils se fortifient contre leur ennemy commun »[1].

Pour tourner le dos à cette pacification partielle, vue comme moyen de conquérir encore, Crucé plaça son œuvre sous le patronage du « Thessalien nommé Cinéas », dont Plutarque rapporte les efforts et les discours pour convaincre Pyrrus de la futilité de la guerre et des conquêtes. [2] Ce morceau d'histoire antique, fort célèbre, était aussi cité en large dans les *Essais* de Montaigne : « Quand le Roy Pyrrhus entreprenoit de passer en Italie, Cyneas son sage conseiller luy voulant faire sentir la vanité de son ambition : Et bien Sire, luy demanda-il, à quelle fin dressez vous cette grande entreprinse ? Pour me faire maistre de l'Italie, respondit-il soudain : Et puis, suyvit Cyneas, cela faict ? Je passeray, dit l'autre, en Gaule et en Espaigne : Et apres ? Je m'en iray subjuguer l'Afrique, et en fin, quand j'auray mis le monde en ma subjection, je me reposeray et vivray content et à mon aise. Pour Dieu, Sire, rechargea lors Cyneas, dictes moy, à quoy il tient que vous ne soyez des à present, si vous voulez, en cet estat ? Pourquoy ne vous logez vous des cette heure, où vous dites aspirer, et vous espargnez tant de travail et de hazard, que vous jettez entre deux ? »[3]

À l'exception des cas qui relèveraient de la stricte légitime défense, Crucé entendait bannir la guerre : elle est une barbarie, une déperdition de forces, un gaspillage ; elle nous renvoie, dit-il encore, à la sauvagerie primitive, à la pure bestialité ; et encore les bêtes, quoiqu'elles se dévorent entre elles, ne se livrent pas à la guerre à la mode humaine. « Car elles ne se battent jamais en troupe, et ne se font point la guerre sinon lors que la faim les presse ou quelque autre necessité les pousse. »[4] Tout au contraire, « les hommes forment une querelle pour peu de chose, quelquesfois de gayeté de cœur ils se mettent en campagne, non pour combattre seul à seul, mais dix mille contre dix mille, afin d'avoir le passe-temps de voir un tas de morts, et les ruisseaux de sang humain coulans parmy la plaine. »[5] Les hommes qui se livrent à la guerre paraissent donc s'occuper d'une affaire tout à fait déraisonnable, et on peut souvent dire d'eux qu'ils ont tout à fait perdu la raison, la guerre étant en politique un bien mauvais calcul. « Il y a plus de deshoneur à craindre, que de gloire à esperer en la guerre, dit l'auteur. Car le mal vient plus souvent que le

---

[1] *Le nouveau Cynée, ou Discours des occasions et moyens d'établir une paix générale et la liberté du commerce par tout le monde*, 1623, préface, p. vi.

[2] Plutarque, *Les vies des hommes illustres*, éd. Pléiade, 1967, vol. I, p. 882.

[3] Montaigne, *Essais*, I, xlii ; éd. Pléiade, p. 289.

[4] *Le nouveau Cynée*, p. 222-223.

[5] *Ibid.*, p. 223.

bien »[1] : cela s'explique en théorie, par l'excès d'enthousiasme et de confiance en soi, qui accompagne les rois en campagne, comme cela s'illustre aussi dans les faits, à travers les annales de tous les lieux et de tous les temps. « Les histoires tesmoignent, et l'experience verifie que la guerre met plustost la reputation d'un prince au hazard, qu'elle ne l'augmente. »[2] Au surplus, les guerres sont ruineuses, elles mettent les royaumes en péril et « espuisent leurs finances »[3] : un royaume tombe bien plutôt en faillite, écrasé par les frais d'une guerre, qu'il ne conquière les terres qui étaient l'ambition de sa manœuvre. Les princes mêmes qui voudraient faire la guerre pour reconquérir un territoire perdu ne seraient pas plus raisonnables : d'abord parce qu'à ce jeu là toutes les nations pourraient prétendre à changer les bornes de leurs frontières, et il faut bien fixer un jour le moment où cessera tout ce dangereux carnaval ; et en outre parce que l'affaire est toujours pleine de périls : en entreprenant de telles guerres, bien des princes ont connu la déchéance. « Ils se sont trouvez bien loing de leur compte, et pour une lieuë de pays qu'ils vouloient gaigner sur les usurpateurs, en ont perdu cinquante, et ont mis en danger leur estat : quelques uns y ont laissé l'honneur et la vie. »[4] Enfin, ajoute Crucé, quand la plainte sera bien fondée, les princes auront toujours le recours de l'arbitrage, une fois le système international mis en place. [5]

Afin de garantir la paix mondiale, l'équilibre des puissances, et le maintien de chacun dans ses frontières, dans un système où les souverains « se contentent des limites de leur seigneurerie »[6], Crucé imagine une organisation internationale, qui est le cœur de son projet, et il entre naturellement à ce propos dans certains détails. L'idée est de réunir en un même lieu les représentants de chacun des pays du monde, afin que dans cette assemblée ils puissent délibérer sur les différends qui pourraient survenir. Ainsi en cas de querelle de territoire, « les ambassadeurs de ceux qui seroient interessez exposeroient là les plaintes de leurs maistres, et les autres deputez en jugeroient sans passion. »[7] La discussion des représentants des différents pays s'engagerait, et après un processus très démocratique une décision finale serait prise par l'assemblée. Elle serait contraignante, et aurait force de loi, car dans la logique même du système, « tous

[1] *Le nouveau Cynée, etc.*, 1623, p. 9.
[2] *Ibid*, p. 11.
[3] *Ibid*, p. 13
[4] *Ibid*, p. 16.
[5] *Ibid*, p. 18.
[6] *Ibid*, p. 191
[7] *Ibid*, p. 60

lesdicts Princes jureroient de tenir pour loy inviolable ce qui seroit ordonné par la pluralité des voix en ladicte assemblée, et de poursuivre par armes ceux qui s'y voudroient opposer. »[1]

Dans l'agencement de cette assemblée internationale, le cadre premier était clair ; les difficultés naissaient de l'étude des questions de détail. Tout d'abord, il faudrait arrêter le choix d'une ville où tenir ladite assemblée. Crucé raisonne à ce sujet avec précaution, et arrête son choix en fonction de critères essentiellement géographiques, étant donné qu'« il seroit necessaire de choisir une ville, où tous les souverains eussent perpetuellement leurs amabassadeurs, afin que les differens qui pourroient survenir fussent vuidez par le jugement de toute l'assemblee. »[2] Aussi choisit-il Venise : « le lieu le plus commode pour une telle assemblee c'est le territoire de Venise, pource qu'il est comme neutre et indifferent à tous Princes : joinct aussi qu'il est proche des plus signalees Monarchies de la terre »[3].

Une autre difficulté immédiatement présente à l'esprit, et qui expliquait les concessions importantes présentes dans les projets de paix qui avaient précédé, était celle de la religion. Vaincre les haines nationales paraissait déjà téméraire : l'humanisme cependant avait appris à le faire, ou du moins à l'oser. L'espèce humaine était une : « Pourquoy moy qui suis François voudray-je du mal à un Anglois, Hespagnol, et Indien, demande Crucé ? Je ne le puis, quand je considere qu'ils sont hommes comme moy, que je suis subjet comme eux à erreur et peché, et que toutes les nations sont associees par un lien naturel, et consequemment indissoluble. »[4] Le dépassement des haines religieuses s'avérait tout autrement complexe. En ce domaine, les haines étaient très fortes, très enracinées. « Un Chrestien, raconte l'auteur, quand il rencontre un Juif ou Mahometain, pense estre contaminé de leur aspect, et s'imagine de veoir un demon : d'autre par ceux-ci et les payens ont en pareil horreur les Chrestiens. »[5] Toutes ces haines semblaient insolubles, et chacun défendait sa position à grand renfort d'écritures saintes et de miracles. Pour le bien de la paix, il faudrait toutefois passer outre, et forcer une concorde des religions. « Je n'ay pas entrepris de vuider ce differend, dit Crucé. Un plus suffisant que moy y seroit bien empesché. Seulement je diray qu'elles tendent toutes à une mesme fin, à sçavoir à la recognoissance et adoration de la divinité. Que si aucunes ne choisissent

[1] *Le nouveau Cynée*, p. 73
[2] *Ibid*, p. 60.
[3] *Ibid*, p. 61
[4] *Ibid*, p. 48.
[5] *Ibid*, p. 49.

pas le bon chemin, ou moyen legitime, c'est plustost par simplicité et mauvaise instruction, que par malice, et par consequent sont plus dignes de compassion que de haine. Qu'est-il besoin de se faire la guerre pour la diversité des ceremonies ? Je ne diray pas de religion, veu que le principal poinct d'icelle gist en l'adoration de Dieu, qui demande plustost le cœur des hommes, que le culte exterieur et les sacrifices, dont on fait tant de parades : Non que je vueille conclure au mespris des ceremonies ; mais je dis que nous ne devons persecuter ceux qui ne veulent point embrasser les nostres. »[1]

Ainsi, par la tolérance et l'acceptation de la diversité humaine, une coexistence pacifique deviendrait possible. Le cas de la chrétienté et de l'islam, Crucé le concevait comme le plus épineux ; sans en sous-estimer la difficulté, il en parlait comme d'un défi de grande portée, et proprement décisif, s'il était gagné : « Je confronte ces deux peuples, pour ce qu'ils sont par maniere de dire ennemis naturels, et ont divisé presque tout le monde en deux parties, à cause de la diversité de leur religion, tellement que s'ils se pouvoient accorder, ce seroit un grand acheminement pour la paix universelle. »[2]. Le langage hypothétique de Crucé renvoyait à la conviction commune que la chose était impossible ; sans le répéter abusivement et donner ainsi prise aux moqueries, il concevait son plan comme pleinement international, et hétéroclite. À son assemblée, les représentants de diverses religions se seraient tenus ensemble, auraient discuté, délibéré ensemble, bon an mal an.

La question religieuse était l'une des questions épineuses, l'une des objections qu'on fit sans doute à cet auteur génial, avant de l'oublier tout à fait ; lui-même pourtant ne prétendait nullement au miracle, et admettait les défis posés par son système. La paix mondiale lui paraissait toutefois un bien assez grand, et assez tangible, pour forcer les hommes à être raisonnables. C'était présomptueux, d'autant que l'affaire aurait dépendu du concours des volontés non tant des peuples eux-mêmes, que des souverains, qui ne sont pas la frange de l'humanité où les passions sont les moins vivaces. Crucé recourait à l'exhortation. « Grands Princes, écrit-il, il est en vous d'effectuer ceste saincte resolution. Tous les hommes en general, et vos peuples en particulier vous en seront obligez. »[3]

Le plan pacifique d'Émeric Crucé entendait bannir la guerre, en lui substituant le *statu quo* et la conciliation ; dans les cas précis de légitime défense, et encore pour la piraterie, il n'écartait pas toutefois

---

[1] *Le nouveau Cynée*, p. 50-51.
[2] *Ibid*, p. 14.
[3] *Ibid*, p. 22-23.

le recours à la force armée. Dans le premier cas, le droit était en entier du côté de l'agressé, aussi « c'est bien fait à un prince de s'opposer valeureusement à celui qui veut empiéter son pays. »[1] Et quant à la piraterie, elle devait être combattue et vaincue, et l'emploi des armes à cet objet ne devait être tenu pour honteux. « Que si quelques uns veulent continuer leur volerie, il les faut poursuivre, et chastier sans aucune misericorde : A ceste fin chaque Prince devroit entretenir toujours quelques vaisseaux pour combatre ces monstres marins. »[2] Cette lutte, l'auteur la justifiait par la nécessité de garantir le droit, ainsi que par l'utilité de maintenir partout une pleine liberté du commerce : « par ce moyen le commerce estant asseuré les hommes auront une belle occasion de s'addonner au trafic tant par mer que par terre. »[3]

Car le projet pacifiste de Crucé possède un pendant oublié : le libre-échange. Pour l'auteur, la liberté du commerce doit être passée dans les faits. « Les monarques doivent pourvoir, à ce que leurs subjects puissent sans aucune crainte trafiquer tant par mer que par terre »[4], ce qui passe par la lutte contre la piraterie, et l'abolition des barrières aux frontières. Au bout se trouve un monde sans contrainte, où les idées, les marchandises et les hommes traversent librement les nations et les continents. « Quel plaisir seroit-ce, s'exclame Crucé, de veoir les hommes aller de part et d'autre librement, et communiquer ensemble sans aucun scrupule de pays, de ceremonies, ou d'autres diversitez semblables, comme si la terre estoit, ainsi qu'elle est veritablement, une cité commune à tous ? »[5]

Dans son monde pacifié et ouvert, Crucé voulait encore que la politique prenne peu de place, et que conséquemment l'impôt soit faible. « Il est raisonnable, dit-il, que le prince tire quelques deniers sur les marchandises qu'on apporte et transporte hors de sa seigneurerie : mais il doibt en cela user de moderation autant qu'il luy sera possible, et principalement pour le fait des marchandises necessaires à la vie, comme bled, vin, sel, chairs, poissons, laines, toiles, et cuirs, afin que les marchands y trafiquent plus librement, et que le peuple les aye à meilleur pris »[6]. Cette ambition était bien éloignée de l'usage du temps, à l'heure du développement de l'étatisme à la française, sur lequel nous reviendrons.

[1] *Le nouveau Cynée*, p. 17.
[2] *Ibid*, p. 41
[3] *Ibid*, p. 42.
[4] *Ibid*, p. 32.
[5] *Ibid*, p. 36.
[6] *Ibid*, p. 31.

Pacifisme, libre-échange, impôts réduits : cet assemblable était peu en phase avec les idées du siècle. Épris de tels idéaux et soutenant de tels principes, Crucé était trop en avance sur son temps. Il s'en consolait, toutefois, en s'imaginant servir au bonheur de ses arrière-petits-enfants, en un temps où ses maximes seraient peut-être mieux comprises. Son livre avait cette vocation prémonitoire et anticipatrice. « S'il ne sert de rien, patience. C'est peu de chose, de perdre du papier, et des paroles. »[1] C'est moins encore, quand ce qui est perdu, peut être plus tard retrouvé.

Des deux premiers grands projets pacifistes, le premier sombra dans l'obscurité, le nom de son auteur fut perdu et ses idées n'eurent en leur temps qu'une influence modérée. Il est vrai que Sully l'a visiblement à l'esprit quand, quelques années plus tard, il conçoit lui aussi un projet de paix mondiale : cependant lui-même revient à la conception d'une Europe *pacifiée mais non pacifique*, prête à vaincre les Turcs ; en outre, il ne s'embarrasse pas d'une autorité comme Crucé : c'est sous le patronage direct d'Henri IV qu'il se place, quoique l'attribution ait été démontrée comme fausse.

Le second grand pacifiste de l'ère pré-moderne, l'abbé de Saint-Pierre, rencontra une autre forme d'ingratitude : s'il ne fut jamais tout à fait absent des mémoires, ce n'est qu'avec des moqueries que la postérité accompagna son nom. Peu d'auteurs paraissent même avoir été souillés aussi délibérément et méthodiquement que lui, qui s'attira les foudres de tous les hommes importants de son temps. Jean-Jacques Rousseau, qui eut de l'affection pour lui, au point d'avoir accepté de s'occuper d'une réédition de ses écrits, le traitait comme un marginal. Voici la critique qu'il exprime dans les *Confessions* : « Cet homme rare, l'honneur de son siècle et de son espèce, et le seul peut-être depuis l'existence du genre humain qui n'eût d'autre passion que celle de la raison, ne fit cependant que marcher d'erreur en erreur dans tous ses systèmes, pour avoir voulu rendre les hommes semblables à lui, au lieu de les prendre tels qu'ils sont et continueront d'être. Il n'a travaillé que pour des êtres imaginaires. »[2] La critique pourrait bien être renvoyée à son auteur, mais passons, car Rousseau ajoute encore : « Son imagination trompait perpétuellement sa raison. Il démontrait, il est vrai, mais il ne démontrait que les effets d'une cause impossible à produire et raisonnait très bien sur

---

[1] *Le nouveau Cynée*, p. 226.
[2] Jean-Jacques Rousseau, *Les Confessions* ; *Œuvres complètes*, Pléiade, t. I, 1959, p. 422.

de faux principes. »[1] Un autre grand du siècle, qui n'est autre que Voltaire, donne écho à ces mêmes réprimandes. D'après l'auteur du *Siècle de Louis XIV*, « cet homme moitié philosophe et moitié fou nommé l'abbé de Saint-Pierre »[2] passa sa vie à déraisonner. « Il proposait presque toujours des choses impossibles comme praticables ». [3] Voltaire, à l'évidence, ne croyait pas à la paix perpétuelle de l'abbé. « La seule paix perpétuelle qui puisse être établie chez les hommes est la tolérance, soutient-il : la paix imaginée par un Français, nommé l'abbé de Saint-Pierre, est une chimère qui ne subsistera pas plus entre les princes qu'entre les éléphants et les rhinocéros, entre les loups et les chiens. Les animaux carnassiers se déchireront toujours à la première occasion. »[4] Avoir cherché une voie alternative était funeste, jugeait finalement Voltaire, et Saint-Pierre s'était « rendu un peu ridicule en France par l'excès de ses bonnes intentions. »[5]

Les plans de l'abbé de Saint-Pierre pour établir ce qu'il nommait la « paix perpétuelle » furent accueillis avec un même scepticisme dans le reste de l'Europe des Lumières. Pour Leibniz, qui échangea ave l'abbé une large correspondance, l'ambition était honorable, mais vaine : « Pour faire cesser la guerre, il faudrait qu'un autre Henri IV, avec quelques grands princes de son temps, goûtât votre projet. Le mal est qu'il est difficile de le faire entendre aux grands princes. »[6] Et reprenant le thème de l'impossibilité pour l'espèce humaine de jamais évoluer dans la paix et la concorde, il écrivait à un ami, un brin moqueur : « Je me souviens de la devise d'un cimetière avec ce mot : *Pax perpetua*, car les morts ne se battent point ; mais les vivants sont d'une autre humeur, et les plus puissants ne respectent guère les tribunaux. »[7] En Prusse, l'abbé de Saint-Pierre n'aurait guère pu compter, non plus, sur le soutien de Frédéric II, qui, lié avec Voltaire, partageait son avis. Après avoir reçu directement de son auteur le *Projet de paix perpétuelle*, le souverain écrivit à Voltaire : « L'abbé de Saint-Pierre, qui me distingue assez pour m'ho-

---

[1] Jean-Jacques Rousseau, Fragments et notes sur l'abbé de Saint-Pierre ; *Œuvres complètes*, Pléiade, t. III, 1959, p. 657-658.

[2] Lettre de Voltaire au comte d'Argental, 8 septembre 1752 ; *Correspondance*, éd. Pléiade, t. III, p. 784.

[3] Voltaire, *Le Siècle de Louis XIV* ; *Œuvres complètes*, 1878, vol. XIV, p. 128.

[4] Voltaire, *De la paix perpétuelle, par le docteur Goodheart* ; *Œuvres complètes*, 1876, vol. V, p. 355.

[5] Voltaire, Discours en vers sur l'Homme ; *Mélanges*, éd. Pléiade, 1961, p. 1430.

[6] Lettre à Saint-Pierre, 7 février 1715 ; *Correspondance de Leibniz avec Castel de Saint-Pierre*, 1995, p. 31.

[7] Lettre à Grimarest, 4 juin 1712 ; *Correspondance de Leibniz avec Castel de Saint-Pierre*, 1995, p. 24.

norer de sa correspondance, m'a envoyé un bel ouvrage sur la façon de rétablir la paix en Europe et de la constater [sic] à jamais. La chose est très praticable. Il ne manque pour la faire réussir que le consentement de l'Europe et quelques autres bagatelles semblables. »[1]

En dehors de la sphère des philosophes, l'abbé de Saint-Pierre s'attirait encore les foudres. Après avoir fortement critiqué les « ducs sans emploi » qu'on trouvait à Versailles, et « qui n'ont aucun mérite distingué envers la nation », et après avoir jugé que « les généraux d'armée, tels que sont parmi nous les maréchaux, devraient être les seuls ducs de France »[2], Saint-Pierre ne pouvait guère espérer l'amitié de ces gens-là. Le duc de Saint-Simon, auteur des fameux *Mémoires*, étant l'un de ceux-ci, on ne s'étonnera guère de ses remarques désobligeantes. « L'abbé de Saint-Pierre était un vieux fat », écrit-il, qui « s'estimait un homme merveilleux en tout »[3]. « Il fit un livre où il déclama contre le pouvoir despotique et souvent tyrannique que les secrétaires d'État et les contrôleurs généraux des finances avaient exercé sous le feu roi, qu'il appela vizirs »[4] : selon l'auteur des *Mémoires* ce livre de la *Polysynodie* « était plein de chimères sur le gouvernement, comme plusieurs autres de politique qu'il publia depuis, à la ruine de ses libraires »[5].

Je ne m'arrête pas sur les circonstances qui firent exclure l'abbé de Saint-Pierre de l'Académie française, quoique l'épisode, très rare dans l'histoire de cette institution, est curieux et instructif : il avait osé critiquer le bellicisme de Louis XIV, en un temps et en un lieu où on lui passait tous ses défauts, et surtout celui-ci ; je me borne à dire qu'à sa mort, son successeur à l'Académie, Maupertuis, n'eut pas à faire son éloge. Il fut réalisé bien des années plus tard, en 1775, par nul autre que d'Alembert, à un moment où les philosophes étaient au plus haut (Turgot, un encyclopédiste, était Contrôleur général). D'Alembert fut cependant au final assez sévère avec le projet de paix perpétuelle et d'union européenne, jugeant que « quiconque en formant des entreprises pour le bonheur de l'humanité ne

---

[1] Lettre de Frédéric II à Voltaire, 12 avril 1742 ; *Œuvres complètes* de Voltaire, t. XXXIV, 1890, p. 281.

[2] Castel de Saint-Pierre, Projet pour rendre les titres plus utiles au service du roi et de l'État ; *Ouvrages de politique*, t. II, 1733, p. 123-124.

[3] Saint-Simon, *Mémoires*, éd. Pléiade, t. VI, 1988, p. 971

[4] *Ibid.*

[5] *Ibid.*

fait pas entrer dans ses calculs les passions et les vices des hommes n'a imaginé qu'une très louable chimère ».[1]

Si Saint-Pierre avait été rejeté comme chimérique, sur la base de ses idées seules, le dédain aurait été pardonnable. Mais ces critiques théoriques furent accompagnées par une litanie d'insultes et de flétrissures humiliantes. Ainsi, parce que lui-même abbé, il s'était prononcé en faveur du mariage des prêtres, on douta de la sévérité de ses mœurs, et Rousseau lui prêtera même gratuitement une intense vie amoureuse. Ses réflexions étaient pourtant sensées : un prêtre marié donnerait à sa communauté l'exemple d'un bon père de famille ; les enfants qui naîtraient de son union renforceraient le royaume et seraient bien éduqués dans la religion chrétienne. Les moqueries toutefois l'emportèrent. Car en outre, le bon abbé s'occupait de plusieurs enfants abandonnés : plutôt que de saluer un geste de charité chrétienne, on en conclut que ces enfants étaient le fruit d'une de ses unions de passage, qu'on postulait déjà sans fondement. D'infinis commérages de bas-étage allaient en se répétant de bouche en bouche, et jusqu'aux meilleurs de nos écrivains. Dans *l'Émile*, Rousseau n'éprouve guère de honte en écrivant : qu'« un célèbre écrivain politique de ce siècle, dont les livres sont pleins de grands projets et de petites vues, avait comme tout le clergé de sa communion fait vœu de n'avoir point de femmes en propre et de se contenter des femmes de son prochain. Mais se trouvant plus scrupuleux que les autres et n'aimant pas l'adultère, on dit *[remarquez bien ce mot]* qu'il prit le parti d'avoir de jolies servantes avec lesquelles il réparait de son mieux l'outrage qu'il avait fait à son espèce, à l'État, à la nature et à son auteur par un vœu téméraire. Il regardait comme un devoir du citoyen d'en donner d'autres à sa patrie, et du tribut qu'il payait en ce genre à la sienne il peuplait la classe des artisans. »[2] Et dans une autre note il écrit : « L'abbé de Saint-Pierre voyait sa maîtresse tous les samedis, et cessait sitôt qu'elle était enceinte. »[3]

Du mépris pour les idées, des commérages pour l'homme : que faudrait-il encore pour saper pleinement l'autorité d'un intellectuel ? Il faudrait peut-être cette dernière précaution de rendre ses livres illisibles, et c'est ce que, malheureusement, l'abbé de Saint-Pierre se chargea de faire de lui-même. Le raisonnement lui avait fait observer dans notre langue un grand nombre d'incohérences et il conçut

---

[1] Jean Le Rond d'Alembert, *Éloge de l'abbé de Saint-Pierre*, 1775 ; *Œuvres de d'Alembert*, éd. 1821, vol. III, p. 257.

[2] *Émile ou de l'éducation*, 1762 ; *Œuvres complètes de Rousseau*, éd. Pléiade, t. IV, p. 473

[3] *Œuvres complètes de Rousseau*, éd. Pléiade, t. IV, p. 662.

l'ambition d'une réforme de l'orthographe. Il est vrai que notre orthographe est pleine de bizarreries : elles s'expliquent toutes, par l'histoire, les usages et l'étymologie ; mais une complexité fondée sur des raisons historiques, n'en reste pas moins une complexité. Passe encore que *f* et *ph* se prononcent de même ; mais que dans « je vais » le *s* ne se prononce pas, dans « maison » il se prononce *z*, et dans « son » il se prononce *s*, on peut bien y trouver à redire. On prétextera peut-être que les usages, même défectueux, doivent être maintenus, quand ils restent préférables à la peine qu'entraînerait un bouleversement : cela peut être, et je n'ai pas à le juger : il reste que rétrospectivement, c'est une question qui mériterait d'être bien étudiée, de savoir si une langue française à l'orthographe simplifiée aurait eu une chance de se maintenir comme la langue internationale qu'elle était encore au XVIIIe siècle. Et pour revenir tout entier à notre sujet, Saint-Pierre, en composant ses ouvrages avec son orthographe réformée et simplifiée, n'en assura pas la pérennité et la lisibilité.

L'abbé de Saint-Pierre apparaît toutefois rétrospectivement comme l'un des pacifistes les plus pénétrants. Avec Crucé, il est le seul à défendre une organisation de la paix qui ait la paix même pour objectif et finalité, contre tous les faiseurs de projets, qu'on peut dire innombrables, qui rêvaient une Europe en paix mais non pacifiste : c'est-à-dire chez qui la paix de l'Europe n'était qu'un moyen de l'unir contre un ennemi commun, généralement les Turcs. Contrairement aux pacifistes qu'on pourrait appeler moralistes, l'abbé de Saint-Pierre ne proposait pas non plus une énième ode à la paix. Il ne s'attachait pas uniquement à montrer que la paix était morale et juste, et la guerre injuste et barbare. Il construisait un système d'institutions capables de la garantir. Son seul équivalent est Émeric Crucé : et encore celui-ci n'entrait pas dans les moindres détails de l'organisation, comme le fit l'abbé de Saint-Pierre.

L'abbé fournit une analyse de l'organisation de la paix extrêmement précise, qui offre une base de réflexion incroyable pour nous, citoyens de l'Union Européenne. Dans son propre projet d'« union européenne », car le mot est déjà chez lui, Saint-Pierre sait qu'il a peu de chance de convaincre, et il s'attache donc à traiter toutes les objections possibles. Certains points sont extrêmement curieux à lire : « Treizième objection : Nul souverain ne voudra d'arbitres perpétuels pour décider ses différends futurs » ; « Vingt-cinquième objection : Christianisme et Mahométisme irréconciliables » ; « Quarante-septième objection : Une longue paix effacera toute idée des malheurs de la guerre » ; « Cinquante-quatrième objection : L'opulence du peuple le dispose à la révolte » ; « Soixante-quatrième objection : Vingt-trois souverains peuvent se liguer pour dépouiller le

vingt-quatrième, et pour partager sa dépouille ». [1] Toutes ces objections, et tant d'autres, sont étudiées avec soin par l'auteur.

L'une d'elle mérite peut-être de nous arrêter : dans son *Projet pour
rendre la paix perpétuelle en Europe* (1713), l'abbé de Saint-Pierre examine l'objection suivante : comment parvenir à concilier les différentes religions dans une Confédération ou Union Européenne ? Il y
répond en soulignant que son projet de paix et de société européenne
laisse les peuples suivre la religion qu'ils veulent et que la pluralité
des religions n'est pas, quoiqu'on en dise, un obstacle à la paix et à
l'union, puisque l'histoire montre de multiples exemples de con-
cordes entre peuples de religions différentes. Et il dit : « L'Union
qu'on propose n'est pas la conciliation des religions différentes, mais
la paix entre nations de différentes religions... Dans le projet, on
laisse chacun dans sa religion ». [2]

Le pacifisme de l'abbé de Saint-Pierre découlait de la situation
de son temps et des réflexions qu'il mena. Le temps était aux guerres
incessantes et aux traités de paix à répétition : de sorte qu'après des
chamboulements terribles, des pertes en hommes et en capitaux, on
trouvait un équilibre provisoire, instable et insatisfaisant, qui faisait
repartir tout ce beau monde en bataille, à la moindre occasion. Ce
contexte nourrissait un ressentiment général contre la guerre, et en
1708, dans son *Mémoire sur la réparation des chemins*, l'abbé de Saint-
Pierre parlait déjà d'un projet d'arbitrage international par lequel les
souverains pourraient « terminer sans guerre leurs différends futurs
et entretenir aussi un commerce perpétuel entre toutes les nations ». [3]
Quelques évènements successifs renforcèrent encore son opinion : la
mort de Louis XIV, en 1715, et les traités d'Utrecht (1713) et de
Rastadt (1714), qui mirent fin à la guerre de succession d'Espagne.
À mesure que les circonstances évoluaient et qu'il recevait commentaires et critiques, Saint-Pierre affina peu à peu ses propositions, qu'il
livra dans plusieurs ouvrages successifs : un volume de *Mémoires pour
rendre la Paix perpétuelle en Europe*, en 1712 ; puis ce sera le *Projet pour
rendre la paix perpétuelle en Europe*, en trois volumes, dont les deux
premiers sont publiés en 1713, et le troisième en 1717, avec cette fois
le titre de *Projet de traité pour rendre la paix perpétuelle entre les souverains
chrétiens*.

Les différentes réécritures, qui rappellent les réformes constitutionnelles et les élargissements de notre Union Européenne, décou-

---

[1] Castel de Saint-Pierre, *Projet pour rendre la paix perpétuelle en Europe*, t. II, 1713, p. 82,
127, 188, 207, 260.
[2] *Ibid*, p. 127.
[3] Castel de Saint-Pierre, *Mémoire sur la réparation des chemins*, 1708, p. 76.

laient en droite ligne des critiques qu'il recevait. Son idée première d'une organisation proprement internationale, d'une paix pleinement internationale, était sensiblement repoussée comme une chimère. Le propos de la princesse Palatine illustre la cause de ces revirements : dans une lettre du 28 juin 1711, elle raconte que l'abbé de Saint-Pierre « fait projets sur projets pour arriver à la paix perpétuelle. Il veut écrire tout un livre là-dessus. Voici son premier cahier ; mais je doute qu'il achève l'ouvrage ; on s'est bien moqué de lui déjà. »[1]

Ainsi, contrairement à Crucé, qui développe un véritable universalisme, Saint-Pierre s'est progressivement recroquevillé, vraisemblablement sous la pression des critiques, qui accusait son utopisme ; il aboutit à une Union strictement européenne. Si Saint-Pierre commença par concevoir un système mondial de la paix, le projet qu'il livra au public en 1712 parle d'une union qui comprend l'Europe et s'étend à l'espace méditerranéen (Turquie et Maroc sont cités) et va jusqu'à la Moscovie. L'année suivante, à cause des critiques d'utopisme qu'il reçoit, il revoit son projet et en livre une version moins ambitieuse dans le *Projet pour rendre la paix perpétuelle* : il ne s'agit plus d'une union mondiale, ni d'une union européenne large, mais d'une confédération européenne *stricto sensu*. « Mes amis m'ont fait remarquer que, quand même dans la suite des siècles la plupart des souverains d'Asie et d'Afrique demanderaient à être reçus dans l'Union, cette vue paraissait si éloignée, et embarrassée de tant de difficultés, qu'elle jetait sur tout le projet une apparence d'impossibilité qui révoltait tous les lecteurs ».[2] Saint-Pierre n'abdique toutefois pas complètement et suggère aux pays asiatiques de créer une confédération entre eux, similaire à la confédération européenne.

C'est pourtant aussi ce qui fait son actualité : de même que Crucé nous donne à penser l'organisation internationale, ce qu'est devenue l'Organisation des Nations Unies, l'abbé de Saint-Pierre nous engage dans des réflexions sur la nature, les modalités et les chances de succès d'une Union Européenne, fondée sur le double objectif de la paix et de la liberté du commerce.

À le lire sur ces sujets, il nous paraîtrait presque un contemporain, car les mêmes difficultés qui nous font face, se présentaient à son esprit. Il en va ainsi, par exemple, de la question, assez cruciale, du nombre d'États membres, qui paraît avoir posé de grandes difficultés à l'abbé de Saint-Pierre. Il estime que si l'Union est trop pe-

---

[1] *Correspondance de Madame, Duchesse d'Orléans*, éd. 1880, t. II, p. 86.
[2] Castel de Saint-Pierre, *Projet pour rendre la paix perpétuelle en Europe*, t. I, 1713, p. xix-xx.

tite, elle manquera de force pour imposer la paix sur le continent ; que si elle est trop grande, son action risque d'être entravée par des conflits internes.

Pour garantir la paix entre les nations européennes réunies en Union, Saint-Pierre conçut une chartre ou constitution, qui précisait les modalités de règlement des différents et entérinait le principe de la conservation à l'identique des frontières nationales. « Les grands alliés, dit l'article 3, pour terminer entre eux leurs différends présents et à venir, ont renoncé et renoncent pour jamais, pour eux et leurs successeurs, à la voie des armes, et sont convenus de prendre toujours dorénavant la voie de conciliation par la médiation du reste des grands alliés dans le lieu ordinaire de l'assemblée générale. »[1] Ce que précisait encore l'article suivant : « Si quelqu'un d'entre les grands alliés refuse d'exécuter les jugements et les règlements de la grande alliance, négocie des traités contraires, fait des préparatifs de guerre, la grande alliance armera et agira contre lui offensivement jusqu'à ce qu'il ait exécuté lesdits jugements ou règlements, ou donné sûreté de réparer les torts causés par ses hostilités et de rembourser les frais de la guerre suivant l'estimation qui en sera faite par les commissaires de la grande alliance. »[2]

En suivant ces modalités, les souverains d'Europe en resteraient à leurs propres frontières, sans agrandissement d'aucune sorte. Cette immuabilité des frontières, sorte de grand *statut-quo*, était posé par les articles 2 et 4 du Traité fondamental, pour lesquels Saint-Pierre offrait ces éclaircissements : « Le principal effet de l'Union est de conserver toutes choses en repos en l'état où elles se trouvent. »[3] (Article 2) « Il faut un point fixe pour borner le mien et le tien. Or, en fait de territoire, la possession actuelle est un point très visible. » (Article 4)[4]

Pour renforcer la sécurité générale de l'Europe et garantir la liberté du commerce, l'abbé de Saint-Pierre instituait encore dans son projet une véritable confédération européenne, qu'il nommait successivement *Corps européen*, *Société Européenne*, puis *Union Européenne* : les termes importent peu chez lui. L'institution même, sorte de parlement où les représentants des différentes puissances européennes se réunissent, était tantôt une *Diète européenne*, tantôt un *Congrès* ou un *Sénat*. Ce sont des détails et, vraisemblablement, sa pensée ne se fixa jamais sur une forme particulière.

[1] Castel de Saint-Pierre, *Abrégé du projet de paix perpétuelle*, 1729, p. 27.

[2] *Ibid*, p. 30.

[3] Castel de Saint-Pierre, *Projet pour rendre la paix perpétuelle en Europe*, t. I, 1713, p. 291.

[4] *Ibid*, p. 299.

Les représentants des différentes nations européennes siègeraient au sein d'un parlement, donc, dont la mission première serait de préserver la paix. La ville du siège de cette assemblée serait choisie de façon à ce qu'elle soit au centre de l'Europe. La Confédération serait financée par des contributions égalitaires des différents pays membres, pour un total de budget fixé à 25 millions de livres. Une banque européenne maintiendrait des réserves. Enfin on aurait la possibilité de réviser la constitution si nécessaire.

Dans le parlement, l'abbé de Saint-Pierre ne souhaitait pas que les petites souverainetés entravent le processus : il était hors de question pour lui que « les très petites républiques, ou les très petits souverains, demandent opiniâtrement d'avoir chacune une voix, chose… qui rendrait la formation de la Société impracticable. Quelle apparence y aurait-il de donner une voix au Prince de Monaco, par exemple ? »[1] Ce parlement européen, en outre, aurait pour seul objet de garantir la paix et la liberté du commerce ; il n'aurait pas vocation à produire des lois nationales ni à intervenir dans la politique des républiques et des monarchies qui auraient accepté de se réunir en Union.

L'abbé de Saint-Pierre présentait la liberté du commerce à la fois comme une cause et une conséquence de la paix entre les nations. Elle était d'abord une conséquence, car « il n'y a que dans l'arbitrage permanent que le commerce serait universel et perpétuel. »[2] Ceci explique que dans son esprit l'Union Européenne ait à se fixer deux objectifs solidement joints : la paix et le libre-échange. Après avoir garanti la paix par l'entente et l'arbitrage, le but de l'Union est d'assurer avant tout la continuité du commerce. Aussi l'Union devra-t-elle s'assurer « qu'aucune Nation ne soit préférée l'une à l'autre et que toutes soient également libres de venir vendre et acheter ces marchandises ».[3] À son tour, continuait l'abbé, le commerce provoque la tolérance et la paix, en rapprochant les cultures et en adoucissant les mœurs, pour reprendre la formule célèbre de Montesquieu. Son impact positif sur la tolérance religieuse était également mis en avant par l'abbé de Saint-Pierre : « Par le fréquent commerce les opinions seront fréquemment comparées et avec le seul secours des fréquentes comparaisons on peut espérer que les opinions les plus raisonnables prendront à la fin le dessus et par conséquent que

---

[1] Castel de Saint-Pierre, *Projet pour rendre la paix perpétuelle en Europe*, t. I, 1713, p. 337.

[2] Castel de Saint-Pierre, *Projet de traité pour rendre la paix perpétuelle entre les souverains chrétiens, etc.*, 1717, p. 224.

[3] Castel de Saint-Pierre, *Projet pour rendre la paix perpétuelle en Europe*, t. I, 1713, p. 323.

la raison servira beaucoup à amener les hommes à la véritable religion. »[1]

On dira de tout ce plan qu'il était prémonitoire ou qu'il était essentiellement utopique, selon les opinions de chacun. Et à ce titre, l'abbé de Saint-Pierre était appelé à une destinée toute similaire à Crucé ; il le reconnaissait du reste, écrivant vers la fin de sa vie : « Je me trouve depuis plus de vingt-cinq ans solliciteur de l'intérêt public, mais sans crédit, et par conséquent fort peu utile au public présent. Il est vrai que mes projets subsisteront, et que plusieurs entreront peu à peu dans les jeunes esprits de ceux qui auront part un jour au gouvernement, et pourront alors être fort utiles au public futur : et cette considération sur l'avenir m'a toujours payé magnifiquement de mes peines présentes. »[2]

Né au temps des classiques, l'abbé de Saint-Pierre est mort à l'aube de l'avènement des encyclopédistes et de la physiocratie. Assurément, les mauvaises langues diront qu'il n'a pas abandonné les tares de ses formateurs, et ne possède pas la doctrine de ceux qui vont plus tard l'éclipser. Toutefois, en agitant des matières qu'on n'avait pas l'habitude de discuter avec le public, en s'élevant contre les idées de son temps, il a préparé l'avènement de cette phalange d'écrivains pour qui les tabous n'existaient plus et devant qui la censure finirait par être impuissante. Il a préparé — ou peut-être enclenché, avec d'autres — le grand chamboulement intellectuel qui va conduire à l'apogée de la philosophie, au réformisme et enfin à la Révolution. Dans le domaine propre du pacifisme, il a œuvré, plus encore que Crucé, pour transformer l'organisation internationale de la paix, d'un rêve qu'il était encore, à une proposition concrète, propre à être amendée, discutée, vue et revue enfin, jusqu'à ce qu'on se sente assez téméraire pour la transcrire dans les lois.

[1] Castel de Saint-Pierre, *Projet pour rendre la paix perpétuelle en Europe*, t. II, 1713, p. 128.
[2] Castel de Saint-Pierre, Observations politiques sur le gouvernement des rois de France, 1735 ; *Ouvrages de politique*, t. IX, p. 65.

CHAP. IV. — LE LAISSEZ-FAIRE

Au cours de ce XVIIe siècle que nous avons parcouru de long en large et que nous nous apprêtons à quitter, un processus particulièrement digne de mention poursuivait son lent cheminement : je veux parler du développement de l'étatisme, qui est encore alors monarchique et qui deviendra plus tard démocratique, avec sa tendance constante à la centralisation et à la compression des libertés individuelles. Les étapes furent multiples, chaque roi ajoutant à l'œuvre commune ; la direction finale était toutefois certaine, ainsi que les effets pratiques de cette politique. Afin d'assumer un rôle croissant, l'État central multipliait les impositions. « On a mis taille sur taille, et imposition sur imposition »[1] déplore Bernard de Girard en 1570 ; « la plupart des contribuables n'en peuvent plus, sont mangez et remangez »[2] renchérit Nicolas Froumenteau quelques années plus tard. Ces auteurs participent d'un bouillonnement intellectuel qui, à travers tout le XVIIe siècle, accuse l'excessive fiscalité et recherche des voies alternatives.

Le pouvoir royal se renforce, s'étend, se veut pléthorique ; s'il ne peut pas encore tout, il y prétend, et cette ambition annonce déjà le drame final. Les ressources, mêmes multipliées, ne sont jamais suffisantes : elles sont consommées à peine obtenues. La royauté suit une politique propre à l'enfance et même au tout premier âge : c'est la récolte sans précaution, la razzia, la survie au jour le jour, par une alimentation de la main à la bouche. « Tout se réduit à fermer les yeux et à ouvrir la main pour prendre toujours, sans savoir si on trouvera de quoi prendre », écrit justement Fénelon.[3]

Car cet envahissement fiscal et législatif des sphères économiques et sociales s'accompagne de drames récurrents qui, à l'aube du XVIIIe siècle, se multiplient et s'amplifient, comme pour donner aux bons esprits le goût d'un autre chose. C'est d'abord la grande famine de 1693-1694, au cours de laquelle la France perd un million et demi d'habitants ; puis à nouveau celle de 1709, qui conclut une nouvelle décennie de déboires.

Aux yeux des observateurs, le simple paysan, l'artisan, semblent particulièrement vulnérables, tenus à la gorge, comme ils sont, par le

---

[1] Bernard De Girard, *De l'estat et succez des affaires de France* [1570], éd. 1572, p. 130.
[2] Nicolas Froumenteau, *Le secret des finances de France*, 1581, p. 28.
[3] Mémoire sur la situation déplorable de la France en 1710 ; *Œuvres de Fénelon*, éd. 1865, vol. III, p. 404.

collecteur, même dans les années fastes. Le moindre aléa climatique, la moindre gêne dans les récoltes, produisent tout à coup des ravages. En 1693, c'est l'abondance des précipitations qui cause le drame. Le nécessaire vient à manquer ; on meurt chez soi dans son lit, par décence, ou sur les chemins, par désespoir. Autour de Saint-Laurent-Rochefort le curé du lieu note qu'« on trouvait quantité de pauvres morts dans les chemins, sans secours, qui marchaient jusqu'à ce qu'ils tombaient. »[1] Quand ils s'en présentaient devant eux, les curés apportaient de l'aide tant qu'il le pouvaient. « Il en venait, raconte l'un d'eux, qui étaient tellement épuisés et abattus par la faim, qu'ils ne pouvaient pas même desserrer les dents pour manger. On leur ouvrait les dents avec une cuillère à bouche, pour leur faire avaler un peu de vin ou de bouillon. »[2] Les parents se résignaient à abandonner leurs enfants à l'hôtel-Dieu, à la charité, ou au milieu d'un bois : la pratique inspirera le *Petit Poucet* de Charles Perrault, qui paraît quelques années plus tard, en 1697. L'abattement et le désespoir étaient partout. « On était vraiment las d'être au monde »[3] notera le curé de Rumegies, près de Valenciennes.

Deux années voient disparaître tout un peuple. « La campagne est presque déserte, écrit Michel Le Vassor en 1695 : une infinité de gens sont morts de faim, de misère, de maladies populaires. Les villages que nous avons vus beaux et peuplés, sont détruits et abandonnés ; la plus grande partie des laboureurs et des artisans sont à la mendicité », et il ajoute immédiatement : « sur qui voulez-vous que le roi lève désormais la taille ? »[4] Les gouvernants n'en maintenaient pas moins leurs récoltes, car l'impôt croît et se récolte en toute saison ; et si Mme de Maintenon assure que le roi ne méconnaissait pas la gravité de la situation sociale (« il connaît la misère de ses peuples ; rien ne lui est caché là-dessus »[5]), l'organisation de la Ferme générale et des collecteurs, à la base du système fiscal de ce temps-là, n'en avaient pas moins la mission de trouver à tout prix de l'argent. Le pouvoir donnait alors matière à la plainte que Condorcet formulera plus tard dans ces termes : « Les médecins sont comme les

---

[1] Curé de Saint-Laurent-Rochefort, dans la Loire ; Marcel Lachiver, *Les années de misère : la famine au temps du Grand Roi, 1680-1720*, 1991, p. 164.

[2] Registre d'un monastère de l'Oise ; Victor de Beauvillé, *Documents inédits sur la Picardie*, t. II, 1867, p. 485.

[3] *Journal d'un curé de campagne au XVIIe siècle*, publié par H. Platelle, éd. 2010, p. 37.

[4] *Lettres d'un gentilhomme français sur l'établissement d'une capitation générale en France*, 1695, p. 12.

[5] Lettre à Mme de Brinon, 14 octobre [1693] ; *Lettres de madame de Maintenon, 1690-1697*, éd. 2010, p. 345.

ministres. Pourvu que le malade ne meure point, et que les peuples ne se révoltent point, ils s'embarrassent peu comment ils vivent. »[1]

Une décennie plus tard, c'est le froid qui fit des ravages sur cette population déjà affaiblie. On sait que les conditions matérielles de la vie n'étaient pas les mêmes qu'aujourd'hui, et les demeures rarement chauffées. Je ne citerai pas à nouveau le couple royal, mais Mme de Sévigné qui, vivant dans une certaine aisance, concluait cependant l'une de ces lettres de l'année 1695 par cette phrase : « Le froid me glace et me fait tomber la plume des mains. »[2] L'hiver glacial de 1709 n'arrangea rien. Avant d'emporter un grand nombre d'habitants dans la tombe, le froid frappa les esprits. À Marseille, un bonnetier note dans son cahier, et avec son orthographe, que « tout leau du port esté glassée dun bout a lautre. »[3] Le froid ne vous laissait pas même en paix chez vous. « On ne pouvait pas même manger le pain, tant il était gelé », raconte le curé des Esseintes, près de Bordeaux[4] ; « on ne pouvait couper le pain à manger avec le couteau, mais seulement à coup de poignard ou à coup de hache »[5], précise encore son collègue de Lerm-et-Musset. « Le verre auquel on portait les lèvres vous restait collé, à cause du givre »[6] ; « pour boire pendant le repas, il fallait tenir chaudement la bouteille devant le feu »[7].

Au-delà de ces anecdotes, ce fut un désastre humain. Les cahiers tenus par les ecclésiastiques en donnent la juste portée. Partout, l'instinct de survie prévalait. À Vougy, dans la Loire, « il se mangea beaucoup de chiens et de chats que l'on écorchait ».[8] Dans de nombreux cas, ces ressources étaient vaines. Le curé de Molinet, dans l'Allier, notera le 1er janvier 1710 que toutes les personnes de son registre sont mortes de faim, à l'exception d'un certain monsieur et

---

[1] Lettre à Turgot, 18 août 1771 ; *Correspondance inédite de Condorcet et de Turgot, 1770-1779*, éd. 1883, p. 64.

[2] Lettre à M. Coulanges, 3 février 1695 ; *Lettres de madame de Sévigné, de sa famille et de ses amis*, éd. 1862, vol. X, p. 237.

[3] *Mémoires, ou livre de raison d'un bourgeois de Marseille*, 1881, p. 120.

[4] M. Labuchelle, « Bordeaux il y a deux cent ans. La misère à Bordeaux de 1709 à 1713 », *Revue historique de Bordeaux*, 1909, vol. II, p. 34.

[5] *Ibid.*

[6] Curé de Mulsanne, dans le Maine ; Marcel Lachiver, *Les années de misère : la famine au temps du Grand Roi, 1680-1720*, 1991, p. 291.

[7] Curé de Saint-Cirq-Belarbre, dans le Lot ; P. Bayaud, « L'hiver de 1709 en Quercy », *Bulletin de la société des études littéraires, scientifiques et artistiques du Lot*, t. LVI, 1935, p. 122.

[8] J. Prajoux, « Vougy. Monographies Beaujolaises », *Bulletin de la société des sciences et arts du Beaujolais*, 1903, p. 184.

de sa fille ; au milieu de cette hécatombe, « les femmes ont étouffé leurs enfants de crainte de les nourrir ». [1]

Ces épisodes forcèrent les bons esprits à réexaminer la politique suivie au cours des derniers siècles et à mettre en avant d'autres idéaux. Pour certains, comme Fénelon, la royauté devait reprendre son rôle paternel et protecteur : « au lieu de tirer de l'argent de ce pauvre peuple, il faudrait lui faire l'aumône et le nourrir », écrivait-il. [2] Pour d'autres, dont nous allons étudier à présent les doctrines, le mal provenait d'une fiscalité dévorante et rapace, qui bloquait toute élévation du niveau de la vie des basses classes du peuple. L'urgent, ce n'était plus de *faire*, mais de *laisser faire*.

Le premier théoricien de cet idéal négatif, que nous avons déjà observé, exprimé naïvement, chez Montaigne, et qu'on retrouve aussi chez Rabelais, n'est autre que Pierre de Boisguilbert. Ce fut, comme l'un et comme l'autre, un personnage haut en couleurs, qui s'attira des querelles avec la terre entière, et que seule la postérité jugera à sa valeur. Dans ses fonctions officielles de lieutenant-général à Rouen, il brusqua tant ses supérieurs comme ses inférieurs qu'il était « regardé de tous ceux qui le connaissent comme le plus extravagant et incompatible homme du monde ».[3] Homme à projet et à grandes ambitions, il prêtait à la critique par quelques largesses, comme sur la question de la censure des livres : bien loin d'y prêter la main, comme son office le missionnait de le faire, il couvrait les pratiques illégales et allait jusqu'à user de sa place pour faire imprimer ses propres ouvrages. Après bien des cas d'abus, son supérieur dût le réprimander sévèrement : « Rien ne vous peut excuser ; et quand vous ne l'avoueriez pas, vous n'en seriez que plus coupable. La faute est faite de votre part, elle est grande, elle est inexcusable, elle est sans remède. Songeons à l'avenir, et c'est dans cette pensée que je vous dis que la première que vous ferez de quelque nature qu'elle soit, et bien moindre que celle-ci, je vous interdirai pour toujours la connaissance de ces matières, et que je la confierai à d'autres qui en sauront mieux les conséquences et les règles. »[4] Le même contrôleur général Pontchartrain, auteur de la lettre précé-

---

[1] A. de Laguerenne, « La famine de 1709 dans le Val-de-Loire », *Bulletin de la société d'émulation de l'Allier*, t. II, 1851-1852, p. 386.

[2] Lettre à Louis XIV, 1695 ; *Œuvres de Fénelon*, éd. 1865, vol. III, p. 427.

[3] Lettre de François d'Harcourt, marquis de Beuvron, à Pontchartrain, contrôleur général, 14 juin 1693 ; Archives nationales, G7 497, 1 ; *Œuvres de Boisguilbert*, éd. INED, t. I, p. 255.

[4] Lettre à Boisguilbert, 18 octobre 1701 ; Depping, *Correspondance administrative, etc.*, vol. II, p. 778.

dente, n'y viendra jamais à bout, et finira par dire : « Depuis plusieurs années, il s'imprime à Rouen toutes sortes de livres défendus
et de pièces fugitives avec plus de licence qu'en aucun autre lieu du
royaume. »[1] Et encore, l'année suivante : « On est depuis longtemps
accoutumé dans cette ville à y faire avec une licence très grande
commerce de toutes sortes de mauvais livres ».[2]

Avec ce tempérament et ce passif, Boisguilbert n'en avait pas
moins l'audace d'avoir des idées, de concevoir des systèmes, et de
les proposer sérieusement pour l'application. Pendant vingt ans, il
communiqua environ quatre-vingt-dix lettres aux ministres en place,
certaines chaleureuses, d'autres pathétiques, afin de détailler ses
projets de réforme. Avec son langage, ses harangues et ses promesses, il avait toutefois le don de gâcher les bonnes causes ; il aurait rendu l'évangile suspect aux évangélistes. Voyez plutôt. La
politique suivie au cours des dernières décennies lui paraît funeste ;
sans précautions oratoires, il écrit au Contrôleur-général que « messieurs vos prédécesseurs, quoique très bien intentionnés, ont agi
comme s'ils avaient été payés pour ruiner également le roi et ses
peuples »[3], s'imaginant peut-être que la critique, portant sur le passé,
serait reçue sans encombre. De même, la mesure de restreindre le
commerce des grains, auquel le ministère s'était rangé, lui apparaît
comme si funeste par ses effets qu'il écrit au ministre que « c'est la
même chose que poignarder, toutes les années, une infinité de
monde ». [4]

Tous ces maux évidents demandaient des remèdes prompts et
énergiques, et il ne se mettait pas en peine pour les exposer avec
soin. Ceux qui ne goûtaient pas ses élucubrations, il les renvoyait
aux faits. « Ayez la bonté d'ouvrir les yeux sur la situation du
royaume »[5], dit-il une fois au Contrôleur général. Et par conséquent
d'insister, lettre après lettre, prétextant que « si mes lettres sont pres-
santes, l'état de la France ne l'est pas moins ». [6]

Ne parvenant pas à convaincre les ministres, et on devine pourquoi, Boisguilbert eut le réflexe de l'opinion publique : il publia ses

[1] Lettre à Pontcarré, premier président du parlement de Rouen, 20 juin 1703 ; Depping, *Correspondance administrative, etc.*, vol. II, p. 808.

[2] Lettre de Pontchartrain à Sanson, 29 août 1704 ; Depping, *Correspondance administrative, etc.*, vol. II, p. 843.

[3] Lettre à Chamillart, Contrôleur général, 22 juillet 1704 ; Ar. Nat., G7 721 ; *Œuvres*,
t. I, p. 323.

[4] Lettre à Desmarets, novembre 1704 ; Ar. Nat., G7 721 ; *Œuvres*, t. I, p. 336.

[5] Lettre à Chamillart, Contrôleur général, 14 janvier 1706 ; Ar. Nat., G7 721 ; *Œuvres*,
t. I, p. 420.

[6] Lettre à Chamillart, Contrôleur général, 23 décembre 1704 ; Ar. Nat., G7 721 ;
Œuvres, t. I, p. 353.

idées dans un ouvrage qui porta le titre *Le Détail de la France* et connaîtra au moins quinze éditions, sous des titres variés, dont celui-ci, plus représentatif du contenu : *La France ruinée sous le règne de Louis XIV, par qui et comment : avec les moyens de la rétablir en peu de temps.* Douze ans plus tard, après de nouveaux échecs auprès des ministres, Boisguilbert se décidera enfin à livrer à la publicité plusieurs mémoires, sous le titre collectif de *Factum de la France,* comme une façon de mourir les armes à la main. Ce dernier livre, geste de désespoir d'un intellectuel incompris, souleva contre lui les autorités. Du côté des ministres, l'auteur était devenu un indésirable. Témoin cette lettre que Boisguilbert reçut du Contrôleur-général : « Puisque vous vous adressez encore à moi après avoir donné au public toutes vos extravagances, le seul bon conseil que je puisse vous donner, c'est de brûler tous vos manuscrits... Si vous entendez bien ce que je vous veux dire, ce qui n'est pas difficile à comprendre, vous vous occuperez à l'avenir de rendre la justice, et vous renoncerez au gouvernement de l'État. »[1] En date du 14 mars 1704, un arrêt du conseil privé du roi annonça la proscription du *Factum.* Boisguilbert y répondit par des supplications lyriques mais toujours très fières : on peut lire par exemple sa très noble lettre au contrôleur général du 11 avril 1707, dans laquelle il confirme avoir brûlé tous ses manuscrits, mais à l'exception de ses notes marginales sur 8 volumes des Œuvres de Sully, où il répète trouver tous les principes qui feraient rétablir le royaume, dans un ultime sursaut d'impertinence. [2] Naturellement le contrôleur répliqua à ceci que le Sully devait aussi passer au feu, si l'auteur voulait se faire pardonner. Boisguilbert fut exilé à Brive-la-Gaillarde pour six mois. Son frère Nicolas entreprit des démarches pour l'en acquitter, mais le Contrôleur général répondit que la peine de six mois était déjà faible, que tout ce que devait faire Boisguilbert était de bien montrer qu'il avait compris sa faute[3], et que le roi voulait bien le gracier tout à fait « si l'on peut suffisamment s'assurer qu'il sera plus sage à l'avenir ». [4] En effet il revint au bout de deux mois, et fut accueilli en héros à Rouen.

Le peuple montrait de la reconnaissance pour un écrivain qui avait avant tout plaidé sa cause. Boisguilbert n'a de cesse d'en appe-

---

[1] Lettre à Boisguilbert, 11 avril 1707 ; Boislisle, *Correspondance des contrôleurs généraux,* etc., 1883, t. II, p. 570.

[2] Lettre à Chamillart, Contrôleur général, 11 avril 1707 ; Ar. Nat., G7 721 ; *Œuvres,* t. I, p. 427.

[3] Addition en marge à la lettre de Nicolas de Boisguilbert à Chamillart, Contrôleur général, 27 juin 1707 ; Ar. Nat., G7 721 ; *Œuvres,* t. I, p. 428.

[4] Lettre de Pontchartrain à M. Busquet, lieutenant particulier du baillage de Rouen, 3 avril 1707 ; *Œuvres,* t. I, p. 427.

ler à lui en écrivant. « Ce sont les peuples mêmes qui parlent dans ces mémoires, au nombre de quinze millions, contre trois cents personnes au plus qui s'enrichissent de la ruine du roi et des peuples. »[1] L'auteur se présente, plus ou moins légitimement, comme « l'avocat de tout ce qu'il y a de laboureurs et de commerçants dans le royaume »[2] ; il se proclame encore le « nouvel ambassadeur arrivé du pays du peuple ».[3] Bien qu'exprimée dans les termes excessifs qui lui étaient chers, cette prétention n'était pas tout à fait feinte ; Marx lui-même rendit hommage de cela en disant : « Boisguilbert défendit avec autant d'esprit que d'audace les classes opprimées ». [4]

Aujourd'hui que les éloges se sont succédés sur sa tombe, Boisguilbert est reconnu comme l'un des plus grands économistes de son siècle. Ses principales œuvres ont été traduites en italien[5], en allemand[6], et même en chinois[7]. Il lui manque encore d'être connu du grand public, et d'avoir une marque de reconnaissance telle que celle que lui désirait notre grand historien Jules Michelet, quand il s'exclamait : « Comment cet homme héroïque n'a-t-il pas encore une statue à Rouen » ![8]

On l'a déjà dit : bien que l'auteur d'une analyse économique d'une rare modernité, Boisguilbert s'aliéna tous les soutiens par sa franchise, ses exagérations et son arrogance. Ce n'était pas assez pour lui d'user de ses connaissances pratiques, acquises au travers de son activité de gestionnaire de domaine, à Pinterville ; ce n'était pas même assez de les citer modestement en appui de ses théories : il fallait qu'elles soient excessives. Ainsi, après avoir parlé à Pontchartrain de ses « quinze années de forte application au commerce et au labourage »[9], il servait à son successeur, Chamillart, l'auto-promotion suivante : « Ce n'est pas M. Desmaretz, mais M. de Vaubourg, son frère, qui, après quatorze mois de demeure à Rouen, pendant lesquels je le vis tous les jours, déclara hautement que, si M. Colbert

---

[1] *Le Détail de la France*, 1695 ; *Œuvres*, t. II, p. 625.

[2] *Factum de la France*, 1707 ; *Œuvres*, t. II, p. 881.

[3] Le factum de la France contre les demandeurs en délai, 1705 ; *Œuvres*, t. II, p. 741.

[4] Karl Marx, *Critique de l'économie politique*, 1859 ; *Œuvres*, éd. Pléiade, *Économie, I*, p. 308.

[5] *Ragguaglio della Francia e altri scritti* [lit. *Détail de la France et autres écrits*], in *Economisti Francesi del Primo Settecento*, ed. ETS, 2003.

[6] *Denkschriften zur wirtschaftlichen Lage in Königsrech Frankreich* [lit. *Mémoires sur la situation sociale du royaume de France*], Akademie-Verlag, Berlin, 1986.

[7] *Boisguilbert xuǎnjí* (布阿吉尔贝尔选集) [lit. *Sélection d'écrits de Boisguilbert*], Pékin, Commercial Press, 1984. — Réédité en 2010.

[8] Jules Michelet, *Le Peuple*, 1846, p. 54.

[9] Lettre à Pontchartrain, Contrôleur général, 3 mai 1691 ; Ar. Nat., G7 721 ; *Œuvres*, t. I, p. 247.

m'avait connu, il m'aurait acheté à quelque prix que ce fût, par la grande pratique que j'avais du commerce et du labourage ». [1]

N'eût-il pas toutes ses extravagances, Boisguilbert encourait déjà le risque de déplaire et d'être méprisé. Vauban, qui était intellectuellement proche de lui, ne pouvait le présenter aux ministres qu'avec une sorte de stratégie. « Il est un peu éveillé du côté de l'entendement, dit-il au Contrôleur général ; mais cela n'empêche pas qu'il ne puisse être capable d'ouvrir un bon avis. C'est pourquoi je crois que vous ne feriez pas mal de le faire venir à l'Étang, quand vous y serez. Quelquefois les plus fous donnent de forts bons avis aux plus sages. »[2] Boisguilbert, qu'on accusait d'être un visionnaire, dans le mauvais sens du terme, répondait en citant le cas d'Henri IV, dont le ministre Sully engagea des mesures qui furent d'abord taxées d'extravagantes, et qui rétorquait « qu'eux qui étaient très sages l'ayant ruiné, il voulait voir si les fous ne l'enrichiraient pas ». [3] L'argument était de faible portée, surtout dans un temps où la monarchie ne voulait rien écouter. Fénelon l'avait déjà dit au roi : « Vous craignez d'ouvrir les yeux ; vous craignez qu'on ne vous les ouvre ». [4] Boisguilbert était de ceux qui entendaient dessiller les yeux des monarques, et naturellement il était craint. On lui préférait les partisans du *statut-quo*, qui célébraient des victoires fictives et qui vivaient d'un système qu'ils avaient tout intérêt à maintenir. « Ceux qui ont intérêt de tout ruiner, clame Boisguilbert, étant seuls écoutés, on ne donne aucune audience aux personnes qui voudraient tout sauver ». [5] Autour du roi ne sont que des profiteurs d'abus et des privilégiés qui ont tout intérêt à la situation, des « personnes intéressées à se fermer les yeux pour ne pas voir clair en plein jour ». [6] Aussi c'est sans étonnement qu'on constate que les mesures qu'ils prennent supposément en faveur du peuple, se retournent finalement contre lui. Une foule de maux proviennent de cet humanisme de pacotille, mal dirigé et mal éclairé, de toute cette politique de pis-aller et d'aménagements grossiers, politique entièrement inutile, qui revient à « faire venir un médecin pour guérir un homme qui serait

[1] Lettre à Chamillart, Contrôleur général, 27 octobre 1703 ; Ar. Nat., G7 721 ; *Œuvres*, t. I, p. 295.

[2] Lettre de Vauban à Chamillart, Contrôleur général, 26 août 1704 ; Boislisle, *Correspondance des contrôleurs généraux*, etc., 1883, t. II, p. 545.

[3] *Le Factum de la France*, 1707 ; *Œuvres*, t. II, p. 913.

[4] Lettre à Louis XIV, 1695 ; *Œuvres de Fénelon*, éd. 1865, vol. III, p. 245.

[5] *Le Détail de la France*, 1695 ; *Œuvres*, t. II, p. 660.

[6] Lettre à Chamillart, Contrôleur général, 27 octobre 1703 ; Ar. Nat., G7 721 ; *Œuvres*, t. I, p. 294.

mort »[1], comme l'écrit proprement notre auteur. Et avec la même chaleur et le même goût pour la formule, qu'on lui retrouvera encore en approfondissant ses idées, il continuait en accusant les personnes en place de défendre leurs principes par simple intérêt pour leur position et leur fortune ; « ils ne se convertiraient même pas quand un mort viendrait de l'autre monde attester la vérité de ces mémoires »[2], écrivait-il. Le tableau très noir qu'il dressait de la France, était une conséquence de cet aveuglement. « De si grands désordres auraient cessé il y a longtemps, si personne n'avait intérêt à leur maintien ». [3]

Or quelle était-elle, au vrai, cette France ruinée ? Boisguilbert dressait une longue liste de symptômes. C'est d'abord l'agriculture épuisée et la culture cessant, étant partout abandonnée : « cent mille arpents de vignes arrachées, les terres incultes ou mal ménagées »[4]. Il y a, dit-il, « dans une seule province, cent cinquante domaines ou fermes abandonnées aux corbeaux et aux hiboux ». [5] Ce sont les fonds de terre ayant baissé de moitié, certains même « ne sont pas au quart de ce qu'ils étaient autrefois. »[6] C'est encore des activités commerciales entières ruinées ou dépérissantes. Par exemple, « la confection de chapeaux fins en Normandie donnait un beau revenu au Trésor, soit pour droit d'entrée des matières premières, soit pour la sortie des produits ouvragés : on a doublé les droits, et les ouvriers ont passé à l'étranger, y ont installé leur industrie, et voilà la contrée appauvrie, en même temps que le revenu du roi est réduit de cinq sixièmes ». Enfin, c'est un signe curieux, sur lequel Boisguilbert revient fréquemment : c'est tout le peuple réduit à l'eau. Il est vrai que l'eau véhicule les microbes, qu'il était difficile à l'époque de l'avoir pure et saine. Louis Pasteur, quoique fondateur de la première ligue antialcoolique, en 1872, n'en reconnaissait pas moins le vin comme comparativement « la plus saine et la plus hygiénique des boissons ». [7] Or le vin était devenu trop rare et trop cher à l'époque de Boisguilbert, et une large frange de la population était donc réduit à l'eau.

---

[1] Supplément au Détail de la France, 1707 ; Œuvres, t. II, p. 1014.

[2] Le Factum de la France, 1707 ; Œuvres, t. II, p. 882-883.

[3] Le Détail de la France, 1695 ; Œuvres, t. II, p. 599.

[4] Lettre à Chamillart, Contrôleur général, 27 octobre 1703 ; Ar. Nat., G7 721 ; Œuvres, t. I, p. 294.

[5] Lettre à Desmarets, Contrôleur général, 16 septembre 1708 ; Ar. Nat., G7 721 ; Œuvres, t. I, p. 433.

[6] Le Détail de la France, 1695 ; Œuvres, t. II, p. 584.

[7] Louis Pasteur, Études sur le vin, ses maladies, causes qui les provoquent, 2e éd., 1873, p. 53.

« Les terres en friche ou mal cultivées, exposées à la vue de tout le monde », voilà pour Boisguilbert le « cadavre » de la France, dont il lui faut trouver le coupable et obtenir la punition pour le meurtre. [1] Quelles sont donc les causes de ce drame ? Boisguilbert en étudie deux principales, qui font l'objet de propositions subséquentes. Car les maux de la France viennent de ce que les ministres ont additionné les rigueurs sans précaution ; ils ont tyrannisé le peuple par les impôts et les règlements, jusqu'à le dégoûter de tout travail. « Ils ont fait comme celui qui débitait follement qu'il n'était pas nécessaire d'avoine pour faire marcher un cheval, que le fouet et l'éperon y suppléaient amplement ; ce qui peut être pour une première traite, mais à la seconde fait périr la bête et met le maître à pied. »[2] Et troquant un instant le style plaisant, pour l'examen précis des phénomènes, Boisguilbert écrit, dans un passage crucial, quelles sont les deux principales origines du mal français : « La consommation a cessé, parce qu'elle est devenue absolument défendue et absolument impossible. Elle est défendue, par l'incertitude de la taille, qui étant entièrement arbitraire, n'a point de tarif plus certain que d'être payée plus haut plus on est pauvre, et plus on fait valoir des fonds appartenant à des personnes indéfendues... Enfin, la consommation est devenue impossible par les aides et par les douanes sur les sorties et passages du royaume, qui ont mis toutes les denrées à un point, que non seulement elles ne se transportent plus au dehors au quart de ce qu'elles faisaient autrefois, etc. ». [3] En d'autres termes, Boisguilbert accuse la répartition de l'impôt personnel, la taille, ainsi que les restrictions au commerce.

Le procès qu'entamait Boisguilbert contre l'institution de la taille et les droits sur certaines marchandises ne concernait pas à proprement parler leur quantité ; d'après lui les impôts du temps étaient ruineux à l'État « non par leur quantité, mais par leurs inégalités ».[4] S'adressant une fois directement au roi, il écrivit : « Sire, quoique vous ne vouliez qu'être payé, et recevoir le plus d'argent qu'il est possible, la manière dont vous en usez semble être inventée pour nous ruiner et vous aussi. » [5] Étaient seules en cause les modalités de perception et l'arbitraire, c'est-à-dire le fait qu'« il n'y avait plus qu'une règle certaine, qui était de n'en garder aucune ».[6]

[1] *Traité de la nature, culture, commerce et intérêt des grains, etc.*, 1707 ; *Œuvres*, t. II, p. 871.
[2] Lettre à Chamillart, Contrôleur général, vers 1704 ; *Œuvres*, t. I, p. 312.
[3] *Le Détail de la France*, 1695 ; *Œuvres*, t. II, p. 590-591.
[4] *Ibid.*, p. 640.
[5] *Le Détail de la France*, 1695 ; *Œuvres*, t. II, p. 643.
[6] Le factum de la France contre les demandeurs en délai, 1705 ; *Œuvres*, t. II, p. 744.

Laissons ici la parole à l'auteur, pour exposer en peu de mots la nature de ses griefs contre la fiscalité du temps : « La première et principale cause de la diminution des biens de la France vient de ce que dans les moyens, tant ordinaires qu'extraordinaires, que l'on emploie pour faire trouver de l'argent au roi, on considère la France à l'égard du prince comme un pays ennemi, ou qu'on ne reverra jamais, dans lequel on ne trouve point extraordinaire que l'on abatte et ruine une maison de dix mille écus, pour vendre pour vingt ou trente pistoles de plomb ou de bois à brûler. » [1]

L'analyse des désastres économiques provoqués par les traitants, receveurs des impôts, remplit l'ensemble des mémoires de Boisguilbert, dans une plainte courante et assez peu nouvelle, qu'on trouve également chez son contemporain, Vauban : l'auteur de la *Dîme royale* jette aussi l'opprobre sur « ces armées de traitants, sous-traitants, avec leurs commis de toutes espèces, sangsues d'État, dont le nombre serait suffisant pour emplir les galères, qui après mille friponneries punissables, marchent la tête levée dans Paris, parés des dépouilles de leurs concitoyens, avec autant d'orgueil que s'il avaient sauvé l'État. » [2] Et Guy Patin, dès 1661, vilipendait aussi « la taille, qui est un fardeau effroyable, par lequel le pauvre est plus maltraité par les partisans que ne sont les forçats et les galériens sur mer ». [3] Pareillement Boisguilbert condamnait la régie fiscale et ses agents qui « ont cru ne pouvoir mieux faire le profit du maître qu'en détruisant tout, et causant plus de ravages que des armées ennemies qui auraient entrepris de tout désoler »[4] ; et en opposant des barrières aux échanges, ils étaient encore « six fois plus formidables et plus destructeurs du commerce que ne sont les pirates, les tempêtes et trois à quatre mille lieues de route ». [5] « Si les démons avaient tenu conseil pour aviser aux moyens de damner et de détruire tous les peuples du royaume, disait-il encore, ils n'auraient pu rien établir de plus propre à arriver à une pareille fin. »[6] Les armées de traitants, organisant la levée des impôts pour le roi, se comportaient ainsi en tout comme le féroce Gengis Khan, dont on a dit que l'herbe ne repoussait pas sur les terres par lesquelles il passait, et de même Boisguilbert nous dit qu'on pourrait visiter les villages en ruine et abandonnés, « et que l'on en demande la raison même aux enfants qui ne font que quitter la mamelle, ils ne bégayeront point pour dire

---

[1] *Le Détail de la France*, 1695 ; *Œuvres*, t. II, p. 641.

[2] Vauban, *Projet de dîme royale*, 1707 ; *Oisivetés de Monsieur de Vauban*, éd. 2007, p. 877.

[3] Lettre à Falconet, 11 janvier 1661 ; *Lettres de Guy Patin*, éd. 1846, vol. III, p. 308.

[4] *Le Factum de la France*, 1707 ; *Œuvres*, t. II, p. 922.

[5] *Ibid*, p. 921-922.

[6] *Ibid*, p. 886.

que c'est l'ouvrage des traitants, apprenant par là à parler ». [1] Car l'auteur aime le sensationnel, le bon mot et le trait d'esprit : tout est bon à user pour la cause.

Ce qu'il est particulièrement apte à souligner, c'est la raison de ce grand dérangement : les commanditeurs de l'impôt étant d'autant plus rémunérés que l'argent rentre mieux, ils ont tout intérêt à violenter, à harceler, et même le vieillard, pour en tirer le moindre écu. « En France, un traitant ne se soucie guère que tout périsse après lui, pourvu qu'il fasse sa fortune. »[2] Et il faisait fortune en effet, fortune insolante, immorale, fruit des sueurs et du sang de ses concitoyens.

Annonçant des développements théoriques subséquents, Boisguilbert insistait également sur la solidarité des intérêts en cette matière comme en toute autre, selon cette idée qu'on ne peut ruiner un homme sans provoquer la ruine de son voisin, étant, selon les mots de notre auteur, comme des « vaisseaux accrochés, dont l'un met le feu aux poudres, ce qui les fait sauter tous deux. »[3] Or en matière fiscale, la charge serait presque insensible, soutiennent tant Boisguilbert que Vauban, si elle était portée également par tous. On lit dans la *Dîme royale* que « rien n'est si injuste que d'exempter de cette contribution ceux qui sont le plus en état de la payer pour en rejeter le fardeau sur les moins accommodés, qui succombent sous le faix, lequel serait d'ailleurs très léger s'il était porté par tous à proportion des forces d'un chacun. »[4]

Mais l'arbitraire, en pénétrant dans ces questions, en avait déjà dérangé l'ordre. L'impôt personnel à acquitter par chacun n'était ni stable, ni prévisible ; il dépendait de l'estimation des collecteurs. Dans ce système, il fallait avant tout éviter pour le bas peuple la réputation de bon payeur. « S'il arrive que des paroisses, à l'aide de quelques personnes qui leur peuvent prêter de l'argent, payent à jour nommé sans souffrir de courses, elles sont assurées d'avoir de la hausse l'année suivante ».[5] Il était encore nécessaire de masquer le peu de richesse que l'on obtenait de son activité. « L'intérêt des particuliers imposables, et qui ne comptent sur aucune protection, est de cacher toute sorte de montre d'aisance par une cessation entière de commerce et de consommation ; de même lors de la collecte ils en ont un autre, qui est de ne payer que sou à sou, après mille contraintes et mille exécutions, soit pour se venger des collecteurs...

---

[1] *Le Factum de la France*, 1707 ; *Œuvres*, t. II, p. 898.

[2] *Ibid*, p. 907.

[3] *Dissertation de la nature des richesses, de l'argent et des tribus, etc.*, 1707 ; *Œuvres*, t. II, p. 986.

[4] Vauban, *Projet de dîme royale*, 1707 ; *Oisivetés de Monsieur de Vauban*, éd. 2007, p. 771.

[5] *Le Détail de la France*, 1695 ; *Œuvres*, t. II, p. 596.

ou pour rebuter ceux de l'année suivante »[1]. Contre toute logique économique, le bas peuple cultivait ainsi une apparence de pauvreté, comme protection contre les collecteurs. « Il n'y a qu'un ordinaire de pain et d'eau qui puisse faire vivre un homme en sûreté de n'être pas la victime de son voisin, s'il lui voyait acheter un morceau de viande ou un habit neuf ; s'il a de l'argent par hasard, il faut qu'il le tienne caché, parce que, pour peu qu'on en ait le vent, c'est un homme perdu. »[2] L'abbé de Saint-Pierre, dont on connaît le pacifisme, mais qui fut aussi sage économiste, reconnaissait de même que « la crainte de ces disproportions fait souvent cacher aux taillables l'argent qu'ils ont amassé, et les empêche de le mettre en bestiaux et en commerce ; ils aiment même mieux payer les frais de contrainte que de payer sans frais, parce que s'ils payaient sans frais, on les chargerait de taille l'année suivante ; ils veulent passer pour insolvables ».[3] Et Rousseau lui-même, dans un curieux passage de ses *Confessions*, racontera l'expérience qui lui en démontra toute la prégnance, lors d'un voyage à travers le pays : « Un jour entre autres, m'étant à dessein détourné pour voir de près un lieu qui me parut admirable, je m'y plus si fort et j'y fis tant de tours que je me perdis enfin tout à fait. Après plusieurs heures de course inutile, las et mourant de soif et de faim, j'entrai chez un paysan dont la maison n'avait pas belle apparence, mais c'était la seule que je visse aux environs. Je croyais que c'était comme à Genève ou en Suisse où tous les habitants à leur aise sont en état d'exercer l'hospitalité. Je priai celui-ci de me donner à dîner en payant. Il m'offrit du lait écrémé et de gros pain d'orge, en me disant que c'était tout ce qu'il avait. Je buvais ce lait avec délices, et je mangeais ce pain, paille et tout ; mais cela n'était pas fort restaurant pour un homme épuisé de fatigue. Ce paysan, qui m'examinait, jugea de la vérité de mon histoire par celle de mon appétit. Tout de suite, après m'avoir dit qu'il voyait bien que j'étais un bon jeune honnête homme qui n'était pas là pour le vendre, il ouvrit une petite trappe à côté de sa cuisine, descendit, et revint un moment après avec un bon pain bis de pur froment, un jambon très appétissant quoique entamé, et une bouteille de vin dont l'aspect me réjouit le cœur plus que tout le reste. On joignit à cela une omelette assez épaisse, et je fis un dîner tel qu'autre qu'un piéton n'en connut jamais. Quand ce vint à payer, voilà son inquiétude et ses craintes qui le reprennent, il ne voulait point de mon argent, il le repoussait avec un trouble extraordinaire ; et ce qu'il y avait de plaisant était que je

---

[1] *Le Détail de la France*, 1695 ; *Œuvres*, t. II, p. 595.
[2] *Le Factum de la France*, 1707 ; *Œuvres*, t. II, p. 894.
[3] Castel de Saint-Pierre, *Projet de taille tarifée*, 1737, p. 27.

ne pouvais imaginer de quoi il avait peur. Enfin, il prononça en frémissant ces mots terribles de Commis et de Rats-de-Cave. Il me fit entendre qu'il cachait son vin à cause des aides, qu'il cachait son pain à cause de la taille, et qu'il serait un homme perdu si l'on pouvait se douter qu'il ne mourût pas de faim. Tout ce qu'il me dit à ce sujet, et dont je n'avais pas la moindre idée, me fit une impression qui ne s'effacera jamais. Ce fut là le germe de cette haine inextinguible qui se développa depuis dans mon cœur contre les vexations qu'éprouve le malheureux peuple et contre ses oppresseurs. Cet homme, quoique aisé, n'osait manger le pain qu'il avait gagné à la sueur de son front, et ne pouvait éviter sa ruine qu'en montrant la même misère qui régnait autour de lui. Je sortis de sa maison aussi indigné qu'attendri, et déplorant le sort de ces belles contrées à qui la nature n'a prodigué ses dons que pour en faire la proie des barbares publicains. »[1]

Et comme la meilleure apparence des choses est la réalité, le mieux était encore de rester véritablement frugal, et de ne pas entreprendre d'améliorations agricoles, qui ne serviraient à rien qu'à vous faire passer pour riche, à voir votre taille doubler, et votre ménage pris à la gorge. L'impôt alors adoptait un effet proprement désincitatif. Boisguilbert écrit que « le tarif de la taille, à la campagne, à l'égard de ceux qui n'ont pas une haute protection, qui sont en petit nombre, est tout ce qu'un homme peut avoir vaillant, en sorte que tout ce qu'il pourrait gagner en travaillant plus qu'à l'ordinaire ne serait point pour lui, de façon que tout ce qu'il a à ménager, en connaissant ses intérêts, est de demeurer en repos le plus qu'il peut. »[2] Et Vauban lui emboîte le pas, en remarquant du paysan « qu'il laisse dépérir le peu de terre qu'il a, en ne la travaillant qu'à demi, de peur que si elle rendait ce qu'elle pourrait rendre étant bien fumée et cultivée, on n'en prît occasion de l'imposer doublement à la taille »[3].

Le drame ne serait pas complet, cependant, si les hommes mêmes que l'on faisait servir pour rançonner, démoraliser et terrasser leurs semblables, n'en finissait pas moins écorchés et anéantis. Car le collecteur, en tant que petite main, était tiré au sort parmi les contribuables du canton pour s'acquitter de cette tâche désagréable. Sa mission était de fournir une somme fixée par les hommes de la régie ; s'il échouait, il était tenu pour responsable, ses biens saisis et vendus, pour compléter le déficit. C'était le sort de beaucoup d'entre

[1] Jean-Jacques Rousseau, *Les Confessions* ; *Œuvres complètes*, Pléiade, t. I, 1959, p. 163-164.

[2] *Le factum de la France contre les demandeurs en délai*, 1705 ; *Œuvres*, t. II, p. 762.

[3] Vauban, *Projet de dîme royale*, 1707 ; *Oisivetés de Monsieur de Vauban*, éd. 2007, p. 768.

eux : accablés de dettes, on les retrouvait dans les prisons. Dès 1679, une lettre de Colbert à l'intendant de Tours nous informe que les seules prisons de la ville renfermaient cinquante-quatre collecteurs.[1] Et Boisguilbert, qui vient à une époque où le mal a grandi, fait la remarque que ces malheureux surabondent dans les geôles, « où une infinité de collecteurs de tailles font plus de séjour dans que dans leurs maisons »[2] ; de sorte qu'« il n'y a point d'homme si malheureux qui ne vende jusqu'à sa chemise pour s'exempter de la collecte, dans la certitude que c'est la ruine entière des sujets qui y passent ».[3] Alexis de Tocqueville, qui fit un usage étendu des archives de cette même ville de Tours en préparation de son livre sur l'Ancien régime, dira aussi : « il n'y eut jamais, dans l'Ancien régime, ni même, je pense, dans aucun régime, de pire condition que celle du collecteur paroissial de la taille »[4], jugement qui doit interpeler, provenant d'un homme qui avait étudié à fond des pays comme l'Angleterre, l'Amérique, l'Algérie, et jusqu'à l'Inde.

L'organisation de la fiscalité française, et notamment quant à la taille, paraissait finalement à Boisguilbert comme une cause continuelle d'appauvrissement et de déchéance. Elle « fauche tous les sujets les uns après les autres, sans les quitter qu'ils ne soient sans pain, sans meubles et sans maison », de sorte qu'« une guerre continuelle serait bien moins à charge au peuple qu'un impôt exigé d'une pareille façon. »[5]

En voilà pour le procès de la taille. Mais souvenons-nous que Boisguilbert joignait, à cette première cause de la misère française, une seconde, qu'il exprimait dans les mots déjà cités : « la consommation est devenue impossible par les aides et par les douanes sur les sorties et passages du royaume, qui ont mis toutes les denrées à un point, que non seulement elles ne se transportent plus au dehors au quart de ce qu'elles faisaient autrefois, etc. ».[6]

Dans la grande masse des règlements qui avaient pour objectif l'approvisionnement et le commerce des denrées de première nécessité, notre auteur ne trouvait qu'incohérences et bonnes intentions maladroites. Voulait-on par exemple que les marchands soient nombreux et qu'ils se fassent concurrence ; qu'ils établissent sur tout le territoire de la France, et même de l'Europe, un prix avantageux et

---

[1] Lettre à l'intendant de Tours, 7 juin 1679 ; P. Clément, *Lettres, instructions et mémoires de Colbert, etc.*, vol. II, 1ère partie, p. 105.

[2] *Le Factum de la France*, 1707 ; *Œuvres*, t. II, p. 895.

[3] Mémoire sans titre, sur l'assiette des impôts, 1705 ; *Œuvres*, t. II, p. 691.

[4] Alexis de Tocqueville, *L'Ancien régime et la Révolution*, 1856, p. 140.

[5] *Le Factum de la France*, 1707 ; *Œuvres*, t. II, p. 929.

[6] *Le Détail de la France*, 1695 ; *Œuvres*, t. II, p. 590.

stable, résultat de l'équilibre maintenu entre les provinces touchées par une mauvaise récolte, et celles où elle s'avérerait surabondante ? Pouvait-on plus mal s'y prendre qu'en dérangeant les affaires et en promettant des peines exemplaires contre ceux qui exporteraient des grains ? Car, en effet, un décret du 9 septembre 1693 infligeait la peine des galères à ceux qui auraient fait des chargements de blés pour les exporter ; et même, quinze jours plus tard, la peine de mort était substituée à la peine des galères, et étendue à ceux qui feraient le transport de ces blés destinés au dehors.

D'après Boisguilbert, toute cette réglementation infinie et abusive brisait la solidarité naturelle entre les hommes, entre les provinces et entre les peuples. Elle provoquait malnutrition et mortalité, de sorte « qu'empêcher la sortie et le commerce libre des blés en tout temps, hors ceux de cherté extraordinaire, qui portent leurs défenses avec eux, est la même chose que poignarder, toutes les années, une infinité de monde ». [1] Hors la cherté extraordinaire : car dans ces cas particuliers, les marchands de blé n'auraient de toute manière aucun intérêt à le transporter, avec les frais et les risques que cela implique, d'un endroit où il est cher, vers un endroit où ils ne le vendraient qu'à vil prix.

La réglementation et les prohibitions sur le commerce en renchérissaient l'exercice et désincitaient de s'y livrer. Boisguilbert citait le commerce des vins, tellement entravé de règlements et de tracasseries qu'il fatigue, qu'il rebute : « ils font les choses d'une manière que quand on a une fois fait cette route, il ne prend point d'envie d'y retourner. »[2] Les producteurs ainsi préfèrent abandonner carrément leur vin ou le vendre à vil prix autour d'eux, que de risquer d'en faire commerce, car « il vaut mieux perdre le vin que risquer des charrettes et des chevaux, en entreprenant de faire le transport ».[3] Vauban remarquait similairement qu'« on a trouvé tant d'inventions pour surprendre les gens, et pouvoir confisquer les marchandises, que le propriétaire et le paysan aiment mieux laisser périr leurs denrées chez eux, que de les transporter avec tant de risques et si peu de profit. »[4] Et déjà en 1689, dans un livre dont je n'ai pas encore eu l'occasion de parler, quoiqu'il porte ce beau titre *Les soupirs de la France esclave qui aspire après la liberté*, il était dit de manière très éloquente que « le commerce ne subsiste que par l'argent qui roule : or le roi par les droits épouvantables et excessifs qu'il a levés sur toutes

[1] Lettre à Desmarets, novembre 1704 ; Ar. Nat., G7 721 ; *Œuvres*, t. I, p. 335.
[2] *Le Détail de la France*, 1695 ; *Œuvres*, t. II, p. 606.
[3] *Ibid*, p. 609.
[4] Vauban, *Projet de dîme royale*, 1707 ; *Oisivetés de Monsieur de Vauban*, éd. 2007, p. 768.

les marchandises a attiré à lui tout l'argent, et le commerce est demeuré à sec. Il n'y a point de rigueurs et des cruautés qui n'aient été exercés par les fermiers des douanes sur les marchands ; mille friponneries pour trouver lieu de faire des confiscations ; des marchandises injustement arrêtées se perdent et se consument. Outre cela certains marchands par la faveur de la Cour mettent le commerce en monopole, et se font donner des privilèges pour en exclure tous les autres, ce qui ruine une infinité de gens. Et enfin bien loin que la défense des marchandises étrangères ait bien tourné pour le commerce, au contraire c'est ce qui l'a ruiné. ».[1]

Le commerce de toute marchandise était entravé par une multitude de douanes locales, de vérifications, de vexations, lesquelles « sont autant de pièges tendus à des gens qui ne savent ni lire ni écrire, comme sont tous les voituriers, pour tout confisquer ou les ruiner en séjours, quand ils ne veulent pas les racheter à prix d'argent ».[2] « Il se trouve jusqu'à vingt-six droits de sortie dans un port de mer, rapporte Boisguilbert, c'est-à-dire vingt-six droits ou déclarations à passer à diverses personnes ou différents bureaux, avant qu'un seul vaisseau puisse décharger ou mettre à la voile ».[3]

Passons désormais aux solutions, car Boisguilbert en avait, et il n'écrivait que pour les proposer. Les réformes à engager, tout d'abord, lui paraissaient simples : non tant parce qu'il se prétendait un esprit supérieur, mais parce que pour l'homme qui raisonne l'enchaînement du mal au remède va de soi : « l'un ne va jamais sans l'autre, non plus qu'il ne peut y avoir de montagne sans vallée. »[4] L'affaire était aisée, au surplus, car il ne s'agissait de rien de plus que du « rétablissement du pain et du vin »[5], formule aux accents bibliques, qui ne signifiait rien d'autre que le retour de la consommation désentravée. L'effort à produire était tout bonnement négatif, comme le serait la libération d'une ville assiégée. [6] « Il n'est question, écrivait-il, que de cesser de maintenir une digue par une violence continuelle qui arrête le cours de la nature ».[7] Et dans la même veine il proclamait encore : « Il n'est question que de lui donner la liberté, ce qui n'exige pas un plus long temps que dans les affranchissements

[1] *Les soupirs de la France esclave qui aspire après la liberté*, 1689, p. 14.
[2] *Le Factum de la France*, 1707 ; *Œuvres*, t. II, p. 938.
[3] *Ibid*, p. 923.
[4] *Ibid*, p. 907.
[5] Lettre à Chamillart, Contrôleur général, sans date ; Ar. Nat., G7 721 ; *Œuvres*, t. I, p. 312.
[6] *Remède infaillible à tous les désordres de la France*, manuscrit sans date ; *Œuvres*, t. I, p. 388.
[7] *Ibid.*, p. 387.

d'esclaves de l'ancienne Rome, c'est-à-dire un moment, et aussitôt toutes choses reprenant leur proportion de prix, ce qui est absolument nécessaire pour la consommation, c'est-à-dire l'opulence générale, il en résultera une richesse immense. »[1] Mais bien sûr, comme on le sent déjà dans le dernier passage cité, là comme ailleurs Boisguilbert cultivait l'exagération : non content de proposer une réforme simple, celle d'un *laissez-faire* où l'autorité n'aurait eu qu'à cesser de porter la main sur des matières qu'elle croyait dominer, mais qu'elle dérangeait, notre auteur s'aliénait l'attention des ministres en fixant ses réformes comme l'affaire de quinze jours ou même de deux petites heures. « Le roi peut s'enrichir, lui et ses peuples, en quinze jours, lorsqu'il ne voudra plus souffrir que quelques particuliers fassent leur fortune à le ruiner »[2] écrit-il ; ailleurs, il dit qu'il faut que « ses peuples soient riches, pour en tirer du secours, comme on maintient qu'ils peuvent être en vingt-quatre heures, par la simple publication de deux ou trois édits qui, ne congédiant ni fermiers ni receveurs, rendront seulement les chemins libres et les impôts justement répartis »[3] ; et enfin une autre fois il affirme que les peuples « ne demandent que la simple publication de deux édits pour être au bout de deux heures en état de labourer leurs terres en friche, et de vendre leurs denrées perdues ». [4] Ainsi Boisguilbert passait-il pour un donneur d'avis fantasque qui croyait tenir en poche le secret de la résurrection du royaume, et qui était bien certain de l'accomplir, si on voulait bien croire à ses rêves et y prêter la main.

Les rêveurs, naturellement, se trouvaient bien plutôt dans le camp des ministres et de l'appareil de l'État, où l'on croyait faire la prospérité de la nation par les taxes, les entraves et les règlements. Mais cette image de rêveur, de faiseur de projet, restait attachée à l'auteur du *Détail de la France*. Il mentionnait, comme pour solidifier sa position, la politique de Sully et l'ordre des choses du passé, avant l'arrivée des Italiens et la fiscalisation débordante. Mais rien n'y faisait.

Que proposait-t-il donc, concrètement, sur la première des causes de la misère française, qu'on a vu être selon lui l'arbitraire de l'impôt personnel, la taille ? Le problème à résoudre était uniquement la répartition, car quant au montant total, Boisguilbert répète que « la

---

[1] *Dissertation de la nature des richesses, de l'argent et des tribus, etc.*, 1707 ; *Œuvres*, t. II, p. 1008.
[2] *Le Détail de la France*, 1695 ; *Œuvres*, t. II, p. 660-661.
[3] *Ibid*, p. 649.
[4] *Ibid*, p. 625-626.

quantité n'était point du tout la cause de la misère des peuples »[1]. Il faut avant que le peuple soit incité à travailler et à consommer. C'était le sens de sa maxime, qu'il exposait un jour au Contrôleur général : « Toute ma doctrine n'a et n'aura jamais qu'un mot, savoir : *donnez au peuple, et il vous donnera* ».[2] Vauban se rangeait à cette opinion, lui qui soutenait que soumis à un impôt stable et certain, les hommes développeraient leurs facultés productives : « ils travailleront avec plus de force et de courage, quand ils verront que la principale partie du profit qu'ils y feront, leur demeurera. »[3] Mais pour parvenir à un tel résultat, continuait Boisguilbert, il fallait encore limiter les intermédiaires dans la perception de l'impôt et s'assurer que le produit des taxes entrait tout entier, ou presque, dans les coffres de l'État. « Les princes les plus riches et les peuples les moins chargés, dit-il, sont ceux chez qui les impôts passent droit des mains des contribuables en celles du monarque, et où il y a le moins de genre de tributs, et par suite de personnes employées à leur recouvrement ».[4] Il entendait en outre que l'impôt soit égal pour tous, stable et prévisible. Un passage particulier laisse entendre, semble-t-il, qu'il avait à l'esprit un impôt non seulement proportionnel, mais progressif ; c'est celui-ci : « Un monarque en doit user envers ses peuples comme Dieu déclare qu'il fera envers les chrétiens ; savoir, qu'il demandera beaucoup à qui aura beaucoup, et peu à qui aura peu. »[5] Il paraît toutefois que dans sa pensée cela ait signifié un impôt proportionnel, où en payant un dixième de son revenu, celui qui possède vingt fois plus qu'un autre, contribue aussi vingt fois davantage, et non un impôt progressif, où le taux lui-même augmente à mesure qu'on atteint les personnes les plus riches. J'ai encore d'autres raisons d'interpréter ainsi le passage, mais je ne veux pas me prêter à un exercice de théologie scolastique.

Sur le sujet des restrictions au commerce, la réforme, toute négative, apparaissait également comme très facile : elle ne consiste qu'à les détruire, ce qui ne demande qu'un moment. « Il faut de la liberté dans les chemins, écrit Boisguilbert, si l'on veut voir de la consommation et par conséquent du revenu : ce qui ne peut être tant qu'il y aura à chaque pas des gens payés et qui attendent leur fortune à empêcher qu'un pays ne commerce avec l'autre ».[6] Si l'on peut

[1] *Le Détail de la France*, 1695 ; *Œuvres*, t. II, p. 605.

[2] Lettre à Chamillart, Contrôleur général, 2 décembre 1704 ; Ar. Nat., G7 721 ; *Œuvres*, t. I, p. 346.

[3] Vauban, *Projet de dîme royale*, 1707 ; *Oisivetés de Monsieur de Vauban*, éd. 2007, p. 762.

[4] *Le Factum de la France*, 1707 ; *Œuvres*, t. II, p. 899.

[5] *Ibid*, p. 941.

[6] *Ibid*, p. 939.

s'attendre à ce que, les restrictions supprimées, le commerce et l'agriculture se raniment et retrouvent leur prospérité d'antan, c'est que la liberté a une vertu dynamisante. « Les blés sortent de la terre par le travail de l'homme et les influences du ciel, de la même manière que les eaux coulent des sources ; ils ne tarissent jamais tant que le cours est libre ; la nature s'est chargée du soin de leur dispensation, pourvu qu'on s'en rapporte à elle, et qu'on ne fasse pas des digues et des chaussées pour retenir tout sur le lieu de leur naissance ».[1]

Au fond, il ne s'agissait bien que d'une chose : de *laisser faire la nature*. Car il n'était pas question pour Boisguilbert « de rien mettre au hasard, mais seulement de permettre au peuple d'être riche, de labourer et de commercer »[2], et cela se pouvait. « Il n'est pas question de faire miracle pour former au roi cent millions de rente plus qu'il n'a, en rétablissant à ses sujets le double de leurs biens, tels qu'ils les avaient autrefois ; il est seulement nécessaire de laisser agir la nature en cessant de lui faire une perpétuelle violence ».[3] La conclusion de Boisguilbert, au-delà de l'étude de l'impôt et du commerce, dans des termes nécessairement datés, était donc proprement révolutionnaire : c'était le désengagement de la puissance publique des questions d'économie, lesquelles étaient appelées à fonctionner « sans intervention d'aucune autorité supérieure qui doit être bannie de toutes les productions de la terre, parce que la nature, loin d'obéir à l'autorité des hommes, s'y montre toujours rebelle, et ne manque jamais de punir l'outrage qu'on lui fait, par disettes et désolation ».[4] La seule fonction de l'autorité, dans ce cadre, était d'assurer la sécurité. « On a dit, *que pourvu qu'on laisse faire la nature*, c'est-à-dire qu'on lui donne sa liberté, et que qui que ce soit ne s'en mêle que pour y départir protection à tous et empêcher la violence. »[5] Car cette nature, cet ordre supérieur, issu du créateur, ne respire que la liberté ; c'est l'harmonie d'un monde cosmopolite. La nature « ne connaît ni différents États, dit Boisguilbert, ni divers souverains, ne s'embarrassant pas non plus s'ils sont amis ou ennemis, ni s'ils se font la guerre, pourvu qu'ils ne la lui déclarent pas. »[6]

Dès lors qu'on n'entre pas en guerre contre la nature, en refusant et en bousculant l'ordre qu'elle place d'elle-même dans les choses,

---

[1] *Traité de la nature, culture, commerce et intérêt des grains, etc.*, 1707 ; *Œuvres*, t. II, p. 870.
[2] *Le Détail de la France*, 1695 ; *Œuvres*, t. II, p. 654.
[3] *Ibid*, p. 644.
[4] *Traité de la nature, culture, commerce et intérêt des grains, etc.*, 1707 ; *Œuvres*, t. II, p. 871.
[5] *Le Factum de la France*, 1707 ; *Œuvres*, t. II, p. 892.
[6] *Dissertation de la nature des richesses, de l'argent et des tribus, etc.*, 1707 ; *Œuvres*, t. II, p. 995.

les terres sont cultivées, les paysans tirent des revenus de leur travail ; ils peuvent s'acquitter des impôts, et vivre bien. Enfin les productions de la terre s'échangent entre les hommes, entre les provinces et entre les nations.

J'avais promis de me borner et j'ai perdu pied, comme Homère, à qui Horace reprochait de donner parfois l'impression de somnoler[1] ; la passion pour mon propos a pris le dessus sur ma résolution de faire de longues études et un ouvrage court.

Boisguilbert méritait toutefois une extrême attention, car il est le premier théoricien du laissez-faire, et il fallait décrire précisément comment s'est forgée cette notion fameuse, qui est la conclusion commune de toute l'école libérale française, et qui est surtout restée célèbre par la profusion avec laquelle elle a été employée dans leurs écrits, à travers les générations. Après Boisguilbert, deux auteurs vont en proposer une reformulation personnelle : le marquis d'Argenson, et Vincent de Gournay ; ils mériteraient l'attention, si j'avais la possibilité d'être long ; car après eux, la formule se fixe et devient le credo de toute une tradition de pensée.

L'expression est adoptée par les physiocrates comme résumé et conclusion pratique de leur doctrine. Louis-Paul Abeille l'utilise pour conclure sa brochure de 1763 sur la liberté du commerce des grains[2], ce que fait également Le Trosne, dans une brochure de 1768, où il parle de « ces deux maximes, si simples, si conformes à l'ordre, si faciles à mettre en pratique : LAISSEZ FAIRE ET LAISSEZ PASSER »[3], car « LAISSEZ FAIRE ET LAISSEZ PASSER, c'est à ces deux points que se réduisent les éléments et toute la doctrine de l'industrie et du commerce ». [4] Un autre adepte de premier plan, Nicolas Baudeau, la revendique aussi dans son catéchisme physiocratique ; il l'appelle même, en style emphatique, « ce mot sublime : *laissez les faire*, qui mériterait d'être gravé en lettres d'or sur une colonne de marbre dont il faudrait orner le tombeau de son auteur, en brûlant, au lieu d'encens au pied de son image placée sur cette colonne, les recueils énormes sous le poids desquels gémissent dans notre Europe les manufactures et tous les arts qui nous logent, nous meublent, nous vêtent ou nous amusent. »[5] Le marquis de Mirabeau, aussi très

---

[1] *Quandoque bonus dormitat Homerus.* — Horace, *Art poétique*, v. 359.

[2] Louis-Paul Abeille, *Lettre d'un négociant sur la nature du commerce des grains*, 1763, p. 23.

[3] G.-F. Le Trosne, *Lettres à un ami sur les avantages de la liberté du commerce des grains et le danger des prohibitions*, 1768, p. 168.

[4] *Ibid*, p. 158.

[5] Nicolas Baudeau, *Première introduction à la philosophie économique*, 1771, p. 208-209.

habitué à ce style de langage, revendiquait plus analytiquement le laissez-faire pour la définition des missions de l'autorité. « Il suffit que le gouvernement sache que le monde va de lui-même, écrit-il… L'autorité n'a rien d'autre à faire que d'exister, de réprimer les brigands, et d'ailleurs de laissez faire. »[1] Enfin le comte de Caraman ne s'y trompe pas quand, rédigeant un résumé des grands principes de la physiocratie, il écrit que « la première règle de toute administration est de *laisser faire*, et de *laisser passer* ». [2]

Malgré la perte de crédit des physiocrates, la formule ne cessera d'apparaître chez les libéraux français, leurs successeurs, qui paraissent proprement avoir voulu *se passer le mot*. « Pour la pensée, pour l'éducation, pour l'industrie, la devise des gouvernements doit être : *Laissez faire et laissez passer* » écrit Benjamin Constant en conclusion de l'un de ses meilleurs livres. [3] De même en 1848, Frédéric Bastiat reconnaît l'expression comme « l'axiome économiste »[4] ; et il la défend malgré les critiques très vives des agitateurs socialistes et communistes. On pourrait citer un à un ces auteurs, et lire chez eux les mêmes mots, et cela jusqu'au crépuscule de cette tradition libérale française, du moins en tant qu'école, à l'époque d'Yves Guyot, c'est-à-dire autour de la Première guerre mondiale. En avons-nous pourtant encore le temps ?

À l'époque de Boisguilbert, la formule n'était pas tout à fait neuve, mais la théorie restait à produire : et c'est ce géant du libéralisme français qui a accompli ce haut fait. Ce fut le principal point de son héritage ; car pour le présent, il resta peu écouté, malgré une situation proprement désastreuse qui implorait réparation. Un an après la proscription de Boisguilbert et la condamnation de ses écrits, le roi confia le Contrôle général à Desmarets. « Le roi ajouta que, les choses en cet état, il serait très obligé à Desmarets s'il pouvait trouver quelque remède, et point du tout surpris si tout continuait d'aller de mal en pis. »[5] Le duc de Saint-Simon, qui rapporte l'anecdote, se faisait alors lui-même peu d'illusions ; il aura plus tard le déplaisir de confirmer que rien ne s'améliorait : « Les impôts haussés, multipliés, exigés avec les plus extrêmes rigueurs, achevèrent de dévaster la France. »[6]

[1] Marquis de Mirabeau, *Précis de l'ordre légal*, 1768, p. 104-105.
[2] *Éphémérides du Citoyen*, 1772, t. I, p. 197.
[3] Benjamin Constant, *Commentaire sur l'ouvrage de Filangieri* ; *Œuvres complètes*, 2012, t. XVI, p. 397.
[4] Frédéric Bastiat, « Propriété et spoliation. Quatrième lettre », *Journal des débats*, 2 septembre 1848 ; *Œuvres*, t. IV, p. 418.
[5] Saint-Simon, *Mémoires* [1708] ; éd. 1865, t. IV, p. 90.
[6] Saint-Simon, *Mémoires* [1709] ; éd. 1865, t. VII, p. 126.

La France n'était pas au bout de ses peines. Ici je dois encore me borner, et ceci d'autant plus volontiers, que l'histoire anticipative ou prospective, qui raconte les épisodes qui s'accumulent jusqu'à un dénouement final placé d'avance dans l'esprit, et auquel tout devrait conduire logiquement, ne me sied guère.

Enfin on connut toutefois des épisodes tragiques. En 1720, l'effondrement du système politico-financier lancé par John Law provoqua un chamboulement et un dérangement des fortunes ; après un épisode de fièvre, le patient français, atteint d'un mal durable, n'en allait guère mieux. Un énième épisode de manipulation moné-taire aboutissait aux mêmes résultats que toujours et illustrait la clairvoyance des penseurs qui, comme Oresme, au XIIIe siècle, avaient condamnés la pratique, assimilant l'inflation à un impôt, et pas un petit. « Ceste mutacion, disait-il, tant moins apparceue, de tant plus est périlleuse et dommaigeuse ; car le grief qui par elle vient, n'est pas sitost sentu ne apparceu du peuple, comme il seroit par une autre cuillecte, et toutesfoiz nulle telle ou semblable ne peult estre plus griefve ne plus grande » [1] Et répondant par avance aux ap-prentis chimistes ou financiers, qui, comme John Law, ou d'autres ; mes yeux ne débordent pas sur la page mais vous pouvez suivre mon regard ; comme tous ceux enfin qui voulaient utiliser la manipula-tion monétaire pour relancer l'économie, Oresme répondait : « S'il disoit, comme soullent les tyrans mentir, qu'il convertit iceluy gaing en l'utilité publique, il n'est à croire à luy ne à son seul dit, car par ceste mesme raison, il me pourroit oster ma robbe, ou autre chose, et dire qu'il auroit mestier ou besoign d'icelle, pour le commun prof-fit ». [2]

La grande aventure de Law découlait cependant des mêmes causes qui avaient jadis agité la plume de Boisguilbert. C'est en remarquant que « les tailles, les aides, les douanes, les gabelles et autres droits établis dans l'intérieur du royaume de France ont déjà fait périr plus d'un quart de ses habitants »[3] qu'il proposa ses ré-formes : une réforme fiscale similaire à celle de Boisguilbert ou Vau-ban, mais en accompagnement seulement d'une banque et d'une émission de monnaie qui devait soutenir et renforcer la *circulation*.

Dans la banqueroute, on apprenait du moins à raisonner sur les finances et l'économie. On défendit et on attaqua tour à tour le système de Law. Un certain Du Tot soutint que « la saine politique

---

[1] Nicole Oresme, *Traictie de la première invention des monnoies*, éd. 1864, p. lix.
[2] *Ibid*, p. xlvi.
[3] Projet d'une nouvelle forme d'asseoir les revenus du roi ; *Œuvres complètes de John Law*, éd. Harsin, t. II, p. 30.

ne permet pas que l'on touche à la valeur des monnaies une fois bien établie ». [1] À travers les controverses, le public faisait sa formation. Les maux ne s'en guérissaient pas pour autant. En 1739, une nouvelle famine provoqua une grande calamité. En cette année, le duc d'Orléans présenta un pain de fougère au roi et lui dit : « Sire, voilà de quoi vos sujets se nourrissent. » [2] Ni la réforme des impositions, ni la destruction des barrières au commerce n'avaient été encore engagées. En 1745, Claude Dupin réclamait des gestes rapides et énergiques. « Les désordres de la taille arbitraire ont subjugué et anéanti la force et l'autorité des règlements faits pour les prévenir et les réprimer. Le mal est devenu plus fort que le remède. Il faut réédifier cet ancien bâtiment. Il n'y a plus de place pour recevoir des étais et il menace de s'écrouler sur ceux qui l'occupent. » [3]

Et ici nous retrouvons le bon abbé de Saint-Pierre, dans l'entourage duquel viendra à notre rencontre le second grand théoricien du laissez-faire : le marquis d'Argenson. L'un comme l'autre, assez bons amis au demeurant, fréquentaient un petit cercle intellectuel, l'Entresol, un salon des Lumières avant l'heure, « où on trouvait toutes sortes de commodités ; bons sièges, bon feu en hiver ; et en été fenêtres ouvertes sur un joli jardin. On n'y dînait ni on n'y soupait ; mais on pouvait prendre du thé en hiver, et en été de la limonade et des liqueurs fraîches. En tout temps, on y trouvait des gazettes de France, de Hollande, et même les papiers anglais. En un mot, c'était un café d'honnêtes gens. » [4] Saint-Pierre exposait devant ce cercle ses projets en cours. « Il désirait, raconte d'Argenson, que plusieurs de nous emportassent ses mémoires pour écrire des réflexions et objections sur ses systèmes, auxquelles il répliquait avec autant d'exactitude que de persévérance dans ses idées » [5]. Au fil des lectures, des objections et des discussions, l'abbé de Saint-Pierre s'imposera comme une référence intellectuelle pour le jeune marquis d'Argenson et guidera sa carrière future. « Mon ami, l'abbé de Saint-Pierre, rêve sans cesse qu'il réforme l'État ; j'ai un peu plus de droit que lui pour faire de pareils rêves. Il écrit ses songes et les fait imprimer ; je suis tenté aussi d'écrire les miens ; mais je réponds bien qu'ils ne verront pas le jour de mon vivant ; premièrement parce que je ne crois pas

---

[1] Du Tot, *Réflexions politiques sur le commerce et les finances*, 1738, p. 71.
[2] Marquis d'Argenson, État de la France vers la fin du ministère du Cardinal, février 1739 ; *Mémoires du marquis d'Argenson*, éd. 1825, p. 325. — Journal, 19 mai 1739 ; *Mémoires et journal inédit*, éd. Jannet, t. II, p. 27.
[3] Claude Dupin, *Œconomiques*, 1745 ; éd. 1913, t. II, p. 371.
[4] *Mémoires du marquis d'Argenson*, éd. 1825, p. 230.
[5] Journal du marquis d'Argenson, 10 décembre 1731 ; *Journal et mémoires*, éd. Rathéry, t. I, p. 99.

encore le monde bien disposé à faire usage de ce que j'imagine pour son bien ; secondement, parce que l'exemple de l'Abbé de Saint-Pierre m'effraye. Avec les meilleures intentions, il a ouvert plusieurs avis qui mériteraient d'être suivis ; mais il a attaqué de front les idées généralement reçues, il a proposé des moyens impraticables pour parvenir à des fins heureuses, et a cru que, pour être bien rendues, elles avaient besoin de mots nouveaux, d'une orthographe extra-ordinaire : tout cela a jeté du ridicule sur ses écrits et sur sa personne. » [1]

L'entresol débâtait de tout, avec une grande liberté de parole et un grand courage à imaginer des réformes en profondeur. Il eut, pour ces raisons mêmes, une existence éphémère, comme d'Argenson l'avait en outre anticipé, lui qui disait qu'« il arrivera un beau matin que le gouvernement nous demandera de quoi nous nous mêlons. »[2] Le marquis fut loin de guérir de cette passion réformatrice et jeune encore il acquit une réputation de faiseur de projet, à la Saint-Pierre, mais en plus raisonnable. Homme timide et réservé, dans un siècle tout porté vers la folie contraire, et privé très tôt de son mentor Saint-Pierre, d'Argenson œuvra en solitaire et en homme méditatif. « Mes réflexions me portent à ne plus travailler que pour moi-même » disait-il. [3] Aujourd'hui encore, c'est dans ses Journaux et Mémoires privés qu'on est forcé d'aller rechercher sa pensée.

Dans la méditation, d'Argenson reformula la doctrine du laissez-faire d'une manière proprement originale. Suivant la fibre qu'on pourrait dire cartésienne, où la raison est conçue comme très puissante et en même temps très limitée, il déclamait contre la folie de la réglementation et des réglementaristes qui s'y laissaient prendre par excès d'amour-propre. « Ils voudraient diriger le commerce par leurs ordres et règlements ; mais, pour cela, il faudrait connaître à fond les intérêts du commerce, non seulement de nation à nation, mais de province à province, mais de ville à ville, mais de chaque individu à l'autre ; faute de cela, demi-science qui est bien pire que l'ignorance par ses mauvais effets. » [4]

---

[1] Marquis d'Argenson, *Essais dans le goût de ceux de Montagne* [sic : c'est l'ancienne prononciation de Montaigne], *composés en 1736*, 1785, p. 10.

[2] Journal du marquis d'Argenson, 10 décembre 1731 ; *Journal et mémoires*, éd. Rathéry, t. I, p. 103.

[3] Journal du marquis d'Argenson, août 1734 ; *Journal et mémoires*, éd. Rathéry, t. I, p. 206.

[4] Mémoire à composer pour délibérer le pour et le contre, et décider que la France devrait laisser l'entrée et la sortie libres dans le royaume de toutes marchandises nationales et étrangères, etc., juillet 1742 ; *Journal et mémoires*, éd. Rathéry, t. IV, p. 456.

Plutôt que d'œuvrer dans l'impossible, la seule politique sage était de laisser faire : laisser entrer les marchandises, toutes les marchandises, et en particulier les plus précieuses et les plus nécessaires, de même qu'on fait pour l'eau ou l'air : « on ne s'embarrasse pas de l'air, il sort, il entre, et néanmoins on n'en manque jamais dans le royaume ; c'est cependant une denrée bien nécessaire. »[1] Les prohibitions et les douaniers étaient accusés de paralyser une communication économique utile et bienfaisante. « Toute l'Europe ne devrait être qu'une foire générale et commune » proclamait d'Argenson.[2] En cela il rejoignait Saint-Pierre, sans le clamer trop fort, et sans le fatras d'institutions pacifiques et européennes, que les contemporains goûtaient fort peu. Toutefois il conservait l'humanisme, le pacifisme et le cosmopolitisme de son mentor. Et il disait : « Il est temps de prendre parti, toutes les nations nous haïssent et nous envient. Et nous, ne les envions pas, si elles s'enrichissent : tant mieux pour elles et aussi pour nous ; elles nous prendront davantage de nos denrées, elles nous apporteront davantage des leurs et de leur argent. Détestable principe que celui de ne vouloir notre grandeur que par l'abaissement de nos voisins ; il n'y a là que la méchanceté et la malignité du cœur de satisfaites dans ce principe, et l'intérêt y est opposé. »[3]

Bon observateur, d'Argenson décrivit longuement dans ses écrits la misère du peuple, et ce fut, comme pour Boisguilbert, l'un des fondements de ses réflexions. Dès 1732, rencontrant le garde des sceaux, il ne put s'empêcher de faire tourner la discussion sur ce thème : « j'insistai sur l'état affreux des provinces ; je lui dis combien les villages fondent partout et deviennent à rien, le tout par l'excès de la taille, et parce qu'on abandonne les campagnes pour se retirer dans les villes ».[4] Le gouvernement, toutefois, prétendait ne rien voir. Cette misère était mal perçue par le pouvoir. « À commencer par le roi, plus on est grand à la cour, moins on se persuade quelle est aujourd'hui la misère de la campagne ; les seigneurs des grandes terres en entendent bien parler quelquefois, mais leurs cœurs endurcis n'envisagent dans ce malheur que la diminution de leurs revenus.

---

[1] Mémoire à composer pour délibérer le pour et le contre, etc., juillet 1742 ; *Journal et mémoires*, éd. Rathéry, t. IV, p. 453.

[2] Marquis d'Argenson, « Lettre à l'auteur du Journal œconomique, au sujet de la dissertation sur le commerce de M. le marquis de Belloni », *Journal œconomique*, avril 1751, p. 114.

[3] Remarques en lisant : Sur le commerce étranger ; *Mémoires et journal inédit*, éd. Jannet, t. V, p. 372.

[4] Journal du marquis d'Argenson, septembre 1732 ; *Journal et mémoires*, éd. Rathéry, t. I, p. 145.

Ceux qui arrivent des provinces, touchés de ce qu'ils ont vu, s'oublient bientôt par l'abondance et les délices de la capitale. »[1] L'autorité préférait la pratique qu'on a déjà rappelé, de fermer les yeux et de tendre la main vers la bourse du peuple en espérant qu'elle ne soit pas tout à fait vide ; et quand elle l'était, on s'offusquait, on se raidissait, et on prenait des mesures qui relevaient de l'insanité, comme d'augmenter encore la charge. « Il semble que ne pouvant payer deux, le remède à cela soit de me faire payer quatre »[2] écrira d'Argenson pour ridiculiser le raisonnement.

Proche des cercles du pouvoir, il observa les déboires de certains collègues réformateurs. Introduire de la justice dans la fiscalité du temps n'était pas toujours bien accueilli, même par ce peuple qu'on voulait sauver. En 1731, il note ainsi, en parlant de l'intendant de Caen, que « ceux qu'il soulagea ne l'en remercièrent point, trouvant que c'était justice, comme il arrive toujours, et ceux qu'il augmenta crièrent si hauts cris, voulant le manger, que tout retentit de reproches qui assiégèrent le trône et la cour ». [3] Aussi le marquis d'Argenson ne se risqua-t-il jamais à définir une réforme fiscale précise, comme Vauban, Boisguilbert ou Saint-Pierre le firent en leur temps.

Fatigué à la vue de toutes ces choses qui « vont encore passablement aujourd'hui, par la seule raison qu'elles ont échappé jusqu'à présent à une prétendue police législative, qui retarde les progrès au lieu de les avancer »[4], le marquis d'Argenson défendait l'alternative simple et profondément modeste du laissez-faire, une attitude peu en phase avec la vanité naturelle des ministres, mais qui devait permettre l'avancée de l'humanité vers des conditions de plus en plus satisfaisantes et heureuses, au travers d'un processus de découverte tel qu'analysé plus tard par Friedrich Hayek, et auparavant par Bastiat[5]. « Laissez faire, écrivait-il, telle devrait être la devise de toute puissance publique, depuis que le monde est civilisé. Les hommes sont sortis de la barbarie, ils cultivent très bien les arts ; ils ont des lois, des modèles, des essais en tout genre pour connaître quelles sont les bonnes pratiques. Laissez-les faire, et vous observerez que là

[1] Marquis d'Argenson, *Considérations sur le gouvernement ancien et présent de la France*, 1764, p. 200.

[2] Journal du marquis d'Argenson, 14 août 1738 ; *Journal et mémoires*, éd. Rathéry, t. I, p. 345.

[3] Journal du marquis d'Argenson, 1731 ; *Journal et mémoires*, éd. Rathéry, t. I, p. 81.

[4] Marquis d'Argenson, « Lettre à l'auteur du Journal œconomique, etc. », *Journal œconomique*, avril 1751, p. 108. ; Idem, *Considérations sur le gouvernement ancien et présent de la France*, 1765, p. 261.

[5] Frédéric Bastiat, *Baccalauréat et socialisme*, 1850 ; *Œuvres*, t. IV, p. 491.

où l'on suit le mieux cette maxime, tout s'en ressent. Dans les républiques, les patrimoines particuliers engraissent et fleurissent ; chacun y jouit de son bien ; on y voit prospérer les arts utiles. Il en est de même dans nos pays d'État : tout ce qui échappe à l'autorité et laisse l'action de l'homme plus libre, prend son essor et fructifie. »[1] Plutôt que de *forcer les Français à devenir heureux*, pour paraphraser un vers de la *Henriade*[2], en s'engageant toujours davantage dans la voie d'une arrogante administration du monde et des choses, il faudrait cultiver la pratique modeste du laissez-faire. « Laissez libre, et tout ira bien »[3] ; « qu'on laisse faire, et il n'arrivera jamais de disette de blé dans un pays où les ports seront ouverts »[4], etc.

Vers 1750, un autre auteur, Vincent de Gournay, revendiqua encore la politique du laissez-faire pour soutenir sa lutte contre les règlements sur le travail, et chez lui laissez faire voudra dire : laissez chaque individu suivre son intérêt personnel et donc travailler comme il l'entend ; mais l'idée sera toute entière chez les physiocrates, et il est temps déjà de les rencontrer, avant d'en finir.

Et ici je suis assez en peine, car je ne suis pas même rentré sur ce terrain que déjà se présentent à mes yeux des panneaux pour dire : *ici on a tendu des pièges aux hommes*. Ici, en effet, le récit fourni traditionnellement par les historiens ne me convainc pas ; si je ne crains d'user de ma raison, et Descartes m'aviserait bien en ce sens, je crois qu'il appelle des révisions sensibles. En analysant ce même Descartes, j'avais glissé négligemment sur une interprétation qui me paraissait fallacieuse, et j'ai essayé de la corriger d'après mes lumières ; de même ai-je procédé pour Montaigne ; et encore en étudiant Crucé et Saint-Pierre, j'ai mentionné, sans trop laisser paraître, que la représentation qu'on faisait d'eux, de pacifistes pionniers et fondateurs, passait sous silence leur engagement pour le libre-échange, qui à les lire me paraissait y être solidement joint ; mais à chaque fois, sans approfondir, sans jouer le savant qui sait mieux que les autres. Ici toutefois je ne peux que prendre au corps l'interprétation commune des physiocrates et la réfuter ; l'erreur que je crois voir importe trop, elle est trop lourde de conséquence.

[1] Remarques en lisant : Sur le commerce étranger ; *Mémoires et journal inédit*, éd. Jannet, t. V, p. 364.

[2] Voltaire, *La Henriade* ; *Œuvres complètes*, éd. 1877, t. VIII, p. 59.

[3] Remarques en lisant : Sur un discours sur les vignes, novembre 1755 ; *Mémoires et journal inédit*, éd. Jannet, t. V, p. 136.

[4] Marquis d'Argenson, *Considérations sur le gouvernement ancien et présent de la France, etc.*, 2ᵉ éd., 1784, p. 267.

Il faudrait dire ce qu'est la *physiocratie* ; on ne s'embarrasse guère, la chose est facile. Le mot même vient du grec, paraît-il ; c'est Du Pont (de Nemours) qui le donna, et on l'explique, quoique lui-même a oublié de le faire. Et ce n'est que le début des extravagances. Sans faire attention aux formes du récit et surtout aux contextes d'écriture de l'histoire, on retient et on répète des physiocrates ce que leurs adversaires ont dit d'eux : qu'ils formaient une secte, que leurs idées étaient systématiques, absolues et radicales, et encore principalement axées sur la notion du produit net et de la productivité unique des terres ; qu'en outre ils défendaient le despotisme plutôt que la démocratie. Je m'en excuse, mais ces représentations, qui sont dans tous les livres d'histoire, me paraissent maladroitement formulées et, puisqu'il faut que j'ose le dire, même tout à fait fausses. J'y reviendrai. Mais je voudrais commencer par prouver ce qu'on oublie et qui me semble le plus important quand on veut parler d'eux : c'est qu'Adam Smith, supposément le fondateur de la science économique et du libéralisme économique, avec sa *Richesse des Nations* (1776), a repris à son compte des idées que les physiocrates avaient exposées, parfois même avec plus de justesse, plus d'une décennie auparavant.

Je prouverai ceci en recourant autant que possible aux ouvrages physiocratiques qu'Adam Smith possédait dans sa bibliothèque, d'après les relevés qui en ont été faits, car qui prouve le plus prouve le moins. Adam Smith possédait notamment : du marquis de Mirabeau, la *Théorie de l'impôt* (1760), et la *Philosophie rurale* (1763)[1] ; de Mercier de la Rivière, *l'Ordre naturel et essentiel des sociétés politiques* (1767)[2] ; et en outre différents volumes des journaux physiocratiques : dix volumes du *Journal de l'agriculture, du commerce et des finances* (1765-1767)[3] et 42 volumes d'*Éphémérides du Citoyen* (1766-1769)[4].

Il me paraît inutile d'examiner la doctrine de l'équilibre de l'offre et la demande : elle est déjà fort ancienne ; sa formulation chez Richard Cantillon (1755), laissait déjà peu à désirer. Mais voyons certaines propositions clés de Smith, comme cette idée, qui eut une immense retombée, que par l'effet de cette loi de l'offre et de la demande le salaire de l'ouvrier se borne au minimum des subsistances. Mercier de la Rivière, dans un ouvrage qu'on a vu être pos-

---

[1] J. Bonar, *A Catalogue of the library of Adam Smith*, 1894, p. 69 ; H. Mizuta, *Adam Smith's Library: A Supplement to Bonar's Catalogue with a checklist of the whole library*, 2008, p. 120.

[2] H. Mizuta, *Adam Smith's Library, etc.*, 2008, p. 111.

[3] J. Bonar, *A Catalogue of the library of Adam Smith*, 1894, p. 2.

[4] H. Mizuta, *Adam Smith's Library, etc.*, 2008, p. 111.

sédé par Smith, écrivait dix ans avant la *Richesse des Nations* : « Examinez bien quel est l'état de tous ceux dont la profession est de servir aux différents travaux que la culture occasionne ; en général, vous ne verrez en eux que des hommes réduits à des consommations qu'on peut regarder comme l'étroit nécessaire ; il s'en faut bien qu'ils soient salariés en raison de l'utilité qui résulte de leurs travaux : leurs diverses professions sont communément d'une pratique si facile, qu'elles sont à la portée d'une multitude d'hommes, et d'hommes nés sans aucune sorte de richesses ; par cette raison, la grande concurrence de ces ouvriers qui se forment promptement et sans frais, tient nécessairement leurs salaires au plus bas prix possible, je veux dire, à un prix au-dessous duquel on ne trouve que l'indigence et la misère, fléaux toujours destructifs des classes d'hommes dont ils forment l'état habituel. »[1] Et de même Turgot, dans une étude insérée dans l'un des numéros des *Éphémérides*, écrivait : « Le simple ouvrier, qui n'a que ses bras et son industrie, n'a rien qu'autant qu'il parvient à vendre à d'autres sa peine. Il la vend plus ou moins cher ; mais ce prix plus ou moins haut ne dépend pas de lui seul : il résulte de l'accord qu'il fait avec celui qui paye son travail. Celui-ci le paye le moins cher qu'il peut ; comme il a le choix entre un grand nombre d'ouvriers, il préfère celui qui travaille au meilleur marché. Les ouvriers sont donc obligés de baisser le prix à l'envi les uns des autres. En tout genre de travail il doit arriver et il arrive en effet que le salaire de l'ouvrier se borne à ce qui lui est nécessaire pour lui procurer sa subsistance. »[2]

Adam Smith est encore célébré pour ses sages maximes fiscales ; on pourrait les comparer à celles de Vauban, dans la *Dîme royale* ; mais voyez aussi Mirabeau, dans sa *Théorie de l'impôt*, où il dit qu'« il peut être résumé à trois conditions nécessaires de l'imposition. 1° Qu'elle soit établie immédiatement et à la source des revenus. 2° Qu'elle soit dans une proportion connue et convenable avec ces mêmes revenus. 3° Qu'elle ne soit point surchargée de frais de perception. »[3]

Mais c'est surtout pour ses principes sur l'intérêt personnel et encore plus sur la « main invisible », que sa contribution à l'édification du libéralisme économique est vantée. Je n'ai pas à justifier qu'on puisse trouver le cœur d'une doctrine dans une expression qui ne s'y trouve qu'une fois, et sous forme métaphorique : les spécialistes de

[1] Mercier de la Rivière, *L'ordre naturel et essentiel des sociétés politiques*, 1767, p. 279.
[2] Turgot, *Réflexions sur la formation et la distribution des richesses* ; *Œuvres*, éd. Institut Coppet, vol. II, p. 476.
[3] Marquis de Mirabeau, *Théorie de l'impôt*, 1760, p. 142.

Smith s'en débattent déjà comme ils peuvent. Il me suffit de dire que la théorie de l'intérêt personnel est partout dans la littérature française précédente, et notamment chez les physiocrates.

Déjà le bon Crucé disait qu'« il ne faut denigrer le marchand, principalement celuy qui d'une resolution genereuse entreprend des voyages hazardeux, afin de s'enrichir luy et son pays. Il ne peut faire l'un sans l'autre, et le public estant composé des particuliers, il se ressent des richesses et de la pauvreté de ceux-cy. »[1] Et parmi les physiocrates, on trouvera tous les auteurs en accord. Louis-Paul Abeille reconnaît que c'est le motif unique qui fait agir les commerçants étrangers dans le transport des marchandises. « C'est uniquement de l'intérêt qui fait rouler toute la machine du commerce »[2] ; et il ajoute immédiatement à la suite que « tout autre motif de confiance serait illusoire ». [3] Car l'intérêt personnel est un motif si enraciné en l'homme qu'on peut compter sur sa puissance pour guider avantageusement les combinaisons des hommes. « On peut laisser aux commerçants le soin de ne s'engager que dans les opérations qui leur promettent des bénéfices » dit-il dans une autre brochure[4], qui semble avoir été assez diffusée, puisqu'on la retrouve l'année même traduite en espagnol[5], malgré la capacité du public espagnol, et européen en général, à lire la langue française. [6]

En dehors du cadre strict de l'école physiocratique, des adeptes émancipés soutenaient la même doctrine. Examinant la question du commerce des grains dans un ouvrage là encore bien diffusé, et traduit en italien[7], C.-J. Herbert évoque les marchands et écrit qu'« on sait qu'ils doivent gagner, et qu'ils ne peuvent se conduire que par des motifs d'intérêt. »[8] Comme les plus célèbres physiocrates, Herbert voyait dans l'intérêt personnel un motif de confiance. « Si le ministère dans ces occasions laissait agir le commerce, et que l'on fût assuré que l'on peut s'y livrer sans risques et sans formalités, les importations de blés se succéderaient à proportion des besoins ; la cupidité saura les prévoir et les soulager. Cherté foisonne, dit le proverbe ; c'est douter de l'avidité des hommes pour le gain, que de

[1] Émeric Crucé, *Le nouveau Cynée, etc.*, 1623, p. 29-30.

[2] Louis-Paul Abeille, *Lettre d'un négociant sur la nature du commerce des grains*, 1763, p. 10.

[3] *Ibid.*

[4] Louis-Paul Abeille, *Réflexions sur la police des grains*, 1764, p. 21.

[5] *El trigo considerado como genero comerciable* [lit. Le blé considéré comme matière de commerce], 1764.

[6] *Son muchos en el dia los que pueden leer el original, por ser tan comun la lengua Francesa.* — Avant-propos du traducteur espagnol des *Dialogos sobre el comercio de trigo*, 1775.

[7] *Riflessioni sull economia generale di grani*, 1765.

[8] C.-J. Herbert, *Essai sur la police générale des grains*, 1755, p. 46.

craindre qu'ils ne portent pas la denrée partout où ils la vendront avantageusement. »[1] « On ne saurait trop répéter que l'intérêt est le motif le plus puissant qui fasse agir les hommes », dit encore Simon Clicquot-Blervache la même année[2] ; et André Morellet écrit quant à lui que « nous voyons dans la nature de l'homme un principe d'action toujours soutenu, toujours vigilant, toujours énergique : l'intérêt. »[3] Cette dernière affirmation semble peu : mais en vérité Morellet insista tellement sur l'intérêt personnel dans ses écrits qu'un commentateur l'a qualifié de « précurseur d'Ayn Rand, défenseur de la moralité de l'égoïsme éthique et de l'intérêt personnel rationnel »[4]. L'abbé Morellet allait en effet jusqu'à écrire : « Mes concitoyens ont le droit de vivre de leur travail, de leur industrie, de leur propriété, et de vendre ce travail, cette industrie, cette propriété à tous les membres de la société et à moi-même, tout ce qu'ils veulent ; mais ils n'ont pas celui de fixer, autrement que par une convention libre entre nous, le prix de ma denrée, qui est elle-même ma propriété, le fruit de mon travail et de mon industrie. Ils ont le droit de vivre, mais non pas aux dépens d'aucun autre membre de la société. »[5] Et dans les salons, où Morellet répétait cette doctrine, l'idée était remarquée. Mme d'Holbach, qui tenait l'un d'eux, disait de lui, avec tout l'esprit qui la caractérisait, qu'« il allait toujours les épaules serrées en devant pour être plus près de lui-même. »[6]

Adam Smith, cependant, n'avait pas ces derniers ouvrages dans sa bibliothèque. Il a séjourné à Toulouse et à Paris, au moment où ils furent écrits, il a rencontré plusieurs de leurs auteurs, cela doit compter. Ce même Morellet évoque Smith dans ses Mémoires et écrit : « Nous le vîmes plusieurs fois ; il fut présenté chez Helvétius : nous parlâmes théorie commerciale, banque, crédit public, et de plusieurs points du grand ouvrage qu'il méditait ».[7] Mais je veux bien admettre n'avoir encore ici rien prouvé. Continuons donc.

Voyons exclusivement ce qui se trouve dans les quelques ouvrages qui se trouvèrent avec certitude en la possession de Smith : on

---

[1] C.-J. Herbert, *Essai sur la police générale des grains*, 1755, p. 66.

[2] Simon Clicquot-Blervache, *Dissertation sur les effets que produit le taux de l'intérêt de l'argent sur le commerce et l'agriculture*, 1755, p. 18.

[3] André Morellet, *Fragment d'une lettre sur la police des grains*, 1764, p. 30

[4] *Proto-Ayn Randian, proponent of the morality of "ethical egoism" and of personal, rational self-interest.* — Steven L. Kaplan, *The Economic Turn: Recasting Political Economy*, 2019, p. 316.

[5] André Morellet, *Réfutation de l'ouvrage qui a pour titre Dialogues sur le commerce des blés*, 1770, p. 103-104.

[6] Denis Diderot, « Sur le Prospectus du Dictionnaire du Commerce par l'abbé Morellet », 1770 ; *Œuvres*, éd. DPV, vol. XVIII, 1984, p. 230.

[7] André Morellet, *Mémoires sur le dix-huitième siècle et sur la révolution*, 1821, p. 237.

y retrouvera la doctrine de la main invisible exprimée dans toute sa force. Dans la *Philosophie rurale*, le marquis de Mirabeau en fournit une première formulation, claire, éclatante : « Le commerce libre qui favorise les dépenses, et rapporte leur effet aux lieux où il doit fructifier, a trouvé le seul moyen facile et prospère. Il dirige et excite les travaux par l'appas du profit, par l'effet de la volonté. Chacun est, ou se croit libre dans sa sphère, et chacun est entraîné par la vue de son propre bien à concourir au bien universel. Toute la magie de la société bien ordonnée est que chacun travaille pour autrui, en croyant travailler pour soi. Cette magie, dont l'ensemble et les effets se développent par l'étude dont nous traitons, nous démontre que le grand Être nous donna, en père, des principes économiques et de concorde, quand il daigna nous les annoncer et nous les prescrire en Dieu, comme lois religieuses. »[1] Mercier de la Rivière, dans *l'Ordre naturel et essentiel des sociétés politiques*, cherchant à faire reposer ses observations économiques sur l'homme tel qu'il est, écrit dans la même voie : « Ne cherchons point dans les hommes des êtres qui ne soient point des hommes : la nature, comme je l'ai déjà dit, a voulu qu'ils ne connussent que deux mobiles, l'appétit des plaisirs et l'aversion de la douleur... La façon dont nous sommes organisés nous montre donc que dans le système de la nature chaque homme tend perpétuellement vers son meilleur état possible, et qu'en cela même il travaille et concourt nécessairement à former le meilleur état possible du corps entier de la société. »[2] Et, comme chez lui l'idée avait de l'importance, alors qu'elle paraît n'en avoir eu que peu chez Smith, Mercier de la Rivière la répète encore quelques pages plus loin. « Voulez-vous qu'une société parvienne à son plus haut degré possible de richesse, de population, et conséquemment de puissance ? Confiez ses intérêts à la liberté ; faites que celle-ci soit générale ; au moyen de cette liberté, qui est le véritable élément de l'industrie, le désir de jouir irrité par la concurrence, éclairé par l'expérience et l'exemple, vous est garant que chacun agira toujours pour son plus grand avantage possible, et par conséquent concourra de tout son pouvoir au plus grand accroissement possible de cette somme d'intérêts particuliers dont la réunion forme ce qu'on peut appeler l'intérêt général du corps social, ou l'intérêt commun du chef et de chacun des membres dont ce corps est composé. »[3] Et en concluant son grand traité, il ne put s'empêcher de revenir encore une dernière fois sur cette grande idée, appelée à tant de développements

---

[1] Marquis de Mirabeau, *Philosophie rurale, etc.*, 1763, p. 50.
[2] Mercier de la Rivière, *L'Ordre naturel et essentiel des sociétés politiques*, 1767, p. 33, 35.
[3] *Ibid*, p. 36.

futurs. « L'intérêt personnel, note-il alors, encouragé par cette grande liberté, presse vivement et perpétuellement chaque homme en particulier, de perfectionner, de multiplier les choses dont il est vendeur ; de grossir ainsi la masse des jouissances qu'il peut procurer aux autres hommes, afin de grossir, par ce moyen, la masse des jouissances que les autres hommes peuvent lui procurer en échange. Le monde alors va de lui-même ; le désir de jouir et la liberté de jouir ne cessant de provoquer la multiplication des productions et l'accroissement de l'industrie, ils impriment à toute la société, un mouvement qui devient une tendance perpétuelle vers son meilleur état possible. »[1]

Je me suis borné aux ouvrages possédés par Smith ; dois-je dire encore que les deux auteurs que nous avons rencontrés plus tôt, Boisguilbert et d'Argenson, soutenaient la même idée ? Le premier, qui analysa avec une extrême justesse la solidarité du point de vue économique, parlait de « l'harmonie de la république, qu'une puissance supérieure régit invisiblement ».[2] « Il y a une réflexion à faire, disait-il, que tout le commerce de la terre, tant en gros qu'en détail, et même l'agriculture, ne se gouverne que par l'intérêt des entrepreneurs, qui n'ont jamais songé à rendre service ni à obliger ceux avec qui ils contractent par leur commerce ; et tout cabaretier qui vend du vin aux passants n'a jamais eu l'intention de leur être utile, ni les passants qui s'arrêtent chez lui à faire voyage de crainte que ses provisions ne fussent perdues. C'est cette utilité réciproque qui fait l'harmonie du monde et le maintien des États ; chacun songe à se procurer son intérêt personnel au plus haut degré et avec le plus de facilité qui lui est possible, et lorsqu'on va acheter quelque marchandise à quatre lieues de sa maison, c'est parce qu'on n'y en vend pas à trois lieues, ou qu'elle y est à meilleur compte, ce qui récompense le plus long chemin. »[3] De même le marquis d'Argenson remarquait que dans la république des Provinces-Unies « chacun est parfaitement libre dans ce qui ne nuit point aux autres : de l'usage de cette liberté, et de cette multiplicité d'intérêts qui agissent sans se choquer, résultent des effets immenses… ; il en est de cela comme d'une fourmilière ou d'une ruche d'abeilles, où chaque insecte agit suivant son instinct, il résulte de leurs actions un grand amas pour les besoins de la petite société ; mais cela ne s'est point opéré par des

---

[1] Mercier de la Rivière, *L'Ordre naturel et essentiel des sociétés politiques*, 1767, p. 447.

[2] *Le Détail de la France*, 1695 ; *Œuvres*, t. II, p. 621

[3] *Le factum de la France contre les demandeurs en délai*, 1705 ; *Œuvres*, t. II, p. 748-749.

ordres, ou par des généraux qui aient obligé chaque individu à suivre les vues de leur chef. » [1]

Que restait-il à Smith, après tout cela, pour produire une doctrine personnelle ? Un exemple frappant, peut-être, celui du boulanger ? En vérité il est déjà chez Mirabeau, qui dans une lettre à Rousseau parlait plaisamment de l'ingratitude qu'il y avait à « n'être pas autant sensible aux obligations qu'à votre boulanger qui vous nourrit. Mais, dit-on, c'est pour son avantage. Et qui diable nous a jamais obligés, ni vous ni moi, que par intérêt ?... Personne ne donne icibas, tout le monde prête, vend ou place, et messieurs les bienfaiteurs désintéressés peuvent brider des oies, mais non pas moi. »[2] Le même Mirabeau s'ingénia à travers tous ses écrits et probablement encore plus dans ses conversations orales, à convaincre que le motif de l'intérêt personnel était un fondement solide, malgré toutes les dénégations. Loin de dénaturer l'homme, les philosophes qui usaient l'intérêt personnel comme base de leurs raisonnements avaient de la nature humaine une vue plus dénuée de préjugés. Au même Rousseau, qui était parmi les sceptiques, il écrivait : « si l'on nous accuse d'avoir espéré et prêché comme possible la perfection humaine individuelle et absolue, on nous calomnie. Je ne m'arrêterai point à vous dire que, quoique tout ce qui passe sur le pont Neuf soit agité de bien des passions aveugles, divergentes, toutes ces passions néanmoins concourent au même point, qui est de passer sur le pont, au lieu de se jeter à l'eau ». [3] Ce fut l'un de ses combats, l'un de leurs combats à tous, à travers de très multiples écrits, qu'on a oublié aujourd'hui injustement, pour célébrer plutôt l'un de leurs successeurs, pétri de talent, mais rarement d'originalité. À l'époque, l'ordre des mérites n'avait pas encore été inversé, et à la parution de la *Richesse des Nations*, en 1776, Mirabeau eut cette réaction : « J'ai ouï parler du livre de Smith. Je crois que nous l'avons un peu aidé ». [4] C'était peu dire.

Si mes lumières ne me font pas défaut, il m'apparaît, comme je l'ai dit, que les physiocrates ont été interprétés et sont racontés encore aujourd'hui d'une manière passablement erronée, par suite des calomnies dont ils furent l'objet, que des documents nouveaux re-

[1] Marquis d'Argenson, *Considérations sur le gouvernement ancien et présent de la France*, 1765, p. 41.

[2] Lettre à Jean-Jacques Rousseau, 27 octobre 1766 ; G. Streckeisen-Moultou, *J. J. Rousseau, ses amis et ses ennemis. Correspondance*, vol. II, p. 320.

[3] Lettre à Jean-Jacques Rousseau, 30 juillet 1767 ; G. Streckeisen-Moultou, *J. J. Rousseau, etc.*, vol. II, p. 362.

[4] Lettre à Marc Charles Frédéric de Sacconay, 19 août 1776 ; Collection privée, mise à disposition par l'Université de Lausanne.

mettent en cause. On dit (car je ne suis pas délateur) qu'ils formaient une secte, sous le patronage du maître François Quesnay, et que toute leur doctrine se résumait au produit net, au *Tableau économique*, et à cette idée que seule l'agriculture est productrice ; enfin, qu'ils défendaient le despotisme légal.

À lire leurs ouvrages, et jusqu'à leurs manuscrits et leurs correspondances, la prétendue *secte* m'apparaît toute bonnement introuvable. Bien sûr Forbonnais, qui était leur adversaire, a dit d'eux alors qu'ils défendaient la doctrine de leur maître François Quesnay « avec la même ardeur qu'on vit autrefois les premiers apôtres de Mahomet faire recevoir l'Al-coran ». [1] Eux-mêmes ne l'entendaient pas ainsi. Du Pont (de Nemours) repoussa la critique comme infondée, « injurieuse » et déraisonnable. [2] Dix ans plus tard, il se repentira encore d'avoir parfois donné l'impression d'accepter cette imputation, de même que certains de ses amis, ce qui au final ne pouvait que desservir leur message. [3]

Quesnay n'était pas un maître d'école et se refusait tout à fait à ce rôle. Il n'admettait pas qu'un de ses collègues se place sous son autorité et l'encense comme un supérieur, et il l'expliqua « rudement » à Du Pont en 1766, comme ce dernier le rapporte dans une lettre privée à Le Trosne. [4] Et quand Mirabeau parut se ranger à répéter platement certaines de ses idées, il lui fit la remarque : « Je me suis aperçu que mes misérables brouillons vous rendaient paresseux. Pensez à votre tour. Vous en savez autant que moi par principes. » [5]

D'ailleurs, pour œuvrer en maître, encore aurait-il fallu à Quesnay faire accepter sa doctrine à ses soi-disant élèves ; et c'est ce qu'il ne paraît jamais avoir réussi. Son *Tableau économique* est aujourd'hui considéré comme central ; sait-on qu'il fut pourtant à l'époque non seulement peu connu, mais peu goûté, et peu compris, et ceci par les supposés disciples eux-mêmes ? Dans une lettre à un affilié physiocrate, Charles Richard de Butré, le marquis de Mirabeau expliqua un jour qu'à tous les deux, et avec Du Pont et Baudeau, ils étaient les seuls à comprendre le *Tableau* de Quesnay ; Mercier de la Rivière

---

[1] Véron de Forbonnais, « Observations sur la grande et petite culture », *Journal de l'agriculture, du commerce et des finances*, août 1768, p. 35.

[2] P. S. Du Pont, « Notice abrégée, etc. », *Éphémérides du Citoyen*, 1769, vol. IX, p. 69.

[3] Lettre au comte Scheffer, 8 septembre 1779 ; Riksarkivet [archives nationales] de Stockholm, Schefferska samlingen Skrivelser till Karl Fredrik Scheffers [Collection des lettres de K. F. Scheffer], boîte IV.

[4] Lettre à G.-F. Le Trosne, 24 juillet 1766 ; Eleutherian Mills Library, Winterthur Manuscripts, W2-5.

[5] Lettre au marquis de Mirabeau, fin 1760 ; *Œuvres*, vol. II, p. 1208.

n'en connaissait rien, poursuivait Mirabeau, pas plus que Turgot, ni même Roubaud, qui n'y avait même jamais porté les yeux ; enfin il finissait en disant que parmi tous les affiliés et convertis aux idées portées par le groupe, on aurait cherché en vain un connaisseur du *Tableau*. [1] De même Du Pont confirme dans les *Éphémérides* que le *Tableau* était tenu en peu d'estime. « La plupart ont regardé le Tableau économique comme obscur et de peu d'usage. C'est un excellent outil, qui avance beaucoup le travail, mais dont le prix ne peut être connu que par les maîtres qui le savent bien manier. »[2] Certains physiocrates majeurs, tels Abeille ou Le Trosne, ne l'évoquèrent jamais et ne s'en préoccupaient guère.

Comment, d'ailleurs, Quesnay aurait-il pu dominer presque tyranniquement un large groupe de penseurs épars, quand lui-même était peu lu, et surtout peu connu ? Quoiqu'il signa toujours scrupuleusement ses écrits médicaux, François Quesnay ne voulut jamais compromettre sa position de médecin à la Cour de Versailles : ses articles dans *l'Encyclopédie* sont signés de « Quesnay le fils », et plus tard dans le *Journal de l'agriculture* ou les *Éphémérides*, il recourra à divers pseudonymes : M. A, M. H, M. N, M. Nisaque, M. Alpha, etc., sans jamais laisser son nom apparaître, et ce jusqu'en 1768. Il exigeait de ses collègues économistes qu'ils ne le désignent jamais que par des périphrases, sans avoir « jamais voulu permettre qu'on le nommât »[3], dit Du Pont. Cet ordre, ils le suivirent très scrupuleusement, et parfois jusque dans leur correspondance privée. Ainsi quand Du Pont, en nouvel adepte, se renseigna auprès de Mirabeau sur l'origine de sa doctrine, celui-ci dit simplement qu'il y avait encore au-dessus de lui un maître plus grand que lui, dont « il n'était pas digne », écrivait-il emphatiquement, « de dénouer les souliers ». [4]

En comparaison de Quesnay, Mirabeau était au moins tout aussi considéré et respecté, et en outre il était formidablement plus célèbre. Après le succès éclatant de *l'Ami des Hommes* (1757), le marquis de Mirabeau jouissait d'une notoriété qu'on peine à s'imaginer. Son frère, qui voyagea peu après dans les provinces, fut invité par les grands et séduits par les dames, malgré ses cheveux grisonnants, du fait de sa parenté avec le célèbre auteur. « L'ami des hommes est un

---

[1] Lettre à Charles Richard de Butré, 16 décembre 1777 ; Bibliothèque de l'Arsenal, Ms. 12101.

[2] P. S. Du Pont, « Notice abrégée, etc. », *Éphémérides du Citoyen*, 1769, vol. I, p. xliv.

[3] *Physiocratie, ou constitution naturelle du gouvernement le plus avantageux au genre humain*, 1768, discours de l'éditeur, p. c.

[4] Mémoires de Du Pont, 1792 ; *L'enfance et la jeunesse de Du Pont de Nemours racontées par lui-même*, 1906, p. 207. (Ce livre, imprimé pour la famille Du Pont, n'a pas été mis dans le commerce.)

peu la cause de cela, et on croit l'entrevoir en voyant quelqu'un qui lui tient de si près ». [1] De même passant à Saint-Malo en 1758, il note : « Je vois que si je reste encore ici huit jours, mon habit n'y tiendra pas, ils en voudront avoir des morceaux pour des reliques. »[2] Parmi les adeptes, les plus grands honneurs lui étaient accordés. Du Pont vante son grand ouvrage de 1763, « la *Philosophie Rurale*, livre très nouveau, mais qui sera quelque jour gravé en lettres de lumière dans le cabinet de tous les princes sages, et dans les archives de l'humanité »[3], et cela jusque dans sa correspondance privée de jeunesse, où il parle encore du « sublime et savant auteur de la *Philosophie rurale*, homme digne d'être le président honoraire et perpétuel de toutes les académies d'agriculture ». [4] L'écart de notoriété était tel entre Mirabeau et Quesnay, que le frère du marquis, entendant que l'un et l'autre venaient de se lier d'amitié, supposa que Quesnay était le disciple de son frère, et rendant compte d'un passage qu'il fit à la cour de Versailles, où étaient Mme de Pompadour et son médecin personnel Quesnay, il écrit : « Je fus hier dîner chez ta conquête ». [5] Plus tard, en vantant Quesnay, tout juste décédé, Mirabeau prononcera ces mots : « il ne me doit rien que sa célébrité ». [6] En effet, c'est grâce à son insertion dans les ouvrages de Mirabeau (dans la sixième partie de *l'Ami des hommes*) que le *Tableau économique* fut connu, et encore on a dit dans quelles limites. En comptant même sur cette entraide fraternelle, les textes de Quesnay eurent peu de lecteurs et peu d'écho, surtout en comparaison des écrits des autres physiocrates : en particulier Mirabeau, dont les écrits connurent de multiples rééditions, jusqu'à vingt en trois ans pour *l'Ami des Hommes*[7], et dix-huit pour la *Théorie de l'impôt* en moins d'une décennie[8], de même qu'ils furent diffusés jusqu'en Suède. [9] Même Mercier de la Rivière jouissait d'une plus grande notoriété que Quesnay, notam-

---

[1] Lettre du bailli de Mirabeau à son frère, 29 septembre 1760 ; Loménie, *Les Mirabeau*, t. I, p. 278.

[2] Lettre du bailli de Mirabeau à son frère, 21 juin 1758 ; Loménie, *Les Mirabeau*, t. II, p. 169.

[3] P. S. Du Pont, *De l'exportation et de l'importation des grains*, 1764, p. 18-19.

[4] Lettre à M. le président Labouret, 15 septembre 1764 ; Archives départementales de l'Aisne, série D.

[5] Lettre du bailli de Mirabeau à son frère, 31 juillet 1757 ; Loménie, *Les Mirabeau*, t. II, p. 231.

[6] Lettre au marquis de Longo, 5 septembre 1775 ; Bibliothèque de l'Arsenal, Ms. 1201.

[7] J.-C. Perrot, « L'économie politique et ses livres », in H.-J. Martin et R. Chartier (dir.), *Histoire de l'édition française*, 1984, vol. II, p. 255.

[8] P. S. Du Pont, « Notice abrégée, etc. », *Éphémérides du Citoyen*, 1769, t. I, p. xlix.

[9] *Tankar om Sedernas Werkan på Folkmängden i et Land*, 1759.

ment grâce à son *Ordre naturel*, qui se vendit fort bien, comme le rapporte Du Pont. [1]

Voici donc une secte curieuse, car sans véritable maître ; ou furent-ils deux, ou trois ? L'interprétation courante ne convainc pas, d'autant qu'en étudiant le fond théorique des écrits des différents adeptes de la physiocratie, on trouvera une chose bien étrange : c'est qu'ils ne défendaient nullement une doctrine uniforme. La chose apparaissait du reste clairement aux contemporains. Du Pont le prouve très bien dans sa *Notice sur les économistes* ; et je rappelle au passage que les physiocrates s'appelaient entre eux les *économistes*, tout court ; mais on ne peut les suivre ici sans confusion, de même que l'usage d'appeler les socratiques les *philosophes*, tout court, ne pourrait jamais tenir. Enfin dans ce texte Du Pont soutient qu'il y avait en vérité deux écoles économiques, la première, héritée de Gournay, et la seconde, héritée de Quesnay, et qu'en outre, dans cette dernière école, Baudeau et Mercier de la Rivière avaient formé « une branche particulière », insistant sur le despotisme légal. [2] À l'époque, un de leurs adversaires, le nantais Graslin, reconnaissait qu'il n'y avait pas un système uni qu'on aurait pu attaquer en bloc, et que la critique par conséquent ne pouvait porter que sur les auteurs pris individuellement, soutenant qu'« anti-Économiste n'est pas le mot propre, et qu'il faudrait dire anti-Quenéiste, anti-Miraboliste ». [3]

C'est ce qui ne semble pas avoir été tout à fait perdu de vue des spécialistes. Il y a un siècle, Edgar Depitre avertissait que « le libéralisme de Quesnay devrait être soigneusement distingué de celui de ses disciples, et quant à son fondement et quant à sa portée »[4], et August Oncken, l'éditeur des œuvres du prétendu maître, soulignait pareillement que « Quesnay était bien éloigné de pousser jusqu'à l'extrême la liberté économique demandée par lui. Il se distingue essentiellement en cela de son école ». [5] En vérité, il m'apparaît qu'on devrait idéalement distinguer auteur par auteur ; qu'à défaut, et parce que les regroupements, mêmes coupables, ont leur utilité, il faudrait *a minima* distinguer deux groupes, qui seraient : en premier lieu, les théoriciens du produit net (Quesnay, Mirabeau, Baudeau,

---

[1] Lettre à Mercier de La Rivière, novembre 1767 ; Eleutherian Mills Library, Winterthur Manuscripts, W2-11.

[2] P. S. Du Pont, Notice sur les économistes, in *Œuvres de Turgot*, vol. III, 1808, p. 315.

[3] *Correspondance entre M. Graslin et M. l'abbé Baudeau, etc.*, 1777, p. 29.

[4] Introduction à la réédition de Du Pont, *De l'exportation et de l'importation des grains*, 1911, p. x-xi.

[5] Introduction à son édition des *Œuvres économiques et philosophiques de François Quesnay*, 1888, p. xxi.

dans une certaine mesure Du Pont, dans une certaine mesure Mercier de la Rivière) ; et en second lieu les défenseurs du laissez-faire (Abeille, Le Trosne, et dans une certaine mesure Turgot). Mais là encore la séparation, bien qu'assez nette, ne rendrait pas compte de l'extrême pluralité des points de vue et des doctrines. Mais l'histoire a-t-elle une chance d'être reçue, si elle n'est pas simplifiée pour ceux qui la lisent ?

Prenons un exemple parmi d'autres, pour illustrer cette pluralité de vues. De même que Quesnay défend le libre-échange parce que la France est un pays agricole qui a besoin de débiter ses denrées à bon prix, de même il défend la réglementation de l'intérêt de l'argent parce que la prospérité de l'agriculture, pense-t-il, en dépend. Tout découle, chez lui, de la théorie du produit net : c'est en application de la théorie du produit net qu'il apparaît parfois libéral, et c'est en application de la théorie du produit net qu'il réclame ici l'intervention de l'État sur la question du prêt à intérêt. Mirabeau se range à cette conception ; mais Turgot et Du Pont, notamment, s'en écartent tout à fait. S'appuyant sur l'institution de la propriété privée et la liberté économique, ils concluent, tout à rebours, à la liberté du taux de l'argent. [1] Gêné par les idées réglementaires de son pseudo-maître, Du Pont a soigneusement écarté les « Observations sur l'intérêt de l'argent » de celui-ci pour son volume sur la *Physiocratie*, cherchant à masquer un aspect de la doctrine du maître avec lequel il était en désaccord profond.

Au moins, demandera-t-on, l'idée de la productivité unique des terres et celle du despotisme légal sont-elles bien à eux ? Pas même. D'abord, l'idée de la productivité unique de l'agriculture me semble mal comprise ; de la manière avec laquelle on la rapporte, elle est injuste. Quesnay lui-même, pour qui cette idée importait beaucoup, étendait la qualification de productif non seulement à l'agriculture, mais aussi au commerce de première main ; et Mercier de la Rivière rappelait quant à lui que « par le produit des terres, il faut entendre aussi celui des eaux. »[2] Ces subtilités importent, quoique je ne puisse pas rentrer ici dans trop de détails, d'autant que ce n'est pas l'essentiel pour un lecteur du XXIe siècle. Il importe peut-être un peu plus de vérifier s'ils ont été des partisans du despotisme légal comme on l'affirme. Il faudrait d'abord trier parmi les auteurs, mais prenons l'accusation en bloc, comme la prenait aussi Mirabeau quand il écrivit rétrospectivement que « les économistes ont surtout été accusé d'être outrément monarchiques, on leur a reproché leur despo-

---

[1] A. Rougon, *Les physiocrates et la réglementation du taux de l'intérêt*, 1906, p. 138-139.
[2] Mercier de la Rivière, *L'Ordre naturel et essentiel des sociétés politiques*, 1767, p. 177.

tisme légal ».[1] D'abord entendons-nous : leur despotisme est celui de l'évidence des vérités économiques, comme on pourrait dire que dans toutes les sociétés on subit *despotiquement* la loi de l'offre et de la demande, qu'on le veuille on non ; c'est encore celui des vérités mathématiques, qui nous conduisent comme malgré nous. « Euclide est un véritable despote, dit bien Mercier de la Rivière ; et les vérités géométriques qu'il nous a transmises, sont des lois véritablement despotiques : leur despotisme légal et le despotisme personnel de ce législateur n'en sont qu'un, celui de la force irrésistible de l'évidence : par ce moyen, depuis des siècles le despote Euclide règne sans contradiction sur tous les peuples éclairés ». [2] Et dans une lettre à Rousseau, Mirabeau ne dit pas autre chose, parlant de « notre despotisme légal qui vous effraye, et qui ne doit pas pourtant vous étonner davantage que le despotisme du calcul, qui depuis qu'il est reçu décide tous les comptes faits et à faire... Le chiffre arrive, décide le cas despotiquement et sans appel, car, dites-moi, quelles sont les *contre-forces* de l'addition et de la soustraction ? »[3] Enfin c'est une question qu'il faudrait examiner, et qui ne paraît pas l'avoir été beaucoup, de savoir si dans le fond de leur cœur, les physiocrates étaient bel et bien des adeptes du pouvoir absolu. Car dans un manuscrit sur la révolution américaine, Du Pont fait cet aveu précieux, quand il évoque la question de la forme du gouvernement et dit qu'elle mériterait d'être plus approfondie : « Les économistes y ont été vite, et en partie par politique. Ils sont nés dans l'arrière cabinet de la maîtresse du Roi ; et il leur fallait liberté de parler et d'écrire. »[4]

Qui sont-ils vraiment ? Quelles étaient au vrai leurs idées ? Il faudrait tout reprendre par le menu, à partir des textes, ouvrages imprimés, journaux, correspondance, manuscrits, et évoquer même la chronologie, car les auteurs, même pris individuellement, ont encore eu des pensées évolutives. Je ne peux m'y livrer ici. Mais je voudrais tout de même essayer de dégager l'une des grandes idées dont on peut dire proprement qu'elle leur était commune, ce qui est assez rare, et qui fait la valeur de leur héritage intellectuel. Cette

[1] Marquis de Mirabeau, Observations sur la déclaration des droits du bon peuple de Virginie portée le 1er juin 1776 ; *Dialogues physiocratiques sur l'Amérique*, 2015, p. 84.

[2] Mercier de la Rivière, *L'Ordre naturel et essentiel des sociétés politiques*, 1767, p. 185.

[3] Lettre à Jean-Jacques Rousseau, 30 juillet 1767 ; G. Streckeisen-Moultou, *J. J. Rousseau, ses amis et ses ennemis. Correspondance*, vol. II, p. 364.

[4] P. S. Du Pont, Remarques sur les observations qu'a faites M. de Mirabeau au sujet de la déclaration des droits publiée par l'État de Virginie ; *Dialogues physiocratiques sur l'Amérique*, 2015, p. 168.

idée, c'est l'impossibilité de la planification économique par l'État, dont on a jadis montré les prémisses chez Descartes.

Les physiocrates vont faire de cette idée une théorie solide. D'abord en 1763, dans une brochure cruciale dans l'histoire des idées, et malheureusement trop peu connue, l'un d'eux, Louis-Paul Abeille, faisait usage de cet argument pour fournir une explication originale des disettes et des chertés dont souffrait la France. « Le désordre naît, écrivait-il, de ce que l'administration porte la main à des objets qui, à certains égards, sont au-dessous, et à d'autres égards au-dessus d'elle »[1] ; car, pour reprendre l'une de ses observations, déjà citée dans un chapitre précédent, « un grand État ne peut, ni ne doit être gouverné comme une famille où des yeux médiocres peuvent tout voir, tout compter, tout arranger en détail. »[2] Ces propos, il en précisera encore le sens dans une autre brochure de 1768 : « le régime d'un commerce aussi compliqué que celui des grains est au-dessus des forces de l'homme le plus supérieur, et par conséquent, il est indispensable de l'abandonner à lui-même ».[3] Car les opérations du commerce, parce qu'elles se font seules et sans difficultés apparentes, paraissent simples ; mais à celui qui voudrait les tenir en main, il les brise, il s'épouvante devant la difficulté. « Quand on songe à la multitude, à la complication de ressorts et de contrepoids nécessaires pour que cette denrée se porte partout ; que partout elle soit proportionnée au besoin et à l'énorme anéantissement qu'opère une consommation quotidienne, on comprend sans effort l'impossibilité de gouverner les détails et l'ensemble d'une opération si vaste. Son étendue et sa complication avertissent les hommes ordinaires et font sentir, plus qu'à d'autres, aux hommes supérieurs, qu'il faut laisser aller de soi-même ce qui est au-dessus de toute capacité humaine. »[4] En particulier, fixer le prix du blé et le faire varier législativement paraît au-dessus des forces de l'administrateur le plus habile : « À travers cette complication, et elle est infiniment plus grande qu'on ne la montre ici, n'est-ce pas proposer une police très supérieure aux forces de l'administrateur le mieux instruit, le plus vigilant, et doué de l'esprit le plus transcendant, que de lui dire : Fixez le prix que doivent se vendre ces grains disséminés çà et là dans tout le royaume ; mais fixez-le avec tant de sûreté et de précision, que le consommateur l'obtienne toujours à un taux propor-

---

[1] Louis-Paul Abeille, *Lettre d'un négociant sur la nature du commerce des grains*, 1763, p. 13-14.

[2] L.-P. Abeille, *Principes sur la liberté du commerce des grains*, 1768, p. 100.

[3] *Ibid*, p. 45.

[4] *Ibid*, p. 45-46.

tionné à ses facultés, et que le cultivateur trouve toujours de l'avantage à perpétuer d'année en année la quantité nécessaire de subsistances ? »[1] La solution à ce problème ne peut être que la liberté, le laissez-faire, c'est-à-dire que l'autorité, constatant son incapacité, se recule et s'efface. « L'administration la plus active et la plus éclairée, dit Abeille, ne peut connaître, même par approximation, ni le nombre de gens qui sèment, ni la quantité qu'ils sèment, ni le sort heureux ou malheureux qu'auront les récoltes particulières, dont la réunion constitue la récolte générale ; dans cet état d'ignorance invincible, le moyen le plus sûr de porter les hommes à semer au-delà du besoin précis, qui n'est connu ni par eux, ni par ceux qui les gouvernent, c'est de les y exciter par leur propre intérêt. »[2] Cette politique, cependant, étonne à première vue : elle semble négative, barbare. La simplicité de ce plan d'administration, qui consiste essentiellement à s'abstenir de faire et à laisser faire, « ne pouvait qu'étonner et peut-être indisposer ceux qui, sur d'autres matières, se sentent la capacité de tout voir, de tout régler, de tout conduire. Mais des événements aussi décisifs qu'effrayants, et toujours les mêmes, avertissent ceux qui écouteraient leur amour-propre avec le plus de complaisance, que le régime d'un commerce aussi compliqué que celui des grains est au-dessus des forces de l'homme le plus supérieur, que par conséquent il est indispensable de l'abandonner à lui-même. »[3]

Ce principe fécond se répandit rapidement dans les cercles physiocratiques, qui avaient, comme les économistes du réseau Guillaumin plus tard, leurs institutions, leurs réunions et leurs cercles. En 1764, Du Pont dit aussi : « Ô balance sublime de la nature, tu n'es bien qu'entre les mains de ton auteur. Toutes les fois que des créatures faibles et bornées, sujettes aux passions et à l'ignorance, à l'intérêt et à l'erreur, ont osé s'arroger la direction, leur main vacillante n'a fait que précipiter alternativement tes bassins ». [4]

De même, d'après Guillaume-François Le Trosne, dans une brochure fameuse, traduite en italien[5], si les gouvernants échouent à diriger la marche du commerce du blé, c'est qu'en « entreprenant de diriger le commerce et de gouverner les prix, ils ont méconnu la portée de leur faible intelligence ; ils ont essayé de tenir une balance qui leur échappe, et dont la direction surpasse leur pouvoir et leur

---

[1] L.-P. Abeille, *Principes sur la liberté du commerce des grains*, 1768, p. 35.

[2] *Ibid*, p. 66-67.

[3] *Ibid*, p. 44-45.

[4] P. S. Du Pont, *De l'exportation et de l'importation des grains*, 1764, p. 163.

[5] *Lettere ad un amico sopra i vantaggi della libertà del commercio dei grani*, 1770.

force. »[1] « Il en est du prix du blé comme de celui de toute autre marchandise. Il n'a rien d'absolu, et ne consiste pas dans un point déterminé. Il n'appartient pas aux hommes d'entreprendre de le fixer, parce qu'il n'est pas en leur pouvoir d'influer sur les causes physiques qui doivent le faire varier. Lorsque les hommes s'ingèrent d'en faire un objet de police, ils ne parviennent pas à le fixer, mais à en rendre les variations plus fréquentes et infiniment plus sensibles. Toutes leurs précautions n'aboutissent qu'à le tenir dans certains temps plus bas qu'il ne le serait naturellement, et qu'il ne doit l'être pour l'intérêt de la société entière ; et à ne pouvoir ensuite l'empêcher de monter beaucoup plus haut qu'il ne devrait ». [2] Car fixer le prix du blé et conduire tout entier ce commerce, nécessite l'emploi de connaissances qu'on ne peut jamais se flatter d'avoir. « La proportion de la récolte avec la consommation annuelle, étant variable d'une année à l'autre, ne peut être connue ni mesurée : elle ne peut devenir l'objet d'une opération quelconque, parce que les éléments sur lesquels il faudrait opérer sont impossibles à obtenir. Il faudrait tous les ans les établir de nouveau, c'est-à-dire, dresser un tableau fidèle de la récolte, constater combien elle rend au battage, en farine et en pain dans chaque canton, apprécier la consommation qui varie aussi de son côté, et faire entrer, dans cette estimation, toutes les circonstances qui peuvent y influer (par exemple celle du défaut de récolte en vins et en fruits, car la consommation en devient plus forte en pain) ». [3] Et dans les *Éphémérides*, Le Trosne clamera encore plus férocement à un contradicteur : « Eh ! Monsieur, cette balance que vous voulez mettre aux mains de tout le monde, il n'appartient à personne de la tenir, pas même aux souverains. Suivons le cours naturel des choses, nous ne serions capables que de le bouleverser ; c'est une maladie dont il serait bien temps de nous guérir, que celle de vouloir tout régler, tout ordonner, et tout soumettre à nos vues si faibles et si courtes. Laissons à la liberté du commerce le soin d'approvisionner les nations, de conduire le superflu où manque le nécessaire, d'enrichir les unes par la vente de leurs productions, de nourrir les autres alternativement, de hausser ou baisser le prix suivant le flux et reflux des circonstances, et de procurer l'avantage commun par l'observation du grand précepte de se secourir mutuellement, précepte que le souverain maître a mis d'autant plus à leur

---

[1] G.-F. Le Trosne, *Lettres à un ami sur les avantages de la liberté du commerce des grains*, 1768, p. 52.
[2] *Ibid.*, p. 15-16.
[3] *Ibid*, p. 17-18.

portée, qu'il l'a lié inséparablement avec l'intérêt particulier de chacun. »[1]

Sous la plume du marquis de Mirabeau, la prétention des diri-
gistes à la maîtrise d'opérations qu'ils demeurent incapables d'accomplir est décrite également comme étant à l'origine des maux
économiques de la nation. « Plus nous nous sommes occupé du
commerce des grains, remarque-t-il, et avons voulu tenir la balance
des subsistances, plus nous avons vu les maux s'accroître, s'étendre
et se multiplier. »[2] Cette expérience, poursuit-il, a été forte en ensei-
gnements. « Nous avons enfin appris que l'autorité ne peut porter
qu'une main sacrilège et meurtrière, sur les ressorts de l'action pré-
ordonnée par le grand ordonnateur, ressorts qui doivent aller d'eux-
mêmes au bien de l'humanité. »[3] D'ailleurs, toujours d'après Mirabeau, il serait vain de chercher des aménagements techniques pour
parer à l'impossibilité apparente de diriger le commerce : cette impossibilité est et demeurera. Ainsi, « quand le commissaire chargé de
l'approvisionnement général du royaume aurait un télescope portant
à 200 lieues, braqué sur un point pivot toujours tournant pour regarder partout, et à côté une couleuvrine chargée de blé pour l'envoyer
immédiatement au marché, encore ne saurait-il, à cause de la lenteur
et proportion des achats, de la lenteur des avis, de l'étendue des
distances, etc., faire au prix du courant la médecine universelle de la
faim. »[4]

Enfin Turgot, quelques années plus tard, étant alors intendant du
Limousin, ne manquera pas d'utiliser le même argument pour convaincre l'abbé Terray, Contrôleur général, de laisser la liberté au
commerce, l'avertissant que « pour le diriger sans le déranger et sans
se nuire à soi-même, il faudrait pouvoir suivre toutes les variations
des besoins, des intérêts, de l'industrie des hommes ; il faudrait les
connaître dans un détail qu'il est physiquement impossible de se
procurer, et sur lequel le gouvernement le plus habile, le plus actif,
le plus détailleur, risquera toujours de se tromper au moins de la
moitié ».[5] Et la remarque, valable pour le commerce des grains,

---

[1] G.-F. Le Trosne, « Lettre sur les avantages de la concurrence des vaisseaux étrangers pour la voiture de nos grains, etc. », *Éphémérides du Citoyen*, 1765, vol. I, p. 70.

[2] Marquis de Mirabeau, « Projet d'édit sur le commerce des grains », vers 1768 ; G.
Weulersse, *Les manuscrits économiques de François Quesnay et du marquis de Mirabeau aux
Archives nationales*, 1910, p. 107.

[3] *Ibid.*

[4] Marquis de Mirabeau, « Réponses de Mirabeau à des propositions de M. du Sail-
lant », vers 1769 ; G. Weulersse, *Les manuscrits économiques de François Quesnay et du
marquis de Mirabeau aux Archives nationales*, 1910, p. 116.

[5] Turgot, *Lettre sur la marque des fers*, 1773 ; *Œuvres*, éd. Institut Coppet, vol. III,
p. 558.

l'était aussi d'après lui pour tout autre commerce. « Il n'est aucune marchandise pour laquelle l'administration la plus éclairée, la plus minutieusement prévoyante et la plus juste, puisse répondre de balancer toutes les circonstances qui doivent influer sur la fixation du prix et d'en établir un qui ne soit pas au désavantage, ou du vendeur, ou de l'acheteur. »[1] Pas même donc le salaire ou le taux de l'intérêt, qu'on prétend encore fixer chez nous. Quittant d'avance ces voies, Turgot concluait que ce qu'il convient de faire, est précisément de ne rien faire ; l'acte juste est le non-agir. « Ce que doit faire la politique, écrit-il, est donc de s'abandonner au cours de la nature et au cours du commerce, non moins nécessaire, non moins irrésistible que le cours de la nature, sans prétendre le diriger ». [2]

Or voyez maintenant tous les hommes de notre époque, qui à chaque élection attendent un messie, un organisateur de peuple qui, tel un ange provenant de l'au-delà, pourrait assumer la tâche immense de diriger les activités de ses semblables, sans y mêler ses passions, ses préjugés et la faiblesse toute humaine de son intelligence. Voyez ces hommes s'enthousiasmer à chaque saison électorale, espérer l'impossible, se bercer d'illusions vaines, appelées à se briser ; et dites-leur : que ne lisez-vous pas les physiocrates ?

[1] Turgot, *Mémoire sur les prêts d'argent*, 1770 ; *Œuvres*, éd. Institut Coppet, vol. III, p. 172.
[2] Turgot, *Lettre sur la marque des fers*, 1773 ; *Œuvres*, éd. Institut Coppet, vol. III, p. 558.

CHAP. V. — LA LOI

Dans le long couloir des siècles, que nous remontons à notre guise, en nous arrêtant ça et là pour admirer un tableau ou un haut plafond, voici que se présente devant nous la Révolution française, toute majestueuse et intimidante. Par son caractère fondateur, elle nous inciterait presque à l'approfondissement ; comme apothéose d'un mouvement intellectuel antérieur, il est vrai qu'elle passionne, non sans risque. Mais comme elle fut davantage, et cela pour son malheur, le moment des hommes d'action que des hommes de pensée, la tâche de la circonscrire ne m'est pas proprement dévolue. Et cela à mon avantage, tant est grand le risque de s'embourber : car jamais événement historique ne fut à la fois mieux connu dans ses détails, et plus insaisissable dans sa généralité.

En lisant les mémoires du temps, il est difficile de résister à une sorte de vertige devant les complexités et les contradictions. On voudrait y trouver la monarchie condamnée, avançant titubant jusqu'à la tombe, les jambes frêles et malades, et on voit plutôt le roi généralement aimé et la monarchie célébrée. Ainsi, en octobre 1781, quand naquit le Dauphin, la joie de la France fut celle d'une famille ; « on s'arrêtait dans les rues, on se parlait sans se connaître, on embrassait tous les gens que l'on connaissait »[1] raconte Mme Campan. À croire qu'on aurait voulu que cette grande affaire dure toujours.

De même, lorsqu'on s'imagine la Révolution comme le moment de la prise du pouvoir par le peuple, on est rapidement déboussolé par la réalité du pouvoir, très solide et très antérieur, qu'exerçait déjà l'opinion publique sur la politique de l'Ancien régime. En 1784, Necker écrivait à ce propos que « la plupart des étrangers, par des motifs différents, ont peine à se faire une idée de l'autorité qu'exerce en France l'opinion publique : ils comprennent difficilement ce que c'est qu'une puissance invisible, qui sans trésors, sans garde et sans armée, donne des lois à la ville, à la Cour, et jusque dans le palais du roi. Cependant rien n'est plus vrai, rien n'est plus remarquable ». [2]

À ce titre, le regard rétrospectif est périlleux ; il vaut mieux encore accumuler les doutes et les prises de position prudentes, que les schématisations totalisantes, à la manière de Germaine de Staël, qui osait soutenir que « la majorité des Français, dans le dix-huitième

[1] *Mémoires de Madame Campan*, éd. 1858, p. 166.
[2] Necker, *De l'administration des finances de la France*, 1784, p. lxi-lxii.

siècle, voulait la suppression du régime féodal, l'établissement des institutions anglaises, et avant tout la tolérance religieuse. »[1] Pour notre propos, la prudence ne sera guère un défaut.

Elle permettra en outre de ne pas suivre le rangement commode mais simplificateur des grands noms de la Révolution, en idées et en actes, dans les camps des amis ou des adversaires de la liberté. En toute franchise, ceux qui ont cherché la liberté en ce temps là ne l'ont pas toujours trouvée ; ceux qui l'ont trouvée, ne l'ont pas toujours tolérée jusqu'au bout et sans répulsion ; enfin ceux mêmes qui ont le plus œuvré pour la dénaturer et la repousser dans les faits, se sont parfois imaginé la servir, et l'ont souvent, si ce n'est toujours, placé très haut dans leur profession de foi. Lisez par exemple les discours de Robespierre : vous le verrez prononcer, à l'époque même de la Terreur, une grande harangue libérale, de celle qu'on entend encore que rarement de nos jours. « Fuyez la manie ancienne des gouvernements de vouloir trop gouverner, recommandait-il ; laissez aux individus, laissez aux familles le droit de faire librement tout ce qui ne nuit pas à autrui ; laissez aux communes le droit de régler elles-mêmes leurs propres affaires en tout ce qui ne tient pas essentiellement à l'administration générale de la République ; en un mot, rendez à la liberté des individus tout ce qui lui a été illégitimement ôté, ce qui n'appartient pas nécessairement à l'autorité publique, et vous aurez laissé d'autant moins de prise à l'ambition et à l'arbitraire. »[2] Bons conseils, quand on veut les suivre.

Tout cela au fond paraît bien embrouillé, et je ne saurais y mettre de l'ordre ici, surtout en peu de pages. Je me contenterais de raconter, ce qui est plus sûr mais non moins crucial, comment les théoriciens de la liberté humaine s'acheminèrent vers la Révolution sans la voir, comment ils la préparèrent, patiemment et génération après génération, pour s'en étonner ensuite et s'en offusquer, une fois qu'elle fut toute pétrie : à la manière du jeune enfant qui s'épouvante soudainement du dessin qu'il a lui-même tracé sur le papier.

Analystes clairvoyants des crises et des incohérences, tant au niveau social que politique et qu'économique, les grands théoriciens de la liberté humaine n'ont eu de cesse de présenter la société d'Ancien régime comme instable, minée par de fortes contradictions, et risquant à chaque pas de tomber. « C'est une vieille machine délabrée qui va encore de l'ancien branle qu'on lui a donné et

---

[1] Germaine de Staël, *Considérations sur les principaux événements de la Révolution française*, 1818, vol. I, p. 40.

[2] Discours de Robespierre sur la Constitution ; Convention, séance du 10 mai 1793 ; *Œuvres de Robespierre*, 1866, p. 285.

qui achèvera de se briser au premier choc »[1] dit Fénelon. Les peuples sont trop éprouvés par les crises pour soutenir l'effort qu'on demande d'eux. « Les peuples ne vivent plus en hommes, dit-il encore ; et il n'est plus permis de compter sur leur patience, tant elle est mise à une épreuve outrée... Comme ils n'ont plus rien à espérer, ils n'ont plus rien à craindre. »[2] Et le même auteur, au début du XVIIe siècle, nous montre en outre la royauté au bord du précipice, étouffée par la pression croissante des dépenses. « On est souvent contraint d'abandonner certains travaux très nécessaires, dès qu'il faut une avance de deux cents pistoles pour les exécuter dans le plus pressant besoin ».[3]

Boisguilbert, étudiant les causes du mal économique, y trouve une constitution impropre, pleine de dangers. En 1702, il écrivit que depuis trente années déjà il prévoyait « que la manière dont la France était gouvernée la ferait périr ». [4] Et deux ans plus tard il répétera, en détaillant les défauts de la politique économique du temps, toute pleine d'absurdités d'après lui : « Jugez, Monsieur, si une monarchie peut tenir longtemps avec de pareilles manières ».[5] Pour remédier aux maux, il proposait des réformes ambitieuses et énergiques, dont nous avons déjà rendu compte, et qui cependant n'avaient pas vocation à renverser l'État. Il se plaignait, d'ailleurs, dans ses écrits, de cette imputation qui lui était faite. « On dirait qu'on veut renverser l'État, bien que ce fût justement le contraire ». [6] Et nulle part dans ses écrits ne trouve-t-on de remise en cause de la monarchie ; pas même de ses abus flagrants, comme les dépenses de Cour ou la politique belliciste : ce dont toutefois on ne saurait le féliciter. Peut-être considérait-il, comme La Bruyère son contemporain[7], que le luxe et la magnificence, vices chez le commun du peuple, est signe de grandeur chez les grands ?

Même les physiocrates, ultra-monarchistes au demeurant, quoique pour des raisons variées et pas toujours discernables, n'en distillaient pas moins des aperçus et des prévisions lugubres sur son

---

[1] Fénelon, Second mémoire sur la guerre de succession d'Espagne, vers 1710 ; Œuvres, éd. 1810, t. X, p. 292.

[2] Fénelon, Mémoire sur la situation déplorable de la France en 1710 ; Œuvres, éd. 1878, t. III, p. 405

[3] Ibid.

[4] Lettre de Boisguilbert à Chamillart, Contrôleur général, 5 mai 1702 ; Ar. Nat., G7 721 ; Œuvres, t. I, p. 287.

[5] Lettre de Boisguilbert à Chamillart, Contrôleur général, 20 décembre 1704 ; Ar. Nat., G7 721 ; Œuvres, t. I, p. 353.

[6] Pierre de Boisguilbert, Mémoire sans titre, sur l'assiette des impôts, 1705 ; Œuvres, t. II, p. 709.

[7] Jean de la Bruyère, Les Caractères ; Œuvres, éd. Pléiade, p. 214.

devenir. Sur ce point on a trace de leur pensée franche grâce aux réunions privées, où la pensée était plus libre, et où il semble qu'ils s'abandonnaient facilement à la franchise. Le comte de Stackelberg, qui rejoint en 1766 une réunion chez Mirabeau, se dit « étonné de la conversation »[1], le langage des hôtes étant très audacieux. « On porte haut chez ces messieurs »[2] dit-il ; et il ajoute ce moyen pour les faire parler : « Pourvu qu'on dise aux gens des lettres qu'on admire leurs ouvrages et qu'on veut s'instruire de leurs lumières, on est certain de les avoir quand on veut, et ils disent ce qu'ils ont sur les cœurs. »[3] Voyons donc ce qu'ils y avaient. La femme de chambre de Mme de Pompadour, chez qui se tinrent nombre de réunions physiocratiques, nota un jour dans son cahier ces propos tenus devant elle : « Ce royaume, dit Mirabeau, est bien mal ; il n'y a ni sentiments énergiques, ni argent pour les suppléer. — Il ne peut être régénéré, dit la Rivière, que par une conquête comme à la Chine, ou par quelque grand bouleversement intérieur ; mais malheur à ceux qui s'y trouveront : le peuple français n'y va pas de main morte. » Et ce témoin d'ajouter : « Ces paroles me firent trembler, et je m'empressai de sortir. »[4]

Dans leurs ouvrages les plus audacieux, les physiocrates ne masquaient pas leur sentiment. À ceux qui, par crainte ou par défi, repoussaient à demain les problèmes, d'après le fameux *après moi le déluge*, Mirabeau répondait dans *l'Ami des hommes* que ces derniers étaient déjà tous proches : « Il faudrait être aveugle pour ne pas voir que nous y touchons »[5]. Et le même, concluant dans l'ouvrage qui le fit envoyer en prison, sur la fragilité de la monarchie française avec ses abus, dit que bientôt arrivera la « fatale époque, où le souffle d'un enfant peut renverser des États ». [6]

Aussi curieux que cela puisse paraître, ces auteurs prédisent toutefois un avenir qu'ils n'anticipent pas, que surtout ils ne désirent pas. Michel Le Vassor, à la fin du XVIIe siècle, dit bien, à la suite d'une situation économique terrible, que « nous sommes en droit de secouer le joug dont on nous accable tous les jours »[7] ; mais cette

---

[1] Lettre du comte de Stackelberg au prince Galitzine, 20 décembre 1766 ; Archives des actes anciens (RGADA), Moscou, F1263, N 3339 ; Zanin, *Mercier de la Rivière à Saint-Pétersbourg*, 2018, p. 72.

[2] *Ibid.*

[3] *Ibid.*

[4] *Mémoires de Mme du Hausset*, 1824, p. 185-186.

[5] Marquis de Mirabeau, *L'Ami des Hommes*, 1756, p. 114.

[6] Marquis de Mirabeau, *Théorie de l'impôt*, 1760, p. 323.

[7] *Lettres d'un gentilhomme français sur l'établissement d'une capitation générale en France*, 1695, p. 17.

proposition révolutionnaire, sérieuse ou feinte, ne fit guère d'émules. Quand Boisguilbert conçoit ses plans, son premier réflexe est de les soumettre aux ministres, et même quand il en appelle au peuple, c'est pour mieux lui forcer la main, et non le renverser. Il veut transformer la France de fond en comble, la régénérer, la remettre sur ses pieds, en éloigner les personnes malfaisantes, mais le tout sans violence, sans atteinte à l'ordre social, et même sans « faire rendre gorge à personne, contre l'usage ordinaire ». [1] Ces derniers mots contiennent un aveu sur le caractère français, de même que ceux de Mercier de la Rivière, que *le peuple français n'y va pas de main morte* : mais face à l'idée de révolution violente, ces auteurs s'arrêtent et marquent leur refus, quand bien même elle dût mettre en œuvre leurs projets.

J'ai dit que ceux qui ont cherché loyalement la liberté ne l'ont pas toujours trouvé. Considérons l'abbé de Saint-Pierre qui, avec la *Polysynodie* (lit. « pluralité des conseils »), participait au mouvement intellectuel de son temps, lequel cherchait à échapper au despotisme et aux formes administratives trop brusques et absolues. Dans le cercle bien réduit des modalités du pouvoir, il se débattait comme il pouvait ; son monarchisme à lui était un progrès, sans doute ; mais quand il s'agissait d'examiner l'essence du pouvoir, il se raidissait. « Quand le pouvoir est uni à la raison, écrivait-il, il ne saurait être trop grand et trop despotique pour l'utilité de la société. »[2] Et en septembre 1732, il dit encore, dans un morceau conservé par d'Argenson : « Une des premières maximes du gouvernement des États est qu'il faut qu'un bon roi ait tout pouvoir pour exécuter de grands biens dans son État. » [3] Plein de confiance en l'autorité souveraine, l'abbé de Saint-Pierre croyait à la possibilité d'utiliser l'appareil d'État et la machine politique afin de faire avancer la liberté en France. Les physiocrates et Turgot le suivirent bien en ce sens, de même que la plupart des auteurs que nous avons étudié.

Les plus audacieux ne s'imaginaient tout simplement pas la portée du renversement qui allait en effet s'opérer. « Il faudrait des fautes et des accidents extrêmes pour détrôner un roi »[4], écrit d'Argenson, qui n'en argumente pas moins en faveur des progrès de la démocratie. D'après lui, la monarchie n'avait rien à craindre, ni de ses propositions, ni même des évènements, car « l'autorité royale

---

[1] Pierre de Boisguilbert, *Factum de la France*, 1707 ; *Œuvres*, t. II, p. 927.

[2] Castel de Saint-Pierre, Projet pour perfectionner le gouvernement des États ; *Ouvrages de politiques*, t. III, p. 203-204.

[3] Manuscrit des Mémoires d'État du marquis d'Argenson ; Goumy, *Étude sur la vie et les écrits de l'abbé de Saint-Pierre*, 1859, p. 57.

[4] Marquis d'Argenson, *Considérations sur le gouvernement ancien et présent de la France*, 1764, p. 41.

jouit maintenant d'une opinion légitime et naturelle chez tous les hommes ; rien n'est plus solide que sa force, rien de plus infaillible que ses ressorts ». [1]

Sur ces entrefaites surgit la Révolution française, révolution la moins préparée mais la plus enracinée, comme le dit Tocqueville : « il n'y eut jamais d'événements plus grands, conduits de plus loin, mieux préparés et moins prévus ».[2] Tout ignorants fussent-ils sur le sens du courant, les auteurs libéraux, physiocrates en tête, influencèrent durablement la marche des évènements, soit par les actes de leurs représentants d'alors (Du Pont, par exemple, rédigea les cahiers du baillage de Nemours et fut élu à l'Assemblée constituante), soit par l'héritage intellectuel qu'ils avaient déjà légué à leurs contemporains. Il y a un peu de Turgot et du marquis de Mirabeau, non pas seulement chez le fils de ce dernier, cela va de soi, mais chez Sieyès, chez Roederer, chez La Fayette, dans la Révolution elle-même. Qu'est après tout le décret d'Allarde, abolissant les corporations de métiers et établissant la liberté du travail, sinon la répétition du premier édit de Turgot et de la grande réforme qu'il avait portée et qu'il emporta finalement dans sa chute ? Pourra-t-on encore lire la Déclaration des droits qui précède la Constitution de 1791, et d'après laquelle la liberté, la propriété, la sûreté, sont des droits naturels, supérieurs aux lois sociales, sans se rappeler les propositions antérieures des physiocrates et de tous leurs alliés ? Toute la Révolution, dans sa phase ascendante, émancipatrice, rejoint leurs vœux. « Toutes les institutions que la Révolution devait abolir sans retour ont été l'objet particulier de leurs attaques, rappelait en son temps Tocqueville ; aucune n'a trouvé grâce à leurs yeux. Toutes celles, au contraire, qui peuvent passer pour son œuvre propre, ont été annoncées par eux à l'avance et préconisées avec ardeur ; on en citerait à peine une seule dont le germe n'ait été déposé dans quelques-uns de leurs écrits ; on trouve en eux tout ce qu'il y a de plus substantiel en elle. » [3] C'est ce qu'un examen précis prouverait aisément, quoiqu'on doive dire aussi que les hommes d'action, sous la Révolution, n'ont pas toujours eu conscience eux-mêmes de cette influence : car on peut dire qu'il y a encore plus influent que l'homme dont les grands lisent les écrits et méditent les idées ; c'est celui où elles ont tant été rabâchées qu'on les respire malgré soi avec l'air.

[1] Marquis d'Argenson, *Considérations sur le gouvernement ancien et présent de la France*, 1764, p. 304.
[2] Alexis de Tocqueville, *L'Ancien Régime et la Révolution*, 1856, p. 1.
[3] *Ibid.*, p. 242.

Grand moment de libéralisme, au moins dans sa première phase, quand on gardait en vue la pureté toute théorique des principes, la Révolution ne pouvait qu'imprimer une marque durable sur plusieurs générations de successeurs. Au siècle suivant, dès qu'il s'agissait, pour un adepte des principes du libéralisme, de réfléchir à leur mise en application, la Révolution revenait à l'esprit comme une référence voire comme un modèle. À la suite des journées de février et de juin 1848, par exemple, Alexis de Tocqueville, élu au sein de la nouvelle Assemblée constituante, œuvra pour maintenir la révolution de 1848 dans la voie de celle de 1789, contre la voie socialiste, selon lui essentiellement anti-démocratique. « La révolution de Février doit être la continuation véritable, l'exécution réelle et sincère de ce que la Révolution française a voulu, proclamait-il ; elle doit être la mise en œuvre de ce qui n'avait été que pensé par nos pères. »[1] Et énumérant les libertés que la Révolution avait voulu apporter, il concluait : « La Révolution a voulu cela ; elle n'a eu ni le temps, ni les moyens de le faire. Nous devons le vouloir et le faire. »[2]

Bien au-delà de cette époque, la Révolution laissera une marque forte sur les esprits. À un siècle de distance, on ne cessait, dans les cercles libéraux, de revendiquer son héritage. En 1894, Yves Guyot mettait ainsi en opposition son œuvre émancipatrice et l'idéal rabougri du socialisme dans *Les principes de 1789 et le socialisme*. Mais l'exemple le plus frappant de cette prégnance du modèle de la Révolution chez les libéraux du XIXe siècle, je le trouve dans une discussion de la Société d'économie politique, consacrée au sujet apparemment bien extérieur de la limitation des heures de travail dans les manufactures, où les présents s'accordaient pour dire que la liberté des contrats valait mieux, dans cette question, que les arrangements de l'autorité, et où, pour renforcer la valeur de leur position conservatrice, Edmond Bonnal et Jean-Gustave Courcelle-Seneuil opinèrent que « ce que la Révolution a fait est bien fait ; ce qu'elle n'a pas fait n'est pas à faire ; ce qu'elle a défait n'est pas à refaire. »[3] Cet appel aux idéaux de la Révolution, très courant au XIXe siècle, se perdit ensuite, et de nos jours on ne trouverait pas d'équivalent dans notre pays à la position également courante, aux États-Unis, de se revendiquer de l'héritage des Pères Fondateurs, pour protéger une

---

[1] Alexis de Tocqueville, Discours du 12 septembre 1848 ; *Compte-rendu des séances de l'Assemblée nationale*, t. III, 1850, p. 967 ; *Œuvres complètes*, éd Gallimard, t. III, vol. III, p. 179.

[2] *Ibid.*

[3] Société d'économie politique, réunion du 5 février 1881 ; *Annales de la société d'économie politique*, année 1881, p. 230

liberté en danger. Pressez-moi et je dirais mon avis : c'est certainement un mal.

La Révolution avait un destin décidemment curieux. Car, je
veux y revenir encore une fois : avant qu'elle ne vienne, personne,
ou presque, ne la veut, chez les esprits libéraux. Loin de considérer
la démocratie comme un idéal positif, ils sont volontiers méfiants
face à l'idée d'un pouvoir direct exercé par le peuple. Ce que veulent
les libéraux d'alors, c'est l'état de droit : « où personne n'est sujet
que de la loi, et où la loi est plus puissante que les hommes », pour
reprendre les mots de Bossuet[1] ; certainement pas la démocratie
gouvernante. Ou ce sont les libertés, la liberté religieuse, la liberté
d'expression, la liberté du travail, la liberté des échanges : toutes
entérinées et *protégées* (le mot est important) par le pouvoir royal.

On pourrait croire qu'un peuple éduqué à l'histoire grecque et
romaine maintiendrait à travers les siècles une admiration pour la
forme démocratique ou républicaine. C'est oublier que ces deux
peuples tout d'abord avaient cessé de constituer des modèles sérieux,
comme on l'a vu, et qu'ensuite ces deux formes avaient été passablement perverties. La démocratie, règne de la populace, était dangereuse ; Platon et Aristote ne la considèrent pas sans les signaler et
toute leur œuvre politique se construit autour de moyens d'y pallier.
Malgré le renfort de dispositions célèbres, comme le bannissement
imposé aux démagogues, un souffle de vile démagogie court à travers l'histoire politique de l'Antiquité. On en retrouve la trace dans
les institutions de bienfaisance et de charité de la Grèce ancienne,
analysées par Henri Francotte. « Elles sont simples, nous dit-il,
comme l'est encore, malgré ses progrès, la société où elles se sont
produites. Elles sont grossières presque, inspirées par l'instinct plus
que par la réflexion. Ce n'est pas de la politique : c'est l'effet de la
poussée brutale de la démagogie partageuse. »[2] Et cet historien analyse tour à tour deux institutions de charité, la théorique et la diobélie. « Qu'était-ce que la diobélie et la théorique, demande-t-il ?
C'était certainement une distribution gratuite d'argent... Il s'agit
d'une pure libéralité : l'État puise dans la caisse l'argent à pleines
mains et le jette à la foule. »[3] Les esprits libéraux du XVIIe et du
XVIIIe siècle goûtaient peu cette démocratie-là ; ils la craignaient,
comme la craignirent encore leurs successeurs, Frédéric Bastiat
notamment, dont la formule célèbre, « l'État est la grande fiction à
travers laquelle tout le monde s'efforce de vivre aux dépens de tout

---

[1] Bossuet, *Discours sur l'histoire universelle*, 1681 ; *Œuvres*, éd. 1841, t. I, p. 282.
[2] Henri Francotte, *L'industrie dans la Grèce ancienne*, 1901, p. 31.
[3] *Ibid*, p. 37.

le monde »[1], n'était alors qu'un *avertissement*, quoiqu'il ne nous apparaisse plus que comme une prophétie.

Avant la Révolution, on n'aurait pas convaincu aisément les bons esprits, et surtout, presque paradoxalement, ceux qui étaient épris de liberté, du bien-fondé du procédé démocratique dans la discussion et la décision politique. Déjà d'après Descartes, rechercher le sens adopté par la majorité dans des questions difficiles, c'était proprement déraisonner. « Il ne servirait à rien de compter les voix pour suivre l'opinion qui a le plus de partisans, soutenait-il : car, s'il s'agit d'une question difficile, il est plus sage de croire que sur ce point la vérité n'a pu être découverte que par peu de gens et non par beaucoup. »[2] Or c'est bien l'ambition première de la démocratie, telle qu'on l'entend depuis 1789 : que le meilleur argument, c'est le nombre ; pourquoi s'ennuyer à réfléchir, quand il suffit de compter ?

La masse, d'ailleurs, est-elle digne d'un tel office ? C'est un mérite qu'on ne paraît pas vouloir lui reconnaître. Émeric Crucé estime si peu ses contemporains, qu'il préférerait encore la tyrannie, dit-il, au règne incontrôlé de la démocratie. « La tyrannie est fascheuse, je le confesse, mais la fureur et confusion populaire est encore plus à craindre, d'autant qu'ell'a une cause permanente, à sçavoir l'humeur du peuple, variable, ignorant, cruel, amateur de nouveauté, qualitez qui luy sont et seront toujours naturelles. Au contraire, la tyrannie se passe, et souvent un meschant prince se corrige soy-mesme sans contraincte, comme Auguste et Tite, ou bien il s'atedie des occupations publiques, comme Sylla, et Diocletian, qui renoncerent de leur bon gré à l'empire. Il faut donc endurer de telles gens, comme on souffre la sterilité d'une annee, en attendant un meilleur temps. »[3] C'est peu dire donc que l'idéal démocratique était peu goûté.

En ce siècle, le bon La Fontaine, qui soutient le pauvre et dénonce les travers des grands et des puissants, ne songe guère non plus à remettre le pouvoir et la direction de la nation entre les mains des masses. Sa hauteur morale lui fait comprendre la nécessité de toutes les activités productives de la société, même les plus basses, et leur utilité pour la prospérité de la nation. « On a souvent besoin d'un plus petit que soi »[4], rappelle-t-il dans un vers resté célèbre. Mais pour autant, il reste partisan de l'ordre, et, plus encore, de la

---

[1] Frédéric Bastiat, « L'État », *Journal des Débats*, 25 septembre 1848 ; *Œuvres*, t. IV, p. 332.

[2] René Descartes, *Règles pour la direction de l'esprit* ; *Œuvres et Lettres*, éd. Pléiade, p. 43.

[3] Émeric Crucé, *Le nouveau Cynée, ou Discours des occasions et moyens d'établir une paix générale et la liberté du commerce par tout le monde*, 1623, p. 108.

[4] Jean de La Fontaine, *Fables* ; *Œuvres*, éd. Pléiade, t. I, p. 178.

hiérarchie. La société doit être hiérarchisée : elle doit avoir une tête, c'est-à-dire des classes dirigeantes, ou une élite. C'est ce qu'il explique dans une fable amusante, où il met en scène l'élite de la société et le bas peuple, et où, avec une inspiration presque marxiste, il suppose que les basses classes de la société (la queue) voudraient renverser les élites (la tête) :

> « La tête avait toujours marché devant la queue ;
> La queue au ciel se plaignit
> Et lui dit :
> Je fais mainte et mainte lieue
> Comme il plaît à celle-ci ;
> Croit-elle que toujours j'en veuille user ainsi ?
> Je suis son humble servante,
> On m'a faite, Dieu merci,
> Sa sœur et non sa servante,
> Qu'on me laisse précéder,
> À mon tour, ma sœur la tête :
> Je la conduirai si bien
> Qu'on ne se plaindra de rien.
> Le ciel eut pour ces vœux une bonté cruelle.
> Souvent sa complaisance a de méchants effets.
> Il devrait être sourd aux aveugles souhaits.
> Il ne le fut pas lors, et la guide nouvelle
> Qui ne voyait, au grand jour,
> Pas plus clair que dans un four,
> Donnait tantôt contre un marbre,
> Contre un passant, contre un arbre :
> Droit aux ondes du Stix elle mena sa sœur.
> Malheureux les États tombés dans cette erreur ! »[1]

Je rappellerais encore comment les économistes, Boisguilbert, Vauban, Quesnay, Turgot, tous grands serviteurs de la monarchie par vocation et souvent aussi par tradition familiale, poussent les grands cris lorsqu'il s'agit de mettre entre les mains du peuple la direction des affaires publiques. Boisguilbert lui-même, cet homme qui pourtant « parle au peuple, à tous », et dont c'est la « première et redoutable originalité », comme l'écrivait le grand historien Jules Michelet[2], n'avait pas grande confiance dans la sagesse du peuple, ce peuple, écrit-il, « qui ne diffère en rien des bêtes dans ses raisonne-

---

[1] Jean de La Fontaine, *Fables* ; *Œuvres*, éd. Pléiade, t. I, p. 178.
[2] Jules Michelet, *Histoire de France*, éd. 1876, vol. XIV, p. 97.

ments généraux et qui n'étend point ses vues au-delà de son intérêt personnel et singulier du moment ». [1] Évoquant le cas des réactions populaires sur la question du blé, où les masses font pression pour réglementer les prix et prohiber les exportations, incapables d'en percevoir les effets pratiques à moyen terme, il trouve agissant cette même « foule confuse de gens sans tête, sans cervelle, qui se filent le cordeau dont ils sont étranglés ». [2] Sans connaissances pratiques et sans capacités pour la réflexion juste, « ils raisonnent à l'égard des blés comme un gouverneur de place frontière qui craint à tous moments un siège »[3], tandis que la liberté seule garnit les halles et marchés. Leurs préjugés paraissent frivoles à l'homme pratique et au théoricien, et vraiment « on sera surpris de voir que ce n'est qu'un malentendu, et le plus souvent une terreur panique du peuple, qui l'oblige à se précipiter la tête la première dans un fleuve très profond et très rapide, pour fuir un ennemi qui n'a ni pieds ni jambes pour l'atteindre, ni armes pour l'offenser. »[4] Mais pour Boisguilbert, la masse, intrinsèquement, est ainsi. Et par conséquent on ne doit pas rechercher son avis, guetter ses applaudissements, ni *a fortiori*, dans les réformes, « se mettre beaucoup en peine si on crie, mais seulement si on a sujet de crier ». [5] Il faut essentiellement faire le bien du peuple malgré lui.

À l'époque des physiocrates, le préjugé anti-démocratique se déchaîne. Loin de se ranger aux idées nouvelles et progressistes, mises en avant par Montesquieu, Diderot ou Rousseau, sur la démocratie et la souveraineté, ils les repoussent, ils les salissent ; Le Trosne appelle la démocratie une « forme bizarre et monstrueuse de gouvernement »[6], et tous se prêtent la main pour solidifier leur opposition. Contre Montesquieu, qui plaidait la balance des pouvoirs et les contre-forces, Quesnay argue que « le système des contre-forces dans un gouvernement est une opinion funeste, qui ne laisse apercevoir que la discorde entre les grands et l'accablement des petits »[7], et Mirabeau parle de même des « philosophes entortillés et vagues, soi-disant politiques » qui « ont prêché au peuple je ne sais quelle liberté,

[1] P. de Boisguilbert, *Traité de la nature, culture, commerce et intérêt des grains, etc.*, 1707 ; *Œuvres*, t. II, p. 840.

[2] *Ibid.*, p. 859.

[3] *Ibid.*, p. 854.

[4] *Ibid.*, p. 860.

[5] P. de Boisguilbert, *Le Détail de la France*, 1695 ; *Œuvres*, t. II, p. 648.

[6] G.-F. Le Trosne, « Lettre sur l'entière liberté du commerce des grains », *Éphémérides du Citoyen*, 1767, t. XI, p. 120.

[7] F. Quesnay, Maximes générales du gouvernement économique d'un royaume agricole ; *Œuvres*, t. I, p. 566.

l'opposition, les contrepoids respectifs, et tout le fatras d'intentions, d'attentions et de prétentions séditieuses dont le terme nécessaire est l'esclavage précurseur de l'anarchie ou celui qui la suit »[1].

Même à l'aube de la Révolution, quand le peuple avance résolument vers la prise du pouvoir, ces esprits libéraux voient la chose avec peu d'entrain. L'abbé Morellet, dans une lettre à Lord Shelburne, du 12 juin 1789, critique ceux de ses concitoyens qui « croient que toute question est décidée et tout droit déterminé quand on a compté les têtes. »[2] Quant à Du Pont de Nemours, député à la Constituante, il plaidera pour une limitation du droit de vote aux seuls propriétaires. « Pour être éligible, soutient-t-il devant ses collègues, la seule question est de savoir si l'on paraît avoir les qualités suffisantes aux yeux des électeurs. Pour être électeur, il faut une propriété, il faut un manoir. Les affaires d'administration concernent les propriétés, le secours au pauvre, etc. Nul n'y a intérêt que celui qui est propriétaire, et si nul n'a droit de se mêler que de ses affaires, si nul n'a d'affaires à lui que quand il est propriétaire, les propriétaires seuls peuvent être électeurs. Ceux qui n'ont pas de propriété ne sont pas encore de la société, mais la société est à eux. »[3]

C'est que le doute subsiste encore, très fort, chez eux, sur le bien-fondé de la démocratie. Le peuple va-t-il de lui-même vers le bien ? Est-il ami honnête de la liberté ? Turgot ne le croit pas. « Ce que bien des gens ne savent pas si bien, dit-il, c'est qu'il n'y a pas de plus grand ennemi de la liberté que le peuple ».[4] Car la masse, le plus souvent, est aveugle ; elle fait le bien sans le vouloir et sans plaisir, et le mal sans scrupules. C'est même une vérité générale, d'après lui, que « la multitude est toujours plus injuste que les particuliers, parce qu'elle est toujours plus aveugle et toujours plus exempte de remords ».[5] Aussi, le pouvoir absolu d'une masse lui apparaît-il toujours plus à craindre que celui d'un souverain unique. « La *tyrannie d'un peuple*, écrit-il, est de toutes les tyrannies la plus cruelle et la plus intolérable, celle qui laisse le moins de ressources à l'opprimé ; car enfin, un despote est arrêté par son propre intérêt ; il a le frein du remords, ou

[1] Marquis de Mirabeau, Discours à la rentrée des assemblées économiques, 4 décembre 1775 ; G. Weulersse, *Les manuscrits économiques de François Quesnay et du marquis de Mirabeau aux Archives nationales*, 1910, p. 126

[2] Abbé Morellet, Lettre à lord Shelburne, 22 juin 1789 ; *Lettres de l'abbé Morellet à lord Shelburne*, 1898, p. 276.

[3] Discours de Du Pont de Nemours dans la séance du 22 octobre 1789 ; *Archives parlementaires*, éd. 1877, vol. IX, pp. 478-479.

[4] Turgot, Lettre à Du Pont de Nemours, 28 juin 1780 ; *Œuvres*, éd. Institut Coppet, t. V, p. 577.

[5] Turgot, Discours sur les avantages que l'établissement du christianisme a procurés au genre humain, 3 juillet 1750 ; *Œuvres*, t. I, p. 190.

celui de l'opinion publique ; mais une multitude ne calcule rien, n'a jamais de remords, et se décerne à elle-même la gloire lorsqu'elle mérite le plus de honte. »[1] Ainsi, faire découler les lois des délibérations et des décisions du peuple, n'est qu'une piètre garantie pour maintenir la sécurité et la liberté dans une société. De fait, soutient encore Turgot, il est faux de dire « que la liberté consiste à n'être soumis qu'aux lois, *comme si un homme opprimé par une loi injuste était libre.* Cela ne serait pas même vrai, quand on supposerait que toutes les lois sont l'ouvrage de la nation assemblée ; car enfin, l'individu a aussi ses droits, que la nation ne peut lui ôter que par la violence et par un usage illégitime de la force générale. »[2]

Comment ne pas craindre ce peuple, insatiable et colérique comme un enfant ? La démocratie demandeuse, le règne du préjugé, promettent un avenir inquiétant. « Qui voudrait habiter un État, demande Abeille, où le peuple n'aurait qu'à crier, qu'à se plaindre, pour devenir le maître et pour faire fléchir les principes les plus salutaires, les règles les plus inviolables de la société ? »[3] Car encore si ce peuple, instruit et raisonnable, ne se rendait coupable que d'emportements momentanés ! Mais aux dires de ces auteurs, il n'est rien qu'incapable, et rempli de préjugés. Aussi la supériorité de son règne sur tout autre, leur apparaît douteux et contestable. « Qu'est-ce que c'est que le projet de choisir un aveugle pour servir de guide à un autre aveugle, demande Mercier de la Rivière ? On craint l'ignorance dans le souverain, et pour empêcher qu'elle ne l'égare, on lui oppose d'autres hommes qui ne sont pas en état de se conduire eux-mêmes ; voilà ce qu'on appelle des contre-forces : il faut convenir qu'elles sont bien mal imaginées ; qu'il est inconcevable qu'on ait pu se persuader que l'ignorance pût servir utilement de contre-force à l'ignorance. »[4]

Surtout ils n'imaginent pas qu'on ait besoin sans cesse de délibérer, que l'exercice de la souveraineté du peuple ait besoin d'être pour ainsi dire permanente ; à y bien songer, ils y voient même de grands dangers. « Il ne faut pas de corps législatif permanent, point de médecin ordonnant là où personne ne se plaint de maladie »[5] écrit Mirabeau. « N'instituons point une puissance législative qui voudrait nous tâter le pouls tous les matins, et nous donnerait sans cesse des

---

[1] Turgot, Lettre au docteur Price sur les constitutions américaines, 22 mars 1778 ; *Œuvres*, t. V, p. 492.

[2] *Ibid.*, p. 491.

[3] Louis-Paul Abeille, *Principes sur la liberté du commerce des grains*, 1768, p. 114-115.

[4] Mercier de la Rivière, *L'ordre naturel et essentiel des sociétés politiques*, 1767, p. 159.

[5] Marquis de Mirabeau, Observations sur la déclaration des droits du bon peuple de Virginie portée le 1er juin 1776 ; *Dialogues physiocratiques sur l'Amérique*, 2015, p. 114.

alarmes, ne fut-ce que pour établir sa propre juridiction ». [1] Cette intensité législative n'apparaît pas à leurs yeux légitime, lorsqu'on se souvient que les lois nécessaires sont peu nombreuses, et qu'il suffit de les reconnaître et de les faire appliquer. « On doit remarquer, dit Mercier de la Rivière, que le terme de *faire* des lois est une façon de parler fort impropre, et qu'on ne doit pas entendre par cette expression, le *droit* et le pouvoir d'imaginer, d'inventer et d'instituer des lois positives qui ne soient pas déjà *faites*, c'est-à-dire, qui ne soient pas des conséquences nécessaires de celles qui constituent l'ordre naturel et essentiel de la société. »[2] Aussi le risque est-il fort grand que toutes les institutions par lesquelles on veut fonder la souveraineté du peuple, ne fournissent finalement qu'un moyen de modeler, de mains changeantes et malhabiles, des lois contraires à l'ordre des choses, et ennemies de la liberté, de la propriété et de la sécurité.

Enfin la Révolution est venue, la démocratie s'est imposée *quand même* ; aujourd'hui on ne voudrait pas la renverser ; on n'y songe guère et on fait bien, car *quand on est raisonnable, on ne délibère pas si l'on fera remonter un fleuve vers sa source.* [3] Mais encore faut-il s'entendre sur ce qu'elle est, sur ce à quoi elle doit servir, et sur les dangers qu'elle nous fait courir malgré son utilité, et dont il convient de nous prémunir.

Or sur ce sujet, deux géants de la pensée française ont fourni une contribution précieuse, je veux parler de Benjamin Constant et d'Alexis de Tocqueville.

Le premier a encore en quelque sorte sa célébrité à acquérir et ses mérites à faire valoir. Individu déboussolé, toujours en marge, et pour ainsi dire de lui-même, Benjamin Constant donna au monde l'exemple d'un homme habile à débarrasser son pays des tyrans, mais incapable de se maîtriser bien lui-même ; jetant autant de clarté dans les questions politiques et économiques, qu'il n'en trouvait guère dans son propre cœur, lui toujours anxieux, désemparé, et craignant la mort, à laquelle il revenait constamment, au point de composer à vingt-sept ans les vers de sa propre épitaphe. Lui dont les idées étaient bien peu consensuelles, se trouva fort mal payé de les avoir embrassées et défendues, quand il se vit méprisé par les libéraux ses contemporains et ses successeurs, à cause de ses passions

---

[1] Marquis de Mirabeau, Observations sur la déclaration des droits du bon peuple de Virginie portée le 1er juin 1776 ; *Dialogues physiocratiques sur l'Amérique*, 2015, p. 101.
[2] Mercier de la Rivière, *L'ordre naturel et essentiel des sociétés politiques*, 1767, p. 105.
[3] Jean-Baptiste Say, *Cours complet d'économie politique pratique*, tome I, 1828, p. 395 ; *Œuvres complètes*, t. II, vol. I, 2010, p. 194-195.

amoureuses, de ses mœurs délabrées, et surtout à cause de ses prises de position politiques, décrites comme d'honteux revirements. Il eut bien de la peine à convaincre de sa fidélité à ses principes : sa profession de foi célèbre (« J'ai défendu quarante ans le même principe : liberté en tout, en religion, en philosophie, en littérature, en industrie, en politique, etc. »[1]), qu'on a souvent lu comme l'exposé d'un credo, l'affirmation d'un principe, était surtout conçue comme une justification. Ces mots qu'on répète à haute voix avec une admiration naïve, un auteur qui n'aurait rien eu à se reprocher n'aurait guère songé à les écrire.

Dès son époque, Benjamin Constant était regardé par ses frères d'armes dans la promotion des idées libérales comme un personnage curieux et peut-être vain, en tout cas potentiellement compromettant, dont on pouvait admettre les bonnes vues, mais dont on devait douter la sincérité et craindre les équivoques. C'est ce qu'illustra à merveille Charles Comte, en présentant les *Principes de politique* dans le *Censeur* : tout en approuvant le livre, il crut devoir mettre en garde contre l'inconstance de l'auteur, qui ne saurait être cru sur parole, et dont la fidélité à la liberté devait être tenue pour douteuse.[2]

Rétrospectivement, les mérites de Benjamin Constant s'avèrent encore difficiles à décerner : sans idées neuves ou presque, il a développé sur les questions politiques et économiques de son temps des considérations toujours peines de sens et de justesse. Sur certaines problématiques, comme la liberté des échanges, il défendit une position orthodoxe et peu originale, mais dont les libéraux ses contemporains s'étaient éloignés, et ainsi il brilla un peu en comparaison. On a aussi rappelé dans un précédent chapitre qu'il fut l'un des rares à avoir mis la liberté en roman : ce n'est pas un petit mérite.

Mais que valent les mérites, dans la grande balance tenue par la postérité ? L'autre grand penseur que nous invoquons sur cette question de la démocratie, de la loi et du droit, n'a dû son regain de faveur qu'à des circonstances historiques passagères, qui ont fait trouver tout à coup des prophéties dans ses œuvres, et les ont faits goûté.

À l'époque de la Guerre froide, les anticipations de la *Démocratie en Amérique* sur la prépondérance future de deux peuples précis, américain et russe, exposées avec une telle clairvoyance, faisaient

---

[1] Benjamin Constant, *Mélanges de littérature et de politique* ; *Œuvres complètes*, t. XXXIII, p. 145.

[2] Charles Comte, « Compte-rendu des *Principes de politique applicables à tous les gouvernements représentatifs et particulièrement à la constitution actuelle de la France* par Benjamin Constant », *Le Censeur*, vol. 7, notamment p. 78-79.

tenir son auteur pour un esprit fort. « Chacun d'eux semble appelé
par un dessein secret de la Providence à tenir un jour dans ses mains
les destinées de la moitié du monde »[1], écrivait Tocqueville en 1835.
En politique étrangère, il redoutait la puissance croissance de la
Russie et souhaitait que les nations européennes se renforcent contre
cette puissance nouvelle. « Il nous faut changer nos vieilles maximes,
disait-il, et ne pas craindre de fortifier nos voisins pour qu'ils soient
en état de repousser un jour avec nous l'ennemi commun. »[2] Mots
qui berçaient les oreilles des adversaires du communisme, qui
voyaient dans l'OTAN et la Communauté économique européenne
de véritables planches de salut. Les marxistes eux-mêmes trouvaient
malgré cela des mérites à Tocqueville, notamment dans ce qu'ils
appelaient sa sociologie des classes, c'est-à-dire la manière qu'il avait
eu de penser l'histoire, la société et l'économie en termes de classes.
Dans ses *Souvenirs*, par exemple, il se penchait sur la révolution de
1848 et écrivait : « J'y vis la société coupée en deux : ceux qui ne
possédaient rien, unis dans une convoitise commune ; ceux qui
possédaient quelque chose, dans une commune angoisse. Plus de
liens, plus de sympathies entre ces deux grandes classes »[3]. Tout ceci
est plaisant ; tout ceci flatte l'amour-propre. Malheureusement Tocqueville a toujours, et depuis son époque même, été interprété à tort
et à travers. Dès 1835, juste après la publication de la *Démocratie en
Amérique*, il confia à son ami Eugène Stoffels : « Je plais à beaucoup
de gens d'opinions opposées, non parce qu'ils m'entendent, mais
parce qu'ils trouvent dans mon ouvrage, en ne le considérant que
d'un seul côté, des arguments favorables à leur passion du moment ». [4] Grand avertissement pour nous, de le lire calmement et
attentivement.

   Si son œuvre ouvre tant aux supputations, c'est aussi pour cette
raison qu'il la conçut essentiellement en trompe-l'œil : lorsqu'il
publia son ouvrage sur l'Amérique, c'est d'abord la France qu'il
avait en vue et à laquelle il songeait ; et à nouveau, en écrivant
l'Ancien régime et la Révolution, il n'eut de cesse de tracer des paral-
lèles avec son présent, comme s'il importait seul d'être bien connu.
Après leur retrait de la magistrature, Tocqueville et son acolyte,
Gustave de Beaumont, débarquèrent en Amérique avec des motifs
personnels très forts, ceux de se tenir en retrait de la situation poli-

---

[1] Alexis de Tocqueville, *De la démocratie en Amérique*, vol. II, 1835, p. 450.
[2] A. de Tocqueville, *Souvenirs* ; *Œuvres complètes*, éd. Gallimard, t. XII, p. 249.
[3] *Ibid.*, p. 117.
[4] Lettre d'A. de Tocqueville à Eugène Stöffels, 21 février 1835 ; *Lettres choisies*, éd.
Quarto, p. 315.

tique française alors très agitée, afin d'y mieux revenir, depuis le dessus de la mêlée, et après s'être offert le temps précieux de la réflexion. Cette perspective était primordiale, et la *Démocratie en Amérique* serait un livre de philosophie et de politique, un ouvrage « philosophico-politique »[1], bien plus qu'un récit de voyage ou une sociologie d'un peuple étranger. C'est ainsi que Tocqueville put clamer que « l'Amérique n'était que mon cadre, la Démocratie mon sujet »[2], ou encore que « le système pénitencier n'était qu'un prétexte : je l'ai pris comme un passeport qui devait me faire pénétrer partout aux États-Unis. »[3] Au jugement de son frère, Édouard de Tocqueville, qui fut le récipiendaire de ses premiers manuscrits du livre, ceux-ci portaient clairement la trace de ses préoccupations de politique française, et cela embarrassait la lecture. « Je trouve que, dans ce dernier chapitre, tu entres trop en scène, tu descends dans la lice armé de ton opinion personnelle ; tu fais l'application de tes principes à la France, tu entres dans la politique... Songe bien que ton livre ne doit pas porter la date de 1834, ni même les couleurs de la France ; pour vivre dans la postérité, il doit être dégagé des influences de temps et de lieu. »[4] Tocqueville s'en corrigera, voilera sa pensée, remplacera des remarques par des insinuations, et des faits par des allusions ; cela sans toutefois changer de projet, et sans cesser de dire : « Quoique j'aie très rarement parlé de la France dans ce livre, je n'en ai pas écrit une page sans penser à elle et sans l'avoir pour ainsi dire devant les yeux. »[5] De même, dans *l'Ancien régime et la Révolution*, on est comme assailli de références à « maintenant », à « notre époque », à « aujourd'hui » ou à « de nos jours », donnant à penser que le travail est plus comparatif que strictement historique.

Nous en sommes un peu charmés et rassurés, il faut le dire, car un penseur de premier plan qui ne ferait œuvre que d'historien du temps passé, et de sociologue d'une terre fort éloignée de la nôtre, n'aurait guère le même intérêt pour le lecteur d'aujourd'hui ; et quoique soit notre goût à cet égard, il serait naturel qu'il ne s'embarrasse

[1] Lettre d'A. de Tocqueville à Gustave de Beaumont, 1836 ; *Œuvres complètes*, t. VIII, vol. I, p. 176.

[2] Lettre d'A. de Tocqueville à John Stuart Mill, 19 novembre 1836 ; *Œuvres complètes*, t. VI, vol. I, p. 315.

[3] Lettre d'A. de Tocqueville à Louis de Kergolay, janvier 1835 ; *Œuvres complètes*, t. XIII, vol. I, p. 374.

[4] Lettre d'Édouard de Tocqueville à son frère Alexis, 15 juin 1834 ; *Démocratie en Amérique*, éd. Nolla, t. I, p. 69, en note.

[5] Lettre d'A. de Tocqueville à Louis de Kergolay, 1847 ; *Œuvres complètes*, t. XIII, vol. II, p. 209.

pas de la lecture de la *Démocratie en Amérique*, s'il n'espérait pas être payé de sa peine, comme il le serait en effet, s'il l'osait.

Car Tocqueville, comme Benjamin Constant, agite des questions qui semblent plus que jamais actuelles, et qu'on ne remue plus, par pudeur ou par paresse : ce sont les formes du pouvoir politique, ainsi que ses limites.

Une remarque un peu forte, placée par Jean-Baptiste Say en tête de son *Traité d'économie politique*, a emporté la conviction de beaucoup, de ce que les économistes libéraux étaient indifférents aux formes du pouvoir, pour autant qu'il daignait leur accorder la liberté du travail et des échanges. Et on croit voir la confirmation de ce fait dans l'attitude ambivalente de leurs principaux représentants sous le règne de Napoléon III. Il serait superflu de lister ici les carrières politiques d'authentiques libéraux, que l'Empire a brisées, comme celle des exilés de l'intérieur ou de l'extérieur, qui ont perdu emplois et appuis, pour avoir été ce qu'ils étaient. Pour en revenir aux théoriciens, et au premier qui importe ici, Jean-Baptiste Say, un examen attentif de son œuvre prouve que l'affirmation un peu dure en ouverture du *Traité*, est en vérité contredite par une dizaine d'affirmations contraires, émaillées au travers de ses œuvres. En ouverture de la deuxième édition du *Traité*, Say avait osé dire : « Les richesses sont essentiellement indépendantes de l'organisation politique. Sous toutes les formes de gouvernement, un État peut prospérer, s'il est bien administré. »[1] Il s'agissait certainement d'un gage de prudence, destiné à se rallier les lecteurs de tous les bords, car plus à l'intérieur du livre, Say affichait clairement ses préférences. Un peuple riche et prospère ne pouvait exister, d'après lui, sans la liberté de la presse et la représentation nationale. « Les particuliers, disait-il, n'ont de moyens assurés de se garantir des exactions, des abus d'autorité, que dans les pays où leurs droits sont protégés par la liberté de la presse qui révèle tous les abus, et par une véritable représentation nationale qui les réprime. »[2] L'histoire enseignait encore que « jamais aucune nation n'est parvenue à quelque degré d'opulence sans avoir été soumise à un gouvernement régulier. »[3] Enfin, il conviendrait, pour s'assurer du fonctionnement d'un gouvernement économique, où le public est mieux servi et à moins de frais, d'établir encore « une organisation politique plus parfaite, où les emplois sont donnés au

---

[1] Jean-Baptiste Say, *Traité d'économie politique*, 2ᵉ édition, 1814, t. I, p. xiii ; *Œuvres complètes*, t. I, vol. I, p. 3.

[2] J.-B. Say, *Traité d'économie politique*, 4ᵉ édition, 1819, t. I, p. 139 ; *Œuvres complètes*, t. I, vol. I, p. 231.

[3] J.-B. Say, *Traité d'économie politique*, 2ᵉ édition, 1814, t. I, p. 141 ; *Œuvres complètes*, t. I, vol. I, p. 241.

mérite constaté par un concours équitable, et où les émoluments ne sont qu'une juste récompense des services rendus ».[1] Similairement, dans le *Cours complet*, Say reviendra à la charge pour défendre la supériorité, du point de vue économique, d'un régime démocratique. « Il ne faut pas qu'on s'imagine, écrivait-il, qu'un despotisme, même éclairé, puisse faire fleurir les nations à l'égal d'un régime où les intérêts nationaux sont consultés avant tout. »[2] Et dans des questions de détail, comme celle de la création monétaire, il trouvait encore de clairs avantages dans cette dernière forme de gouvernement. « Un gouvernement représentatif ne peut pas fabriquer de la fausse monnaie comme un monarque absolu. »[3] Quant à ce dernier point, je ne jugerais pas s'il avait tort ou raison : au surplus je dois continuer à me borner.

Tout en maintenant des réserves, les esprits libéraux du XIXᵉ siècle ont dans leur grande majorité préféré la démocratie et les formes de représentation nationale. On ne doit guère les sermonner sur ce point, pour le plaisir de la critique. De bonne foi, ils ont assez de défauts bien avérés et bien documentés, sur lesquels j'aurais occasion de revenir, pour ne pas devoir subir en plus d'injustices.

Toutefois la démocratie n'est pas pour eux intrinsèquement bonne ; plutôt elle ne paraît offrir ses mérites que sous certaines *garanties*. Ainsi, d'après Benjamin Constant, la démocratie ne constitue un régime enviable qu'à la condition que la sphère individuelle et la sphère de l'État y soient dûment délimitées et séparées. « La reconnaissance abstraite de la souveraineté du peuple n'augmente en rien la somme de liberté des individus, et si on attribue à cette souveraineté une latitude qu'elle ne doit pas avoir, la liberté peut être perdue malgré ce principe ou même par ce principe. »[4] Cela invite à déterminer la partie de l'existence humaine « qui est de droit hors de toute compétence sociale »[5], et à circonscrire ainsi les limites de l'action de l'État : ce sur quoi je reviendrai.

Quant à Tocqueville, il mettait en garde contre ce qui est de l'essence même de la démocratie, en l'absence de bornes constitutionnelles strictes, c'est-à-dire la tyrannie de la majorité. « L'omnipotence de la majorité me paraît le plus grand inconvénient attaché aux gouvernements démocratiques et la source de leurs plus grands

[1] J.-B. Say, *Traité d'économie politique*, 5ᵉ édition, 1826, t. II, p. 259 ; *Œuvres complètes*, t. I, vol. II, p. 720.

[2] J.-B. Say, *Cours complet d'économie politique pratique*, 1828, t. I, p. 57 ; *Œuvres complètes de Jean-Baptiste Say*, vol. II, t. I, p. 29.

[3] *Ibid.*, t. II, p. 449 ; *Œuvres*, vol. II, t. I, p. 432.

[4] Benjamin Constant, *Principes de politique* ; *Œuvres complètes*, t. IX, p. 680.

[5] *Ibid.*, p. 681.

périls »[1], écrivait-il. Il s'engagea en outre dans une discussion très approfondie sur les circonstances qui pourraient amener le régime démocratique à dominer l'homme comme seules les tyrannies en donnent l'exemple, et il décrivait cette probabilité comme assez forte. C'est que la démocratie, en elle-même, ne signifie pas le pouvoir limité à quelques prérogatives : elle emportera volontiers avec elle toutes sortes de contrôles, de vexations, d'infractions, pourvu que la représentation nationale les sanctionne. Aussi le régime démocratique, dans les temps actuels, laisse-t-il la voie ouverte aux exercices de la tyrannie. « J'avais remarqué durant mon séjour aux États-Unis, écrit Tocqueville, qu'un état social démocratique semblable à celui des Américains pourrait offrir des facilités singulières à l'établissement du despotisme. »[2] Ce despotisme démocratique s'infiltre par des voix nouvelles ; il ne fait pas de la tyrannie comme à l'ancienne, à grand renfort d'arbitraire et de violence. Il semble plutôt, dit l'auteur, « que, si le despotisme venait à s'établir chez les nations démocratiques de nos jours, il aurait d'autres caractères : il serait plus étendu et plus doux, et il dégraderait les hommes sans les tourmenter. »[3] Ce nouveau despotisme ne risque guère d'afficher un air féroce, ni de tyranniser les peuples : il prend tout au contraire l'aspect bienveillant ; bien loin de les courber sous son joug, il se prétend protecteur des hommes, étant plutôt un « pouvoir immense et tutélaire, qui se charge seul d'assurer leur jouissance et de veiller sur leur sort. Il est absolu, prévoyant, régulier et doux. Il ressemblerait à la puissance paternelle si, comme elle, il avait pour objet de préparer les hommes à l'âge viril ; mais il ne cherche, au contraire, qu'à les fixer irrévocablement dans l'enfance ; il aime que les citoyens se réjouissent pourvu qu'ils ne songent qu'à se réjouir. Il travaille volontiers à leur bonheur ; mais il veut en être l'unique agent et le seul arbitre ; il pourvoit à leur sécurité, prévoit et assure leurs besoins, facilite leurs plaisirs, conduit leurs principales affaires, dirige leur industrie, règle leurs successions, divise leurs héritages ; que ne peut-il leur ôter entièrement le trouble de penser et la peine de vivre ? »[4] Le pouvoir alors ne veut aucun mal aux hommes : il veut même faire leur bien ; il répugne simplement à ce qu'ils le fassent par eux-mêmes. La liberté même perd son usage, étant donné

---

[1] A. de Tocqueville, « Notes, documents, idées relatives à l'Amérique », Manuscrits de l'Université de Yale, brouillons de la *Démocratie en Amérique*, CVh, 4ᵉ cahier, f°81 ; *Démocratie en Amérique*, éd. Nolla, t. I, p. 198.

[2] A. de Tocqueville, *De la démocratie en Amérique*, t. IV, 1840, p. 309 ; *Œuvres complètes*, t. I, vol. II, p. 322.

[3] *Ibid.*, p. 311 ; *Œuvres complètes*, t. I, vol. II, p. 322.

[4] *Ibid.*, p. 313-314 ; *Œuvres complètes*, t. I, vol. II, p. 324.

que « tous les jours il rend moins utile et plus rare l'emploi du libre arbitre ; qu'il renferme l'action de la volonté dans un plus petit espace, et dérobe peu à peu à chaque citoyen jusqu'à l'usage de lui-même. »[1] Ainsi le pouvoir, à ce stade, « ne brise pas les volontés, mais il les amollit, les plie et les dirige ; il force rarement d'agir, mais il s'oppose sans cesse à ce qu'on agisse ; il ne détruit point, il empêche de naître ; il ne tyrannise point, il gêne, il comprime, il énerve, il éteint, il hébète, et il réduit enfin chaque nation à n'être plus qu'un troupeau d'animaux timides et industrieux, dont le gouvernement est le berger. »[2]

Or la démocratie, pour maintenir ses bienfaits, doit rester le partage d'hommes libres, dont les facultés peuvent s'exercer sur eux-mêmes. C'est ainsi que le socialisme, dont la résolution première est le transfert à l'autorité des prérogatives individuelles, est pour Tocqueville un autre ennemi de la démocratie. Car malgré ses prétentions, le socialisme n'apparaît pas à ses yeux comme une source de progrès démocratique. Le trait principal, dit-il, « qui caractérise surtout à mes yeux les socialistes de toutes les couleurs, de toutes les écoles, c'est une défiance profonde de la liberté, de la raison humaine ; c'est un profond mépris pour l'individu pris en lui-même, à l'état d'homme ; ce qui les caractérise tous, c'est une tentative continue, variée, incessante, pour mutiler, pour écourter, pour gêner la liberté humaine de toutes les manières ; c'est l'idée que l'État ne doit pas seulement être le directeur de la société, mais doit être, pour ainsi dire, le maître de chaque homme ; que dis-je ! son maître, son précepteur, son pédagogue ; que, de peur de le laisser faillir, il doit se placer sans cesse à côté de lui, au-dessus de lui, autour de lui, pour le guider, le garantir, le maintenir, le retenir ; en un mot, c'est la confiscation, comme je le disais tout à l'heure, dans un degré plus ou moins grand, de la liberté humaine ; à ce point que, si, en définitive, j'avais à trouver une formule générale pour exprimer ce que m'apparaît le socialisme dans son ensemble, je dirais que c'est une nouvelle formule de la servitude. »[3] Par conséquent la tâche des démocrates est de repousser le socialisme comme contraire à leurs principes. « La démocratie et le socialisme ne sont pas solidaires l'un de l'autre. Ce sont choses non seulement différentes mais contraires... La démocratie étend la sphère de l'indépendance indivi-

[1] A. de Tocqueville, *De la démocratie en Amérique*, t. IV, 1840, p. 314 ; *Œuvres complètes*, t. I, vol. II, p. 324.
[2] *Ibid.*, p. 315 ; *Œuvres complètes*, t. I, vol. II, p. 325.
[3] A. de Tocqueville, Discours à l'Assemblée constituante, 12 septembre 1848 ; *Œuvres complètes*, t. III, vol. III, p. 171.

duelle, le socialisme la resserre. La démocratie donne toute sa valeur possible à chaque homme, le socialisme fait de chaque homme un agent, un instrument, un chiffre. La démocratie et le socialisme ne se tiennent que par un mot, l'égalité ; mais remarquez la différence : la démocratie veut l'égalité dans la liberté, et le socialisme veut l'égalité dans la gêne et dans la servitude. »[1] Et Tocqueville montrait dans l'Amérique l'illustration de son opinion, en ce que ce pays, le plus avancé dans les idées démocratiques, était en même temps le plus réfractaire aux idées socialistes, et il finissait par ce trait d'humour à l'endroit des socialistes français : « je ne verrais pas, je l'avoue, un très grand inconvénient à ce qu'ils allassent en Amérique ; mais je ne leur conseille pas, dans leur intérêt, de le faire. »[2]

On peut donc se dire libéral et démocrate, soutiennent Constant et Tocqueville, à condition de restreindre la démocratie dans ses bornes. Le défi est grand, et aujourd'hui encore il n'est guère compris. Souveraineté nationale, suffrage universel, représentation du peuple : il semble depuis plus d'un siècle que ces mots suffisent à tout. Contre ces tendances, d'autres théoriciens français de la liberté humaine durent lutter, et tout en restant attachés à la forme démocratique, ils tâchèrent de mettre en garde contre ses défauts. Tel est le cas de Paul Leroy-Beaulieu, pour qui le procédé démocratique contient en son sein des germes vénéneux, qu'on n'ambitionnerait guère de vaincre tout à fait, mais qu'on doit au moins connaître, pour tâcher de s'en garantir.

D'abord, quelque méritant que soit le procédé de faire reposer entre les mains de la majorité électorale le sort de la politique nationale, les conditions de sa formation ne doivent pas nous égayer. « L'État moderne, en effet, exprime pour quatre ans (ou pour cinq ans) la volonté, non pas de l'universalité de la nation, mais de la simple majorité, souvent d'une majorité purement apparente bien plus, et il exprime cette volonté telle qu'elle s'est manifestée dans une période d'excitation et de fièvre. Les élections ne sont pas précédées de jeûnes, de prières, de retraites ; elles ne se font pas dans le silence et dans la méditation ; même alors, elles seraient défectueuses, parce qu'il est conforme à la nature humaine que les élections soient toujours influencées par l'intrigue et par ce prestige dont jouissent les gens turbulents, les agités, les ambitieux, les politiciens professionnels auprès des âmes timides et molles qui forment, en

---

[1] A. de Tocqueville, Discours à l'Assemblée constituante, 12 septembre 1848 ; *Œuvres complètes*, t. III, vol. III, p. 175.
[2] *Ibid.*

définitive, la grande masse du corps électoral. »[1] Et pour bien faire comprendre sa pensée, il poursuivait avec une comparaison assez frappante : « Les élections se font dans le bruit, dans le vacarme, dans l'ahurissement. L'électeur moderne ressemble assez au pauvre diable que le sergent racoleur happait autrefois dans un carrefour, qu'il grisait de promesses et de vin, et auquel il faisait signer un engagement pour l'armée. »[2]

Ainsi l'État moderne n'avance que par phases d'euphorie successives ; on se prend de passion pour une idée, on l'exagère, puis on l'abandonne pour une autre qu'on exagère de même, et qui finit par présenter autant de défauts que la précédente. C'est l'instabilité permanente. Tout cela fait en outre que « les trois quarts du temps d'une législature sont employés à défaire ce qu'a fait la législature précédente ou l'avant-dernière »[3], et on ne peut guère s'en honorer non plus.

Formée dans l'euphorie et les passions, il semblerait que la majorité soit appelée à la modestie, connaissant le sable mouvant sur lequel elle s'érige. Au contraire, le pouvoir, animé de la fièvre qui l'a établi, se sent fort, presque invincible. Il devient « présomptueux comme les enfants, comme les victorieux ; ceux qui le détiennent sortent d'une lutte acharnée, sans cesse renouvelée ; ils ont des sentiments de triomphateurs ; ils ont aussi l'emportement des détenteurs précaires. »[4] Ce défaut en entraîne habituellement un autre, selon Leroy-Beaulieu, qui est l'excès d'entrain, à cause de l'euphorie qui vous sert de base, et de l'étroitesse de vos vues et de votre horizon. L'État moderne veut courber tout à sa guise ; se sentant sans borne, il prend possession de l'appareil législatif et le transforme en « usines de législation continue, travaillant comme les métiers continus de filature. »[5] Il y projette ses préjugés, ses passions temporaires et déraisonnables ; il y veut faire tout le bien qu'il peut faire. Son pouvoir toutefois excède ses capacités. Dans les domaines où il croit bon d'intervenir, son inconstance, ses vues bornées et les considérations électorales menacent l'organisation des services : toutes raisons, dit Leroy-Beaulieu, de bien restreindre les fonctions de l'État.[6]

L'organisation politique ne sera guère efficiente, disaient aussi Constant et Tocqueville, si les bornes du pouvoir ne sont pas correctement fixées. Il s'agit de déterminer le caractère de la sphère pro-

[1] Paul Leroy-Beaulieu, *L'État moderne et ses fonctions*, 2ᵉ éd., 1891, p. 62.
[2] *Ibid.*, p. 62.
[3] *Ibid.*, p. 64.
[4] *Ibid.*, p. 75.
[5] *Ibid.*, p. 119.
[6] *Ibid.*, p. 213.

prement individuelle, et de contraindre la puissance publique à se
maintenir à l'extérieur. Cela se fait par les constitutions et la reconnaissance des droits, comme est la propriété. Sans de telles protections formelles, les libertés apparaissent menacées, l'une à la suite de
l'autre. C'est d'abord la propriété, auquel un tyran ne s'accommode
jamais, d'après les bons mots de Daunou, qui écrivait que « le mot
de propriété est l'un de ceux que les véritables tyrans ne peuvent
entendre sans colère : il leur dévoile les limites de leur puissance. Ils
sentent que pour être pleinement les maîtres de tous les hommes, ils
ont besoin de l'être aussi de toutes les choses : ils frémissent à
l'aspect d'un propriétaire, même de celui qu'ils ont enrichi, s'ils ne se
sont pas réservé les moyens de l'appauvrir. »[1] Or, selon un mouvement naturel du pouvoir sans bornes, les atteintes à la propriété
ouvrent invariablement la voie aux atteintes sur les personnes :
« L'arbitraire sur la propriété est bientôt suivi de l'arbitraire sur les
personnes, avertit Constant : premièrement, parce que l'arbitraire est
contagieux ; en second lieu, parce que la violation de la propriété
provoque nécessairement la résistance. L'autorité sévit alors contre
l'opprimé qui résiste et parce qu'elle a voulu lui ravir son bien, elle
est conduite à porter atteinte à sa liberté. »[2] En l'absence de limitations strictes, l'arbitraire poursuit incontinent sa course. « Il se glisse
sous différents noms dans toutes les formes de gouvernement ; il se
prévaut de toutes les apparences de danger ; il s'autorise de toutes les
frayeurs du peuple ; il profite surtout de l'indolence des gouvernants. »[3] Il faut le maintenir dans ses bornes, comme un lion, ou
encourir le risque d'être dévoré.

Tocqueville et Constant nous avertissent encore que la liberté
humaine, dans un régime démocratique, subit une autre menace,
celle que pose la centralisation. Le gouvernement local, en effet,
n'efface pas, comme le pouvoir centralisé, les traces de l'autonomie
et de l'individualité. Au contraire, un organe central ne veut reconnaître que des atomes. « Les intérêts de localité contiennent un
germe de résistance que l'autorité ne souffre qu'à regret et qu'elle
s'empresse de déraciner, écrit Constant. Elle a meilleur marché des
individus. Elle roule sur eux sans effort son poids énorme, comme
sur du sable ».[4] Aussi n'est-il pas indifférent, du point de vue des

---

[1] Pierre Daunou, *Essai sur les garanties individuelles que réclame l'état actuel de la société*,
1819, p. 36.

[2] Benjamin Constant, *Principes de politique* ; *Œuvres complètes*, t. IX, p. 801.

[3] B. Constant, *Discours prononcé au Cercle constitutionnel le 9 ventôse an VI* [27 février
1798], 1798, p. 15-16.

[4] B. Constant, *De l'esprit de conquête et de l'usurpation*, 1814, p. 49 ; *Œuvres complètes*,
t. VIII, p. 587.

libertés humaines, de savoir si le pouvoir, constitué de manière démocratique, est plus ou moins centralisé. Il y a dans l'exercice du pouvoir centralisé une forme d'aveuglement nécessaire, qui déprécie le service que l'autorité peut rendre, du fait seul « qu'une règle se fausse quand on l'applique à des cas trop divers, et que le joug devient pesant, par cela seul qu'on le maintient uniforme dans des circonstances différentes ». [1] Ceci fait l'infériorité des grands États, et de ceux où le pouvoir est fortement centralisé. « Les lois partent d'un lieu tellement éloigné de ceux où elles doivent s'appliquer, soutient Constant, que des erreurs graves et fréquentes sont l'effet inévitable de cet éloignement. Le gouvernement prend l'opinion de ses alentours, ou, tout au plus, du lieu de sa résidence, pour celle de tout l'empire. Une circonstance locale ou momentanée devient le motif d'une loi générale. Les habitants des provinces les plus reculées sont tout à coup surpris par des innovations inattendues, des rigueurs non méritées, des règlements vexatoires, subversifs de toutes les bases de leurs calculs et de toutes les sauvegardes de leurs intérêts, parce qu'à deux cents lieues, des hommes qui leur sont entièrement étrangers ont cru pressentir quelques périls, deviner quelque agitation, ou apercevoir quelque utilité. » [2] Et cet auteur, pour vaincre ce mal, demande qu'on examine d'abord quelles sont les justes attributions des pouvoirs locaux et du pouvoir central. « Ce qui n'intéresse qu'une fraction doit être décidé par cette fraction : ce qui n'a de rapport qu'avec l'individu ne doit être soumis qu'à l'individu. L'on ne saurait trop répéter que la volonté générale n'est pas plus respectable que la volonté particulière, dès qu'elle sort de sa sphère. » [3]

La pensée des libéraux du XIXe siècle aboutit à l'idée des limites constitutionnelles. Aujourd'hui elles sont peu en honneur ; les partisans du pouvoir fort rêveraient de s'en affranchir, et ils le feraient, si les hommes avaient tout à fait perdu la mémoire de leur utilité ; pour l'instant ils les manipulent, ils les ploient, ils les *interprètent* : déjà elles embarrassent moins.

De Benjamin Constant à Pierre Daunou, dont on a cité plus haut quelques phrases, les partisans de la limitation constitutionnelle du pouvoir ne s'imaginent guère que des faits extraordinaires, comme on présente aujourd'hui le terrorisme, donnent la légitimité de s'en affranchir, et de recourir plutôt à des procédés sommaires, à des

[1] B. Constant, *De l'esprit de conquête et de l'usurpation*, 4e éd., 1814, p. 56 ; *Œuvres complètes*, t. VIII, p. 726.
[2] B. Constant, *De l'esprit de conquête et de l'usurpation*, 1e éd., 1814, p. 57 ; *Œuvres complètes*, t. VIII, p. 591.
[3] B. Constant, *Principes de politique* ; *Œuvres complètes*, t. IX, p. 781.

jugements sans procès, etc. « Écoutez en effet les orateurs et les écrivains qui prennent sous leur protection les jugements sommaires, les cours spéciales, les commissions, en un mot, la suppression des garanties habituelles dans des cas particuliers, dit Constant. Ils reprochent à ceux qui réclament ces garanties de se déclarer les défenseurs de brigands, de conspirateurs, ou d'assassins. Mais avant de reconnaître que ce sont des assassins, des conspirateurs, ou des brigands, ne faut-il pas constater les faits ? Or que sont les formes, sinon les meilleurs moyens pour parvenir à ce que les faits soient constatés ? Que si vous croyez pouvoir vous en passer, ou y suppléer par des recherches plus rapides et moins minutieuses, j'y consens ; mais alors suivez la même marche pour toutes les causes. N'est-il pas insensé de prétendre que pour certains faits, et précisément les moins révoltants et les moins graves, on doit s'astreindre à des lenteurs ; tandis que pour d'autres faits, et précisément les plus graves et les plus odieux, on peut décider avec précipitation ? Soyez par pudeur d'accord avec vous-mêmes. La précipitation est-elle sans inconvénient, supprimez les lenteurs, car elles sont superflues : les lenteurs ne sont-elles pas superflues, abstenez-vous de la précipitation, car elle est dangereuse. » [1] Les mesures d'exception que l'on croit prendre, permettent à l'autorité de sortir de ses justes bornes ; de plus elles perdent graduellement leur caractère exceptionnel. « Vous verrez des hommes d'État, écrit Daunou, contracter à tel point le besoin des fraudes politiques, je veux dire des lois d'exception et des actes arbitraires, qu'ils finiront par se persuader de bonne foi qu'il est impossible de gouverner autrement. Ils n'envisagent qu'avec effroi l'instant où ils manqueraient de ces moyens extraordinaires dont ils usent tous les jours. » [2] Heureusement une loi d'exception n'est difficile qu'à passer ; c'est peu de chose de la renouveler.

Je voudrais finir sur une autre liberté qu'on discute encore, et qui fit l'objet d'analyses pénétrantes de la part de ces mêmes penseurs qui ont fourni la matière de ce chapitre : il s'agit de la liberté d'expression. Je parle ici de liberté *d'expression*, quelque soit la voie choisie, plutôt que de liberté de *penser* ou de liberté de *conscience*, qui me paraissent des termes impropres. À la vérité un homme conserve toujours, jusque dans les fers, la liberté métaphysique de penser. Les

---

[1] B. Constant, *Commentaire sur l'ouvrage de Filangieri* ; *Œuvres complètes*, t. XXVI, p. 328.
[2] Pierre Daunou, *Essai sur les garanties individuelles que réclame l'état actuel de la société*, 1819, p. 172.

hommes mêmes qu'on assassinait parce qu'ils ne respectaient pas les prescriptions de la religion, conservaient jusqu'à leur mort la liberté de les trouver ridicules ; et à ce titre, de tous les lieux, les bûchers sont peut-être ceux où, sous l'ancien temps, la liberté de penser s'est le plus exercée. Mais la liberté de la presse, mais la liberté d'expression, plus généralement, n'est pas telle. Elle peut être bafouée ou proscrite, d'ailleurs de fort diverses manières, et d'après Benjamin Constant et Tocqueville, cela ne va pas sans danger. Tout d'abord, la liberté de la presse leur paraît un bien nécessaire à la vie de la nation. « Lorsqu'il n'y a dans un pays ni liberté de la presse ni droits politiques, écrit Constant, le peuple se détache entièrement des affaires publiques ; toute communication est rompue entre les gouvernants et les gouvernés. L'autorité, pendant quelque temps, et les partisans de l'autorité peuvent regarder cela comme un avantage. Le gouvernement ne rencontre point d'obstacles : rien ne le contrarie ; mais c'est que lui seul est vivant, la nation est morte. »[1] Or, soutient Tocqueville, cet avantage de la presse libre ne peut venir qu'au cas où elle demeurerait parfaitement libre. « En matière de presse, il n'y a réellement pas de milieu entre la servitude et la licence. Pour recueillir les biens inestimables qu'assure la liberté de la presse, il faut savoir se soumettre aux maux inévitables qu'elle fait naître. Vouloir obtenir les uns en échappant aux autres, c'est se livrer à l'une de ces illusions dont se bercent d'ordinaire les nations malades, alors que, fatiguées de luttes et épuisées d'efforts, elles cherchent les moyens de faire coexister à la fois, sur le même sol, des opinions ennemies et des principes contraires. »[2]

Naturellement, la liberté d'expression, dans la presse ou ailleurs, s'accompagne de dangers, qu'on nomme volontairement des abus. Dès lors, il est très légitime de se demander si la loi doit, dans le but d'en protéger l'usage sain, en restreindre la portée par des interdictions précises. Les auteurs que nous étudions ne s'y refusent pas tout à fait. Parmi les limites à la liberté d'expression, Daunou indique les injures, la calomnie, et « les insultes publiquement faites aux dépositaires de l'autorité »[3], ce qui aujourd'hui fera sourire quiconque parcourt Twitter de temps à autre, où ces actes sont communs et tout à fait impunis. Daunou justifie ces limitations en expliquant que

---

[1] B. Constant, *Commentaire sur l'ouvrage de Filangieri* ; *Œuvres complètes*, t. XXVI, p. 162-163 ; idem, *Principes de politique applicables à tous les gouvernements représentatifs* ; *Œuvres complètes*, t. V, p. 248.

[2] A. de Tocqueville, *De la démocratie en Amérique*, t. II, 1835, p. 20-21 ; *Œuvres complètes*, t. I, vol. I, p. 188.

[3] Pierre Daunou, *Essai sur les garanties individuelles que réclame l'état actuel de la société*, 1819, p. 71-72.

« manifester une opinion injurieuse à une personne est un acte agres-
sif ; et celui qui en est blessé ne fait, en s'y opposant, que repousser
une attaque. »[1] De même Jean-Baptiste Say, dans une petite brochure sur la question, considère que « la justice et le bon ordre demandent qu'on punisse celui qui calomnie, celui qui injurie ».[2]

Une autre forme courante de limitations, à notre époque, reçoit
de leur part moins d'approbation. Aucune doctrine, aussi fausse ou
honteuse soit-elle, ne doit d'après eux être prohibée par la loi : le
procédé serait funeste et entraînerait l'autorité dans une voie également dangereuse. « Après avoir prescrit des doctrines, on s'avisera
bientôt de déterminer aussi des faits, et d'imposer des lois même à
l'histoire… on la forcera d'imprimer certaines couleurs aux évènements, aux détails, aux personnages ; de conformer ses récits à des
traditions privilégiées, quels que soient les résultats des recherches
plus exactes qu'elle pourrait faire. »[3] Or la liberté d'expression se
brise, soutient Daunou, si de telles restrictions sont acceptées.
« Non, la liberté des opinions n'existe pas si elle est restreinte par la
condition de ne rien dire que de vrai et d'utile ; à plus forte raison, si
l'on établit des doctrines qu'il ne sera pas permis de contredire, si
l'on en signale d'autres qu'il sera défendu de professer ». [4] Et combien l'autorité est alors niaise et stupide : en proscrivant des livres,
elle en fait des livres dangereux, sulfureux, *qui ont mérité la désappro-
bation publique* ; ce qui suffit à les rendre tout à coup attirants. « En
frappant d'excellents ouvrages, et quelques mauvais livres, les cen-
sures ont recommandé les uns et les autres : elles seraient oubliées si
elles n'étaient des titres de célébrité littéraires. C'est qu'en effet il est
naturel de penser que l'autorité ne proscrit que ce qu'elle désespère
de réfuter. En s'efforçant d'imposer des opinions, en ne souffrant pas
qu'on les contredise, elle fait soupçonner qu'elle renonce à les établir
par les voies légitimes de l'instruction. » [5] Et l'histoire montre en
effet que des ouvrages très austères, et qui n'avaient aucune des
qualités requises pour plaire, ont reçu une diffusion considérable, dès
lors qu'ils ont été proscrits. Parmi tous ces livres interdits, dit Daunou, « il en est de fort graves qui n'ont fait de progrès que parce
qu'on les a juridiquement déclarées capables d'en faire. Le faible
éclat qui reste à quelques livres pernicieux, n'est que la dernière

---

[1] Pierre Daunou, *Essai sur les garanties individuelles que réclame l'état actuel de la société*,
1819, p. 71.

[2] Jean-Baptiste Say, *De la liberté de la presse*, 1789 ; *Œuvres complètes*, t. V, p. 155.

[3] P. Daunou, *Essai sur les garanties individuelles que réclame l'état actuel de la société*, 1819,
p. 81.

[4] *Ibid.*, p. 76.

[5] *Ibid.*, p. 95.

lueur des bûchers jadis allumés pour les consumer. »[1] En cela l'autorité méconnaît l'homme, que l'interdit séduit, d'autant plus lorsqu'il est innocent.

Il y a pourtant un domaine où, avec une unanimité presque touchante, les défenseurs de la liberté d'expression ne la voulaient pas souffrir : c'est la littérature licencieuse et la pornographie. Daunou accorda au problème une certaine attention, expliquant les motifs de ses restrictions dans une large note de son livre de 1819 : « On répugne à faire mention d'un autre genre de mauvais livres ; et peut-être qu'en effet il ne serait pas nécessaire de le désigner dans les lois d'un peuple libre, au sein duquel des institutions sages et garantissantes amèneraient la noblesse des sentiments et la pureté des mœurs : les livres obscènes ne se répandent que chez les peuples dégradés par des habitudes serviles... Quelle que soit la rigueur des jugements qu'on en voudra porter, il est certainement devenu impossible d'en empêcher aujourd'hui la circulation. Mais l'Italie, au seizième siècle, en a vu naître d'abominables, qui, bien que prohibées, circulaient fort à l'aise sous les yeux des prélats, quelquefois entre leurs mains, et dont il a été fait, en d'autres langues, des copies infâmes. C'est un désordre qui ne saurait être toléré dans un pays policé. Il faut que l'autorité puisse immédiatement empêcher l'exposition publique et la distribution de ces turpitudes, mais sans qu'il en résulte aucune poursuite judiciaire contre les personnes, à moins que celles-ci ne réclament expressément contre la saisie : en ce cas, ce serait encore à des jurés qu'il appartiendrait de reconnaître le fait de l'obscénité ; et sur leur déclaration, les distributeurs seraient condamnés à de très fortes amendes. »[2]

Au milieu du siècle, Frédéric Bastiat portera la voix minoritaire et destinée à être étouffée, qui considérait la littérature comme un marché où le public, par ses goûts, décidait ultimement de la nature des ouvrages publiés. Dès lors, les abus éventuels découlaient de mœurs impurs, qu'il fallait perfectionner, et l'autorité n'avait guère de raison d'intervenir. « Dans l'état actuel des choses, les livres amusants, dangereux, quelquefois corrupteurs, et toujours faits à la hâte, sont plus lucratifs que les grands et sérieux ouvrages, qui ont exigé beaucoup de travaux et de veilles. Mais pourquoi ? parce que le public demande ces livres ; on lui sert ce qu'il veut. Il en est ainsi de toutes les productions. Partout où les masses sont disposées à faire des sacrifices pour obtenir une chose, cette chose se fait ; il se trouve toujours des gens qui la font. Ce ne sont pas des mesures législatives

---

[1] P. Daunou, *Essai sur les garanties individuelles*, 1819, p. 96.
[2] *Ibid.*, p. 104-105.

qui corrigeront cela, c'est le perfectionnement des mœurs. En toutes choses, il n'y a de ressource que dans le progrès de l'opinion publique. »[1] Son opinion toutefois ne s'imposa pas, sur la question précise de la littérature licencieuse, et notamment pornographique.

La diffusion élargie de ces ouvrages, dans le dernier quart du XIXe siècle, agita à nouveau les esprits, et les intellectuels libéraux affichèrent une curieuse unanimité pour la repousser à l'aide de la loi. Dans sa séance du 5 septembre 1891, la Société d'économie politique mit la question de la pornographie à l'ordre du jour, posée dans les termes suivants : l'Économie politique autorise-t-elle la liberté absolue des publications et dessins de nature à porter atteinte à la décence et aux bonnes mœurs ? Ainsi que Frédéric Passy put plus tard s'en réjouir au rédacteur en chef du *Journal des Débats*, l'unanimité fut trouvée ce jour-là. Les membres présents se prononcèrent tous en faveur de la pénalisation de la pornographie.

Paraissant oublier que ceux qui ne voudraient pas lire des dessins compromettant, ont toute liberté de le faire, les opinants présentaient cette littérature licencieuse comme une attaque contre les personnes. « La liberté des uns, dit Frédéric Passy, a pour limites la liberté des autres ; on ne permet pas, sous prétexte de liberté, de donner des coups de bâton aux passants, de crocheter les portes ou d'incendier les maisons. »[2] De même, ainsi, dans le cas de la littérature pornographique, « la liberté des honnêtes gens qu'elle trouble et qu'elle blesse, exige qu'on les mette à l'abri des entreprises des malhonnêtes gens qui l'exercent. On n'a pas plus le droit de souiller malgré eux les yeux et les oreilles des passants, que de leur verser de l'eau sale sur la tête, de jeter de la boue sur leurs vêtements ou de les asphyxier par des dégagements de vapeurs sulfureuses. »[3] D'après Léon Say, également, la pornographie était un empoisonnement : il fallait lutter contre, comme on luttait contre les épidémies ou contre les drogues. « Il paraîtrait, en effet, que les économistes aient à se défendre, à s'excuser, lorsqu'ils soutiennent quelque restriction à certaines libertés. Mais ils n'ont jamais soutenu la liberté absolue. Ils luttent pour faire restreindre la liberté de l'empoisonnement des corps par l'alcool, ils lutteront de même pour combattre la liberté de l'empoisonnement des âmes et des consciences par les mauvaises publi-

---

[1] Frédéric Bastiat, Discours au Cercle de la Librairie, 16 décembre 1847 ; *Œuvres*, t. II, p. 337.
[2] Société d'économie politique, réunion du 5 septembre 1891 ; *Bulletin de la Société d'économie politique*, année 1891, p. 142.
[3] *Ibid.*

cations. »[1] Signe de la grande originalité des conceptions de la liberté à travers le temps, parmi ceux qui ont le plus ambitionné de la défendre dans le domaine des idées.

[1] Société d'économie politique, réunion du 5 septembre 1891 ; *Bulletin de la Société d'économie politique*, année 1891, p. 143.

CHAP. VI. — L'ÉCHANGE

Il y a du plaisir à s'avancer en défricheur, à faire œuvre de pionnier ; l'honneur ne nous en est toutefois pas toujours offert : non pas que « tout est dit, et l'on vient trop tard depuis plus de sept mille ans qu'il y a des hommes, et qui pensent »[1], comme écrivait La Bruyère, car à vrai dire les sciences ont toutes eu une naissance, et celle de l'économie est assez récente ; mais il faut toujours compter sur ses prédécesseurs, et rien n'empêchera que tous les trésors qu'ils ont découverts dans la carrière que nous suivons, ne soient plus à trouver.

Certains grands esprits ne s'en consolent pas ; il leur faut une notoriété et une stature. Jean-Baptiste Say était de ceux-là : avide de gloire, quoique très méritant au demeurant, il présenta le libéralisme économique comme sien, et servit en effet comme maître, en passant sous silence les siens. La perte de crédit préalable des physiocrates lui facilita cette entreprise, de même que leur extinction complète, à l'exception du brave Du Pont de Nemours, resté fidèle à ses idées, après une longue carrière, comme dit Schumpeter, « où les occasions de les renier ne manquèrent pas »[2]. Avec des mots nouveaux, et une reformulation de rigueur, Say put présenter l'ancienne doctrine comme neuve.

L'histoire favorise les audacieux et les braves : on ne manque pas aujourd'hui de parler de la « Loi de Say », pour appeler cette idée selon laquelle ce sont les productions qui ouvrent des débouchés aux productions, ou, pour le dire autrement, que chacun en travaillant permet aux autres de trouver en lui un consommateur. Cette loi, on la lit déjà chez les physiocrates. Mercier de la Rivière nous dit explicitement que « ce sont les vendeurs qui fournissent aux acheteurs les moyens d'acheter »[3], et de même Guillaume Martel, dans les notes d'une ode poétique sur l'économie politique, insérée dans les *Éphémérides*, remarque que « la liberté du commerce des grains ne sera jamais complète si le vin, qui plus que toute autre denrée sert à payer le grain, ne jouit pas de la même liberté : une production paie une autre production. »[4]

---

[1] Jean de La Bruyère, *Les Caractères* ; *Œuvres*, éd. Pléiade, p. 64.
[2] *His loyalty to the physiocrat creed throughout a career that offered every excuse for dropping them.* — Joseph A. Schumpeter, *History of Economic Analysis*, 1954, p. 226.
[3] Mercier de la Rivière, *L'ordre naturel et essentiel des sociétés politiques*, 1767, p. 368.
[4] Guillaume Martel, Ode sur l'économie politique ; *Éphémérides du Citoyen*, 1770, vol. VI, p. 257.

Ces distinctions n'intéressent toutefois pas la postérité et elles ne défont pas les gloires. Ce sont les victorieux qui racontent les combats : or la doctrine des physiocrates était abandonnée, leur perte de crédit était totale ; les doctrines économiques menaçaient de ne revenir en France que par la voie anglaise, arborant le costume embarrassant du *ricardisme*. De France, une œuvre de consolidation était bienvenue.

Dans plusieurs ouvrages, Jean-Baptiste Say exposa à nouveau brillamment les bases du libéralisme économique, en concluant sur le *laissez-faire*. Je ne rentrerais toutefois pas dans l'exposé théorique ici, et ce pour deux raisons : d'abord que je l'ai déjà fait précédemment, à travers Boisguilbert et les physiocrates, qui sont les maîtres que Say suit presque constamment ; ensuite qu'il ne s'en écarte précisément que dans les questions assez techniques de valeur des choses, de rente, de prix, etc., qui ne méritent pas à elles seules de me retenir ; et qu'enfin exposer les idées théoriques de Say ne se fait pas aisément, à cause des revirements ou des reformulations qui abondent entre les différentes éditions de ses œuvres.

Ce qui importe beaucoup plus, c'est que Say, ayant posé à nouveau les bases du libéralisme économique, et cela dans des termes clairs et scientifiquement plus recevables, connut un succès formidable : abondamment lu et commenté, il fut considéré comme un maître. Ses idées, reprises par d'audacieux successeurs, furent à l'origine d'un courant libéral *radical*, jusqu'au-boutiste, qu'on peut dire spécifiquement français, car il n'est apparu nulle part ailleurs.

Jean-Baptiste Say, comme on s'en doute à peine, car il n'a légué son nom qu'à quelques rues et à un lycée, fut un auteur à grand succès, ce qui a toujours été rare pour un économiste. En 1827, Charles Dunoyer rapporte qu'après cinq éditions complètes et trois éditions abrégées, le *Traité d'économie politique* s'était écoulé à quelques douze mille exemplaires. [1] L'année précédente, dans une lettre adressée à son éditeur parisien, Rapilly, Say mentionnait que cette cinquième édition, la dernière qui paraîtrait de son vivant, serait imprimée à 5000 exemplaires. [2] Parallèlement, le *Cours complet*, à l'ambition différente, et à la taille intimidante (5 volumes, et près de 3000 pages), fut imprimé malgré tout à 2300 exemplaires. [3] Quant au plus grand public, que Say soignait aussi, considérant un peu rudement

---

[1] Charles Dunoyer, Compte-rendu de la cinquième édition du *Traité d'économie politique* de Jean-Baptiste Say, *Revue encyclopédique*, t. XXXIV, 1827, p. 63

[2] Lettre de J.-B. Say à Rapilly, 5 mai 1826 ; Bibliothèque nationale, Nouvelles acquisitions françaises, manuscrit 26253, f° 113.

[3] Lettre de J.-B. Say à Déterville, juillet 1828 ; J.-P. Potier & A. Tiran, *Jean-Baptiste Say : nouveaux regards sur son œuvre*, 2003, p. 757.

qu'« il est nécessaire d'être compris des sots, la famille en est nombreuse »[1], il n'était pas en reste : les registres de la Bibliothèque nationale nous informent que le *Catéchisme d'économie politique*, un petit résumé synthétique, fut imprimé à 3500 exemplaires, sur les deux éditions (1815 et 1821) qu'il allait connaître. [2] À cela il faudrait encore ajouter les éditions contrefaites en Belgique, dont on sait qu'elles furent nombreuses, notamment pour le *Traité* (1827, 1830, 1834 et 1836). Et pour donner une juste perception de l'importance de ces chiffres, il suffit de les comparer à ceux d'un grand classique supposé, les *Principes d'économie politique* de John Stuart Mill, qui parut en 1848 et fut réédité à six reprises au cours de l'existence de l'auteur. Cette première édition ne fut tirée cependant qu'à 1000 exemplaires, la suivante (1850) de même, et la troisième (1852) à 1250 exemplaires. Et cependant, en rapportant ces chiffres dans son autobiographie, John Stuart Mill se félicitera de ce qu'il appelle un « succès rapide », preuve selon lui que c'était le livre que le public attendait. [3]

Au cours de sa carrière d'économiste, Jean-Baptiste Say forma de ses mains un premier réseau libéral français. Il le fit d'abord en réunissant chez lui fréquemment et de façon informelle les grands noms de la science économique et du libéralisme. Le même John Stuart Mill, qui se mêla un temps à ces rencontres, relatera plus tard dans ses mémoires que « M. Say était lié à la plupart des chefs du parti libéral, et pendant le séjour que je fis chez lui, j'eus l'occasion de voir plusieurs personnages marquants ». [4] Say cimenta encore le réseau libéral naissant par ses nombreux cours donnés dans des enceintes prestigieuses et fort remplies, cours auxquels de futurs cadres de la Société d'économie politique allaient assister. Enfin c'est par ses écrits que Say participa plus qu'aucun autre à l'unification du camp des économistes libéraux, en tâchant d'y poser les fondements de la science économique et laissant ouvertement aux jeunes générations le soin de poursuivre son effort de popularisation. Ses ouvrages servirent de manuels pour toute une génération, qui

---

[1] Jean-Baptiste Say, *Petit volume, contenant quelques aperçus des hommes et de la société*, 3ᵉ éd., 1839, p. 51.

[2] Registres de la direction de l'Imprimerie du ministère de l'Intérieur ; Ar. nat., F18*II 1, impression n°762 ; Id., F18*II 7, impression n°3673.

[3] *The rapid success of the* Political Economy *showed that the public wanted, and were prepared for such a book.* — John Stuart Mill, *Autobiography and other writings*, éd. 1969, p. 140 ; trad. fr., *Mes mémoires. Histoire de ma vie et de mes idées*, 1875, p. 226

[4] *He was acquainted with many of the chiefs of the Liberal party, and I saw various noteworthy persons while staying at his house.* — John Stuart Mill, *Autobiography and other writings*, éd. 1969, p. 39 ; trad. fr., *Mes mémoires. Histoire de ma vie et de mes idées*, 1875, p. 58.

s'empressera à chaque occasion de reconnaître et de rappeler sa lourde dette. Les exemples de ceci sont nombreux au sein de la correspondance de Say. Ainsi Adolphe Blanqui lui écrit à propos du *Cours complet* : « Je n'ai rien lu encore en économie politique qui m'ait paru aussi concluant et aussi décisif... Il n'y a plus rien à faire après vous je le crains, si ce n'est de glaner car la récolte est tout entière dans vos ouvrages. »[1] Le même sentiment de reconnaissance et de respect est exprimé par Pellegrino Rossi, son successeur au Collège de France, en parlant du *Catéchisme d'économie politique* : « Je ne puis vous dire combien d'heures j'ai passé à lire et à relire ce petit vade-mecum. »[2]

Jean-Baptiste Say profitera aussi de son ascendant moral et intellectuel pour placer plusieurs de ses amis ou de ses jeunes disciples à des postes d'enseignement dans les rares institutions privées ouvertes à l'économie politique, favorisant ainsi l'émergence, sur la scène de la science économique, d'un petit groupe uni par la proximité de doctrine mais aussi par des liens d'amitié, de fraternité, et parfois de famille. C'est ainsi que Charles Comte, gendre de Say, fit son entrée à l'Athénée, où fut nommé aussi Charles Dunoyer ; quant au disciple Adolphe Blanqui, il reçut un poste d'enseignement à l'École supérieure de commerce.

Après des années d'efforts individuels, on se regroupait, on faisait corps. Bientôt tous les économistes libéraux français publieraient dans une même revue périodique, se réuniraient chaque mois de manière formelle, et verraient leurs livres publiés par le même éditeur. C'est l'époque glorieuse du réseau Guillaumin, d'après le nom de cet éditeur, sur lequel je voudrais m'arrêter quelques instants, car des sources négligées peuvent le faire mieux connaître.

Éditeur des libéraux pendant trois quarts de siècle, d'abord personnellement, puis à travers ses filles, qui prendront la relève, Gilbert Guillaumin a laissé une trace fameuse dans l'histoire du libéralisme économique français. L'ampleur de sa contribution ne se résume pas aux quelques deux milliers de livres et brochures, publiés entre 1837 et 1910, ni même aux grandes œuvres que furent le *Journal des économistes* ou le *Dictionnaire de l'économie politique*. Guillaumin était un artisan infatigable et un véritable convaincu ; c'était « un éditeur modèle, qui ne se bornait pas à éditer nos livres, mais qui les lisait », affirma Molinari.[3] En retraçant son action, à travers les do-

---

[1] Lettre d'Adolphe Blanqui à J.-B. Say, 21 avril 1828 ; Bibl. nat., Ms Say, A 70-20.

[2] Lettre de Pellegrino Rossi à J.-B. Say, 1822 ; Bibl. nat., Ms Say, A 110-84.

[3] Société d'économie politique, réunion du 5 novembre 1897 ; *Bulletin de la Société d'économie politique*, année 1897, p. 228.

cuments d'archives, on comprend que l'homme avait le sens du sacrifice. À Proudhon, qui en 1846 lui conseillait d'ouvrir sa librairie aux adversaires du libéralisme économique, il répondait : « Dans la lutte qui se prépare, dites-vous, entre le socialisme et l'économie politique, la neutralité ne m'est pas permise ; mon commerce d'édition est acquis à mes amis. C'est peut-être un tort commercialement parlant, mais il m'est impossible de ne pas subir l'influence de mes idées et de mes opinions, quelques bornées qu'elles soient. C'est autant pour moi une affaire de sympathie qu'une affaire de commerce. »[1]

Cet homme à la santé fragile se livra donc corps et âme pour le succès et la diffusion des écrits économiques libéraux. Après trois décennies occupées à cette entreprise gigantesque, et après avoir eu la lucidité de préparer ses filles à la continuer après lui, il fut victime d'une crise cardiaque en pleine rue, le 15 décembre 1864, en retournant chez lui après avoir assisté à la leçon d'ouverture du cours d'économie politique de Michel Chevalier au Collège de France. Guillaumin se donnait tout entier à son métier et il se laissait facilement affecter par les travers de son activité. Joseph Garnier, au milieu de ses éloges, parle de « sa santé chancelante, souvent ébranlée par le souci des affaires »[2], et en effet on trouve des traces multiples dans sa correspondance professionnelle d'un véritable excès de travail. Ses lettres à Proudhon abondent en de tels passages : en avril 1846, il note par exemple que « le temps me manque pour entrer dans de plus grands développements » et que « je regrette beaucoup que le manque de temps ne me permette pas d'aller vous voir chez vous un peu plus longuement »[3]. Quelques jours plus tard, « le temps va me manquer pour vous répondre sur deux autres points de votre lettre »[4]. Et à travers les mois, la même plainte se retrouve partout : en août 1846, « j'en suis presque à regretter de n'avoir su prendre sur moi de lire toutes les épreuves, mais j'ai si peu de temps »[5], et en novembre, « je n'ai pas le temps de vous en dire plus long », dans une lettre où il ne commente guère le nouvel écrit de Proudhon, qu'il édite, « n'ayant pas eu le temps de lire les épreuves sauf quatre ou

[1] Lettre de Guillaumin à P.-J. Proudhon, 20 octobre 1846 ; Archives Proudhon, Besançon, Ms 2956, f°175.

[2] Joseph Garnier, Notice nécrologique sur Guillaumin, *Journal des économistes*, janvier 1865, p. 116.

[3] Lettre de Guillaumin à P.-J. Proudhon, 13 avril 1846 ; Archives Proudhon, Ms 2956, f°167-168.

[4] Lettre à P.-J. Proudhon, 27 avril 1846 ; Archives Proudhon, Ms 2956, f°169-170.

[5] Lettre à P.-J. Proudhon, 16 août 1846 ; Archives Proudhon, Ms 2956, f°171.

cinq feuilles. »[1] Lorsqu'en 1849 la correspondance reprend après une interruption, la situation n'a guère changé : « le temps me manque en ce moment »[2], écrit alors l'éditeur.

Cette surcharge compte, aux yeux de l'historien, car elle explique à la fois la masse de la production de cet éditeur, mais aussi certains de ses défauts qualitatifs. Le même Proudhon, qui correspondait abondamment avec Guillaumin vers 1846-1847, le sermonnera en ce sens : « Les ouvrages qui sortent de votre librairie, bien imprimés, sont en général peu corrects. »[3] Honnêtement, ce défaut-là est le moindre ; à un siècle et demi d'intervalle, on peut toujours corriger les fautes au crayon. En revanche, il importe beaucoup pour la postérité que les ouvrages extrêmement nombreux publiés par Guillaumin dans son entreprise de défense du libéralisme économique, aient été fréquemment achevés dans la précipitation. C'est ce que nous révèle en particulier une source intéressante mais souvent négligée, le *Journal de la librairie*. Dans les premiers temps de sa carrière d'éditeur libéral, Gilbert Guillaumin fit usage du *Journal de la librairie* pour annoncer ses nouvelles parutions et transmettre diverses informations. L'analyse de ces communications publicitaires nous raconte le développement de cette entreprise, les grandes parutions, mais aussi les retards souvent accumulés. L'examen des numéros hebdomadaires depuis la formation de la société Guillaumin et Cie, jusqu'à l'aube de la révolution de février 1848, nous révèle en effet les dates de parution précises des grands chefs-d'œuvre libéraux du temps et, plus intéressant encore, les déboires connus sur quelques titres, remaniés, reportés, ou achevés dans la précipitation. D'une manière générale, c'est une des conclusions que je tire de leur examen, que la librairie Guillaumin était conduite avec une vivacité qui ne me paraît pas tout à fait propice au travail scientifique. J'en donnerai ici quelques exemples. En mai 1842, Guillaumin avait annoncé des *Œuvres de Turgot* en un seul volume, ce qu'il maintenait encore, à mon plus grand étonnement, dans le numéro du 18 mars 1843, sept mois à peine avant la parution finale, en deux gros volumes. De même, l'édition des *Physiocrates* fut annoncée en un seul volume le 14 juin 1846, sans mention de G.-F. Le Trosne, qui trouvera bel et bien une place dans le recueil, finalement publié en deux volumes, deux mois seulement plus tard.

---

[1] Lettre à P.-J. Proudhon, 17 novembre 1846 ; Archives Proudhon, Ms 2956, f°177.
[2] Lettre à P.-J. Proudhon, 20 novembre 1849 ; Archives Proudhon, Ms 2956, f°194.
[3] Lettre de P.-J. Proudhon à G. Guillaumin, 19 septembre 1847 ; *Correspondance de P.-J. Proudhon*, 1875, vol. II, p. 268.

Il importerait encore de bien apprécier la nature de la formidable publication que représente le *Journal des économistes*, qui était une plateforme commune, une sorte de zone démilitarisée pour toutes les nuances de libéralisme, bien plus que le réceptacle d'un libéralisme radical et orthodoxe, comme on se l'imagine abusivement. Ce *Journal des économistes* (fondé en 1841), organe de l'école libérale française d'économie politique, qui accueillit certaines des plus grandes contributions d'auteurs comme Frédéric Bastiat, Gustave de Molinari, Charles Coquelin, Joseph Garnier, Adolphe Blanqui, J.-G. Courcelle-Seneuil, et tant d'autres du même calibre, passe en effet traditionnellement pour représenter la voix de l'orthodoxie libérale et radicale dans un paysage académique en construction et provisoirement sans grand concurrent. Cette image qui lui est restée ne correspond pas, néanmoins, à la réalité. Loin d'avoir constitué un véhicule de dissémination d'une doctrine libérale pure, fixée dans le marbre, et qu'il ne se serait agi que de clamer sur tous les tons, le *Journal des économistes* accordait en vérité une large place au débat contradictoire et accueillait avec bienveillance les doctrines les plus opposées. De fait, la position libérale *radicale*, brillamment portée par plusieurs esprits de premier rang, dont le nom est resté célèbre, et que j'ai ici pour mission de rappeler, était *à peine dominante* dans ses pages. Des démarches concurrentes, réformistes, modérées, conservatrices, parfois même distinctement interventionnistes, trouvaient aussi bien leur place, donnant au recueil un caractère unique. Dire qu'à côté des plus célèbres libéraux français, cette revue eut aussi comme contributeurs des hommes comme P.-J. Proudhon, Charles Dupont-White ou Léon Walras, dont l'adhésion au socle de base du libéralisme n'était pas vraiment acquise, ne suffirait pas encore à déterminer correctement le tempérament et l'essence de cette publication. Si ces célébrités alter- ou anti-libérales devaient compter seules, l'image d'un journal libéral orthodoxe pourrait se maintenir, et on louerait plutôt l'ouverture d'esprit et la tolérance de ces libéraux qui formaient une école et qui, fermement unis, craignaient peu de mettre leurs théories en confrontation avec celles du camp ennemi. Mais ici la situation est tout autre : il n'y avait pour ainsi dire pas d'école, et si certains ennemis (l'étatisme, le socialisme, le communisme) paraissaient communs à tous, ou à l'écrasante majorité, il n'y avait pas non plus de doctrine véritablement commune. Le libre-échange, l'intervention de l'État dans l'économie, le paupérisme, la fiscalité, la colonisation, les crises, etc., toutes les grandes questions de l'économie politique du temps étaient jugées par les contributeurs de façon plurielle et parfois même ouvertement contradictoire. Loin de représenter la dernière période d'un libéralisme français uni,

avant son éclatement en diverses tendances et son extinction progressive, le *Journal des économistes* anticipait l'avenir et en donnait un
premier aperçu.

Les éditeurs du journal reconnaissaient, au reste, cette grande
divergence des opinions qu'on semble avoir perdu de vue, et ils
tâchèrent tant bien que mal de s'en défendre. Dès la fin de la deuxième année d'existence, ils crurent bon d'écrire les lignes suivantes :
« Si, dans le langage serré et technique des uns, et l'abondance cha-
leureuse des autres, les esprits superficiels ont cru voir des contradictions, ces anomalies ne sont qu'apparentes, et, dans tous les Mémoires de ce recueil, les plus saines vérités de l'économie politique
n'ont pas un instant cessé d'être respectées. »[1] Ils maintenaient alors
que « l'économie politique n'est point une science d'exclusion »[2] et
raccommodaient comme ils le pouvaient les résultats avec les ambitions.

Sur bien des questions, et non les plus futiles, les oppositions
étaient en effet palpables : sur la question de la colonisation, sur celle
des secours à la misère, et encore sur le sujet brûlant du libre-
échange, où s'affrontaient (le mot n'est pas trop fort) les partisans
des réformes modérées et accomplies sans précipitation, aux radicaux, disciples de l'Anti-corn-law-league de Richard Cobden, qui
réclamaient l'adoption sans retard du libre-échange intégral.

Le camp des modérés était avantageusement composé. S'y grou-
paient les principales notabilités de l'économie politique du temps,
Léon Faucher, Michel Chevalier, Horace Say, notamment. Léon
Faucher se présentait comme un « partisan de la douane, mais de la
douane qui ne *protège* pas, et qui cependant approvisionne le Trésor
public »[3]. Il repoussait en outre la précipitation, recommandant
plutôt, dans l'application du libre-échange, de joindre prudence et
mesure. Chacune de ses prises de position était pour lui l'occasion
de réaffirmer sa modération et son soi-disant sens des réalités. « En
indiquant les modifications qui me paraissaient dès aujourd'hui
praticables dans le tarif des fers, écrivit-il ainsi en conclusion d'une
étude donnée au *Journal des économistes*, je ne me suis pas proposé de
donner une satisfaction immédiate ni complète aux besoins de
l'industrie, et je n'ai pas songé à réaliser de plein saut le principe de
la liberté des échanges ; j'ai tenu compte du passé, j'ai voulu ménager une transition, j'ai cherché à montrer que les économistes

---

[1] « Introduction à la troisième année », *Journal des économistes*, décembre 1843, p. 2.
[2] *Ibid.*, p. 5.
[3] Association pour la liberté des échanges, réunion du 28 août 1846 ; *Journal des économistes*, septembre 1846, p. 181.

n'étaient pas des niveleurs dont la science ne se complût qu'au milieu des ruines. »[1]

Les libre-échangistes radicaux, présentés donc comme des anarchistes, des destructeurs, qui dépassent les bornes du possible et même du souhaitable, étaient en ligne de mire d'un autre des modérés, Théodore Fix. Les hommes pratiques et ceux qui ont le sens des responsabilités devaient, d'après lui, se méfier fortement des recommandations de tous ces « économistes avancés, qui n'admettent aucune exception, veulent procéder avec toute l'énergie et la rapidité qu'inspirent de profondes convictions ; ils veulent abattre d'un seul coup les douanes, les monopoles, et le personnel qui les soutient. Quelles seraient les conséquences d'une pareille réforme ? Si on laissait entrer aujourd'hui en franchise tous les tissus étrangers, les fers et les métaux ouvrés, les consommateurs s'en trouveraient bien au moins pendant un certain temps, et quelques industries y trouveraient un grand profit. Mais il est certain que ce changement instantané et inattendu causerait d'immenses désastres dans l'industrie : d'énormes capitaux deviendraient improductifs, des centaines de milliers d'ouvriers se trouveraient tout à coup sans travail et sans ressources... Les hommes d'État qui étaient et qui sont encore le plus vivement attachés aux théories économiques d'Adam Smith ont reculé devant une entreprise de cette nature, et pour mon compte, j'avoue que je la trouve pleine de périls et de sombres menaces. »[2] C'est que, d'après Fix, la recommandation d'un démantèlement intégral et immédiat du système protecteur répondait à une folie, une sorte de frénésie intellectuelle, qui touche fréquemment les esprits faibles qui s'imaginent avoir trouvé la pierre philosophale. Ainsi, dans le domaine de l'économie politique, « les douanes sont devenues le cheval de bataille d'un grand nombre d'économistes. À les entendre, toute la science est concentrée dans cette seule question, et s'il n'y avait plus de douanes, l'humanité serait délivrée d'une grande partie de ses maux... L'animosité contre les douanes et les tarifs a dégénéré chez certains hommes en une sorte de monomanie, et, selon eux, le problème ne peut être résolu que par la destruction absolue et complète de toutes les barrières et de tous les obstacles. Ils ne tiennent aucun compte de l'organisation politique des États, des intérêts établis, des nécessités financières et d'une foule d'autres circonstances qui s'opposent à un changement brus-

---

[1] Léon Faucher, « Du tarif des fers », *Journal des économistes*, novembre 1846, p. 336.
[2] T. Fix, « De l'esprit progressif et de l'esprit de conservation en économie politique », *Journal des économistes*, juin 1842, p. 247.

que et instantané. »[1] En intellectuel raisonnable, et qui tient compte des réalités, Fix croyait donc devoir compter avec la situation sociale, politique, économique et même technologique des différentes nations. Or, le contexte du temps présent, considérait-il, c'était que « l'industrie et le commerce se sont développés dans les divers États de l'Europe sous l'empire de lois particulières à chacun de ces États. Presque partout, le système restrictif a eu la prépondérance, et cette généralité même devait rendre les exceptions sinon impossibles, du moins périlleuses. »[2] Avec Faucher et les esprits timides du camp libre-échangiste, Fix appelait de ses vœux la réforme des tarifs dans la modération et avec le sens de la temporisation. « La France, dans l'intérêt de sa production, des transactions de tout genre et de sa prospérité générale, doit modifier graduellement, avec mesure et prudence toutefois, son système douanier ; réduire les droits, leur ôter leur caractère protecteur, et ne les conserver que comme source d'un revenu pour l'État. »[3] En soutien du maintien d'une douane fiscale, l'auteur faisait valoir la force de la nécessité. « Dans presque tous les pays, les douanes forment une branche importante du revenu public, et lors même que leur destruction procurerait des avantages immédiats ou éloignés à certains producteurs ou à certains consommateurs, le gouvernement ne pourrait pas les supprimer d'un seul trait de plume. »[4] Quant à la temporisation, elle s'imposait pour une autre raison, à savoir qu'il fallait respecter ce qui existait et ne pas compromettre la prospérité de plusieurs branches importantes de l'économie française, sous le prétexte de mettre en application une théorie d'économie politique. « Nous admettons que la production qui est fondée sur le système restrictif repose sur une base vicieuse, notait-il ; mais il ne s'ensuit pas de là qu'il faille détruire brusquement ce qui existe, et se livrer à une transition qui serait mortelle à plusieurs branches industrielles »[5].

D'autres grands noms de la scène économique libérale du temps se rangeaient à cette démarche prudente et modérée, que nous avons pris la peine de détailler en suivant Fix, afin de ne plus devoir y insister outre mesure. Michel Chevalier, professeur d'économie au Collège de France, adoptait ce même credo. « La France, disait-il, est soumise à un tarif de douanes dont la pensée fondamentale est la prohibition. Il serait temps de la faire passer à un régime dont la base

---

[1] T. Fix, « Études sur les traités de commerce », *Journal des économistes*, février 1844, p. 238.
[2] *Ibid.*
[3] *Ibid.*, p. 241.
[4] *Ibid.*, p. 238.
[5] *Ibid.*, p. 238.

serait la liberté du commerce, sauf les besoins du Trésor qui réclame pour les besoins de l'État des ressources qu'il est légitime de se procurer par un impôt sur les produits venant du dehors ; la liberté, sauf les ménagements provisoires qu'il est convenable d'accorder aux industries existantes, afin qu'elles aient le temps de se reconnaître et de se retourner. »[1] Quant à Horace Say, lors d'une occasion particulière où il proposa au Conseil général de la Seine, au sein duquel il siégeait, de formuler un vœu en faveur de la liberté des échanges, il exposa sa modération sans faux-semblants : il proposa ce jour là « un vœu modéré, conciliant, mais en même temps progressif »[2] en faveur du libre-échange, présenté comme étant avant tout l'affaire de « modifications prudentes, sans doute, mais cependant libérales, efficaces et progressives »[3].

Cette position timide, qui n'était pas celle de Frédéric Bastiat ou de Gustave de Molinari, séduisait majoritairement les auteurs de la plus vieille génération, ceux qui avaient vécu la plus grande partie de leur carrière à un âge où le camp libéral s'était étonnamment rangé à une sorte de protectionnisme doux. Naturellement, ces auteurs à l'âge avancé étaient aussi les plus en vue ; ils siégeaient seuls dans les conseils électoraux et disposaient seuls des chaires d'enseignement.

À plus forte raison, les auteurs qui, du fait de leur âge ou par égard pour leur carrière officielle, se tenaient volontairement en retrait du mouvement intellectuel du temps, ne pouvaient manquer de se signaler par la même modération sur la question du libre-échange. Ainsi de Charles Dunoyer, grande autorité libérale au demeurant, pour qui la prudence dans cette réforme des douanes était de la plus haute nécessité. « La chose que doivent le moins ignorer des réformateurs habiles, avertissait-il, c'est qu'il faut savoir se résigner, au moins temporairement, à des transactions, et que *demander tout à la fois* serait souvent le moyen de ne rien obtenir, et *obtenir tout à la fois* le moyen encore plus assuré de ne rien posséder d'une manière stable. »[4] Aussi présentait-il la demande d'une liberté totale et immédiate comme une « extrême exagération »[5].

---

[1] Association pour la liberté des échanges, réunion du 29 septembre 1846 ; *Journal des économistes*, octobre 1846, p. 282.

[2] « Proposition de M. Horace Say au Conseil général de la Seine », *Journal des économistes*, novembre 1846, p. 377.

[3] *Ibid.*

[4] C. Dunoyer, « De l'agitation anglaise pour la liberté du commerce », *Journal des économistes*, août 1845, p. 18.

[5] *Ibid.*, p. 19.

Face aux modérés, en surnombre, et disposant surtout d'appuis de choix, les radicaux développaient leur position avec audace. Joseph Garnier, qui était l'un d'eux, avec Molinari et Bastiat, soutenait que le radicalisme en la matière était la seule opinion valable pour un économiste adepte de la liberté. Avec des précautions oratoires plus ou moins subtiles, il condamnait les modérés comme des traîtres. « En quoi l'association, osa-t-il affirmer une fois, si elle ne se proposait pas de poursuivre l'affranchissement immédiat, absolu des échanges, différerait-elle de la phalange des protecteurs ? »[1] C'était asséner une charge particulièrement féroce.

Toutefois les modérés songeaient peu à répondre : présenter leur opinion suffisait, car à tout prendre ils étaient dominants et les évènements se passeraient selon leur bon vouloir. Déjà, au sein du *Journal des économistes*, leur tendance l'emportait. Non seulement un bon nombre d'auteurs étaient acquis, mais les colonnes étaient aussi tenues grandes ouvertes à Michel Chevalier, Léon Faucher, Horace Say, dès qu'ils trouvaient quelque chose à insérer. En outre le camp radical était démuni : Molinari, malgré son jeune talent, n'avait pas encore été invité à prendre part à l'œuvre commune, et Frédéric Bastiat, autre nouvelle gloire, était prié de s'occuper plutôt de son propre journal, *Le Libre-Échange*, comme une façon d'aller s'amuser ailleurs.

De surcroît, l'omniprésence des débats, sur le libre-échange ou d'autres sujets, entre les différentes sensibilités du mouvement économique libéral, n'était encore qu'un aspect de l'hétérodoxie du *Journal des économistes*. Au cours de ses premières années de parution, les articles sortant notoirement du périmètre, même étendu, de la foi libérale, se multiplièrent aussi, donnant au recueil un parfum d'éclectisme : Victor Schœlcher, le grand abolitionniste, sur la relation entre l'ignorance des masses et la criminalité[2] ; Proudhon, sur la nationalisation du chemin de fer et l'établissement du transport ferroviaire gratuit[3] ; ou Charles Dupont-White, sur l'intervention de l'État dans les relations du travail avec le capital[4].

La difficulté de cohabiter, qu'illustrèrent les économistes libéraux français au XIXe siècle, ressort encore de l'examen de la dernière grande institution du temps, la Société d'économie politique,

---

[1] J. Garnier, « Association pour la liberté des échanges », *Journal des économistes*, mars 1845, p. 406.

[2] V. Schœlcher, « Éducation et crimes », *Journal des économistes*, avril 1844, p. 41-49.

[3] P.-J. Proudhon, « De la concurrence entre les chemins de fer et les voies navigables », *Journal des économistes*, avril 1845, p. 157-202.

[4] C. Dupont-White, « De l'intervention de l'État dans les relations du travail avec le capital », *Journal des économistes*, janvier 1846, p. 146-155.

que nous avons déjà rencontrée, et qu'on retrouvera abondamment par la suite.

Sensée regrouper les adeptes de la science et les faire œuvrer dans un sens commun malgré les divergences de sensibilité, elle peina d'abord dans sa mission. De 1842 à 1846, ses premiers membres ne tinrent pas de compte-rendu de leurs séances, ce qui est déjà un signe. En vérité, la Société eut « longtemps peine à grossir ses rangs »[1] reconnut Hippolyte Passy ; ce que confirmera encore Molinari, en rapportant ses souvenirs sur sa présence à une réunion d'août 1846 : « elle était encore peu nombreuse : elle ne comptait qu'une trentaine de membres, mais à défaut du nombre, elle avait la qualité ». [2]

La Société des économistes, renommée en Société d'économie politique en 1847, fut fondée en 1842, prenant la suite de plusieurs expériences avortées. Son acte de naissance fut la réunion de ses cinq fondateurs, dont parmi eux, Eugène Daire, Gilbert Guillaumin, et Joseph Garnier, le 15 novembre 1842, dans un nouveau restaurant flamboyant et chic de la capitale, le Restaurant de la Cité, qu'à la vue de son luxe intérieur on appelait plutôt couramment La Maison Dorée. En brossant l'histoire de la société dont il était alors le secré-taire-perpétuel, Alphonse Courtois s'est rendu coupable d'une cer-taine légèreté en parlant d'un « dîner modeste ». [3] Il n'y avait toute-fois pas de quoi se scandaliser à ce que des notables fissent choix de cet établissement réputé pour la première réunion.

La Société avait d'ailleurs toutes les raisons de soigner le cadre et d'assurer une convivialité, par la présence de mets appétissants et de bon vin, comme elle le fit longtemps. La première grande action de la Société d'économie politique fut d'ailleurs similairement un dîner organisé en l'honneur de Richard Cobden, qui fut l'occasion de nombreux toasts en son honneur ou en l'honneur de la liberté com-merciale. Généralement, les réunions d'économistes étaient l'occa-sion de bien boire et de bien manger : la convivialité que cette profu-sion de bouche installait permettait sans doute d'apaiser les tensions qui existaient au niveau individuel entre les uns et les autres. Les nouveaux professeurs ou députés se retrouvaient en effet au milieu de la masse des aspirants malheureux, et les partisans convaincus d'une doctrine ou d'une sensibilité rencontraient les auteurs qui

---

[1] Discours d'Hippolyte Passy lors des obsèques de G. Guillaumin ; *Journal des écono-mistes*, janvier 1865, p. 109.

[2] Société d'économie politique, réunion du 5 juin 1902 ; *Bulletin de la Société d'économie politique*, année 1902, p. 117.

[3] A. Courtois, « Notice historique sur la Société d'économie politique », *Annales de la Société d'économie politique*, t. I (1889), p. 1.

doutaient, leur tenaient tête ou avaient engagé avec eux une controverse publique. Ménager les susceptibilités et protéger la fragile unité des libéraux n'était pas chose aisée.

L'œuvre de Frédéric Bastiat illustre à merveille ces tensions : il les porte dans sa chair même, lui l'érudit de province, dont l'acceptation par ses collègues fut difficile, et dont le succès subséquent fut au moins partiel et éphémère, si même il y eut succès.

J'ai pour projet de traiter des théoriciens français de la liberté humaine, or Bastiat brilla surtout comme propagandiste, reprenant sans grande modification les préceptes déjà anciens, et déjà pris chez d'autres, de son « père intellectuel »[1], Jean-Baptiste Say. À la manière d'un Racine ou d'un La Fontaine, il puisait dans un fond classique pour innover par un tour nouveau donné à un modèle connu. Ses paraboles, ses fables, ses sophismes, s'en ressentent, comme la célèbre « vitre cassée », cette leçon de bon sens qu'il ne faut pas casser des vitres pour faire aller le commerce des vitriers, et qu'on trouve dans le *Traité d'économie politique* sous une forme similaire, Say écrivant en effet la recommandation suivante : « Portez des souliers, parce que l'usage d'une chaussure est une consommation salutaire ; mais n'usez pas des souliers pour faire gagner les cordonniers. »[2]

Bastiat toutefois doit nous arrêter, car il mérite d'être bien connu. Les difficultés de son insertion dans le milieu libéral de son époque ne le laisseront pas présager, mais il fut véritablement un maître pour plusieurs générations de successeurs. À la toute fin du XIXᵉ siècle, Daniel Bellet s'en fera l'écho dans une réunion de la Société d'économie politique, en prononçant ces mots : « Nous pourrions dire, en quelque sorte, que nous avons notre bréviaire — les écrits de Bastiat. En ce qui regarde notre science, tout, en effet, est dans Bastiat. »[3] Et quelques années plus tôt, un jeune libéral enthousiaste, Ernest Martineau, exprimait même sa gêne dans sa correspondance privée, de ne pouvoir trouver d'autres mots que Bastiat, pour traiter des sujets qu'il avait couverts en son temps. « Toutes mes idées sociales j'ai été les puiser à cette source, dit-il, je n'en sais pas de plus limpide et de plus pure... En un mot, je voudrais être l'horloge qui sonnerait les idées de Bastiat que, par l'étude,

---

[1] Lettre à Horace Say, 24 novembre 1844 ; *Œuvres*, t. VII, p. 377.

[2] J.-B. Say, *Traité d'économie politique*, 5ᵉ éd., t. III, 1827, p. 27 ; *Œuvres*, t. I, vol. II, p. 881.

[3] Société d'économie politique, réunion du 5 août 1899 ; *Bulletin de la Société d'économie politique*, année 1899, p. 111.

je me suis assimilées. Ce qui me désespère, c'est la difficulté de traiter une question économique, après lui, sans lui emprunter presque jusqu'à ses formules, tant il est impossible d'en trouver de plus précises et de plus nettes ». [1]

Quoique sans prétention révolutionnaire, Bastiat peina pourtant à s'imposer de son vivant, illustrant les difficultés de l'érudit de province. Arrivant à Paris avec plus de science que les professeurs en titre, il trancha d'abord par son costume. Gustave de Molinari, qui le rencontre pour la première fois en 1845, se souvient qu'on le qualifia de « monsieur qui avait l'air de venir de la province »[2]. Il avait l'air d'un « campagnard », et on le prit « pour un bon paysan en train de visiter les merveilles de la capitale ». [3] Louis Reybaud, autre témoin, dit qu'il était « impossible de voir un échantillon plus caractérisé de l'érudit de province, simplicité de manières, simplicité de costume »[4], et de ce dernier trait, Mme Cheuvreux nous donnera la mesure, en disant similairement de Bastiat que « sa tournure se détachait si pittoresquement parmi celles qui l'entouraient que l'œil, tout distrait qu'il fût, ne pouvait s'empêcher de se fixer un instant sur lui. La coupe de ses vêtements, due aux ciseaux d'un artiste de Mugron, s'éloignait absolument des formes ordinaires. Des couleurs tranchées mal assorties, étaient mises à côté l'une de l'autre, sans souci de ce genre d'harmonie ».[5] Ajoutez à cela un accent du sud-ouest, que Bastiat lui-même jugeait « détestable »[6], et vous aurez une image de l'homme qui se présenta en mai 1845 au premier dîner qu'il eut avec le groupe des économistes libéraux parisiens. Les premiers rapports furent cordiaux. « J'ai été très bien accueilli » dit-il à son ami Coudroy.[7] Avec le temps cependant il s'isola, et son œuvre fut avant tout celle d'un solitaire. Il avait quitté les Landes pour la capitale, pour poursuivre son agitation, logeant au 3 rue d'Alger, à proximité du jardin des tuileries[8], et aimant particulièrement se balader sur les Champs-Élysées[9], comme plus tard un autre exilé de l'intérieur,

---

[1] Lettre d'Ernest Martineau à Yves Guyot, 27 juin 1878 ; Fonds Guyot aux Archives de Paris, D21J 179.

[2] G. de Molinari, « Frédéric Bastiat. Lettres d'un habitant des Landes », *Journal des économistes*, juillet 1878, p. 60.

[3] G. de Molinari, Notice nécrologique sur Frédéric Bastiat, *Journal des économistes*, février 1851, p. 186.

[4] L. Reybaud, « Frédéric Bastiat », *Revue des deux mondes*, septembre 1858, p. 146.

[5] Préface aux *Lettres d'un habitant des Landes*, 1877, p. 3-4.

[6] Lettre à Victor Calmètes, 8 décembre 1821 ; *Œuvres*, t. I, p. 7.

[7] Lettre à Félix Coudroy, mai 1845 ; *Œuvres*, t. I, p. 50.

[8] Lettre à Richard Cobden, 3 août 1850 ; *Œuvres*, t. I, p. 186.

[9] Lettre à Richard Cobden, 27 mai 1848 ; *Œuvres*, t. I, p. 176.

également solitaire, Paul Leroy-Beaulieu[1]. Pourtant Bastiat disait :
« Paris et moi nous ne sommes pas faits l'un pour l'autre »[2], et en
effet il y eut dans ce séjour bien des échecs et des déceptions.

En tant que théoricien, Bastiat chercha une fois, avec les *Harmonies économiques*, à faire une œuvre originale, et elle fut médiocre-
ment goûtée par ses collègues. Il avait conçu ce livre pour être le
pendant de ses *Sophismes* : les *Sophismes* détruisaient, les *Harmonies*
édifiaient. [3] Le bâtisseur, toutefois, devait rester incompris. À la
parution du livre, Bastiat écrivit à son fidèle ami Coudroy : « Les
Harmonies passent inaperçues ici, si ce n'est d'une douzaine de con-
naisseurs. Je m'y attendais ; il ne pouvait en être autrement. Je n'ai
pas même pour moi le zèle accoutumé de notre petite église, qui
m'accuse d'hétérodoxie ; malgré cela j'ai la confiance que ce livre se
fera faire place petit à petit. »[4] Ambroise Clément reprochait par
exemple à Bastiat dans les *Harmonies* de « manquer de respect à nos
maîtres »[5] en cherchant d'autres réponses que celles qu'ils avaient
données. À Paillotet, l'un des rares fidèle, et qui sera l'éditeur de ses
Œuvres complètes, Bastiat témoignait une sorte de fatalisme. « Vous
voudriez beaucoup faire une renommée à mes pauvres *Harmonies*,
lui dit-il. Cela vous sera difficile ». [6]

Dans la grande question du libre-échange, son opinion radicale
heurtait la sensibilité des plus notoires de ses collègues, et il dût
apprendre à composer avec leur pression constante.

La position qui était la sienne, et le style même de ses écrits, le
poussèrent progressivement vers la touche. En 1846, il quitta plus ou
moins le *Journal des économistes* pour assurer la direction d'une nouvelle publication, un journal intitulé *Le Libre-Échange*, lequel entérinait un curieux équilibre des pouvoirs, qu'il convient de rappeler. Et
pour cela, il n'est pas superflu de relire l'annonce qui en fut faite
dans le *Journal des économistes* : « La réforme douanière a maintenant
un hebdomadaire spécial, *Le Libre Échange*, auquel il sera permis de
sortir du calme scientifique et de se mettre, si besoin est, à la poursuite des sophismes dont le privilège se fera des armes avant de
succomber. Il sera au *Journal des économistes* ce que l'Association de
la Liberté des Échanges et l'Académie des sciences morales sont à la
société toute scientifique des économistes. Aux uns la tâche de faire

---

[1] Lettre de P. Leroy-Beaulieu à sa femme Cordélia, 27 juin 1877 ; G. Aumercier, *Paul Leroy-Beaulieu*, t. I, p. 51.

[2] Lettre à Félix Coudroy, 24 mai 1846 ; *Œuvres*, t. I, p. 72.

[3] Lettre à Richard Cobden, 25 juin 1846 ; *Œuvres*, t. I, p. 136.

[4] Lettre à Félix Coudroy, début 1850 ; *Œuvres*, t. I, p. 103.

[5] Lettre à Horace Say, 4 juillet 1850 ; *Œuvres*, t. I, p. 200.

[6] Lettre à Paillotet, 19 mai 1850 ; *Œuvres*, t. VII, p. 438.

pénétrer une vérité déjà bien vieille dans la pratique, aux autres d'en élaborer de nouvelles pour de futures propagandes. Le travail se féconde en se divisant. »[1] Ce curieux choix de mots trahissait des ambitions assez troubles. Il faut se rappeler que peu de temps auparavant Frédéric Bastiat avait cherché à prendre la direction du *Journal des économistes* et qu'il en avait finalement été tenu écarté, ce qu'en 1847 il aura l'occasion de regretter.[2] Faut-il imaginer qu'au-delà d'accueillir la controverse quotidienne et plus immédiatement partisane, ce nouveau journal plus polémique devait servir à d'autres fins, plus *politiques* ? Il faut reconnaître que, dessein prémédité ou non, Frédéric Bastiat ne contribua presque plus au *Journal des économistes* pendant toute l'année 1847 (il ne publia que deux articles), tandis qu'en 1845, à sa meilleure époque, il fournissait chaque mois plusieurs contributions au même journal (jusqu'à quatre simultanément, en octobre 1845). Celui qu'on reconnaissait comme un talentueux propagandiste, mais dont les rares essais de théorie pure furent toujours assez mal jugés, était-il considéré impropre au « calme scientifique » et à l'élaboration de nouvelles vérités ?

Ce qui est certain, c'est que son radicalisme dérangeait, malgré toutes les concessions auquel il consentit. À ses tous débuts, Bastiat avait été très clair sur la radicalité nécessaire à son mouvement libre-échangiste, et on savait à quoi s'en tenir avec lui : « Ne soyons que vingt, ou dix, ou cinq, disait-il ; mais que ces vingt, ou dix, ou cinq aient le même but, la même volonté, la même foi. »[3] L'une des justifications de cette opinion, était que Richard Cobden, en Angleterre, avait suivi cette voie, et qu'elle s'était montrée très fructueuse. « Ce qui a fait le succès de la Ligue, en Angleterre, c'est une chose, une seule chose, la foi dans une idée »[4], faisait remarquer Bastiat. Cobden, en effet, encourageait dans ses discours à la radicalité : « ne perdons pas de vue l'objet de notre association, disait-il un jour, qui est d'emporter le retrait des lois-céréales, absolument, immédiatement et sans condition. Si nous renoncions au mot sans condition, nous aurions un nouveau débordement de prétextes à chaque semaine. »[5] Cependant les circonstances n'étaient pas les mêmes en France et en Angleterre : en France, les libéraux purs étaient très peu

[1] « Chronique », *Journal des économistes*, décembre 1846, p. 95.

[2] Lettre à Richard Cobden, 9 novembre 1847 ; *Œuvres*, t. I, p. 166.

[3] Lettre à Alcide Fonteyraud, 20 décembre 1845 ; *Œuvres*, t. I, p. 196. — Idem, Lettre à Richard Cobden, 13 janvier 1846 ; *Œuvres*, t. I, p. 120.

[4] « Projet de ligue anti-protectionniste », 2ᵉ article, *Mémorial bordelais*, 9 février 1846 ; *Œuvres*, t. VII, p. 36.

[5] Discours de Richard Cobden, 5 mai 1843. — Bastiat, *Cobden et la Ligue*, 1845 ; *Œuvres*, t. III, p. 174.

nombreux. Bastiat en fit l'amère expérience, et il le reconnut, un peu désabusé, dans une lettre de juin 1846 : « le plus grand de tous les malheurs, c'est que nous n'avons pas de vrais économistes. Je n'en ai pas rencontré deux capables de soutenir la cause et la doctrine dans toute son orthodoxie, et l'on voit les erreurs et les concessions les plus grossières se mêler aux discours et aux écrits de ceux qui s'appellent free-traders. »[1]

Dès lors, et à moins d'œuvrer tout à fait seul, il fallait compter avec cette frange modérée. Les concessions de Bastiat prirent des formes variées, mais qu'on peut résumer d'un mot : la précaution. Le ton du journal *Le Libre-Échange*, et de toute l'agitation du groupe des économistes libéraux de l'époque, était éminemment prudente. « Nous répétons encore que nous n'avons jamais demandé une réforme brusque et instantanée, écrit Bastiat dans son journal ; nous désirons qu'elle s'opère *avec le moins de dommage possible*. »[2] Il reprit alors à son compte la distinction un peu scolastique entre la douane *fiscale*, qui n'impose les marchandises étrangères que pour les besoins du Trésor public, et la douane *protectrice*, qui les taxe dans le but précis de « protection du travail national ». Cette distinction emportait beaucoup : elle lui fit accorder à l'État « le droit d'établir, sur les marchandises qui passent la frontière, des taxes destinées aux dépenses communes, pourvu qu'elles soient déterminées par la seule considération des besoins du trésor »[3], et prononcer même ces mots : « Nous ne regardons pas l'impôt en lui-même comme une atteinte à la liberté »[4].

Les quelques radicaux, comme Gustave de Molinari, ne lui pardonnaient pas sa conversion au modérantisme. Molinari professait une position toute contraire : il publia pour la défendre deux lettres critiques à Frédéric Bastiat dans le *Courrier français*, dont il assurait la partie économique.

Ces oppositions n'étaient guère nouvelles, et elles perdureront. Jean-Baptiste Say, déjà, évoquait la distinction évoquée plus haut, et disait s'y rallier. « On s'aperçoit, écrit-il dans son *Cours complet*, que je n'ai point parlé des droits d'entrée comme impôts, mais seulement comme des moyens de protéger l'industrie. Comme impôts, maintenus dans des bornes convenables, ils ne sont pas plus mauvais que

---

[1] Lettre à Richard Cobden, 25 juin 1846 ; *Œuvres*, t. I, p. 135.
[2] « Libre-Échange », *Le Libre-Échange*, 20 décembre 1846 ; *Œuvres*, t. II, p. 5.
[3] « Bornes que s'impose l'association pour la liberté des échanges », *Le Libre-Échange*, 3 janvier 1847 ; *Œuvres*, t. II, p. 10.
[4] *Ibid.*, p. 11.

d'autres »[1], et dans le même ouvrage, il consacra tout un chapitre sur les « précautions qu'il faut avoir avant d'ôter les prohibitions. »[2]

Cette opinion, qu'il gomma progressivement, Say l'avait affirmée dans toute sa force dans la seconde édition de son *Traité d'économie politique* (1814), où il inséra une section nouvelle à son chapitre 17, du livre premier, dans le but d'évoquer plus en détail la balance du commerce. Après avoir fait justice de cette erreur économique vieille de plusieurs siècles, il présentait une argumentation curieuse sur le libre-échange. Tout au long du passage dans lequel il examine la question des douanes, il ne paraît critiquer que les « prohibitions absolues », c'est-à-dire l'interdiction de certains produits étrangers, laissant ainsi le lecteur dans le doute quant au protectionnisme modéré. Toujours hésitant, Say cite Adam Smith, indiquant deux raisons en faveur de droits à l'entrée (la défense du pays, et l'égalisation des taxes) et il explique pourquoi en France on se méprendrait si l'on venait à s'engager dans la voie d'une réforme véritablement libérale des douanes. Souscrivant, en apparence, à l'incrimination de la liberté complète des échanges comme une théorie anglaise, faite sur mesure pour servir les intérêts de l'Angleterre, il notait qu'« en France l'abolition des droits d'entrée placerait tous les produits de l'intérieur sous l'influence d'un désavantage réel par rapport aux produits anglais »[3] Même les prohibitions complètes, les seules qu'il attaquait vraiment, devraient selon lui être maintenues provisoirement, et éliminées progressivement, avec précautions et ménagements. « Malgré les inconvénients que nous avons signalés dans les prohibitions de denrées étrangères, croyait-il bon d'indiquer, il serait sans doute téméraire de les abolir brusquement. »[4] Quelques pages plus loin, après avoir affirmé avec force qu'une industrie non rentable ne mérite pas d'être soutenue par l'État, Say fait marche arrière, s'arrête, hésite. Comme s'il doutait, au fond, de la véracité de son propre principe, il nous propose une sorte de théorie des industries naissantes, faisant valoir, avec une certaine retenue de langage caractéristique, que « peut-être un gouvernement fait-il bien encore d'accorder quelques encouragements à une production, qui, bien que donnant de la perte dans les commencements, doit pourtant

[1] J.-B. Say, *Cours complet d'économie politique pratique*, t. III, 1828, p. 363 ; *Œuvres*, t. II, vol. I, p. 616.

[2] *Ibid.*, p. 365-372 ; *Œuvres*, t. II, vol. I, p. 617-620.

[3] J.-B. Say, *Traité d'économie politique*, 2ᵉ édition, Paris, 1814, p. 216 ; *Œuvres*, t. II, vol. I, p. 322.

[4] *Ibid.*, p. 218 ; *Œuvres*, t. II, vol. I, p. 325.

donner évidemment des profits au bout de peu d'années »[1] et ayant cité l'avis de Smith, qui doutait de l'utilité de ces droits protecteurs là, Say finissait par cette phrase assez incroyable : « Smith a certainement raison au fond ; mais il est des circonstances qui peuvent modifier cette proposition, généralement vraie, que chacun est le meilleur juge de l'emploi de son industrie et de ses capitaux. »[2]

Quelques années plus tard, Jean-Baptiste Say s'en repentirait, retirant bien des passages tendancieux du *Traité* pour les éditions subséquentes, et développant à la place une défense plus complète de la liberté des échanges. Dans les nouvelles éditions, les industries naissantes tombaient désormais sous la même loi que les autres, la différence de niveau d'imposition entre les différents pays n'était plus qu'un faux prétexte à des droits de douanes perturbateurs et destructeurs, et même la concession la plus prudente d'Adam Smith — que des écarts pouvaient se justifier dans le cas d'une nation en guerre, et pour des raisons de sécurité nationale — Say la rejetait désormais, arguant que guerre ou pas guerre, on serait toujours en mesure de trouver quelque part des fournisseurs.

Cependant Say n'abandonnait pas tout à fait les concessions et le modérantisme. Dans la dernière édition (la sixième) du *Traité*, il disait encore que : « la versatilité a des effets si funestes, qu'on ne peut passer même d'un mauvais système à un bon sans de graves inconvénients. Sans doute le régime prohibitif et exclusif nuit prodigieusement aux développements de l'industrie et aux progrès de la richesse des nations ; cependant on ne pourrait, sans causer de grands maux, supprimer brusquement les institutions qu'il a fondées. Il faudrait des mesures graduelles, ménagées avec un art infini, pour parvenir sans inconvénients à un ordre de choses plus favorable »[3]. Aussi, « malgré les inconvénients que j'ai signalés dans les prohibitions de denrées étrangères, il serait sans doute téméraire de les abolir brusquement. Un malade ne se guérit pas dans un jour. Une nation veut être traitée avec de semblables ménagements, même dans le bien qu'on lui fait. Que de capitaux, que de mains industrieuses employés dans des fabrications monopoles, qu'il faut dès lors ménager, quoiqu'elles soient des abus ! Ce n'est que peu à peu que ces capitaux et cette main-d'œuvre peuvent trouver des emplois plus avantageusement productifs pour la nation. Peut-être n'est-ce

---

[1] J.-B. Say, *Traité d'économie politique*, 2ᵉ édition, Paris, 1814, t. I, p. 223 ; *Œuvres*, t. II, vol. I, p. 329.

[2] *Ibid.*, p. 224 ; *Œuvres*, t. II, vol. I, p. 330.

[3] J.-B. Say, *Traité d'économie politique*, 6ᵉ édition, Paris, 1841, p. 50 ; *Œuvres*, t. II, vol. I, p. 63.

pas trop de toute l'habileté d'un grand homme d'État pour cicatriser les plaies qu'occasionne l'extirpation de cette loupe dévorante du système réglementaire et exclusif ». [1]

De même, à la fin du XIXe siècle, bien après l'époque de J.-B. Say et même de Frédéric Bastiat, cette tension perdurera dans le mouvement libéral français. Ernest Martineau, un honnête libéral, raconte dans une lettre privée à Yves Guyot les raisons qui ont motivé son refus d'intégrer la récente Association pour la liberté du commerce : « J'ai refusé de faire partie de l'Association pour la liberté du commerce fondée par Léon Say et ses amis parce que — et je l'ai écrit à M. de Molinari — cette société ne parle que des traités de commerce ; elle ne repose pas sur le principe fondamental : le droit d'échanger, conséquence du droit de propriété, droit absolu. Elle n'a pas pris comme la ligue anglaise cette grande devise : abolition totale, immédiate et sans condition, des lois céréales ; elle est ainsi condamnée à la stérilité. »[2] Ce même Molinari, on le sait, n'était pas non plus bien convaincu ; dès 1846 il avait parlé de « ces mystifications économiques que l'on appelle des traités de commerce, de paix et de navigation, et qui n'ont jamais eu d'autre résultat que de nuire directement ou indirectement au commerce et à la navigation, que de troubler la paix des nations liées par de semblables pièces diplomatiques »[3], mais après avoir joué longtemps les loups solitaires, il avait appris à composer avec l'humeur et les préventions de ses collègues.

Ce qui importe encore, dans le jugement rétrospectif, c'est de savoir qu'à l'époque de Bastiat, la bien prudente agitation libre-échangiste se clôtura sur un échec. Entre 1846 et 1847, le camp protectionniste enregistra en effet des succès éclatants et mena une agitation dont Bastiat lui-même était bien obligé de reconnaître la supériorité. « Nous sommes accablés, écrit-il à Cobden en novembre 1846. Les prohibitionnistes font de l'agitation à fond et à l'anglaise. Journaux, contributions, appels aux ouvriers, menaces au gouvernement, rien n'y manque. Quand je dis à l'anglaise, j'entends qu'ils déploient beaucoup d'énergie et une véritable entente de l'agitation. »[4] Face à la rhétorique anglophobe et patriotique des protectionnistes, le camp du libre-échange se débattait maladroite-

---

[1] J.-B. Say, *Traité d'économie politique*, 6e édition, Paris, 1841, p. 185 ; *Œuvres*, t. II, vol. I, p. 326.

[2] Lettre d'Ernest Martineau à Yves Guyot, 16 mars 1887 ; Fonds Guyot, Archives de Paris, D21J 179.

[3] Gustave de Molinari, *Le Courrier Français*, 11 août 1846 ; *Œuvres* de Molinari, t. III, p. 256.

[4] Lettre de Bastiat à Richard Cobden, 22 novembre 1846 ; *Œuvres*, t. I, p. 145.

ment. Dès la fin de l'année 1846, une grande partie de la presse s'était déjà ralliée à la théorie du travail national. Après que le *Journal des Débats* ait cessé, en novembre 1846, son *flirt* calculé avec la liberté commerciale, ce fut au tour du *Siècle* de combattre la suppression des tarifs de douane, projetée par les libre-échangistes français. Ces derniers perdaient peu à peu leurs alliés, comme Bastiat s'en ouvrit à Cobden, un an après la dernière lettre citée : « Mon ami, lui écrivit-il ainsi en 1847, je ne vous cacherai pas que je suis effrayé du vide qui se fait autour de nous. Nos adversaires sont pleins d'audace et d'ardeur. Nos amis au contraire se découragent et deviennent indifférents. »[1]

La contagion ne touchait d'ailleurs pas que la presse. Les agitateurs socialistes aussi, jadis alliés de circonstance pour la défense de la liberté du commerce, rejetaient désormais énergiquement leur doctrine passée. Anxieux de suivre un autre chemin que l'Angleterre et d'éviter le paupérisme endémique qui paraissait y régner, ils reconnaissaient désormais dans la douane un moyen de protection du travail dans sa grande lutte face au capital. Matérialisation de cette union entre socialistes et protectionnistes, Albert Gazel, un proche de Louis Blanc, rejoignit à l'automne 1847 le bureau des éditeurs du *Moniteur Industriel*, le journal phare des protectionnistes. Or le passage des socialistes d'un camp à l'autre solidifia la position des adeptes du « travail national ». Bastiat assista avec douleur à ce développement. Il écrivit encore à Cobden : « Ce qui m'afflige surtout, moi qui porte au cœur le sentiment démocratique dans toute son universalité, c'est de voir la démocratie française en tête de l'opposition à la liberté du commerce. Cela tient aux idées belliqueuses, à l'exagération de l'honneur national, passions qui semblent reverdir à chaque révolution. »[2]

Dès avant les effusions de février 1848, l'action de la ligue française pour le libre-échange s'essoufflait et les libre-échangistes apparaissaient défaits. Les ressources financières s'épuisaient et la circulation du journal *Le Libre-Échange* déclinait. Parallèlement, les réunions publiques de l'Association, organisées d'abord avec une fréquence bimensuelle, se firent rares en 1847. Après le sixième congrès, du 30 mars 1847, il fallut attendre le 7 janvier 1848 pour entendre à nouveau les libre-échangistes à la salle Montesquieu de Paris.

---

[1] Lettre de Bastiat à Richard Cobden, 9 novembre 1847 (ajout du 15 novembre) ; *Œuvres*, t. I, p. 168.
[2] Lettre à Richard Cobden, 9 novembre 1847 ; *Œuvres*, t. I, p. 167.

Les partisans de la liberté du commerce connaissaient une véritable déroute. En avril 1847, l'Association pour la liberté du commerce avait enregistré des défections importantes avec les départs précipités de Louis Wolowski et de Léon Faucher. L'Association était privée de sève nourricière. Quant à la vie du journal *Le Libre-Échange*, elle était également précaire. Désormais Bastiat regrettait de l'avoir fondé. Au début de l'année 1848, quand des raisons de santé le forcèrent à abandonner la direction, il laissera ce commentaire amer à son ami Félix Coudroy : « Je ne m'en occupais pas d'ailleurs avec plaisir, vu que le petit nombre de nos lecteurs, et la divergence des opinions politiques de nos collègues, ne me permettaient pas d'imprimer au journal une direction suffisamment démocratique ».[1] À cette date précise (13 février 1848) les protectionnistes régnaient désormais en maîtres, face à un camp libre-échangiste en déconfiture. Dix jours plus tard la capitale serait à feu et à sang et le socialisme ouvrier afficherait ses ambitions de domination, offrant aux partisans de la liberté une occasion de reformer leurs rangs et de se préparer pour une nouvelle bataille.

Si cet échec semble assez patent, quoiqu'on ne s'en vanta guère sur le moment, et que conséquemment le fait a été un peu oublié, il reste à en déterminer objectivement les raisons.

La première, et la plus évidente, provient du climat intellectuel qui régnait en France. Bastiat le connaissait, et il y voyait une source de grande difficulté pour son agitation. « Quand nous avons entrepris de renverser le régime protecteur, dira-t-il en mai 1847, nous nous attendions à rencontrer de grands obstacles »[2], et de même, quelques mois plus tard : « Quand nous avons entrepris d'appeler l'attention de nos concitoyens sur la question de la liberté commerciale, nous n'avons pas pensé ni pu penser que nous nous faisions les organes d'une opinion en majorité dans le pays, et qu'il ne s'agît pour nous que d'enfoncer une porte ouverte. »[3] La faute aux sophismes, répandus par la presse, acceptés par tous les esprits, même les meilleurs, et aussi au faible crédit des économistes en général. « De tous les obstacles, le plus puissant, c'est l'ignorance du pays en matière économique »[4], disait Bastiat. Or ceci peut être considéré comme une donnée, et on ne peut guère l'imputer aux libéraux de ce temps, s'ils se sont heurtés contre un mur.

---

[1] Lettre à Félix Coudroy, 13 février 1848 ; *Œuvres*, t. I, p. 80.
[2] « Subsistances », *Le Libre-Échange*, 8 mai 1847 ; *Œuvres*, t. II, p. 63.
[3] « Deux Angleterre », *Le Libre-Échange*, 6 février 1848 ; *Œuvres*, t. III, p. 456.
[4] « Subsistances », *Le Libre-Échange*, 8 mai 1847 ; *Œuvres*, t. II, p. 64.

Un autre aspect de l'environnement intellectuel de l'époque, et qui a beaucoup compté, est l'anglophobie latente. Cependant ici il semble que les économistes libéraux français aient été maladroits, en s'affichant ouvertement anglophiles, en parlant à l'anglaise, et en citant partout l'exemple et le modèle anglais. Passons leur l'admiration pour Cobden et la Ligue, car ce qui est digne d'être admiré, peut l'être ; mais l'emploi continuel d'anglicismes, à commencer par libre-échange (*free-trade*) à la place de liberté du commerce, ou encore rappel, rappeler (*repeal*), à la place d'abolition, abolir : c'était là une erreur de jugement, et même une faute tactique, qui fut certainement lourde de conséquence. Avec ces choix de mots, qui en l'état de la langue ne s'imposaient pas, les libre-échangistes français donnèrent maladroitement le bâton pour se faire battre. Ils furent très critiqués pour leur anglomanie, et, à la vérité, les imputations anglophobes se révélèrent impossibles à vaincre. Elles rendaient vains leurs efforts et attiraient sur eux le dédain et les moqueries. « Si cette haine contre la perfide Albion n'était qu'une mode, témoignait un Bastiat désabusé, j'attendrais patiemment qu'elle passât. Mais elle a de profondes racines dans les cœurs. Elle est universelle, et je vous ai dit, je crois, que dans mon village on n'ose plus parler de moi qu'en famille. » [1] Le mot même de libre-échange sonnait trop l'anglophilie et Bastiat avait d'abord cru naïvement qu'il serait une force. « Libre-échange ! Ce mot fait notre force. Il est notre épée et notre bouclier. Libre-échange ! C'est un de ces mots qui soulèvent des montagnes. Il n'y a pas de sophisme, de préjugé, de ruse, de tyrannie qui lui résiste. Il porte en lui-même et la démonstration d'une Vérité, et la déclaration d'un Droit, et la puissance d'un Principe. »[2] Il déchanta cependant rapidement, comme l'illustre son article subséquent de juin 1847 intitulé « la peur d'un mot ». [3]

La cause du libre-échange en France, dans la grande agitation de 1845-1848, a-t-elle encore souffert du modérantisme, des désaccords, ou du peu de talent de ses adhérents ? Tout cela est vraisemblable, quoique difficile à peser. Voici en tout cas les pièces. Dès 1846, Frédéric Bastiat rapportait dans sa correspondance son sentiment de complet isolement. « Je ne suis pas seulement de l'association, confia-t-il à son fidèle ami Félix Coudroy, en octobre 1846, je suis l'association toute entière ; non que je n'aie de zélés et dévoués collaborateurs, mais seulement pour parler et écrire. »[4] Or comment

---

[1] Lettre à Richard Cobden, 25 décembre 1846 ; *Œuvres*, t. I, p. 151.
[2] « Libre-Échange », *Le Libre-Échange*, 20 décembre 1846 ; *Œuvres*, t. II, p. 4.
[3] « La peur d'un mot », *Le Libre-Échange*, 20 juin 1847 ; *Œuvres*, t. II, p. 392.
[4] Lettre à Félix Coudroy, 1er octobre 1846 ; *Œuvres*, t. I, p. 75.

aurait-il pu peser seul ? Comment croire aussi que la situation ait pu aller en s'améliorer dans les mois et les années qui devaient suivre, quand le camp protectionniste s'était consolidé, et que l'Association libre-échangiste française connaissait en outre de véritables défections ? Le camp libéral, d'ailleurs, avait-il avec son libre-échangisme modéré et progressif, le message le plus propre à enthousiasmer et convaincre les masses ? Sur ce point je n'ose guère me prononcer. Ce qu'on peut dire néanmoins sur eux, c'est que Richard Cobden jugea leur agitation assez médiocre, en comparaison de celle qu'il avait menée en Angleterre. Lors de son voyage en France, effectué à l'été 1846, ses impressions sur l'école libérale française semblent avoir été mitigées. Dans une lettre à son frère Frederick, datée du 4 septembre, il jugera fort sévèrement l'agitation française en faveur du libre-échange, la présentant comme mal organisée et dépourvue de personnalité. Pour lui, les libre-échangistes français n'étaient encore que des enfants (*mere children*).[1] Un examen attentif de l'histoire de l'Anti-Corn-law-league montre en effet que l'Association française n'en était qu'une pâle copie.

Tout cela, naturellement, n'a pas aidé, même s'il est difficile de démêler les causes et d'attribuer à quelques-unes la responsabilité de l'échec. J'ai fait de mon mieux pour les faire sentir.

Le libéralisme radical, dans la question du libre-échange, n'avait guère eu de succès, du moins pour ce temps-ci. Un autre auteur célèbre fit toutefois, à la même période, une autre lecture éminemment radicale de l'œuvre de Say, il s'agit de Gustave de Molinari. Celui-ci, en partant des inspirations laissées par Say dans ses œuvres, donna naissance à une théorie économique de l'État qui n'a pas d'équivalent au XIXe siècle, et qui ne fut appréciée et comprise que récemment.

Molinari, comme Bastiat, était un radical ; cela toutefois ne suffisait pas ; cela ne suffit jamais à bousculer les barrières et les principes bien établis d'une science. Il y avait déjà, dans toute l'œuvre de Bastiat, de nombreux aphorismes, qui ouvraient la voie, mais qui ne l'empruntaient pas : c'est toutefois autant de moins à faire pour les suivants. Bastiat en effet nous dit épisodiquement que « le travail produit, la politique détruit »[2] ou qu'« il n'y a et ne peut y avoir que deux manières d'acquérir : Produire ou ravir »[3]. De même il ex-

[1] Lettre inédite de Richard Cobden à son frère Frederick, 4 septembre 1846 ; A. Howe, *Free Trade and Liberal England*, 1997, p. 76.

[2] *Midi à quatorze heures*, ébauche, 1847 ; *Œuvres*, t. II, p. 401.

[3] *Cobden et la Ligue*, 1845 ; *Œuvres*, t. III, p. 20.

plique que « la question est toujours de savoir ce qui vaut mieux de la liberté, ou de l'absence de liberté »[1] et sur ce thème il proclame à la face des protectionnistes : « Que voulez-vous donc ? dites-le franchement. Vous ne voulez pas que l'échange soit libre ! Vous voulez donc qu'il ne soit pas libre ? Vous voulez donc qu'il se fasse sous l'influence de l'oppression ? Car s'il ne se faisait pas sous l'influence de l'oppression, il se ferait sous celle de la liberté, et c'est ce que vous ne voulez pas. »[2] En effet, « entre Liberté et Contrainte je ne vois pas de milieu »[3] : « On a beau aimer la conciliation, il est deux principes qu'on ne saurait concilier : la Liberté et la Contrainte. »[4] Et ceci se retrouve dans l'analyse de l'État : « Dans la fonction publique qui s'impose au public et ne se débat pas, il n'y a pas de milieu : elle est utile ou sinon essentiellement nuisible ; elle ne saurait être neutre »[5] ; de même qu'« en fait de fonctionnaires publics, il n'y a pas de neutralité : s'ils ne sont pas très utiles, ils sont nuisibles ; s'ils ne maintiennent pas la liberté des citoyens, ils l'oppriment. »[6]

Molinari avait, en plus de Bastiat, de l'audace, un goût de l'impertinence. Lui aussi était étranger à Paris (il est né à Liège) : mais contrairement à Bastiat, et peut-être grâce à lui, en ce qu'il lui a montré les désavantages de son choix de carrière, il a préféré rester fidèle à ses idées de plus en plus radicales, que d'entrer dans la voie consensuelle qui aboutit aux félicitations de tous, à l'approbation de tous, sauf de soi-même, en son for intérieur.

Car de manière croissante, le jeune Gustave de Molinari en est venu à concevoir que la liberté valait mieux en toute chose, sur le marché et dans la production de toute chose, y compris de la sécurité, c'est-à-dire de la police, mission éminemment régalienne. Ceci était inconcevable pour tous les économistes libéraux parisiens du temps ; et même en remontant en arrière, on aurait trouvé peu d'adeptes d'une théorie si révolutionnaire. Même Benjamin Constant relève cet anarchisme et s'en déclare l'adversaire, soutenant qu'il n'est pas bon de déclarer que le gouvernement est un mal en lui-même. [7] Daunou, que nous avons rencontré précédemment, professe aussi l'opinion commune en avançant comme hors de doute que « toute association suppose des dépenses communes auxquelles

[1] *Cobden et la Ligue*, 1845 ; *Œuvres*, t. III, p. 371.
[2] « Spoliation et loi », *Journal des économistes*, 15 mai 1850 ; *Œuvres*, t. V, p. 2.
[3] *Capital et rente*, 1849 ; *Œuvres*, t. V, p. 61.
[4] « À la jeunesse française », introduction aux *Harmonies économiques*, 1850 ; *Œuvres*, t. VI, p. 18.
[5] *La République française*, 2 mars 1848 ; *Œuvres*, t. VII, p. 229.
[6] Discours sur l'impôt des boissons, 12 décembre 1849 ; *Œuvres*, t. V, p. 478.
[7] Benjamin Constant, Essais sur Godwin, 1810 ; *Œuvres*, t. II, p. 1424.

doivent contribuer tous les associés. La nécessité des impôts est incontestable ». ¹ Ceci même, pourtant, est ce que Molinari va contester.

Avant d'entrer tout à fait dans mon sujet, je voudrais préciser d'un mot les circonstances de son début de carrière, car il touche de très près au moment de sa proposition théorique fameuse, et encore et surtout parce qu'à en croire tous ceux qui ont écrit sur Molinari jusqu'à ce jour, il aurait été de tout temps libéral, alors qu'il n'en est rien. Né à Liège, juste avant l'indépendance de 1830, Molinari quitta la nouvelle Belgique pour des raisons personnelles (son père, Orangiste, eut quelques démêlés avec la police), mais surtout intellectuelles : Paris en effet attirait les jeunes intelligences éprises par le progrès et les idées sociales nouvelles. Marx rejoignit Paris à la même époque, comme une importante légion de Belges, qui travaillaient et vivaient en exil, et qu'on retrouverait bientôt au milieu de l'agitation révolutionnaire de 1848. À Paris, Molinari commença dans le journalisme politique et publia quelques brochures à connotation économique, où il maintenait un fort fond interventionniste et anti-libéral, assénant de fortes critiques contre la concurrence et le marché libre. Dans ses projets, exposés dans des articles ou des brochures qui n'eurent que peu d'écho, il s'affichait plein de bonne volonté, mais aussi étonnamment prodigue de l'argent public. Sa brochure sur *les Moyens d'améliorer le sort des classes laborieuses* (1844) se résume à un grand plan de colonisation, gratuit pour les intéressés, et financé par l'État ; à une subvention massive aux chemins de fer joint à l'établissement, toujours sur fonds publics, d'une sorte d'agence nationale de l'emploi ; enfin, à la dispense pour toute la nation d'un enseignement non seulement primaire et secondaire, mais professionnel.

Fort de ces convictions, Molinari devait subir un premier ébranlement à la lecture d'Adam Smith puis de Jean-Baptiste Say. Il avait senti le besoin d'un renforcement théorique pour aborder les questions économiques et s'y spécialiser. Or cette lecture le renversa en partie : lui plein d'assurance auparavant, écrivit en tête d'une nouvelle étude qu'« il n'entend offrir les résultats de ses investigations que comme de simples conjectures. Tout est question de notre temps et il cherche »². À cette époque il maintenait toutefois sa critique de la concurrence et de l'industrie moderne ; il leur préférait le régime

¹ Pierre Daunou, *Essai sur les garanties individuelles que réclame l'état actuel de la société*, 1819, p. 41.
² Gustave de Molinari, « Études économiques », 1ᵉʳ article, *Le Courrier français*, 26 octobre 1844 ; *Œuvres*, t. I, p. 215.

des corporations où « l'industriel et le marchand avaient intérêt à se montrer probes »[1], selon une représentation fantasmée de l'histoire. Il se sentait alors proche des économistes modérés comme Wolowski, pour qui « la liberté appelle un contrepoids, une limite, une régularisation »[2], camp alors dominant d'après Molinari, et qui disait, en dédaignant l'autre frange, plus radicale : « l'école pure d'Adam Smith et de J.-B. Say ne compte plus que des superstitieux et des fanatiques ». [3] Or c'est celle qu'il va bientôt rejoindre, en étant même *plus pur que pur* : mais gardons-nous des jugements, et même d'anticiper. Pour l'heure, donc, il entendait rééquilibrer la morale et l'économie politique, après les écrits de Ricardo et de Malthus. « Les droits de la communauté, écrivit-il un jour, n'ont été que trop souvent sacrifiés aux intérêts de la propriété privée, il importe plus que jamais de les faire prédominer »[4]. Ses écrits de l'époque allèrent dans ce sens. Aussi tard que juin 1845, un journal socialiste fameux, dans lequel Marx et Engels publièrent, en insérant deux morceaux de Molinari, le qualifiait de « jeune écrivain de l'école démocratique »[5] : drôle de recommandation, et drôle de calibre, pour un auteur qu'on a cru ultralibéral de naissance.

En vérité, sa conversion au libéralisme véritable vint par la lecture de Frédéric Bastiat, dont il reçut *Cobden et la Ligue*, pour en rendre-compte dans son journal. À la suite il évolua vers la radicalité, dans un processus rapide et graduel, courant chez ceux qui apparaissent animés de la honte de leur passé et tiennent à devenir plus blanc que blanc.

À mesure qu'il apprit à le connaître et qu'il participa à ses opérations, Molinari fut de plus en plus critique envers le mouvement libre-échangiste de Bastiat, de Michel Chevalier et des autres. Après une courte période de bonne volonté et de cultivation de l'entente, il asséna ses critiques publiques contre « la timide liberté du prudent M. Blanqui »[6], et toute cette Association de défense du libre-échange, dominée par des personnages « beaucoup trop timides »[7]. « Qu'ils s'avisent de sortir de la sphère aristocratique dans laquelle ils se sont tant soit peu fourvoyés »[8] demandait-il audacieusement.

[1] « Études économiques », 1er article, *Le Courrier français*, 26 octobre 1844 ; *Œuvres*, t. I, p. 221.
[2] *Le Courrier français*, 22 décembre 1844 ; *Œuvres*, t. I, p. 274.
[3] *Le Courrier français*, 26 décembre 1844 ; *Œuvres*, t. I, p. 284.
[4] *Le Courrier français*, 1er février 1845 ; *Œuvres*, t. I, p. 288.
[5] « La mobilisation du travail », *La Réforme*, 9 juin 1845 ; *Œuvres*, t. I, p. 352.
[6] *Le Courrier français*, 26 février 1846 ; *Œuvres*, t. II, p. 440-441.
[7] *Le Courrier français*, 20 juin 1846 ; *Œuvres*, t. III, p. 134.
[8] *Le Courrier français*, 28 juin 1846 ; *Œuvres*, t. III, p. 163.

Car « rien ne saurait être plus nuisible à la cause du commerce libre que ces déplorables déviations des principes ; rien ne saurait retarder davantage l'avènement de la liberté commerciale. Pour notre part, nous préférons un franc protectionniste à un demi-free-trader, à un free-trader qui compose avec ses principes et se tourne contre eux, au besoin, sous l'impulsion d'un intérêt particulier. »[1] Dès lors il clamait comme Richard Cobden : « point de transactions, point d'ajournements »[2]. Essayer de convaincre les élus en place de la valeur du libre-échange était pour lui une « véritable folie »[3], une « entreprise chimérique »[4].

Au fil des mois, Molinari, devenu libre-échangiste pur et radical, trouvait devant lui une phalange de modérés, soi-disant libéraux, qui paraissaient desservir la cause. « La liberté commerciale, disait-il, a déjà bien assez d'adversaires parmi les privilégiés ; il serait déplorable que nous eussions encore à la défendre contre les libéraux ! »[5] Et pourtant il en était ainsi : nombre de ceux qui s'appelaient libre-échangistes, ne désiraient que de timides aménagements du tarif des douanes, ce qui n'était en rien du libre-échange. Ces faux-adeptes là, Molinari les appelait les « soi-disant libre-échangistes », considérant qu'il était « impossible de qualifier de libre-échangiste un homme qui ne veut en aucune façon de la liberté illimitée des échanges, un homme qui se borne à réclamer, en fait de liberté, une simple modification du régime protecteur. »[6]

Fatigué, peut-être, d'être minoritaire, Molinari écrivit deux importantes lettres publiques à Frédéric Bastiat sur la stratégie des libre-échangistes français. Toute transaction est condamnable, expliquait-il ; « on ne saurait céder quelque chose aux spoliateurs sans faire supposer qu'il y a quelque chose de légitime dans la spoliation ».[7] Par gradation croissante, une concession en appelle une autre, jusqu'à ce que la cause soit perdue, car « si nous consentons à nous laisser dépouiller de notre gilet, pourquoi ferions-nous des façons pour lâcher aussi notre montre ? Est-ce que le voleur n'a pas aussi bien le droit de voler la montre que de voler le gilet ? Il y a, direz-vous, la limite du possible. Mon cher collègue, quand on est

[1] *Le Courrier français*, 1er juillet 1846 ; *Œuvres*, t. III, p. 170-171.
[2] *Le Courrier français*, 13 août 1846 ; *Œuvres*, t. III, p. 263.
[3] *Le Courrier français*, 20 avril 1846 ; *Œuvres*, t. II, p. 535.
[4] *Le Courrier français*, 9 août 1846 ; *Œuvres*, t. III, p. 250.
[5] *Le Courrier français*, 23 août 1846 ; *Œuvres*, t. III, p. 285.
[6] *Le Courrier français*, 12 septembre 1846 ; *Œuvres*, t. III, p. 336.
[7] *Le Courrier français*, 27 septembre 1846 ; *Œuvres*, t. III, p. 384.

assez fort pour défendre sa montre, on l'est assez pour défendre son gilet. »[1]

L'Association parisienne ne dévia pas de sa ligne, et Molinari s'en désintéressa progressivement. Il vit avec peine, aussi, que les réunions publiques des libre-échangistes français continuaient de contenir des discours généraux, et non des travaux spéciaux, qu'il appelait de ses vœux, comme plus solides et plus convaincants. « Ces orateurs-là, disait-il, n'ont pas jugé à propos d'abandonner le terrain des généralités et nous nous voyons obligés de leur dire qu'ils ont eu grand tort »[2], et les sarcasmes continuaient sous sa plume envers « l'association bien *tolérée*, bien *permise*, et, à vrai dire, presque officielle, formée par une poignée d'économistes et de députés conservateurs »[3]. On sait comment tout cela a fini.

Dans cette agitation libre-échangiste, en même temps que de faire son éducation libérale, Molinari apprenait à rejeter et même à détester les voies mitoyennes et le libéralisme à moitié. Son radicalisme en sortit vivement renforcé.

Parallèlement, sa grande idée de la privatisation de l'État croissait en lui. Dès avant sa conversion au libéralisme, il admettait, avec Lamartine, l'un de ses modèles de jeunesse, que la société et la politique devaient se juger avec les outils de la science, du calcul. [4] Dans une conception purement économique, il définissait alors l'État « un établissement dont la société est propriétaire. »[5] Ce tempérament, naturellement, allait s'accentuer avec sa lecture de Jean-Baptiste Say. Contre les considérations de Smith sur les travailleurs improductifs, l'auteur du *Traité* avait parlé, avec une grande liberté de langage, de « l'industrie d'un médecin, et, si l'on veut multiplier les exemples, d'un administrateur de la chose publique, d'un avocat, d'un juge »[6]. Cette révolution dans les termes, Molinari la transposa partout : il parla tout d'abord du clergé, présenté comme une « compagnie » détentrice d'un « monopole » sur des « produits matériels », qu'elle pouvait dès lors « vendre fort cher »[7], premier des nombreux exemples où Molinari appliquait délibérément l'analyse économique à des domaines nouveaux. Quelques mois plus tard, il étudiait les

---

[1] *Le Courrier français*, 27 septembre 1846 ; *Œuvres*, t. III, p. 388.

[2] *Le Courrier français*, 26 novembre 1846 ; *Œuvres*, t. IV, p. 63.

[3] *Le Courrier français*, 1ᵉʳ décembre 1846 ; *Œuvres*, t. IV, p. 63.

[4] *Alphonse de Lamartine*, 1843 ; *Œuvres*, t. I, p. 108.

[5] *Alphonse de Lamartine*, 1843 ; *Œuvres*, t. I, p. 114.

[6] J.-B. Say, *Traité d'économie politique*, Paris, 1803, t. I, p. 362 ; *Œuvres*, t. I, vol. I, p. 214.

[7] *Des compagnies religieuses et de la publicité de l'instruction publique*, 1844 ; *Œuvres*, t. I, p. 244.

progrès des transports, comme relatifs essentiellement à « l'industrie de la vitesse », évoquant « la diminution des frais de la locomotion à la vapeur, suite des progrès que subira encore inévitablement l'industrie de la vitesse »[1]. Les audaces de langage étaient désormais chez lui courantes. L'immigration même, ce n'était plus un mouvement d'hommes, mais « le commerce de transport du travail libre »[2]. Bientôt il parlerait des services de police comme d'une production, et il en demanderait l'abandon à la sphère privée. Il avait d'ores et déjà pris conscience de la valeur du nouvel outil intellectuel qu'il avait emprunté à Jean-Baptiste Say et tourné à sa main. En portant un regard économique sur le monde matériel et non matériel et en étudiant l'ensemble des choses observables avec les outils de l'analyse économique il pouvait espérer de repousser un peu plus loin les limites du savoir. Il ne devait pas tarder à le faire.

Après sa conversion au libéralisme, au surplus, Molinari évolua de manière croissante vers la radicalité, qui était le second ingrédient nécessaire à son innovation, en tant qu'elle n'est pas qu'une innovation de langage. Dans l'agitation pour le libre-échange, notre auteur apprenait à défendre la liberté partout et toujours. « Par ce fait qu'on défend une liberté, demandait-il un jour, n'est-on pas tenu aussi, sous peine de manquer de logique et de bon sens, de soutenir toutes les autres libertés ? On ne compose pas avec les principes, on ne trie pas les libertés, il n'y a dans le terrain des réformes aucune ivraie à séparer du bon grain, tout est bon grain. »[3] Lui concluait que les libertés, toutes les libertés, « sont solidaires, inséparables ; le développement de chacune d'elles en particulier ne peut avoir lieu qu'en raison du développement de toutes les autres en général. »[4] « Nous le répétons, toutes les libertés sont solidaires. En rejeter une seule, c'est les rejeter toutes. »[5]

Enfin on peut encore évoquer une quatrième étape, cumulative : c'est la révolution de 1848 et les attaques qu'on y lança contre la propriété. Lors de ces évènements, Molinari sentit le besoin, plus que jamais, d'une défense forte et rigoureuse de la liberté et de la propriété. Il était nécessaire d'entamer une refondation du libéralisme tel qu'il était entendu, pour qu'il ait une chance de subsister dans les lois et surtout dans les esprits.

---

[1] *La Réforme*, 9 juin 1845 ; *Œuvres*, t. I, p. 358.
[2] *Études économiques*, 1846 ; *Œuvres*, t. II, p. 278.
[3] *Le Courrier français*, 4 juillet 1846 ; *Œuvres*, t. III, p. 180.
[4] *Le Courrier français*, 10 août 1846 ; *Œuvres*, t. III, p. 254.
[5] *Le Courrier français*, 10 août 1846 ; *Œuvres*, t. III, p. 255.

Dans les années qui précédèrent son texte fondateur sur la production de la sécurité (1849), Molinari rencontra deux inspirations
puissantes qui le poussèrent définitivement vers ces idées nouvelles,
à la coloration anarchiste ou anarchisante. Il s'agit d'un côté de
Proudhon, de l'autre de Jean-Baptiste Say

Dès avant la révolution de 1848, l'une des grandes questions qui
agitèrent le camp socialiste fut celle de savoir si, après la réforme des
conditions et structures économiques de la société de marché, le
pouvoir de l'État s'éteindrait, s'il se transformerait, ou s'il se verrait
simplement doté de plus amples prérogatives. La confrontation entre
une doctrine étatiste, représentée notamment par Louis Blanc, et une
intuition anarchiste, avec Proudhon, n'avait pas son pendant exact
dans le camp libéral, où les bornes de l'action de l'État étaient débat-
tues, mais où l'on s'entendait sur un cadre commun, excluant une
disparition de l'État. Proudhon, dans un livre que Molinari lut attentivement, puisqu'il en publia une recension de seize longues pages
dans le *Journal des économistes*, écrivait ceci : « Le socialisme,
plus ignorant mille fois que l'économie politique, n'a pas vu qu'en
faisant rentrer dans l'État les autres catégories du travail, par cela
seul il changeait les producteurs en improductifs ; il n'a pas compris
que les services publics, précisément parce qu'ils sont publics, ou
exécutés par l'État, coûtent fort au-delà de ce qu'ils valent ; que la
tendance de la société doit être d'en diminuer incessamment le
nombre ; et que bien loin de subordonner la liberté individuelle à
l'État, c'est l'État, la communauté, qu'il faut soumettre à la liberté
indivi-duelle. »[1]

De l'autre côté du spectre, Molinari rencontra Jean-Baptiste Say.
En 1847, il fut amené à donner un cours d'économie politique à
l'Athénée, enceinte dans laquelle, vingt ans plus tôt, Jean-Baptiste
Say donnait de semblables leçons. Si alors il a cru bon de jeter un
œil sur le contenu du cours donné par son prédécesseur, il aura sans
doute remarqué un passage aux accents décidément très révolutionnaires. Say disait en effet : « Le gouvernement n'est point une partie
essentielle de l'organisation sociale. Remarquez bien que je ne dis
pas que le gouvernement est inutile ; je dis qu'il n'est point essentiel ;
que la société peut exister sans lui ; et que si les associés voulaient
bien faire leur affaire et me laisser faire la mienne, la société pourrait
à la rigueur marcher sans gouvernement. L'autorité publique est
donc un accident ; un accident rendu nécessaire par notre imprudence, par notre injustice qui nous porte à empiéter sur les droits de

---

[1] P.-J. Proudhon, *Système des contradictions économiques ou Philosophie de la misère*, 1846,
vol. II, p. 376.

notre semblable. »[1] Et Say continuait en donnant un exemple : « Il y a dans le *Kentucky*, dans cette nouvelle province qui s'est formée au-delà des monts *Alleganys* aux États-Unis, il y a des cantons où une famille vient d'abord s'établir ; puis une autre dans le voisinage de la première ; puis une troisième ; finalement des villages se forment, on y fait des maisons et des enfants ; on les habille, on les nourrit très bien, mieux que beaucoup de ménages ne peuvent se nourrir dans la rue *Jean-pain-mollet*, et pourtant, oh ! malheur ! il n'y a point de gouvernement. »[2] Enfin il pouvait conclure : « Je ne me suis donc point trop hasardé en vous disant que l'on pouvait concevoir une société sans gouvernement ; on peut faire plus que la concevoir ; on peut la voir : il n'y a d'autre difficulté que celle du voyage. »[3]

En 1849, Gustave de Molinari publia un article dans le *Journal des économistes*, argumentant que, puisque le marché vaut mieux que l'État, et qu'on le prouve aisément dans la théorie et dans l'étude des faits, il faut être cohérent, et le marché doit être préféré à l'intervention publique, y compris dans la production de la sécurité. Il plaidait, en somme, pour une privatisation des services régaliens, que des entreprises privées, opérant dans la libre concurrence, assumeraient plus efficacement et plus économiquement.

Cette proposition théorique radicale, sur une scène économique libérale qu'on a vu assez prudente, fut très mal accueillie par ses pairs. Lors d'une réunion de la Société d'économie politique, consacrée à la discussion de la proposition nouvelle de Molinari, Charles Coquelin repoussa cette innovation, considérant que « M. de Molinari n'avait pas pris garde que, sans une autorité suprême, la justice n'avait pas de sanction, et que la concurrence, qui est le seul remède contre la fraude et la violence, qui seule est capable de faire triompher la nature des choses dans les rapports des hommes entre eux, ne pouvait pas exister sans cette autorité suprême, sans l'État »[4]. Frédéric Bastiat parla aussi « dans le même sens que M. Coquelin ; il croit que les fonctions de l'État doivent être circonscrites dans la garantie de la justice et de la sécurité »[5]. Enfin Charles Dunoyer « comme M. Coquelin et M. Bastiat, pense que M. de Molinari s'est laissé égarer par des illusions de logique ; et que la concurrence entre des compagnies gouvernementales est chimérique, parce qu'elle

[1] J.-B. Say, Cours à l'Athénée, 1819 ; *Œuvres*, t. IV, p. 101.

[2] *Ibid.*

[3] *Ibid.*, p. 102.

[4] Société d'économie politique, réunion du 10 octobre 1849 ; *Annales de la Société d'économie politique*, t. I, p. 83.

[5] Société d'économie politique, réunion du 10 octobre 1849 ; *Annales de la Société d'économie politique*, t. I, p. 83.

conduit à des luttes violentes. Or, ces luttes ne finiraient que par la force, et il est prudent de laisser la force là où la civilisation l'a mise, dans l'État ». [1] Molinari était décidément seul de son opinion : il le resta longtemps.

L'auteur était jeune et audacieux. Tout en saluant son initiative stimulante et révolutionnaire, les historiens qui en rendent compte soutiennent habituellement que Molinari se tempéra dans sa maturité et qu'il abandonna progressivement son idée anarchisante, du moins dans sa forme radicale, et cela plusieurs de ses ouvrages subséquents semblent en effet le suggérer. Cependant, des sources nouvelles, que j'ai eu l'occasion de consulter, ne m'ont pas permis d'adopter cette représentation, et je crois plutôt que Molinari, très ardemment convaincu de son idée, n'en subissait pas moins l'impact de son environnement. Il remarqua premièrement, en 1849, que son article fut accueilli avec beaucoup de circonspection, et qu'à la Société d'économie politique personne ne se trouva de son avis, ainsi qu'on l'a rappelé. De plus, dans les années qui suivirent, il constata aussi que l'exposé d'une doctrine libérale radicale compromettait sa carrière journalistique, soit dans les journaux conservateurs qui s'étaient ouverts à lui (*La Patrie*), soit dans *L'Économiste Belge*, qu'il avait fondé de ses propres mains, mais où il n'en était pas moins contraint de respecter les sensibilités de ses lecteurs, comme il s'en exposa un jour à Proudhon, à qui il parla du « tempérament généralement *modéré* de mes lecteurs ». [2] Plusieurs décennies plus tard, un témoignage précieux de Charles Benoist, alors jeune journaliste, et que je n'ai jamais trouvé cité nulle part, alors qu'il est crucial, prouve que vers la fin du siècle, Molinari conservait entière sa doctrine radicale, et que les jeunes libéraux qui tournaient autour du *Journal des économistes*, considéraient le dogme anarcho-capitaliste comme une forme unique et très originale, à laquelle n'allait pas leur sentiment, mais qui plaisait par son caractère. Voici le témoignage de Charles Benoist : « Outre le bureau de la *Revue Bleue*, je fréquentais assidûment celui du *Journal des Économistes*, qui était une annexe de la librairie Guillaumin, rue de Richelieu. Tous les samedis, à la fin de l'après-midi, le rédacteur en chef, Gustave de Molinari, recevait. Je ne me rappelle personne dont la conversation m'ait plus ni autant frappé que la sienne. Il avait, sur toutes choses, des idées et des formules à lui. On ne savait jamais ce qu'il allait dire, ni comment il

---

[1] Société d'économie politique, réunion du 10 octobre 1849 ; *Annales de la Société d'économie politique*, t. I, p. 85.

[2] Lettre de Molinari à P.-J. Proudhon, 14 février 1859 ; Archives Proudhon, Besançon, Ms 2950, f°109.

allait le dire, sinon qu'il le dirait comme nul autre ne l'eût dit. Il poussait l'originalité jusqu'au paradoxe et portait le paradoxe jusque dans la doctrine. L'économiste qui avait qualifié l'État de « mal nécessaire » était encore un hérétique pour lui. Pour lui, l'État, assurément, était un mal, mais non un mal nécessaire. Dans presque tous les cas, sinon absolument dans tous (et je ne vois pas lequel échappait), il était prêt à s'en passer. Pourquoi ne se formerait-il pas des sociétés privées qui distribueraient l'ordre, la sécurité, en un mot le gouvernement, comme l'eau, le gaz ou l'électricité ? Chacun s'abonnerait à celle qui lui conviendrait. La religion elle-même serait mise en actions et fournie au meilleur compte par la libre concurrence. André Liesse, Joseph Chailley et moi, nous écoutions, émerveillés ; mais, en sortant, malgré l'ardeur de notre foi de néophytes, nous convenions entre nous que peut-être le prophète exagérait. N'importe : il était si amusant, en une matière où il est difficile, et si rare, de l'être ! Que n'eût-il pas rendu attrayant et piquant, et qu'est-ce qui, de lui, eût pu paraître ennuyeux ? »[1]

Ce témoignage est précieux : il nous introduit dans l'intimité d'une pensée qui n'est plus, et qui ne sera retrouvée nulle part, car elle est *orale* ; de même que les plus grands orateurs, comme Cicéron, sont perdus pour la postérité : on ne connaîtra ni le timbre de leur voix, ni leurs inflexions géniales. Tout ce que Molinari soutenait de fort et de radical en privé, est pareillement perdu pour nous ; est-ce toutefois une raison pour le passer sous silence ?

À notre époque, où des monnaies virtuelles, désétatisées et déréglementées, se sont établies en concurrence avec les monnaies nationales et publiques, on ne peut guère clôturer un chapitre consacré à l'audace théorique, jugée historiquement, des successeurs radicaux de Jean-Baptiste Say, sans évoquer même brièvement cette autre contribution exceptionnelle qui a nom la théorie de la banque libre.

Cette idée, parfaitement révolutionnaire, et qu'on pourrait croire du domaine de la théorie et même des rêves, si des applications quotidiennes n'en faisaient de nos jours mesurer toute la portée, ressemble bien à celle exposée par Gustave de Molinari : si le marché librement concurrentiel produit plus efficacement que ne le fait une organisation centralisée et monopolistique, alors il convient de rendre la monnaie elle-même une production concurrentielle et privée.

---

[1] Charles Benoist, « Mes débuts littéraires », *Revue bleue, politique et littéraire*, 1932, p. 329 ; *Souvenirs*, t. I (1883-1893), 1933, p. 28.

À travers les siècles, ce fut une intuition chez plusieurs des penseurs que nous avons déjà rencontrés. Du Pont de Nemours, en présentant à l'Assemblée ses réserves à un projet de constitution d'une banque publique nationale, déclarait en 1789 : « La première est d'abandonner l'entreprise des banques aux lois de la liberté du commerce. Je n'ai pas compris ce que le ministre a voulu dire en vous parlant d'un privilège pour la Caisse d'Escompte. Si ce privilège renferme quelque chose d'exclusif, vous devez le refuser : vous êtes venus ici pour détruire les privilèges exclusifs, et non pour en créer de nouveaux. »[1] Et quelques années plus tard, un certain Saint-Aubin lui emboîtera le pas, soutenant dans une brochure que la liberté des banques était par essence le régime naturel d'une nation libre. « L'idée d'une *banque unique* est une suite des préjugés monarchiques, écrivait-il. La rivalité et la concurrence, si avantageuses dans tous les autres établissements, le sont également dans les banques. Toute banque solitaire est une banque despote ; les banques libres et nombreuses sont les seules qui conviennent à une république ». [2]

Ici Jean-Baptiste Say apparaissait en retrait, si l'on peut dire, lui soutenant que « la garantie des gouvernements, toute frauduleuse qu'elle a été trop souvent, convient encore mieux aux peuples qu'une garantie privée »[3]. À l'occasion, quand la pensée d'une alternative se présentait à lui, il faisait choix, par prudence, peut-être, plus que par conviction profonde, de la repousser provisoirement du coude. Ainsi demande-t-il, dans son *Cours complet* : « Quand un gouvernement interdit à une compagnie quelconque le droit de mettre dans la circulation des billets au porteur, n'enfreint-il pas une règle du droit naturel qui permet à tout homme de contracter des engagements, s'il en trouve un autre qui juge ces engagements dignes de sa confiance ? »[4] Et il y répond en disant simplement : « C'est une question de droit qui sort de mon sujet. »[5] D'autres, après lui, et en se fondant sur ses écrits même, n'auront pas ces scrupules.

Au milieu du XIXᵉ siècle, au moment où la doctrine radicale se développe chez les économistes libéraux français, et on a vu comment : en petit et peut-être aussi *in petto*, et malgré les préventions

---

[1] *Discours prononcé à l'Assemblée nationale par M. Du Pont sur les banques en général et sur la caisse d'escompte en particulier*, novembre 1789, p. 38.

[2] C. de Saint-Aubin, *Des banques particulières, etc.*, 1795, p. 9.

[3] J.-B. Say, *Traité d'économie politique*, 5ᵉ éd., 1826, t. II, p. 21-22 ; *Œuvres*, t. I, vol. I, p. 459-461.

[4] J.-B. Say, *Cours complet d'économie politique pratique*, 1828, t. III, p. 107 ; *Œuvres*, t. II, vol. I, p. 485.

[5] *Ibid.*

contraires de la majorité d'entre eux ; à ce moment, enfin, ceux qui penchent vers la radicalité, mais ne font pas de la question des banques leur spécialité, admettent cependant la liberté bancaire comme une conséquence de la supériorité de la libre concurrence sur le planisme, le privilège et le monopole. Reconnaissant sa faible compétence en la matière, et son peu de volonté à approfondir, Molinari critique ainsi le monopole de la production de la monnaie comme « une concession, selon nous, très regrettable, de la théorie aux préjugés de la pratique. Mais passons »[1], écrit-il distinctement. Quelques années tard, son ami Bastiat se prononcera également pour les banques libres. Dans sa controverse avec Proudhon, au sujet du soi-disant crédit gratuit par l'État, il notera : « Je voudrais qu'on pût librement ouvrir partout des boutiques d'argent, des bureaux de prêt et d'emprunt, comme on ouvre boutique de souliers ou de comestibles. » [2] Il n'en donna toutefois pas la démonstration théorique ou systématique.

Cette tâche échut finalement à Charles Coquelin, économiste fort capable, mort trop jeune, et aujourd'hui bien oublié malgré le mérite historique qu'on va rappeler. Lui, après Du Pont de Nemours, après Saint-Aubin, entra directement dans le sujet monétaire et bancaire qui le passionnait et occupa presque en entier sa carrière, et avec les outils analytiques de la science économique du temps il en étudia l'organisation et les vices. À la manière de Molinari, qui demandait, presque impertinemment, s'il vaut mieux que la libre concurrence se charge des fonctions de police, ou qu'elles soient accomplies par l'État, Coquelin s'interrogeait de même : est-il préférable que chacun puisse librement émettre des billets, ou vaut-il mieux que la faculté d'émettre ces billets soit conférée ou réglementée par la loi ? Et comme on s'en doute, il demandait à ce que les banques puissent se constituer et opérer librement, et que la liberté leur soit laissée de produire leurs propres billets. La concurrence, soutenait-il, bornerait les opérations de ces banques, et assurerait, comme dans toute autre sphère d'activité économique et même sociale, que celles-ci restent tournées vers la satisfaction des besoins et des souhaits des consommateurs, n'y ayant pas davantage de raison, d'après lui, de réglementer les vendeurs de chaussures que les teneurs de livrets et émetteurs de billets qu'on appelle banques. Au contraire, Coquelin considérait que cette industrie essentiellement rétrograde, comme sont toutes celles que paralysent le monopole

---

[1] G. de Molinari, « La crise financière et commerciale en Angleterre », *Journal des économistes*, juin 1847, p. 283 ; *Œuvres*, t. IV, p. 314.

[2] F. Bastiat, *Gratuité du crédit*, 1850 ; *Œuvres*, t. V, p. 233.

étatique, recevrait un formidable développement de sa remise en liberté, et que le commerce, l'industrie, et l'agriculture même, en un temps où les banques agricoles étaient encore à fonder, trouveraient dans les banques libres un moyen de développement sans précédent.

Aucun de ces avantages économiques, auxquels, perspicace, il ajoutait des vertus morales décuplées, comme le sens de la responsabilité et de l'épargne, ne sauraient voir le jour, suivant son analyse, dans le système étriqué du monopole public. Au contraire, l'activité monopolistique d'une banque centrale était essentiellement une perturbation, et l'origine formelle de crises périodiques. « L'exercice du privilège conduit d'une manière presque inévitable à l'enfantement de crises périodiques »[1] écrivait exactement Coquelin. Le niveau des crédits, en effet, est fixé arbitrairement, et dès lors s'installe une fausse sécurité qui ne dure qu'un temps ; dès qu'une secousse force à resserrer la générosité des crédits, sont sacrifiés « les malheureux qui avaient étendu leurs opérations sur la foi des crédits accordés par elle, et qui avaient cru pouvoir compter sur la continuité de son appui. »[2] Ce système de fixation arbitraire, en dehors des besoins du marché, « trompe le commerce, en ne l'excitant aujourd'hui que pour l'abandonner demain : il l'induit dans des opérations qu'il ne lui permet pas ensuite de soutenir, et par là il l'expose à d'incalculables pertes. Système odieux, inqualifiable, qu'un pays civilisé aurait honte d'avoir supporté un seul moment s'il en comprenait bien tous les abus. »[3]

Ultimes responsables de ces crises périodiques, d'après notre auteur, les gouvernements donnaient encore dans la folie en venant au secours des banques commerciales privilégiées, qu'elles dérangeaient, puis protégeaient, comme un père maladroit. « La plupart des gouvernements, d'ordinaire si réservés, si difficiles, si méticuleux quant à l'institution des banques, si prompts à leur imposer toutes sortes de règles arbitraires, gênantes et vexatoires, se montrent très lâches quand il s'agit, dans les moments de crise que leurs fautes ont préparés, de leur appliquer les principes du droit commun. Ils les traitent alors comme des enfants gâtés : ils se relâchent à leur égard ; ils leur accordent, en violation de leurs engagements sacrés, au mépris des droits des particuliers, des facilités abusives, qui ne font que les encourager dans des voies fausses et préparer de nouveaux désastres. Coupable facilité, tolérance funeste, dont on a vu trop sou-

[1] C. Coquelin, *Du crédit et des banques*, 1848, p. 212.
[2] *Ibid.*, p. 227.
[3] *Ibid.*

vent les déplorables suites ! »[1] Et par « on », je pense qu'il aurait pu nous englober, s'il avait imaginé la portée toute prophétique de son propos.

Que restait-il à déconstruire, à ce stade, du grand appareil réglementariste, qui s'était abattu sur la France bien avant Colbert, et qu'on nommera à sa guise étatisme, réglementarisme, planisme, ou même socialisme, avec un peu de prescience ? Le radicalisme, en matière économique, se retrouvait partout : dans la sphère des échanges, les plus téméraires des libéraux français n'admettaient pas même une douane fiscale, ni ménagement, ni transition : le libre-échange voulait dire des biens de consommation plus abondants pour le peuple, et à moindre prix, et aucune objection protectionniste ne paraissait légitimer des tergiversations. De même, dans l'étude de la sphère des actions de l'État, un jeune auteur renversait tout à fait la question, demandant pourquoi même il devrait avoir une sphère d'action de l'État, quand la concurrence libre faisait mieux, partout et toujours, que le monopole, et que la preuve en était rabâchée depuis des générations, tant en théorie qu'en pratique ? Et enfin, un spécialiste des banques avançait que dans la création monétaire même, qui est entre tous l'attribut le plus ancien des souverainetés, on pourrait avantageusement se passer du monopole, pour embrasser à la place cette doctrine de progrès, d'émancipation et de développement, qui s'appelle *liberté*.

Certaines de ces audaces restèrent, pour un temps, précisément ceci : des audaces de théoriciens, repoussées majoritairement dans le cercle même des spécialistes de la science, où elles étaient vues comme des curiosités. Un jour on les retrouverait, on les appliquerait, et on aurait déjà bien oublié le nom de leur géniteur. La dernière de celles qu'on a étudié, toutefois, eut un autre destin, je veux parler de la liberté des banques.

Après Coquelin, en effet, un deuxième économiste français de talent, Jean-Gustave Courcelle-Seneuil, la reprit, la développa, et fut assez heureux pour prêter la main à sa mise en application dans un pays de l'autre côté du globe. Tout comme son prédécesseur, Courcelle-Seneuil estimait que les principes de 1789, ceux de liberté du travail, emportaient, par une suite logique, la capacité pour tout individu de fonder une banque, d'effectuer des opérations bancaires, et même d'émettre des billets. À l'objection qu'il fallait bien prendre des mesures restrictives pour protéger le client, il faisait remarquer qu'il y avait bien peu de raison d'admettre comme fondées des prétentions qu'on écartait dans tous les autres domaines d'activité.

---

[1] C. Coquelin, *Du crédit et des banques*, 1848, p. 179.

Dans tous ceux-là, on préférait en effet la responsabilité individuelle plutôt que les règlements et les lisières étatiques : il ne s'agissait donc que d'être cohérent, et de dire, ici comme ailleurs : « Pourquoi lorsque mon voisin désire émettre un billet qu'il me convient de recevoir, le législateur vient-il s'interposer entre lui et moi ? Pour m'empêcher d'être trompé par mon voisin ? Grand merci ! ce soin est touchant, mais j'aurais autant aimé le prendre moi-même. »[1] Pareillement, lorsque les sceptiques arguaient contre la liberté des banques, en prétextant la probabilité de faillites et de ruines financières, Courcelle-Seneuil rappelait qu'on ne s'en émouvait guère, habituellement, quand il s'agissait d'un horloger ou d'un tanneur de cuir. « Les littérateurs, écrivait au surplus notre auteur, qui sont en possession de dogmatiser sur toutes choses sans avoir rien pratiqué, parlent très légèrement de la suspension des paiements, c'est-à-dire de la faillite à laquelle les banques seraient exposées si elles abusaient des émissions. Ils raisonnent comme s'il était indifférent aux banques de faire faillite, c'est-à-dire comme si elles devaient être dirigées uniquement par des personnes décidées à faire une banqueroute frauduleuse. »[2] Or c'est une hypothèse qui paraît bien peu crédible.

Comme les libre-échangistes radicaux et les anti-étatistes radicaux, Courcelle-Seneuil fit face, dans ce domaine, à des contradicteurs, dont certains nous sont déjà familiers. Pour Louis Wolowski, l'État ne pouvait demeurer étranger à l'émission des billets de banque, « car il ne s'agit point ici d'une industrie proprement dite, mais d'un élément de l'ordre ».[3] Pellegrino Rossi insistait quant à lui sur l'instabilité et les dangers économiques d'une concurrence libre, lui qui pourtant la voulait pour à peu près tout le reste ; ici toutefois il s'arrêtait, inquiet, et disait que « la libre concurrence en matière de banque est un danger que ne peuvent tolérer les lois d'un peuple civilisé. »[4] Entre tant de contradicteurs, au sein même des économistes réputés libéraux, Courcelle-Seneuil ne put bien compter que sur le modeste appui d'une poignée d'esprits avancés, dont un autre exilé, I. E. Horn, lequel, soutenant que « la liberté aujourd'hui est de droit ; c'est à la restriction de se légitimer »[5], n'en consacra pas

[1] J.-G. Courcelle-Seneuil, *La Banque Libre*, 1867, p. 46.

[2] *Ibid.*, p. 66.

[3] L. Wolowski, « Question des banques », 1er article, *Journal des économistes*, février 1864, p. 162.

[4] P. Rossi, Rapport à la Chambre des pairs, sur la Banque de France, 1840 ; *Mélanges d'économie politique*, t. I, 1857, p. 355

[5] I. E. Horn, *La liberté des banques*, 1866, p. 463.

moins un livre de plus de 400 pages à légitimer la liberté des banques : et bien lui en a pris.

Quelques soient les doutes que les économistes libéraux français de l'époque conservaient, dans leur majorité, pour cette innovation, il y eut, à l'autre bout du globe, un gouvernement, celui du Chili, assez audacieux pour mettre en pratique le système de la banque libre. Une loi du 23 juillet 1860, directement inspirée des travaux de Courcelle-Seneuil, qui professait à l'université de Santiago depuis 1852, instaura dans le pays une complète liberté bancaire. L'article premier de cette loi curieuse, que je traduis depuis le *Boletín de las Leyes*, était rédigé comme suit : « Les personnes capables de mener des opérations commerciales pourront établir et diriger librement des banques d'émission sur le territoire de la République, conformément aux dispositions énoncées dans la présente loi. »[1]

Cette expérience de liberté bancaire, qui venait après celles, plus anciennes, en Écosse (1716-1845), en Suisse (1826-1850), ou aux États-Unis (1837-1866), aboutit à des résultats dignes de réflexion. À la suite de l'instauration de cette loi de liberté, le degré de concentration du secteur bancaire chilien connut une baisse sensible ; le nombre de faillites d'établissements bancaires, rapporté aux encours, fut extrêmement faible ; le niveau des taux d'intérêt baissa ; la rentabilité des établissements bancaires s'étiola également, suite très attendue du point précédent, et de la plus forte concurrence ; enfin le Chili connut alors une période de croissance continue à un rythme stable.

À partir du milieu des années 1870, cependant, la guerre contre l'Espagne poussa le gouvernement chilien à intervenir sur le marché bancaire en suspendant la convertibilité des billets et en se liant à plusieurs établissements pour financer ses déficits importants. À partir de l'année 1874, l'expérience de la liberté des banques appartenait déjà au passé — mais auquel, à celui qu'on oublie, ou à celui qu'on médite et dont on fait usage à des fins d'amélioration ?

---

[1] *Las personas hábiles para ejercer operaciones de comercio podrán establecer i dirijir libremente bancos de emision en el territorio de la República bajo las condiciones enunciadas en la presente lei.* — Boletín de las Leyes i Decretos del Gobierno, Lib. XXVIII, Núm. 6. Bancos de emision. Santiago, julio 23 de 1860.

CHAP. VII. — ÉTERNELS DÉBATS

Partie 1 : Les grandes oppositions

Avec ses ambitions d'union et de domination, et des succès finalement réduits et atteints dans un extrême pluralisme, la tradition libérale française, riche de plusieurs siècles de contributions successives et cumulatives, abordait la dernière période du XIXᵉ siècle, époque de bouleversements et de crispations, avec des forces nettement diminuées. Avant de s'éteindre tout à fait, ou du moins dans une large part, elle offrira le spectacle de la division et de l'hétérogénéité, quoique ce fut une division des talents et une hétérogénéité des grands et beaux systèmes.

Ici l'histoire prend un tour méconnu : car après avoir feint de remarquer la très grande diversité et je dirais même l'opposition des différentes doctrines et des sensibilités, dès le milieu du siècle, on n'admet pas d'habitude que cette même diversité se soit maintenue, allant même croissante, jusqu'au déclin malheureusement annoncé.

Les grands libéraux du temps, néanmoins, ont eu des cheminements profondément individuels : cela se soupçonne, étant donnée leur philosophie ; cela se remarque encore à leurs écrits, où chacun développe des idées qui lui sont propres, et semble s'attacher à certains aspects de la doctrine de la liberté, qu'il approfondit de préférence. Mais de cela on pourrait conclure avec optimisme à une sorte de division du travail libéral. Ce n'est toutefois pas la conclusion à laquelle j'aboutis. En interrogeant les archives, je m'aperçois plutôt que les grands piliers de l'école libérale française du temps n'entretenaient les uns avec les autres que de fort médiocres rapports. Ils travaillaient seuls parce qu'ils l'étaient véritablement, et qu'ils auraient vainement recherché la collaboration d'écrivains qui pensaient très différemment d'eux-mêmes.

J'ai cité, au chapitre précédent, de premières marques de crispation : notamment le bon Martineau, disciple honnête, qui avait refusé de faire partie de l'Association pour le libre-échange, fondée par Léon Say et ses amis, à cause de son tempérament trop modéré[1], comme Molinari en son temps, qui avait œuvré un temps pour la première association du nom avant de quitter le navire. À la fin du

---

[1] Lettre d'Ernest Martineau à Yves Guyot, 16 mars 1887 ; Fonds Guyot, Archives de Paris, D21J 179.

siècle, ces crispations avaient déjà changé de nature. Les grands noms du libéralisme français de ce temps collaboraient peu, et mal, et surtout ne s'appréciaient guère les uns les autres. Dans son livre sur *l'État moderne et ses fonctions*, Paul Leroy-Beaulieu, lointain successeur de J.-B. Say au Collège de France, et pape du libéralisme français au yeux de la presse étrangère, raillait l'engagement anarchisant de son collègue Gustave de Molinari : en qualifiant l'État d'ulcère, il avait adopté un « langage ridicule et niais »[1], et toute sa révolte contre la moindre intervention de l'État, contraire à la vraie science, ne constituait finalement pas plus qu'une « simple curiosité doctrinale ». [2] De même, Leroy-Beaulieu critiquait vertement Yves Guyot, autre vétéran du libéralisme français : pour lui, Guyot avait déçu les amis de la liberté lors de son passage au ministère des travaux publics[3], et de plus il s'était égaré profondément en entrant dans les rangs d'une « sorte de confrérie de fanatiques 'libres penseurs' »[4], qui combattait âprement la religion. L'auteur de *l'État moderne et ses fonctions* marquait encore son opposition face aux menées toutes pacifistes de Frédéric Passy, héritier lointain de Crucé et de Saint-Pierre, qui reçut le premier prix Nobel de la paix, en 1901. Pour Leroy-Beaulieu, la proscription totale de la guerre était un fantasme, l'humanité étant par nature tiraillée de conflits et d'oppositions. Un brin moqueur, il écrivait qu'« on l'a connue batailleuse pendant les quarante ou cinquante siècles de son existence consciente ; comme si les lois de l'habitude n'existaient plus, elle va en un clin d'œil se faire pacifique à tout jamais. » [5]

L'examen de sources rares ou inédites confirme d'ailleurs ce jugement, que Leroy-Beaulieu avait une médiocre opinion de la plupart de ses collègues libéraux, sauf peut-être de quelques rares individualités, comme Léon Say. Gisèle Aumercier, sa biographe en titre, d'après des conversations familiales et l'examen de sa correspondance privée, raconte même qu'« il traitait d'*imbéciles* à peu près tous ses collègues de l'Institut »[6], et parmi eux se trouvaient Frédéric Passy, J.-G. Courcelle-Seneuil, entre autres.

De même, à lire leur correspondance inédite, Yves Guyot et Gustave de Molinari entretenaient des relations extrêmement froides. Je dois ici en citer des exemples, malgré l'impression que je risque de donner de ne jamais en finir, car la chose est assez cu-

---

[1] P. Leroy-Beaulieu, *L'État moderne et ses fonctions*, 2ᵉ éd., 1891, p. 8.
[2] *Ibid.*, p. 8.
[3] *Ibid.*, p. 161.
[4] P. Leroy-Beaulieu, *L'État moderne et ses fonctions*, 3ᵉ éd., 1899, p. 254.
[5] P. Leroy-Beaulieu, *L'État moderne et ses fonctions*, 2ᵉ éd., 1891, p. 101-102.
[6] G. Aumercier, *Paul Leroy-Beaulieu, observateur de la réalité française*, 1975, t. I, p. 69.

rieuse, et en outre ces lettres sont, comme je l'ai dit, inédites. La plupart des lettres de Molinari à Guyot, conservées aux archives de Paris, sont de quelques lignes à peine, accusant réception d'articles pour le *Journal des économistes*, que Molinari dirigeait alors, et que Guyot reprendra à la mort de ce dernier, en 1912. Il est frappant toutefois que ces brefs accusés de réception paraissent toujours composés avec une certaine désobligeance. Ainsi, le 11 octobre 1884, Molinari écrit à Guyot pour repousser la parution de son article à deux mois ; il procède de même, dans une lettre non datée, pour repousser au mois suivant. Le 19 mars 1884, il lui écrit pour lui refuser un article qui a trop l'air d'une préface de livre ; le 7 janvier 1885, il le fait uniquement pour lui signaler une erreur de chiffre, qui compromet le raisonnement. Enfin, dans une lettre du 7 mai 1885, Molinari réprime directement Guyot, à la suite d'un nouvel article donné par lui au *Journal des économistes*, et qui évoquait la notion de *self-governement* ; Molinari lui dit alors : « je m'étonne un peu que vous présentiez le thème comme une nouveauté. Il y a quelque chose comme 36 ans que j'ai écrit tout un livre — *Les soirées de la rue Saint-Lazare* — pour la développer. Mais vous êtes jeune ! »[1]. Ce qui, comme le reste, n'est guère chaleureux.

La juxtaposition, faite par la force des choses, des divers discours libéraux en cette fin de XIXe siècle, et au début du suivant, offre une scène unique, celle d'une tradition de pensée, qui paraît de bon droit une *école*, et qui se divise sur la plupart des grands sujets politiques, sociaux, et économiques. Dans ce chapitre, j'ambitionne de présenter une première partie de ces débats, en faisant entendre les différents points de vue, y compris ceux qu'on a l'habitude un peu cavalièrement de passer sous silence.

Mais auparavant, comme j'ai dit que la tradition libérale française se fractionnait à cette époque, non plus même en différentes sensibilités, comme à l'époque de Bastiat, mais en de multiples démarches individuelles, je veux m'arrêter un instant sur quelques-uns de ces individus les plus fameux : ayant déjà largement traité de Molinari, je voudrais évoquer Paul Leroy-Beaulieu et Yves Guyot, d'après les sources rares ou inédites.

Journaliste de grande envergure, professeur, auteur de nombreux ouvrages théoriques fréquemment réédités et traduits, Paul Leroy-Beaulieu a joui d'une gloire immense. Il ne prit toutefois jamais le chemin qui mène à la mise en pratique, par la politique, des idées libérales qui étaient les siennes, et ceci découlait d'un tempérament

---

[1] Correspondance entre Gustave de Molinari et Yves Guyot ; Fonds Guyot, Archives de Paris, D21J 179.

tout à fait personnel. Officiellement, il paraît que ce sont tout simplement les échecs qui lui ont barré cette voie. Paul Leroy-Beaulieu
se présenta à quatre reprises à la Chambre des députés (1878, 1881,
1885 et 1889), et chaque fois il fut battu. Jamais il ne parvint à atteindre les bureaux d'un ministère. La seule fonction publique qu'il
occupa fut celle, dans un terrain d'opération très local, de conseiller
général de l'Hérault. Encore faut-il préciser que cette élection tenait
autant à la puissance de son réseau qu'à ses démarches personnelles.
Michel Chevalier, son beau-père, s'était démené, en quittant la pré-
sidence du conseil général de l'Hérault, pour y faire élire son gendre.
Paul Leroy-Beaulieu entra avec succès dans cette assemblée politique locale, où il représentait le canton de Lunas, dans lequel se
trouvait la propriété de Cazilhac acquise par son mariage. À quoi
cependant ces faibles succès étaient-ils dus ? À une pénétration impossible des idées libérales en France, ou à de médiocres qualités
politiques de Leroy-Beaulieu lui-même ? Il est vrai que Leroy-
Beaulieu était Normand d'origine, qu'il était arrivé dans l'Hérault en
étranger ; il ne parlait pas le patois local, ni même aucun langage
compréhensible pour des électeurs, si du moins l'on en croit le témoignage d'un vieil ami de la famille, rencontré par Mme Aumercier, et qui disait qu'il « parlait aux paysans d'ici comme il devait
faire ses cours à l'Institut ». [1] Plus fondamentalement, cependant, la
correspondance familiale de Leroy-Beaulieu atteste un certain dédain pour la politique, qui suffit à expliquer ses échecs. Dès les premières semaines de son activité de conseiller général de l'Hérault,
Paul Leroy-Beaulieu manifesta une forte répulsion et un profond
ennui. « Nos séances au Conseil Général n'ont aucun intérêt »[2] écrit-
il à sa femme le 24 avril 1879, ce qu'il confirme le lendemain en
disant : « Nous perdons toujours ici notre temps »[3], ainsi que le jour
suivant, où il articule de manière plus précise les motifs de sa répugnance : « On n'a pas idée de l'incurable bêtise de ces gens du Conseil Général. Ils ne comprennent littéralement rien à rien. Hier, nous
avons eu une interminable discussion sur un projet financier où tous
ces gens de la gauche se sont montrés de véritables imbéciles, et me
considérant d'ailleurs comme si j'étais un vrai novice en ces matières. »[4] Membre de l'Institut, rédacteur en chef de *L'Économiste
français*, professeur d'économie politique au Collège de France et de

[1] G. Aumercier, *Paul Leroy-Beaulieu, etc.*, t. I, p. 65.
[2] Lettre de Paul Leroy-Beaulieu à sa femme Cordélia Leroy-Beaulieu (née Chevalier),
24 avril 1879 ; Archives de Leroy-Beaulieu au château de Montplaisir.
[3] Lettre à Cordélia, 25 avril 1879 ; Archives du château de Montplaisir.
[4] Lettre à Cordélia, 26 avril 1879 ; Archives du château de Montplaisir.

science financière à l'École libre des sciences politiques (future Science Po), il s'imaginait un autre rôle et une autre influence. Quelques jours plus tard, il insistait à nouveau auprès de sa femme sur ses sentiments de dégoût. « Nous continuons à avoir des séances absurdes au Conseil Général... J'éprouve un véritable sentiment de répulsion, un profond dégoût pour cette majorité du Conseil Général. Plus je vais, plus je trouve ces hommes bas, discourtois, sans éducation, sans intelligence autre que celle de la rouerie. »[1] Il est fort probable qu'au-delà du partage de pensées, Paul Leroy-Beaulieu cherchait par cet épanchement à convaincre sa femme d'abandonner le rêve qu'elle avait conçu pour lui d'un rôle politique de premier plan, d'une carrière riche, supérieure encore à celle de son propre père, Michel Chevalier, qui fut tour à tour député, conseiller d'État et sénateur. C'est toutefois mon interprétation. Quoi qu'il en soit, la stratégie ne connut aucun succès immédiat, et Paul Leroy-Beaulieu ne laissa plus dans ses lettres que des mentions évasives de son agacement, comme dans celle du 29 août 1879 où il note : « Je t'écris au milieu d'une commission où l'on ne fait rien qui vaille. »[2] Ses sentiments vont refaire surface, du moins pour nous, c'est-à-dire s'exprimer à nouveau par écrit, en novembre de cette même année 1879, quand une occasion lui fut donnée de grandir politiquement. La manière avec laquelle l'épisode se déroula et fut relayé dans la correspondance entre les deux époux m'a confirmé encore dans mon opinion. Le contexte était le suivant : le député en place, Arrazat, prévoyait de démissionner car on lui offrait un poste de Consul Général à Mexico. L'occasion était belle pour le jeune Paul Leroy-Beaulieu, qui écrivit à sa femme, sans grand enthousiasme : « S'il donne sa démission, je suis bien forcé de me présenter ; sinon, ce serait abandonner la partie et décourager nos partisans. »[3] La réponse que sa femme fit à cette lettre est digne d'intérêt, car elle suggère que Leroy-Beaulieu se mêlait surtout aux campagnes électorales pour satisfaire ses souhaits. Dès le lendemain de la lettre précédemment citée, Cordélia racontait en effet toutes les actions qu'elle avait déjà entrepris pour appuyer sa candidature, et elle répétait en terminant sa lettre : « Je vais tâcher de travailler ta candidature, tu peux compter du moins sur ma bonne volonté »[4] Finalement, des difficultés au Mexique poussèrent le député à rester en place ; sitôt envisagées, les élections étaient annulées. En ce 18 novembre 1879, Paul

---

[1] Lettre à Cordélia, 29 avril 1879 ; Archives du château de Montplaisir.
[2] Lettre à Cordélia, 29 août 1879 ; Archives du château de Montplaisir.
[3] Lettre à Cordélia, 17 novembre 1879 ; Archives du château de Montplaisir.
[4] Lettre de Cordélia, 18 novembre 1879 ; Archives du château de Montplaisir.

Leroy-Beaulieu apprit la nouvelle, qu'il communiqua immédiatement à sa femme, en disant : « Voilà donc une affaire évitée, et
quoique, somme toute, j'eusse assez de chances, cela vaut peut-être
mieux. »[1] Paul Leroy-Beaulieu n'en restait pas moins conseiller
général, et une fois entré, quelle raison aurait-il bien pu trouver pour
s'en défaire, dans une circonscription où l'on votait pour les Chevalier—Leroy-Beaulieu depuis des générations ? Aussi, session après
session, manifestait-il toujours la même lassitude, tantôt exprimée de
manière feutrée, comme en avril 1880 (« nous perdons un peu notre
temps ici »[2]) ou tantôt mal digérée et plus âprement rendue : « Nous
n'avons presque rien à faire dans cette session : une répartition pour
les chemins vicinaux, mais comme on m'a écarté de la commission
et que l'on ne tient aucun compte de mes observations, cela ne me
donne pas d'occupation. »[3] L'année suivante, lors de la session esti-
vale de 1882, Paul Leroy-Beaulieu explosa — demandant entre les
lignes, et d'après ma lecture, à sa femme de bien vouloir l'autoriser à
quitter le terrain politique pour se concentrer uniquement sur l'écriture, le journalisme et l'enseignement. Voici le cœur de sa lettre :
« Je mène ici une vie absolument intolérable. Je ne reçois qu'un tas
de gens et une masse de lettres auxquelles je ne puis répondre. Quant
au Conseil Général, il est effroyablement bête. Tout cela est écœu-
rant et me cause une perte de temps inouïe. Je voudrais infiniment
être à Paris. Très sérieusement, je crois qu'il n'y a rien à faire en
politique et que le mieux serait de rompre tout à fait avec cette af-
freuse besogne. La France est un pays perdu. »[4] Et il conclut par ces
mots : « Je ne sais ce que je fais, ni ce que j'écris, tellement je suis
furieux de mon gaspillage de temps. »[5] Cette lettre parvint peut-être à
culpabiliser sa femme, mais au fond rien ne changea. Elle lui rêvait
un destin politique à sa hauteur (et qui peut honnêtement lui en
vouloir ?) ; lui entrevoyait des horizons plus lointains et s'imaginait,
par des traités rigoureux et un enseignement à l'élite de la jeunesse
française, façonner de ses mains l'avenir et, par ses idées, diriger les
empires. Il ne quitta pas de si tôt la scène politique locale, malgré le
dégoût qu'elle lui causait. Ses lettres nous rendent compte, année
après année, d'un inlassable écœurement. Nous citerons pour finir
celle que nous découvrons à la date du 8 avril 1883, et qui formule
une nouvelle fois les plaintes que Leroy-Beaulieu adressait à l'action

---

[1] Lettre à Cordélia, 18 novembre 1879 ; Archives du château de Montplaisir.
[2] Lettre à Cordélia, 7 avril 1880 ; Archives du château de Montplaisir.
[3] Lettre à Cordélia, 28 avril 1881 ; Archives du château de Montplaisir.
[4] Lettre à Cordélia, 21 août 1882 ; Archives du château de Montplaisir.
[5] Lettre à Cordélia, 21 août 1882 ; Archives du château de Montplaisir.

politique elle-même : « Il est incroyable combien le Conseil Général et le séjour à Montpellier ou annexes ont le don de m'assommer… Il fait bon cependant. Mais le spectacle de tant d'imbéciles et méchantes gens et tous ces petits intérêts si mesquinement traités fatiguent singulièrement le cerveau. Quand je pense que dans trois mois bientôt il va falloir faire campagne pour rentrer dans ce Charenton [célèbre asile d'aliénés de l'époque], j'en frémis. C'est une existence tellement gaspillée. Aucun temps pour la réflexion, ni pour le travail. Je t'assure que j'ai bien peu de goût pour me lancer dans une lutte électorale à Paris. Mon jugement est formé sur les Assemblées dans le temps actuel, c'est un suicide de l'intelligence de se consacrer à cette vie agitée et bruyante. Ici je n'ai le cœur à rien. Je ne puis ni corriger une épreuve, ni faire un article. »[1] La vie et l'énergie vitale d'un grand homme se consume tout autant dans les petites machinations politiques que dans les recherches académiques approfondies, et ce n'est pas le dégoût que les uns ont pour la politique, ou les autres pour les grandes théories, qui doit nous faire décider sur leurs mérites respectifs. L'enseignement que je tire de l'étude du cas de Paul Leroy-Beaulieu — au-delà de cette considération d'ordre biographique que la pression de sa femme l'a certainement maintenu en politique plus longtemps qu'il y serait naturellement resté — c'est que les hommes étant différemment faits, ils s'épanouissent plus ou moins dans telle ou telle branche de la défense de leurs convictions. Chacun peut bien avoir son opinion sur la méthode la plus appropriée de soutenir une même cause, il reste qu'*on est toujours contraint de jouer avec les cartes que nous avons* (c'est un autre credo de Du Pont[2]) et de suivre nos propres inclinations. Or cette fin de siècle semblait précisément le temps, pour les libéraux, de jouer leur carte personnelle.

Yves Guyot était une autre grande et originale personnalité. Des goûts et un tempérament, il en avait, comme un chacun : lui aimait le travail, auquel il se livrait tout entier et infatigable ; c'était en outre un bon vivant, et « il y avait toujours la bonne chère avec Yves Guyot », racontera un collègue, Frédéric Mathews.[3] Mais cela importe moins que la somme des combats très personnels qu'il a menés durant toute sa carrière, contre la colonisation, contre la police de la prostitution, pour le droit des femmes, ou encore contre l'emprise des religions, où il n'avait guère l'opinion pour son côté, pas même

---

[1] Lettre à Cordélia, 8 avril 1883 ; Archives du château de Montplaisir.
[2] A.-A. Boullée, *Notices sur M. Poivre et M. Dupont de Nemours*, 1835, p. 34.
[3] Frédéric Mathews, « Yves Guyot et la crise actuelle », *Le Libre-Échange*, supplément au n° d'août 1932.

celle de ses collègues libéraux, et où cependant il fut toujours courageux. « Je me suis constitué, écrit-il dans une page de *La Morale*,
l'avocat des causes dédaignées de tous, malgré les conseils et les
avertissements de mes amis, de 'gens sérieux', qui me montraient les
dangers de toutes sortes qui pouvaient en résulter pour moi, sans
aucune compensation. Ces dangers étaient réels ; je les voyais ; je les
ai courus ; j'en cours encore, non pas étourdiment mais après réflexion. Pour ces causes, j'ai dépensé du temps, je me suis livré à des
enquêtes fastidieuses et répugnantes ; j'ai fait des sacrifices considérables, compromis des situations, risqué le ridicule, les haines fé-
roces et basses des gens de police ».[1] Il est mort à 84 ans, après des
années de combats inlassables. En 1909, lors d'une conférence de
défense de l'individualisme, le président du cercle qui le recevait le
présentera dans ces termes : « Les années ont blanchi ses cheveux et
sa barbe. Mais, ne vous y trompez pas, c'est de la neige sur un vol-
can. »[2] Et en effet, même en 1921, sept ans avant sa mort, son vieil
ami, Gustave Schelle, saluait encore son énergie et sa productivité,
lui écrivant : « Vous êtes comme toujours infatigable ».[3] Infatigable,
il le fut bien, dans les combats qu'on a rappelés : dans sa défense des
droits des femmes, par exemple. Et pourtant il reste encore inconnu,
même des féministes. En son temps, l'une d'elle, Avril de Sainte
Croix, disait que « Monsieur Yves Guyot est probablement le doyen
des féministes »[4], mais aujourd'hui on lui prête peu d'attention ;
chose qu'en toute honnêteté on peut comprendre : les histoires de la
philosophie, de la science, de la littérature, sont à ce point remplies
d'hommes, qu'on peut admettre un peu de répugnance à en faire
entrer encore dans l'histoire du féminisme lui-même ; il y a un peu
de féminisme, même déplacé, dans le fait de rendre l'émancipation
des femmes une cause et un progrès historiquement féminin. Enfin
je reviendrais bientôt sur cela.

En tant que partisan du libéralisme, considéré globalement, Yves
Guyot a survécu à tous ses collègues : Molinari est mort en 1912, de
même que Frédéric Passy, et Leroy-Beaulieu s'est éteint en 1916.
Dans l'immédiat après-guerre, la scène libérale était vide. « Vous
êtes le seul à l'heure qu'il est qui souteniez encore les bons principes,

---

[1] Yves Guyot, *La morale*, 1883, p. 253.

[2] Allocution de G. Bourcart, en ouverture d'une conférence d'Yves Guyot le 7 février
1909 ; *La doctrine individualiste. Conférence faite par M. Yves Guyot le 7 février 1909*, 1909,
p. 4.

[3] Lettre de G. Schelle à Y. Guyot, 5 août 1921 ; Fonds Guyot, Archives de Paris,
D21J 179.

[4] Allocution d'Avril de Sainte Croix, en ouverture d'une conférence d'Yves Guyot
sur le droit des femmes, du 30 janvier 1922 ; Fonds Guyot, Archives de Paris, D21J 65.

lui écrit Gustave Schelle en 1924. Les autres sauf de rares exceptions n'y comprennent rien. »[1] La guerre, pourtant, avait montré une nouvelle fois que l'État était un piètre industriel, ce que certains reconnaissaient, comme Georges de Nouvion, l'un des derniers vrais disciples de Bastiat. « Toutes les expériences qui ont été faites, dit-il, en France comme à l'étranger, d'exploitation industrielle par l'État ont, sans aucune exception, prouvé l'incapacité industrielle de l'État et le gaspillage auquel se livrent toutes les administrations d'État. »[2] Mais la diffusion de ces idées s'était déjà arrêtée en France, malgré les efforts individuels du vieux sage, Yves Guyot, qui peina à contre-courant, et dont Charles Gide remarquera, à sa mort, ce signe frappant et un peu révélateur qu'« il était bien connu en Angleterre, et peut-être plus apprécié qu'en France. »[3] C'était en quelque sorte une compensation.

En assemblant par la pensée ces trois grands : Gustave de Molinari, radical, presque anarchiste, mais cependant religieux ; Yves Guyot, féministe, anticolonialiste, anticlérical ; et Paul Leroy-Beaulieu, grand colonialiste et conservateur, on a peine à trouver une école. À examiner les différents sujets sur lesquels les libéraux prirent position en ce temps, d'éternels débats, sans étonnement, se présentent d'emblée à nos yeux.

Je vais ici les passer en revue, en commençant par les questions de société, qui traversent fréquemment les courants, et qui auraient pu suffire à fracturer celui du libéralisme : c'est notamment le féminisme, le colonialisme, et la religion. Viendront ensuite des débats d'ordre social et politique, où les divergences incessantes proviennent non seulement du tempérament, mais des appréciations théoriques différentes : c'est l'éducation, le pacifisme, l'immigration. Enfin je verrais ce qu'il en est des sujets sur lesquels il semblerait qu'on doive retrouver tous les libéraux du temps en accord, comme les limites de l'action de l'État, l'opposition au socialisme, au communisme et au collectivisme.

Jusqu'à cette page, je n'ai sans doute cité aucune femme théoricienne du libéralisme, à part Mme de Staël, et encore, si mes souvenirs sont bons, c'était pour me dire en désaccord avec son jugement. De tout ceci je ne me repens pas, car l'histoire est déjà écrite avant

[1] Lettre de G. Schelle à Y. Guyot, 13 septembre 1924 ; Fonds Guyot, Archives de Paris, D21J 179.
[2] G. de Nouvion, *Une atteinte à la liberté du travail : le monopole des assurances*, 1918, p. 26.
[3] Charles Gide, « Nécrologie : Yves Guyot », *Revue d'économie politique*, mars-avril 1928, p. 297.

que l'historien ne se présente pour l'écrire, et je la présente comme je la vois : néanmoins la chose est assez triste.

Je ne ferais pas ici l'histoire générale de la cause des femmes, pour suivre les avancées à pas lents et avec des reculades caractérisées, et pour juger pourquoi, après de maigres acquis, on s'effraya longtemps, et durablement, devant les conséquences du peu sur lequel on parvenait enfin à s'entendre. Tout cela sort de mon sujet, contrairement à ce petit fait, anodin en apparence, de la participation occulte des femmes au pouvoir politique sous l'Ancien régime, qui a déterminé nombre des auteurs qui nous occupent, à rester au moins méfiants quant à l'extension en droit d'une réalité qui paraissait plutôt les agacer. C'est le cas fameux de Mme de Pompadour, renvoyant les ministres, censurant telle ou telle loi et délibérant avec le roi à l'égal d'un garde des sceaux. Or cette influence féminine sur les affaires de l'État était jugée comme extrêmement néfaste. Montaigne déjà raconte avoir vu de son temps « les plus sages testes de ce royaume assemblées, avec grande ceremonie et publique despence, pour des traictez et accords, desquels la vraye decision dependoit ce pendant en toute souveraineté des devis du cabinet des dames et inclination de quelque fammelette. »[1] Avec de tels usages en arrière-fond, et une conception des droits humains qui n'était pas celle du temps présent, nombre de libéraux français, au XVIIIe siècle, vont paraître douter de la capacité politique des femmes. Turgot, qui admet le bien-fondé des droits existants, ne songe guère à leur extension. « Les femmes, dit-il, ont été appelées au gouvernement dans la plupart des pays où elles pouvaient succéder aux fiefs. Elles servaient leurs fiefs par des militaires qu'elles choisissaient bien et qu'elles envoyaient à la guerre à leur place. Elles ont gouverné leurs royaumes par des ministres assez généralement bons, car elles ne sont pas mauvais juges du mérite. Quelques-unes ont montré un grand caractère : la volonté n'est pas ce qui leur manque, ni même le courage. Mais aucune reine, aucune impératrice n'a jamais pris une autre femme pour ministre, pour ambassadeur, pour général. »[2] En d'autres termes, les capacités politiques des femmes ne sont pas nulles, mais elles ont leur limite. Il faut ajouter, en outre, qu'en ce temps, on ne s'imagine guère qu'il puisse exister entre homme et femme une certaine identité ; on peut à la rigueur aller jusqu'à dire qu'hommes et femmes sont également importants, mais égaux, à part quelques esprits d'exception, on ne se l'imagine guère. Hommes

---

[1] Montaigne, *Essais*, liv. III, chap. x ; éd. Pléiade, 2007, p. 1064.
[2] Turgot, Pensées et fragments, date incertaine ; *Œuvres*, éd. Institut Coppet, t. I, p. 291.

et femmes paraissent deux forces différentes mais complémentaires, comme le yin et le yang asiatiques. Aussi, quand Du Pont de Nemours, qui n'était pas le moins avancé des intellectuels de l'époque, travaille au milieu de la Révolution française à une grande réforme de l'éducation, il présente ses conclusions comme bornées au sexe masculin. « Aucune des idées qu'il présente, n'est applicable à l'éducation des filles, dit-il en concluant son mémoire. Vouloir l'assimiler à celle des garçons, ce serait méconnaître la nature humaine et les principes de la société. »[1] Il ambitionnait de construire également une éducation nationale pour les filles, mais elle répondrait à d'autres principes et aurait une vie toute séparée.

Six années plus tard, Jean-Baptiste Say proposa une perspective progressive, dans sa petite brochure *sur les moyens de réformer les mœurs d'une nation*. « Nous devons aux femmes, écrivait-il, nos premières connaissances et nos dernières consolations. Enfants, nous sommes l'ouvrage de leurs mains : nous le sommes encore quand nous parvenons à l'état d'hommes. Leur destinée est de nous dominer sans cesse, par l'empire des bienfaits, ou par celui des plaisirs ; et là où elles ne sont pas vertueuses, c'est en vain que nous voudrions le devenir. C'est par l'éducation des femmes qu'il faut commencer celle des hommes. »[2]

Ce n'était toutefois pas l'avancée du courant libéral dans son ensemble. À la même époque, Daunou ne trouvait rien à redire à ce que l'on déterminât que les femmes ne voteraient pas, car « les conditions requises pour l'exercice du droit de cité sont à déterminer d'après des circonstances propres à chaque pays et à chaque population »[3], et Destutt de Tracy, qui le rejoignait en ceci, ajoutait en outre cette raison, conçue comme assez forte, que « les femmes sont certainement destinées aux fonctions domestiques, comme les hommes aux fonctions publiques ». [4]

Il y a plus curieux encore : c'est qu'autour de 1848, Gustave de Molinari, partisan de la liberté en tout, ne l'ait pas voulue pour les femmes, et que son ami Frédéric Bastiat, tout en reconnaissant la supériorité intellectuelle des femmes sur les questions économiques, se refusa de même à leur permettre d'en faire usage : et tout cela au milieu d'agitations réelles, engagées par les féministes du temps, pour obtenir un suffrage véritablement universel.

---

[1] Dupont de Nemours, *Vues sur l'éducation nationale par un cultivateur, etc.*, 1793, p. 45.

[2] J.-B. Say, *Olbie, ou Essai sur les moyens de réformer les mœurs d'une nation*, 1799, p. 44.

[3] P. Daunou, *Essai sur les garanties individuelles, etc.*, 1819, p. 189.

[4] Destutt de Tracy, *Commentaire sur l'Esprit des lois de Montesquieu*, 1817 ; *Œuvres*, éd. Vrin, t. VII, p. 149.

Bastiat, qui passa sa vie à traquer les sophismes économiques et à les combattre par la plume, trouvait la consolation que, dans leur ménage, les femmes suivaient habituellement les sains principes. « Il est vrai, écrit-il, qu'elles font, dans leur ménage, de l'économie politique, et de la plus orthodoxe encore. On leur entend dire souvent : Je renonce au tricot, parce que c'est une manière dispendieuse d'acheter des bas ; si je fais de la tapisserie, c'est que cela m'amuse, et je sais que j'y perds. — Hélas ! il est triste de penser qu'il nous faut, vous et moi et bien d'autres, accumuler des volumes pour démontrer aux savants ce que comprennent de simples femmes, et pour prouver que l'économie des nations est fondée sur le même principe que l'économie des ménages ! »[1] Il n'en tira guère les conséquences. À l'époque qui suivit immédiatement la révolution de 1848, il affirma bien plutôt son dédain des préoccupations féministes, dans sa plus célèbre brochure, *La Loi*. D'après sa conception, l'exclusion des femmes du droit de vote répondait à une certaine logique. « Pourquoi les empêche-t-on, se demandait-il ? Parce qu'on les présume incapables. Et pourquoi l'incapacité est-elle un motif d'exclusion ? Parce que l'électeur ne recueille pas seul la responsabilité de son vote ; parce que chaque vote engage et affecte la communauté tout entière ; parce que la communauté a bien le droit d'exiger quelques garanties, quant aux actes d'où dépendent son bien-être et son existence. »[2] Et ceci affirmé, Bastiat clôturait vite cette discussion complexe et peut-être embarrassante : « Je sais ce qu'on peut répondre. Je sais aussi ce qu'on pourrait répliquer. Ce n'est pas ici le lieu d'épuiser une telle controverse. »[3] Sur ce sujet précis, Bastiat n'osait guère penser ; il n'osait pas davantage se raccrocher à son grand modèle, Richard Cobden. Car au temps de son agitation, Cobden avait soutenu quant à lui le suffrage féminin. « Je suis heureux de remarquer dans l'auditoire de nombreuses femmes présentes, dit-il lors d'une réunion publique ; et je dois dire que c'est une chose très digne de remarque et très anormale [*a very anomalous and singular fact*], que les femmes ne puissent pas voter elles-même... Il serait pourtant heureux qu'elles eussent ce droit, car elles l'emploieraient souvent de bien meilleure façon que leurs maris. »[4] De ceci, Bastiat ne retenait qu'une part, la plus stérile.

---

[1] F. Bastiat, « À M. Tanneguy Duchatel, ministre de l'intérieur », *Mémorial bordelais*, 30 juin 1846 ; *Œuvres*, t. VII, p. 115.
[2] F. Bastiat, *La Loi*, 1850 ; *Œuvres*, t. IV, p. 350.
[3] *Ibid.*
[4] Allocution de R. Cobden lors de la réunion du 15 janvier 1845 ; *Speeches on questions of public policy*, vol. 1, 1870, p. 256-257.

De même, il ne sembla jamais venir à l'idée de Molinari que, par la simple logique du raisonnement, l'affirmation d'un suffrage « universel » doive emporter avec lui l'accès des femmes au droit de vote. Quoiqu'au milieu du bouillonnement de la révolution de 1848, des tentatives féministes plus ou moins heureuses aient porté ces questions dans les débats publics, il resta fermement attaché à maintenir dans *l'industrie électorale* la trace du *privilège masculin*, pour parler comme lui et contre lui. « Que la femme acquière dans la vie civile des droits égaux à ceux de l'homme, qu'elle cesse d'être considérée par le code comme une esclave ou comme une mineure, rien ne nous paraît plus juste, écrivait-il alors ; mais, pour Dieu, qu'elle continue à se tenir éloignée de l'arène politique ». [1] Et vingt ans plus tard, dans un article, assez rare, consacré à cette même question des femmes, il traitera de manière très méprisante ces « discussions oiseuses » et ces « théories excentriques » qui ont pour objet l'affranchissement politique et civil des femmes, considérant pour sa part que leur régime de tutelle « a bien ses avantages s'il a ses inconvénients », et que s'il n'était basé que sur la force et la contrainte, il aurait disparu depuis longtemps. [2]

À cette époque précise, toutefois, les prétentions féministes à des droits égaux gagnaient quelques partisans au sein du camp libéral. Henri Baudrillart, qui n'était guère porté vers les idées radicales ou nouvelles, n'en accusait pas moins l'inégalité flagrante entre les deux sexes, dans la sphère économique. « La place faite aux femmes dans la société laborieuse est sacrifiée souvent, sans pudeur et sans justice, aux droits de la masculinité invoqués par de singuliers démocrates qui ne reculent pas devant l'idée de soumettre l'industrie au régime de la loi salique ». [3] Comprenons, toutefois, que cette plainte, quoique sincère, engageait à peu. La preuve en fut fournie quelques années plus tard. D'abord en 1869, date à laquelle le livre de John Stuart Mill, *The Subjection of Women*, paru en anglais la même année, fut publié dans une traduction française de M. E. Cazelles chez l'éditeur Guillaumin (Mlle Félicité Guillaumin), sous le titre : *L'assujettissement des femmes*. L'édition ne s'accompagnait d'aucune préface ou note introductive, et laissait ainsi l'auteur parler seul. L'ouvrage ne fut pas non plus commenté dans le *Journal des économistes*, qui publiait habituellement un compte-rendu des ouvrages récemment publiés par la maison Guillaumin ; signe que les rédacteurs et auteurs qui participaient à la revue, à la Société d'économie

---

[1] G. de Molinari, *La République française*, 24 mars 1848.
[2] G. de Molinari, *Journal des débats*, 21 août 1868.
[3] H. Baudrillart, *La liberté du travail, l'association et la démocratie*, 1865, p. 21.

politique ou qui étaient publiés par Guillaumin, estimaient peu ces théories féministes, ou du moins étaient ambivalents, ou mal à l'aise. Et ici nous retrouvons Henri Baudrillart, car en 1890 parut dans la « Petite bibliothèque économique française et étrangère » un volume consacré à John Stuart Mill, comme il y en avait eu d'autres pour Quesnay, Malthus, Ricardo, Bastiat, etc. Rendant compte d'une nouvelle fournée de ces petits ouvrages, et s'arrêtant un instant sur celui de Mill, Baudrillart crut judicieux de demander rhétoriquement : « Connaissait-il bien exactement la nature humaine, non pas future, mais existante, celui qui dans son livre sur *l'Assujettissement des femmes* leur attribue les mêmes facultés et à peu près la même destinée qu'au sexe masculin ? »[1] Les progrès étaient lents.

Et ici nous devons nous arrêter à une période charnière, très curieuse, où les idées féministes vont finalement commencer à percer et à causer ou l'enthousiasme, ou la répulsion, chez les auteurs qui nous occupent. J'ai un peu honte de dire que cette époque dont je parle est 1870, et qu'à ce moment précis tout restait à faire. En cette année 1870, un grand concours fut organisé par l'Académie des sciences morales et politiques sur la question du travail des femmes. Ce concours ne fournit que deux mémoires, mais Louis Reybaud, en lisant le rapport rendant le verdict, nous précise qu'il n'y avait « pas lieu de s'arrêter longtemps sur le n°1... Ce travail a le tort grave de se tenir presque toujours en dehors du sujet ; l'auteur s'attaque d'abord à des difficultés que le programme de l'Académie ne soulevait pas, et qui devaient bon gré mal gré le conduire à des déclamations ; par exemple, la subordination de la femme et la prétendue déchéance où la tiennent nos lois et nos mœurs. Même avec un grand talent, de telles digressions sont ingrates, et l'auteur ne pouvait réussir là où M. John Stuart Mill vient d'échouer. »[2] Il fallait donc écarter le premier mémoire « pour ses illusions, ses déviations et son défaut de méthode ». [3] L'Académie récompensa plutôt le mémoire restant, celui de Paul Leroy-Beaulieu, qu'elle accueillera comme membre quelques années plus tard. Le travail de Leroy-Beaulieu avait beaucoup de mérites sur le fond, et ce n'était pas l'un des moindres que de n'avoir risqué qu'un féminisme modéré, demandant la liberté en général, et des réformes, mais sans déclamation et

---

[1] H. Baudrillart, *Journal des économistes*, mars 1890, p. 448.
[2] Rapport fait au nom de la section de morale sur le concours relatif à l'instruction et au salaire des femmes dans les travaux d'industrie, par M. Reybaud, lu dans la séance du 30 juillet 1870 ; *Mémoires de l'Académie des sciences morales et politiques*, t. XIII, 1872, p. 293.
[3] Rapport, etc., de M. Reybaud, lu dans la séance du 30 juillet 1870 ; *Mémoires de l'Académie des sciences morales et politiques*, t. XIII, 1872, p. 295.

sans trop laisser paraître. L'auteur était habile dans cet exercice, et non content d'être consensuel, il s'était même offert le luxe suprême de complimenter par avance et à de nombreuses reprises les travaux du rapporteur lui-même : lui fallait-il une statistique sur le nombre d'ouvriers employés dans telle manufacture, il la tirait de « Louis Reybaud, dans son bel ouvrage sur le coton »[1], dans « son bel ouvrage sur la condition des ouvrières en soie »[2] ou encore dans ses « savantes études sur les populations industrielles »[3], où l'auteur avait constamment le jugement sûr et faisait ses estimations « avec une prudence bien justifiée »[4]. De même faisait-il une constatation sur l'évolution du régime manufacturier en France, il se sentait obligé de signaler qu'« il y a dix ans, M. Louis Reybaud, dans ses intéressantes études sur la fabrication de la soie »[5] la faisait déjà. En tout, il cite trente-cinq fois cet homme qui sera chargé de juger son ouvrage. Et comme il n'ignore pas que Louis Reybaud a des convictions féministes assez médiocres, il lui donne du modérantisme ; je dirais du *médiocrisme*, si le mot existait. Et Reybaud s'en applaudit dans son rapport, signalant à la suite de Leroy-Beaulieu qu'il paraît exister des industries qui relèvent plus des femmes que des hommes (« les commerces qui sont de leur ressort, la lingerie, les confections, la nouveauté »[6]), et qu'enfin l'égalité entre les hommes et les femmes ne peut s'obtenir qu'au prix du temps, car « parmi les obstacles il y en a qui tiennent aux mœurs, aux coutumes, et qu'il faut franchir un à un ».[7]

Paul Leroy-Beaulieu, âgé de 27 ans, produisait le type d'étude qui devait favoriser son avancement et prouver ses capacités : il donnait à ses juges l'œuvre qu'ils attendaient, et à cet égard son mémoire est précieux, nous présentant comme dans un miroir le sentiment des grands libéraux du temps sur la question des femmes.

Le féminisme à la mode, pourrais-je dire, parmi les libéraux français du temps, représentait un fragile équilibre entre l'anti-féminisme absolu et les revendications jugées trop avancées. De même, Leroy-Beaulieu repoussait frontalement la conception étriquée qui faisait de la femme essentiellement une mère et une épouse. « Cette société idéale, disait-il [avec un curieux choix de vocabulaire

[1] P. Leroy-Beaulieu, *Le travail des femmes au XIXᵉ siècle*, 1873, p. 31.
[2] *Ibid.*, p. 57.
[3] *Ibid.*, p. 162.
[4] *Ibid.*, p. 68.
[5] *Ibid.*, p. 34.
[6] Rapport, etc., de M. Reybaud, lu dans la séance du 30 juillet 1870 ; *Mémoires de l'Académie des sciences morales et politiques*, t. XIII, 1872, p. 294.
[7] *Ibid.*, p. 308.

que je suis obligé de signaler], où l'homme pourrait suffire aux besoins de la famille et où la femme n'aurait qu'à vaquer aux soins de la maison et à l'éducation des enfants n'a nulle part existé dans le passé ».[1] Cependant lui-même semblait s'en affliger, et donnait parallèlement des gages aux adeptes de cet idéal presque esthétique de la femme passive. Leroy-Beaulieu avait beaucoup de répulsion, par exemple, pour l'entrée des femmes dans les métiers qui requéraient de la force physique, même s'il ne souhaitait pas leur barrer tout à fait ce chemin. « L'industrie du bâtiment elle-même, qui semblait devoir être fermée à la femme, compte quelques ouvrières, exceptions rares, il est vrai, déviations à l'ordre naturel des choses, protestations anormales contre l'impuissance physique du sexe faible. De même que l'on rencontre parfois en Suisse des hommes qui font de la broderie ou de grands garçons qui travaillent à la dentelle, l'on trouve à Paris quelques femmes qui remplissent l'état de couvreurs ou qui posent et font des tuiles et des tuyaux de cheminée. »[2] Il nommait ces incursions des « vocations irrégulières »[3]. Cependant, encore une fois, il y voulait mettre la liberté, et pourvu que celle-ci demeure, les scrupules des conservateurs font peu de mal.

Leroy-Beaulieu rencontrait encore sur son chemin la grande question de l'inégalité du salaire entre les hommes et les femmes, reconnaissant, comme constat préalable, que « l'écart entre les salaires de la femme et ceux de l'homme varient de la moitié en plus au double, suivant les industries et les pays ». [4] Il résolvait cette question par l'analyse économique. Déjà Jean-Baptiste Say avait jugé, sur les travaux féminins, qu'« en général, ils sont fort peu payés, par la raison qu'un très grand nombre d'entre elles sont soutenues autrement que par leur travail, et peuvent mettre dans la circulation le genre d'occupations dont elles sont capables, au-dessous du taux où le fixerait l'étendue de leurs besoins. »[5] Leroy-Beaulieu y ajoutait en outre d'autres explications complémentaires, à savoir « que les carrières ouvertes à l'activité des femmes sont peu nombreuses, qu'elles s'y précipitent toutes en foule ; qu'en outre, dans plusieurs de ces industries où elles prennent place, le manque de développement intellectuel et l'ignorance professionnelle ne leur permettent d'occuper que les derniers échelons. Les industries féminines sont encombrées ; le marché de la main-d'œuvre des femmes,

---

[1] P. Leroy-Beaulieu, *Le travail des femmes au XIXᵉ siècle*, 1873, p. 23.
[2] *Ibid.*, p. 93.
[3] *Ibid.*
[4] *Ibid.*, p. 132.
[5] J.-B. Say, *Traité d'économie politique*, 1ᵉʳᵉ éd., 1803, t. II, p. 233 ; *Œuvres*, t. I, vol. II, p. 738.

pour nous servir d'une expression anglaise, est toujours *overstocked* (surchargé), il est donc naturel que cette main-d'œuvre soit dépréciée. »[1] Comme l'éducation professionnelle était rarement dispensée aux femmes, cette inégalité se retrouvait jusque dans les industries du luxe, où « les femmes n'occupent que les plus bas échelons et ne font que les ouvrages les plus aisés, qui réclament seulement un peu d'habileté de main, sans qu'une longue éducation, un pénible apprentissage ou un goût exercé soient nécessaires. »[2] Enfin, Leroy-Beaulieu s'enorgueillissait de trouver encore une dernière explication, neuve cette fois-ci, à l'inégalité du salaire féminin, à savoir « que les industries spécialement féminines ne comportent pas une grande division du travail, ni une fréquente intervention de la mécanique »[3], ce qui limitait leur productivité et la source même de leurs salaires.

L'auteur considérait toutefois que le progrès de l'éducation des femmes, auquel, certainement, on prendra plus de soin dans l'avenir, permettrait de rapprocher les deux niveaux de salaire. Dès lors, « nous croyons que la différence entre les salaires des hommes et les salaires des femmes s'affaiblira avec le temps, que les deux niveaux se rapprocheront. »[4] Il ne dit pas, toutefois, et il ne dit nulle part *s'égaliseront*, et je crois qu'il ne le pensait pas, et que même la perspective d'un concours académique remporté ne lui aurait pas fait faire cet aveu.

Mais enfin il entendait que l'éducation des filles progresse. Il est triste, disait-il, que « plus la famille est nombreuse, plus il est à craindre que la sœur aînée n'aille pas à l'école »[5]. On ne pouvait non plus trouver normal, d'après lui, qu'« un grand nombre de communes manquent d'écoles de filles et n'ont que des écoles de garçons ou des écoles mixtes ».[6] Pareillement, notait-il, « les parents sont, en général, moins ambitieux pour leurs filles que pour leurs fils »[7], et cela ne pouvait qu'avoir des conséquences sur les résultats qu'on obtenait. En bref, « l'éducation des femmes a été jusqu'à ce jour si négligée dans tous les pays du monde qu'on regarde presque comme une faveur étonnante de les admettre à titre égal aux établissements publics d'enseignement. Obtenir l'égalité avec l'autre sexe, c'est pour

---

[1] P. Leroy-Beaulieu, *Le travail des femmes au XIXe siècle*, 1873, p. 134.
[2] *Ibid.*, p. 115.
[3] *Ibid.*, p. 136.
[4] *Ibid.*, p. 141.
[5] *Ibid.*, p. 152.
[6] *Ibid.*
[7] *Ibid.*

elles comme un privilège. »[1] Avec l'instruction primaire et la formation professionnelle et secondaire ouvertes aux femmes, celles-ci
pourraient embrasser n'importe quelle carrière. Certaines branches
leur semblaient même très propices, d'après l'auteur, comme l'administration publique, ou encore l'enseignement. « Un débouché
bien autrement large et fécond pour les femmes, disait-il, c'est
l'instruction publique. Plus aptes que les hommes sont les femmes à
l'enseignement… Elles ont, d'ailleurs, d'instinct la connaissance de
l'enfance. »[2] Leroy-Beaulieu rappelait que des femmes œuvraient
déjà dans les écoles, mais que souvent, sur la pression des familles,
elles s'en trouvaient exclues, car « les familles regardaient l'enseignement des institutrices comme insuffisant pour les garçons »[3],
sentiment que l'auteur récusait formellement.

Il y a encore un très fort passage, où Leroy-Beaulieu signalait
d'autres secteurs et professions qui pourraient fort bien accueillir des
femmes, et il présentait longuement les arguments que le conservatisme de son époque y opposait : par exemple, une femme dans
l'imprimerie ne tomberait-elle pas par moment sur certaines pages
immorales ou obscènes ? Et l'auteur répondait courageusement :
« Néanmoins, il y aurait un grand avantage à ce que ces carrières
nouvelles fussent ouvertes aux femmes : elles y gagneraient une
rétribution plus élevée ; elles auraient des emplois plus variés et plus
dignes, imposant ou permettant une tenue et des habitudes moins
communes et moins abandonnées. Ce sont là des sauvegardes contre
le vice : elles ne sont pas toujours efficaces, mais elles sont puissantes ; elles ne garantissent que celles qui veulent être garanties,
c'est déjà beaucoup. »[4]

Paul Leroy-Beaulieu voulait donc étendre l'éducation pour les
jeunes filles, dans la vue de leur ouvrir les carrières du travail. Il ne
s'agissait pas pour lui de remplir la cervelle des jeunes filles de notions théoriques ; celles-ci importaient, car la pratique des métiers en
exigerait certaines, mais les notions ne devaient venir selon lui, dans
l'éducation féminine, qu'en complément d'une instruction pratique,
préparant les femmes à leur rôle social de mère et d'épouse. « Ce
serait une singulière étroitesse d'esprit et une bien grande vulgarité
de sentiment, écrivait-il, que de ne demander à la femme qu'une
instruction alphabétaire et de ne rien voir pour elle au-delà de la
lecture, de l'écriture, des quatre règles, de la géographie et de l'ortho-

---

[1] P. Leroy-Beaulieu, *Le travail des femmes au XIXᵉ siècle*, 1873, p. 303.
[2] *Ibid.*, p. 340-341.
[3] *Ibid.*, p. 345.
[4] *Ibid.*, p. 349.

graphe. Nous ne saurions être suspect, assurément, d'inimitié, ni même d'indifférence pour les notions scolaires ; mais, si le choix nous était donné de meubler l'esprit de la femme de toutes les connaissances que l'on peut puiser dans nos écoles ou de la former à ces sciences pratiques, à ces arts essentiels : la tenue de ménage, la cuisine, la couture, l'esprit d'ordre, l'hygiène, l'éducation matérielle et morale de l'enfance, certainement nous n'hésiterions pas, et nous regarderions la femme, qui ignorerait toutes ces choses si simples et si difficiles à la fois, comme beaucoup plus incomplète que celle qui, les connaissant, ne saurait ni déchiffrer une ligne, ni faire le plus élémentaire calcul. »[1] Il s'expliquait sur ce relatif rigorisme, et son raisonnement mérite d'être rappelé, car le conservatisme a beau être vaincu aujourd'hui, il ne l'a été que les armes à la main, et la force qu'il a jadis montré s'explique par le fait qu'il n'était pas une simple platitude, ni tout à fait irrecevable ou stupide. Leroy-Beaulieu insistait sur la capacité que devait avoir une femme à tenir le ménage, à le maintenir propre, quand l'insalubrité causait tant de problèmes de santé ; à faire correctement un potage, quand l'alimentation, là encore, importait tant pour la santé des jeunes enfants. « C'est un aveu pénible à faire, disait-il, le nombre des ouvrières qui savent lire et écrire est encore plus grand, malgré les lacunes constatées plus haut, que le nombre des ouvrières qui savent tenir propre leur intérieur, faire un bouillon, raccommoder des vêtements et surtout élever leurs enfants d'une manière saine et efficace. On voit encore, le fait n'est que trop fréquent, des ouvrières user leur linge jusqu'à ce qu'il tombe en lambeaux et en pourriture, parce qu'elles ne savent ni le laver ni le rapiécer. On en voit un grand nombre qui conduisent leurs enfants à une mort prématurée en les bourrant de soupe ou de viande. »[2] Et de même Frédéric Passy, qui était un autre féministe à moitié, dira que « celui qui aurait enseigné aux institutrices, aux mères et aux jeunes filles l'art de manger et de faire manger, celui-là aurait fait autant de bien à l'humanité que les Napoléon et les Bismarck lui ont fait de mal. »[3] Au surplus, Leroy-Beaulieu entendait que cette éducation pratique soit jointe à l'éducation théorique des garçons eux-mêmes, même si les formes en eussent dues être différentes. [4] Enseigner l'hygiène, par exemple, était une nécessité pour les garçons aussi.

---

[1] P. Leroy-Beaulieu, *Le travail des femmes au XIXe siècle*, 1873, p. 146-147.

[2] *Ibid.*, p. 174.

[3] F. Passy, « La science de la cuisine », *Journal des économistes*, octobre 1895, p. 75.

[4] P. Leroy-Beaulieu, *Le travail des femmes au XIXe siècle*, 1873, p. 449-450.

Quand Leroy-Beaulieu demandait à ce que la femme soit libre de travailler, et d'embrasser la carrière de son choix, malgré tous ses préjugés et aussi ses précautions de langage, on a du mal à concevoir aujourd'hui qu'il ait représenté alors un progrès en comparaison de l'état de la littérature de l'époque, et que ce que nous jugerons aisément comme son *ultra-conservatisme*, était en vérité un *progressisme*, dans les bornes qui pouvait le rendre recevable auprès de ses pairs. D'après le docteur Hyacinthe Kuborn, la femme ne devait pas travailler : « La femme a été créée pour être mère, son devoir l'appelle au foyer domestique. Les travaux qui l'en éloignent et qui, par leur caractère, s'opposent à son développement, doivent être interdits. »[1] Le docteur Lefèvre disait similairement qu'« il n'y aura point de société bien organisée aussi longtemps que les femmes et les filles, trop faibles par elles-mêmes et qui ont besoin de la protection des hommes, jouiront de la liberté pleine et entière de se livrer à toutes sortes de travaux. Elles doivent être assimilées à des mineurs ».[2] Leroy-Beaulieu s'y opposait formellement. « La femme dans notre civilisation n'est pas une créature incomplète, inférieure : adulte, elle possède devant la loi des droits égaux aux droits de l'homme ; ayant comme lui la capacité d'acquérir, elle a comme lui la capacité de travailler. Plus faible physiquement que l'homme, rien ne démontre qu'elle lui soit moralement ou intellectuellement inférieure. »[3] Par précaution, Leroy-Beaulieu prenait bien soin d'égratigner les efforts des groupements distinctement féministes, pour s'en distinguer, et passer en comparaison pour raisonnable. « Ce qu'il peut y avoir d'exorbitant, d'excentrique peut-être ou d'intempestif dans cette consciencieuse propagande, nous ne nous le dissimulons pas »[4], faisait-il remarquer. Et cependant il se rangeait presque partout à leurs constats et à leurs vœux de liberté.

En marge d'une frange extrêmement réactionnaire, dans la lignée de Molinari, et d'une frange progressiste mais prudente, que Leroy-Beaulieu représenta habilement, la décennie 1870 vit aussi apparaître des convictions nettement et distinctement féministes au sein du courant libéral. À cette époque, Yves Guyot commença sa croisade pour la conquête des droits des femmes, qu'il mena cinquante ans durant, c'est-à-dire jusqu'à sa mort. La féministe Avril de Sainte Croix dira en son hommage, en 1922, que « Monsieur Yves

---

[1] H. Kuborn, *Rapport, etc., sur la question de l'emploi des femmes dans les travaux souterrains des mines*, 1868, p. 885.

[2] H. L. Lefèvre, cité par P. Leroy-Beaulieu, *Le travail des femmes au XIXe siècle*, 1873, p. 191.

[3] P. Leroy-Beaulieu, *Le travail des femmes au XIXe siècle*, 1873, p. 200.

[4] *Ibid.*, p. 312.

Guyot est probablement le doyen des féministes. Il a été un féministe quand cette qualité soulevait les railleries des gens qui se prétendaient sérieux. »[1]

Dans de nombreux écrits, Guyot défendit la cause des droits des femmes, et opposa les arguments du libéralisme aux nombreuses objections invoquées contre le féminisme naissant. Parmi toutes les objections, la plus pertinente était peut-être celle-ci, que Guyot relevait avant d'y répondre, dans une conférence de 1879 sur le suffrage des femmes : « Mais alors se pose cet autre problème : faut-il attendre que la femme soit apte à exercer ses droits pour les lui reconnaître ? La réponse affirmative n'est que la fin de non-recevoir apportée aux revendications des opprimés par les oppresseurs de toutes les époques. C'était la réponse des propriétaires d'esclaves aux abolitionnistes : quand les nègres seront capables d'être libres, nous les affranchirons ! Seulement, comme notre intérêt nous oblige à les condamner à une incapacité perpétuelle, nous ne les affranchirons jamais. »[2] Et il continuait, en affirmant sa conviction toute contraire : « Nous, républicains français, nous qui avons pris pour devise : liberté, égalité, nous ne pouvons tenir à l'égard des femmes le même langage que les planteurs américains à l'égard des nègres, et nous devons, par conséquent, admettre les femmes à la pratique de tous les droits politiques, qui jusqu'à présent ont été le monopole de l'homme. »[3] L'objection à laquelle répondait Guyot semblait particulièrement convaincante sur la question du vote, et de sages conservateurs pouvaient dire à leur aise : que peut bien valoir l'avis d'une femme sur les guerres, la politique, le budget, les travaux publics ? C'était là, d'après Yves Guyot, transformer le vote, d'un droit qu'il était par sa nature, en une fonction. « Des adversaires du suffrage des femmes allèguent contre lui, quoi ? Leur incapacité, leur légèreté d'esprit, leur ignorance ! Ils déclarent par cela même que le suffrage universel est une fonction. Ce sont les hommes seuls qui sont chargés de veiller à la régler. Ils se font les juges souverains des aptitudes de ceux qui peuvent la remplir. Ils s'en déclarent seuls capables, tous capables, et comme ils sont le plus forts, ils en excluent toutes les femmes. Après avoir banni de cette fonction la moitié de la nation,

---

[1] Allocution d'Avril de Sainte Croix, en ouverture d'une conférence d'Yves Guyot sur le droit des femmes, du 30 janvier 1922 ; Fonds Guyot, Archives de Paris, D21J 65.

[2] Yves Guyot, « Le suffrage des femmes », conférence donnée le 7 mai 1879 devant la commission électorale du cercle des familles ; Fonds Guyot, Archives de Paris, D21J 65.

[3] *Ibid.*

ils déclarent pompeusement qu'ils ont établi le suffrage universel. C'est l'oligarchie du sexe substituée à l'oligarchie de l'argent. »[1]

Ce fut, au sein du libéralisme, une démarche individuelle, comme le fut aussi, en sens inverse, celle de Leroy-Beaulieu, partisan de la colonisation. Pour l'illustrer, lisons le compte-rendu de la séance de la Société d'économie politique du 5 octobre 1903, qui accueillit Mathilde Méliot, journaliste économique et militante féministe. Celle-ci proposa à ses confrères la question suivante : « Le féminisme a-t-il quelque chose à attendre ou à redouter des économistes ? » Dans son propos introductif, elle indiquait que les femmes, dans leur effort pour obtenir la liberté du travail et l'égalité des droits dans la sphère économique, devraient logiquement être soutenues par les économistes.

La réponse des présents fut extrêmement ambivalente. Alfred Neymarck fit part de ses inquiétudes quant aux effets que pourrait avoir sur la natalité une plus grande liberté économique des femmes. « Cette extension du féminisme peut avoir ses avantages, au point de vue de la productivité, dans la société moderne, mais ne peut-on pas dire qu'elle est une des grandes causes de l'arrêt dans le développement de la population ? »[2] Surtout, c'était selon lui sortir la femme de son cadre naturel. « Ne refusons pas le travail aux femmes, soit, mais donnons-leur surtout du travail à domicile. N'oublions pas que c'est la femme qui doit maintenir au foyer domestique toutes les vertus, soutenir le courage de l'homme, l'encourager dans son labeur, le défendre contre le découragement, s'occuper de l'éducation des enfants, surveiller leur instruction et à une époque où les idées morales et religieuses semblent s'affaisser, se rappeler qu'elle n'a pas de plus beau rôle que celui d'éducatrice, de moralisatrice, d'auxiliatrice et consolatrice. »[3] De même MM. Boverat et des Essars estimaient « que la véritable place de la femme devrait être au foyer »[4]. Enfin M. Hayem appelait à la prudence, dans un propos qui sonnait surtout comme une demande d'ajournement : « Il ne faut pas aller trop vite dans la voie des réformes égalitaires que préconise Mme Méliot, qui, elle, va de l'avant avec une trop vive impatience. Laissons faire le temps, qui agit sûrement dans le même sens, en

[1] Yves Guyot, « Le suffrage des femmes », conférence donnée le 7 mai 1879 devant la commission électorale du cercle des familles ; Fonds Guyot, Archives de Paris, D21J 65.
[2] Société d'économie politique, séance du 5 octobre 1903 ; *Bulletin de la Société d'économie Politique*, 1903, p. 153.
[3] *Ibid.*, p. 154.
[4] *Ibid.*, p. 157.

améliorant constamment les situations dignes d'intérêt. Soyons féministes avec prudence et mesure. »[1]

Frédéric Passy, tout en reconnaissant que, pour les femmes, « la famille est, et restera toujours, par destination, leur centre normal et le véritable théâtre sur lequel doit s'exercer leur influence »[2], et qu'en dehors il y a bien des déceptions à recueillir pour elles, il n'en soutenait pas moins la cause des droits des femmes. Seul contre tous, Passy se disait favorable aux droits politiques et à la plus complète liberté économique pour les femmes ; il soutenait encore qu'il n'y avait « aucune raison pour que, à produit égal, le travail de la femme soit moins rétribué que le travail de l'homme. »[3] Toutefois, le problème provenait surtout selon lui, en droite ligne de l'analyse de Say ou de Leroy-Beaulieu, de ce que « les femmes, en se précipitant sur des situations moins rétribuées, dépriment elles-mêmes le salaire féminin »[4]. Le relèvement du salaire des femmes dépendait ultimement de leur attitude sur le marché du travail.

La solitude de Frédéric Passy, à une date aussi avancée que 1901, et dans une position d'ailleurs assez prudente et modérée, illustre le fait que l'idée si simple de la pure égalité de tous en droit, sans distinction de sexe, de race ou de couleur, n'était peut-être pas aussi imprégnée dans le mouvement des libéraux français du tournant des XIXᵉ-XXᵉ siècles, que l'étude unique de personnalités comme Frédéric Passy ou Yves Guyot, jointe à la conception fantasmée de quelques autres, comme Bastiat ou Molinari, pourrait le laisser supposer.

Au sein d'une nation généreuse et ouverte, ayant « toujours été accusée d'aimer les étrangers jusqu'à la manie »[5], comme disait Charles Perrault à la fin du XVIIᵉ siècle, le cosmopolitisme et l'humanisme paraissaient avoir davantage de chance d'infuser le courant libéral, que n'en pouvaient avoir le nationalisme, le colonialisme, le racisme ou l'antisémitisme. Si toutefois plusieurs grands penseurs de la liberté humaine marchèrent dans quelques-unes de ces voies perverses et honteuses, malgré le démenti formel et perpétuel que leurs convictions profondes auraient dû y opposer, le paradoxe demande explication, et estimer que sur de tels sujets, les passions des hommes l'emportaient sur leurs théories, n'apparaît guère

---

[1] Société d'économie politique, séance du 5 octobre 1903 ; *Bulletin de la Société d'économie Politique*, 1903, p. 159.

[2] *Ibid.*, p. 161.

[3] *Ibid.*, p. 163.

[4] *Ibid.*

[5] Charles Perrault, *Parallèle des Anciens et des Modernes*, t. I [1688], éd. 1693, p. 5.

suffisant. Le recours au contexte biographique d'un soi-disant hérétique, ou à la théorie de l'exceptionnel, ne convaincront guère davantage, quand l'exceptionnel deviendra fréquent, et l'hérésie une
opinion commune. Il faut étudier l'affaire avec soin et sans préjugé.

Toutefois, entrer de plein pied dans la controverse sur la colonisation, au milieu ou à la fin du XIXᵉ siècle, c'est-à-dire en un temps
où sa désirabilité était reconnue par une très large frange de l'opinion, serait réducteur ou trompeur. Pour juger des opinions d'un
Tocqueville ou d'un Leroy-Beaulieu, il est nécessaire d'en revenir,
l'espace d'un instant, à la doctrine des origines, qui, en s'offrant à
nous dans toute sa pureté, nous laissera des indices sur les motifs de
sa corruption ultérieure.

Au XVIIIᵉ siècle, les théoriciens de la liberté humaine se posi-
tionnaient unanimement contre la colonisation, lui préférant
l'amélioration économique nationale. « Ce n'est point les mers qu'il
faut traverser, écrit Boisguilbert, ni les cabinets et bijoux de la Chine
que l'on doit aller chercher à trois mille lieues de pays ; c'est du pain
et du vin, qu'il ne faut pas aller quérir aux Indes, mais de contrée à
contrée et d'année à année. »[1] « Défricher de nouvelles terres, dit
pareillement Jean-François Melon, c'est conquérir de nouveaux pays
sans faire de malheureux. Les landes de Bordeaux à Bayonne ont
vingt lieues de diamètre : le législateur qui les peuplerait rendrait un
plus grand service à l'État que celui qui, par une guerre meurtrière,
s'emparerait de la même quantité de terrain ; mais il n'aurait pas aux
yeux du vulgaire une gloire si brillante, parce qu'elle serait acquise
sans péril militaire, sans perdre aucun citoyen, et sans s'attirer la
jalousie de ses voisins. »[2] Les colonies, ruineuses pour l'État, entraî-
naient à leur suite tout un système d'exclusion en matière de commerce, qu'un penseur comme le marquis d'Argenson goûtait peu.
« Nous avons des colonies, dit-il, que je troquerais contre une épin-
gle si j'étais roi de France ! J'en ferais des républiques sous ma protection, afin que nos marchands y allassent chercher quelque chose et
qu'elles donnassent quelque préférence d'affection à nos denrées.
J'en ferais de même pour les colonies de notre Compagnie des
Indes. »[3] Cette franche aspiration à la décolonisation se renforçait,
chez ces auteurs, par l'observation du mouvement de l'histoire. « La
supposition de la séparation absolue des colonies et de la métropole

[1] Lettre de Boisguilbert à Chamillart, Contrôleur général ; Ar. nat., G7 721 ; *Œuvres*,
t. I, p. 311.
[2] J.-F. Melon, *Essai politique sur le commerce*, 1735, p. 56-57.
[3] Fragments du marquis d'Argenson, sans date ; *Mémoires et journal inédit*, éd. Jannet,
t. V, p. 371.

me paraît infiniment probable, dit Turgot. Il en résultera, lorsque l'indépendance des colonies sera entière et reconnue par les Anglais mêmes, une révolution totale dans les rapports de politique et de commerce entre l'Europe et l'Amérique, et je crois fermement que toutes les métropoles seront forcées d'abandonner tout empire sur leurs colonies, de leur laisser une entière liberté de commerce avec toutes les nations, de se contenter de partager avec les autres cette liberté, et de conserver avec leurs colonies les liens de l'amitié et de la fraternité. Si c'est un mal, je crois qu'il n'existe aucun moyen de l'empêcher ; que le seul parti à prendre sera de se soumettre à la nécessité absolue et de s'en consoler. »[1] Pour lui, c'était pourtant plutôt un bien, et il y visait. Ses collègues physiocrates condamnèrent aussi fermement les pratiques colonialistes passées, et sous de multiples points de vue. Moralement, d'abord, il y avait quelque chose de détestable dans ces pratiques intrusives et guerrières, par lesquels le vieux monde s'était emparé de l'ancien. Avec un langage amer, et un renversement assez typique des représentations, Mercier de la Rivière parlait de « ces climats fortunés où des millions d'hommes vertueux et véritablement hommes, ont été inhumainement égorgés par des monstres qui se croyaient plus saints, plus parfaits ; où des furieux ont employé le fer et le feu, pour établir une religion qui n'est que de grâce et d'amour ». [2] Du point de vue économique, la colonisation blessait aussi la vue. Poursuivant des chimères et des sophismes, les nations européennes s'ingéniaient à « s'ouvrir des débouchés » par la voie des armes et des conquêtes ; elles en faisaient un nouvel aliment de guerre. Auparavant, notait Le Trosne, « on se battait pour enlever une province ; aujourd'hui l'on se dispute une branche de commerce, et l'on soutient les guerres les plus longues et les plus opiniâtres pour avoir le droit exclusif d'aller au bout du monde acheter, voiturer et revendre. »[3] Or la science économique naissante démontrait que cela n'avait guère de sens. Aussi, tout pleins de leurs grands principes, les physiocrates sentaient-ils que les colonies s'émanciperaient très prochainement. D'après Mirabeau, il est certain que « le nouveau monde secouera le joug de l'ancien ; il y a même apparence que cela commencera par les colonies les plus fortes et les plus favorisées. »[4] Et quelques an-

---

[1] Turgot, Réflexions sur la manière dont la France et l'Espagne doivent envisager les suites de la querelle entre la Grande-Bretagne et ses colonies, 1776 ; Œuvres, t. V, p. 379.

[2] Mercier de la Rivière, L'ordre naturel et essentiel des sociétés politiques, 1767, p. 385.

[3] G.-F. Le Trosne, De l'utilité des discussions économiques, etc. 1766 ; Recueil de plusieurs morceaux économiques, 1768, p. 67-68 ; Discussions et développements, etc., suite de la Physiocratie, t. IV, 1768, p. 63.

[4] Marquis de Mirabeau, L'Ami des Hommes, 1756, p. 139.

nées auparavant, Turgot avait nommément prédit aux colonies américaines une très prochaine émancipation. [1] C'eut été donc bien vainement qu'on aurait demandé à ces intellectuels des raisons, non pas tant de maintenir des colonies qu'ils entendaient libérer, et que la marche historique allait invariablement libérer, mais surtout de fonder de nouvelles colonies. C'eût été poursuivre dans la voie des sophismes et de la barbarie. D'après Turgot, la valeur d'une colonie nouvelle se réduisait invariablement « à l'avantage d'étendre sa langue dans un plus grand espace. Analysez bien, disait-il à Du Pont, et vous verrez qu'il n'y a exactement pas autre chose, et cette conclusion me paraît assez plaisante. »[2] Ce même Du Pont, au milieu de la Révolution, prouvera d'ailleurs une dernière fois l'aversion du libéralisme des Lumières pour la question des colonies, en prononçant cette phrase, qui fit florès : « S'il fallait sacrifier l'intérêt, ou la justice, il vaudrait mieux sacrifier les colonies qu'un principe. »[3] C'était l'opinion commune des libéraux de son siècle ; et guère celle de ses successeurs.

Le XIXe siècle, en effet, fut celui de la tentation colonialiste. Chez les grands savants aussi, la Révolution de 1789 et la guerre franco-anglaise provoqua une poussée du sentiment de supériorité français et occidental, et l'idéologie coloniale en fut l'un des exutoires. Après que le siècle des Lumières ait péroré sans fin sur les mérites du bon sauvage et ait sérieusement présenté comme exemple à l'Europe des nations comme la Chine impériale, la France du XIXe siècle rapetissait son horizon et ne se concevait plus qu'elle-même comme l'espoir et le centre du monde. L'universalisme prétendu de ses valeurs ne fonctionnait plus alors que dans un sens.

Cette transformation se fit progressivement, pas à pas, d'une manière dont on peut retrouver les traces dans les différents écrits de Jean-Baptiste Say. Dans son *Traité d'économie politique* de 1803, il présentait la colonisation comme une entreprise menée maladroitement et habituellement funeste. « Il me semble que les anciens seuls ont bien entendu le principe de la colonisation. Les Grecs, les Romains se faisaient, par leurs colonies, des amis par tout le monde alors connu ; les peuples modernes n'ont su s'y faire que des sujets, c'est-à-dire des ennemis. Les gouverneurs envoyés par la métropole, ne regardant pas le pays qu'ils administrent comme celui où ils doi-

[1] Turgot, *Tableau philosophique des progrès successifs de l'esprit humain*, 1750 ; *Œuvres*, t. I, p. 201.

[2] Lettre de Turgot à Du Pont, 20 février 1766 ; *Œuvres*, t. II, p. 452.

[3] Dupont de Nemours à l'Assemblée nationale, séance du 13 mai 1791 ; *Réimpression de l'ancien Moniteur*, t. VIII, p. 391.

vent passer leur vie entière, goûter le repos et jouir de la considération publique, n'ont aucun intérêt à y faire germer le bonheur et la
vraie richesse. Ils savent qu'ils seront considérés dans la métropole
en proportion de la fortune qu'ils y rapporteront, et non en raison de
la conduite qu'ils auront tenue dans la colonie. Qu'on y ajoute le
pouvoir presque discrétionnaire qu'on est obligé d'accorder à qui va
gouverner à de grandes distances, et l'on aura tous les principes dont
se composent en général les plus mauvaises administrations. »[1] Les
tares du colonialisme étaient tels, d'après lui, que son effondrement
ne laissait pas l'ombre d'un doute. « Le vieux système colonial tom-
bera partout dans le cours du XIXe siècle. On renoncera à la folle
prétention d'administrer des pays situés à deux, trois, six mille lieues
de distance ; et lorsqu'ils seront indépendants, on fera avec eux un
commerce lucratif, et l'on épargnera les frais de tous ces établissements militaires et maritimes qui ressemblent à ces étançons dispen-
dieux, au moyen desquels on soutient mal à propos un édifice qui
s'écroule. »[2] « Il est impossible, disait-il encore dans la 5e édition du
Traité, que les peuples d'Europe ne comprennent pas bientôt combien leurs colonies leur sont à charge. Ils supportent une partie des
frais de leur administration militaire, civile et judiciaire, une partie
de l'entretien de leurs établissements publics, et notamment de leurs
fortifications ; ils tiennent sur pied pour leur conservation une marine dispendieuse qui n'empêchera pas qu'à la première guerre maritime elles ne deviennent indépendantes ou conquises ; mais ce qui
leur est encore bien plus défavorable, elles leur accordent, à leurs
dépens, des privilèges commerciaux, qui sont une véritable duperie. »[3] Et lorsqu'il songeait à tirer de ses observations une conclusion
d'ordre général, c'était naturellement pour repousser la colonisation
et privilégier les améliorations économiques nationales. « Une conquête intérieure augmente indubitablement la face d'un État, tandis
qu'une conquête éloignée l'affaiblit presque toujours. Tout ce qui fait
la force de la Grande-Bretagne est dans la Grande-Bretagne. Elle a
été plus forte en perdant l'Amérique ; elle le sera davantage quand
elle aura perdu les Grandes-Indes. »[4]

Toutefois, comme sur bien des sujets, Jean-Baptiste Say ouvrait
la voie à deux lectures opposées de son œuvre. De même que sur la
question du libre-échange, les modérés et les radicaux pouvaient

[1] J.-B. Say, Traité d'économie politique, 1ère édition, 1803, t. I, p. 228-229 ; Œuvres, t. I,
v. I, p. 420-422.

[2] J.-B. Say, De l'Angleterre et des Anglais, 1815, p. 55.

[3] J.-B. Say, Traité d'économie politique, 5e éd., 1826, t. I, p. 365 ; Œuvres, t. I, vol. I,
p. 417.

[4] Ibid., t. II, p. 353 ; Œuvres, t. I, vol. II, p. 803.

semblablement se revendiquer de lui, de même ici il offrait, aux partisans des colonisations, assez d'ambivalences, de concessions et de revirements, pour servir leurs menées. Ainsi, dans un « Essai historique sur les origines, les progrès et les résultats probables de la souveraineté des Anglais aux Indes », article publié en 1824, Say défendait explicitement la colonisation de l'Inde par l'Angleterre. [1] Plus tard, dans le *Cours complet*, il maintint son soutien au colonialisme, le présentant, sous des hypothèses assez malléables, comme « favorable au progrès de l'espèce humaine et à son bonheur »[2]. Surtout, la supériorité de l'Europe sur l'Asie était pour lui indubitable, et de celle-ci il fallait conclure que la subordination du second continent sur le premier ne pourrait venir assez tôt. Il demandait en effet : « Doit-on désirer, dans l'intérêt du genre humain, que les nations d'Europe perdent leur influence sur l'Asie ? Ne doit-on pas souhaiter, au contraire, que cette influence aille en croissant ? L'Europe n'est plus ce qu'elle était au temps de Vasco de Gama et d'Albuquerque. Elle est parvenue au point où l'Asie ne doit plus désormais redouter sa domination. Avec ses despotes et ses superstitions, l'Asie n'a point de bonnes institutions à perdre, et elle en a beaucoup de bonnes à recevoir des Européens. Ces derniers, en raison du génie entreprenant qui les distingue, et par suite des étonnants progrès qu'ils ont faits dans toutes les branches des connaissances humaines, sont destinés sans doute à subjuguer le monde, comme ils ont déjà subjugué les deux Amériques. Je ne dis pas qu'ils le subjugueront par la force des armes : la prépondérance militaire est, et sera de plus en plus accidentelle et précaire ; les Européens subjugueront le monde par l'ascendant inévitable des lumières et des institutions qui agissent sans relâche. »[3] Conquérir et civiliser le monde barbare, c'était bien l'ambition des colonialistes. Et quant à la manière forte, ils répugnaient tous à l'employer : on doit dire qu'elle gêne un peu, dans un bel ouvrage de théorie. Mais la caution donnée à l'entreprise colonialiste était suffisante : d'autres voix, plus pratiques, convaincraient plus tard que la force est nécessaire, pour un projet bon an mal an si désirable.

Alexis de Tocqueville n'était pas encore l'un d'eux, même si sa main tendue eut une grande portée. À travers ses prises de position écrites et orales, il manifesta un grand nombre d'ambiguïtés sur la

---

[1] J.-B. Say, « Essai historique sur les origines, les progrès et les résultats probables de la souveraineté des Anglais aux Indes », *Revue Encyclopédique*, n°23, 1824, p. 281-299.

[2] J.-B. Say, *Cours complet d'économie politique pratique*, 1828, t. IV, p. 455 ; *Œuvres*, t. II, vol. II, p. 887.

[3] *Ibid.*, p. 52-53 ; *Œuvres*, t. II, vol. I, p. 680.

question : son attitude, ni véritablement positive, ni complètement négative, est une sorte de trait d'union, qui annonce la défense systématique de la colonisation par certains libéraux de la fin du siècle.

Inquiet face à la perte de puissance relative de la France, dans le contexte d'une croissance de l'empire britannique, Tocqueville considérait l'implantation française en Algérie, par exemple, comme un remède nécessaire. Il affirmait sa préférence pour la voix pacifique, souhaitant que l'armée, qui selon lui dérangeait les affaires et ne construisait jamais rien qui vaille, soit reléguée à l'arrière-plan. Non pas que, pour lui, la force ait été absolument injuste, car on ne devait pas, écrivait-il exactement, « trouver mauvais qu'on brûlât les moissons, qu'on vidât les silos et enfin qu'on s'emparât des hommes sans armes, des femmes et des enfants. Ce sont là, suivant moi, des nécessités fâcheuses, mais auxquelles tout peuple qui voudra faire la guerre aux Arabes sera obligé de se soumettre ». [1] Mais enfin la chose était faite : désormais l'intervention devait cesser d'être militaire et prendre d'autres formes. Tocqueville souhaitait particulièrement voir s'établir une sorte de partenariat économique par lequel la France prendrait la direction d'activités économiques en Algérie et aiderait les populations locales à faire valoir, dans le cadre du marché libre, de la propriété privée et du libre-échange, les richesses de leur territoire.

Parallèlement, l'un des grands aspects de la colonisation de l'époque, à savoir l'envoi de populations sur place, paraissait à Tocqueville devoir devenir inévitablement la source de grands dangers. C'est ce qu'il évoquait dans une lettre de janvier 1858 où il évoque le cas de la colonisation de l'Inde par les Anglais. « Un point sur lequel je me permets d'avoir les plus grands doutes, écrivait-il, est l'utilité de favoriser l'introduction d'une population européenne. J'avoue que je considère un tel remède, pût-on l'appliquer, comme si dangereux que je serais tenté d'en revenir aux lois qui défendaient d'acheter de terres dans l'Inde. Il faut partir de ce point-ci dont vous partez vous-même : on ne peut retenir l'Inde qu'avec le consentement, au moins tacite, des Indous. Or, j'ai toujours remarqué que partout où on introduisait non des chefs européens mais une population européenne au sein des populations imparfaitement civilisées du reste du monde, la supériorité réelle et prétendue de la première sur les secondes se faisait sentir d'une façon si blessante pour les intérêts

---

[1] A. de Tocqueville, Travail sur l'Algérie, 1841 ; *Œuvres*, éd. Pléiade, t. I, p. 704.

individuels et si mortifiante pour l'amour-propre des indigènes qu'il en résultait plus de colère que d'aucune oppression politique. »[1]

Toutefois le motif premier, celui de l'influence française sur le monde, ainsi que son pendant nécessaire, à savoir le mépris pour les peuples extra-européens, étaient tous deux présents chez lui, et s'appliquaient autant aux peuplades d'Amérique, qu'aux barbares d'Algérie, qu'aux Asiatiques plongés dans l'immobilité. [2]

A la même époque, la position colonialiste gagnait des émules à l'intérieur du courant libéral français. Adolphe Blanqui, qui expliqua un jour à Lamartine avoir quitté le *Journal des économistes* après l'avoir fondé, « précisément parce qu'il faisait trop d'arithmétique et pas assez de charité »[3], en avait une curieuse conception, lorsqu'il s'agissait de peuples soi-disant non civilisés. Dans un rapport à l'Académie des sciences morales et politiques, il défendait la colonisation avec passion et une certaine absence de scrupules, recommandant l'éviction des populations locales en Algérie pour permettre l'introduction de modes de culture plus modernes. [4]

Gustave de Molinari lui-même, en route vers sa conception d'une société sans gouvernement, ne se refusait pas à un peu d'arbitraire, quand il s'agissait de fonder des colonies. Dès ses premiers écrits, il embrassa la position interventionniste de Lamartine, la présentant comme moderne et progressiste ; et ayant muri, et tourné ses regards vers les questions économiques, il trouvait encore dans les colonies un moyen fort commode d'améliorer le sort des classes laborieuses. « La colonisation, écrivait-il, est un des moyens les plus efficaces de remédier aux maux que causent de nos jours l'excessif développement de l'industrie et le perfectionnement rapide et instantané des agents de la production. Elle donnerait un emploi utile et des moyens d'existence assurés à ces populations malheureuses que les progrès incessants de la mécanique industrielle rejettent de l'atelier dans la rue et vouent sans espérance à une effroyable misère. »[5] Pour fonder ces colonies, les nations occidentales devaient s'approprier des terres occupées par les peuplades barbares,

---

[1] Lettre d'A. de Tocqueville à H. Reeve, 30 janvier 1858 ; *Œuvres complètes*, t. VI, vol. I, p. 363.

[2] Lettre d'A. de Tocqueville à H. Reeve, 12 avril 1840 ; *Œuvres complètes*, t. VI, vol. I, p. 58.

[3] Lettre d'A. Blanqui à A. de Lamartine, 22 février 1845 ; *Correspondance de Lamartine*, éd. Honoré Champion, t. IV, 2001, p. 513.

[4] Adolphe Blanqui, *Rapport sur la situation économique de nos possessions dans le nord de l'Afrique, etc.*, 1840.

[5] G. de Molinari, *Des moyens d'améliorer le sort des classes laborieuses. Colonisation. Éducation professionnelle. Bourses du travail*, 1844 ; *Œuvres*, t. I, p. 208.

ce qui impliquait la violence. « Ce n'est pas une petite entreprise que celle d'établir une société civilisée, une société industrieuse sur une plage vierge encore ou sur une terre dont la civilisation s'est depuis longtemps éloignée. Deux conditions sont, avant tout, nécessaires pour qu'un établissement social puisse prospérer : la sécurité et la salubrité. D'immenses travaux préparatoires doivent donc être accomplis dans la demeure future de la société coloniale ; il faut vaincre les hommes et dompter les éléments, soumettre des populations barbares et dessécher des marécages. »[1] Cependant le droit était du côté des civilisés, car tous « ces travaux préparatoires qui doivent précéder toute exploitation régulière sont coûteux ; souvent même ils absorbent des sommes énormes. Il ne serait pas juste qu'ils fussent accomplis gratuitement ; ils constituent donc le droit de propriété des nations qui les exécutent sur les régions mises en état d'être habitées et exploitées »[2]. Le fondement que Molinari donnait au droit de propriété des colonisateurs était pour le moins surprenant. S'il valait quelque chose il faudrait aussi l'appliquer au voleur de grand chemin qui, ayant attendu patiemment une victime toute une après-midi, pourrait bien aussi dire, en dévalisant le malheureux : il ne serait pas juste de me dénier ce droit, je n'ai pas pris une telle peine pour qu'ensuite la propriété ne me revienne pas. Toutefois Molinari maintenait sa position, enracinée dans un gonflement d'amour-propre national et dans une dévalorisation extrême des peuples étrangers, qui paraît avoir été un produit non désiré des effusions révolutionnaires. « Le défaut capital de la race nègre, écrit-il, défaut qui lui est commun avec toutes les races peu avancées en civilisation, avec l'Indien peau-rouge de l'Amérique du Nord comme avec le Germain du temps de Tacite, c'est la paresse. »[3] Et il ajoutait, sûr de son fait : « Cette maladie endémique des peuples primitifs ne se guérit que par le contact d'une population aux habitudes laborieuses. »[4]

À l'image de Charles Dunoyer[5], ou peut-être à sa suite, Molinari se permettait des jugements d'ensemble sur les races, simplistes et même extrêmement cavaliers, à partir d'une masse de faits qui nous paraissent à bon droit comme autant de préjugés, mais qui suffisaient certainement dans son esprit à rendre son opinion très solide. Les populations noires, bercées dans l'indolence, comme on vient de

[1] G. de Molinari, *La Réforme*, 9 juillet 1845 ; *Œuvres*, t. I, p. 364.

[2] *Ibid.*

[3] G. de Molinari, *Études économiques*, 1846 ; *Œuvres*, t. II, p. 281.

[4] *Ibid.*

[5] C. Dunoyer, *De la liberté du travail*, 1845, livre II, intitulé : « Influence de la race sur la liberté ».

le lire, convenaient peu au travail. De même, « ce ne sont point des travailleurs européens qu'il faut à nos colonies ; la race européenne, comme nul ne l'ignore, si ce n'est toutefois le gouvernement, est tout à fait impropre aux travaux de la terre dans les contrées tropicales. Il faut aux Antilles et à la Guyane une large importation de travailleurs d'Asie, Coulis ou Chinois ; il faut aux producteurs de sucre de nos colonies des travailleurs libres qui sachent et qui veuillent cultiver la canne à sucre moyennant un salaire raisonnable, modéré. Or nous le répétons, les populations libres du midi de l'Asie seules peuvent remplacer utilement pour cette culture les nègres esclaves. »[1]

De ceci découlait pour les peuples occidentaux une sorte de mission, celle de civiliser les non-civilisés, ce qui impliquait la conquête, car ces derniers « n'iront pas volontairement à la civilisation, il faudra que la civilisation vienne à eux »[2]. Et ainsi, la guerre que le même auteur s'était occupé à présenter comme une chose du passé, apparaissait comme tout à fait propre au présent, dans les relations avec les barbares. Car si, de manière générale, la guerre est une contradiction dans la civilisation du XIXe siècle, « en revanche, il est, nous nous hâtons de le reconnaître, une autre guerre qui est encore juste, légitime et nécessaire ; c'est celle que les peuples civilisés entreprennent pour étendre le domaine de la civilisation ; c'est la guerre que les Anglais ont entreprise dans l'Inde et les Français en Afrique. C'est une guerre d'agression, il est vrai, mais c'est une guerre sainte, car elle a pour but définitif d'élever la condition matérielle et morale des peuples demeurés jusqu'à ce jour en dehors de la civilisation. »[3]

Au même moment, un autre auteur goûtait peu cette guerre sainte et cette profusion de prétextes pour défendre la rapacité et la violation des droits. Pour Frédéric Bastiat, la colonisation n'était qu'une vaste erreur, « la plus funeste des illusions qui ait jamais égaré les peuples. »[4] Sous-produit des sophismes les plus enracinés, elle représentait une énième manifestation de cet éternel outrage qui s'appelle la spoliation. Ainsi disait-il que « la spoliation au dehors s'appelle guerre, conquêtes, colonies. La spoliation au dedans se nomme impôts, places, monopoles. Les aristocraties civilisées se livrent généralement à ces deux genres de spoliation ; les aristocraties barbares sont obligées de s'interdire le second par une raison

[1] G. de Molinari, *Le Courrier français*, 10 août 1846 ; *Œuvres*, t. III, p. 252-253.
[2] G. de Molinari, *Études économiques*, 1846 ; *Œuvres*, t. II, p. 279.
[3] G. de Molinari, *Le Courrier français*, 29 mars 1846 ; *Œuvres*, t. II, p. 480-481.
[4] F. Bastiat, À MM. les électeurs de l'arrondissement de Saint-Sever, 1846 ; *Œuvres*, t. I, p. 475.

bien simple, c'est qu'il n'y a pas autour d'elles une classe industrieuse à dépouiller. »[1] À cause de la prégnance des préjugés et des
sophismes, les esprits restaient généralement égarés : se refusant à
voir la colonisation ou la guerre sous sa véritable face, les hommes
donnaient du prestige à certaines formes de spoliation, pour n'en
flétrir et n'en combattre que quelques-unes. En particulier, la spoliation extérieure était encore approuvée par les contemporains.
« Quand elle se passe d'individu à individu, elle se nomme vol et
mène au bagne ; quand c'est de nation à nation, elle prend nom
conquête et conduit à la gloire. »[2] Bastiat n'eut de cesse d'en démontrer l'immoralité et la fausseté. Œuvrant surtout en économiste, il
insistait particulièrement sur les effets ruineux des colonisations.
« Montrez-moi, écrivait-il, un peuple se nourrissant d'injustes idées
de domination extérieure, d'influence abusive, de prépondérance, de
prépotence ; s'immisçant dans les affaires des nations voisines, sans
cesse menaçant ou menacé ; et je vous montrerai un peuple accablé
de taxes. »[3] En dehors de ce terrain, il blâmait la violation du droit et
critiquait le fait que les Français, qui verraient mal qu'une nation
étrangère vienne leur dicter la loi sur leur territoire, ne se refusaient
pas le plaisir de le faire chez d'autres. « Comment en sommes-nous
venus à nous imaginer que le cœur humain n'est pas partout le
même ; qu'il n'a pas partout la même fierté, la même horreur de la
dépendance ? »[4] s'interrogeait-il. « Quel motif d'ailleurs, demandait-
il encore, ont les classes laborieuses françaises et russes de s'entr'-
égorger ? Est-ce parce que les malheureux russes sont encore soumis
au régime du knout ? Faut-il les tuer pour leur apprendre à vivre ? »[5]
Et lui se moquait des préjugés et des condamnations portées de
peuples à peuples, s'en jouant. « L'on assure que tous les musulmans
sont œnophobes, les barbares, écrit-il plaisamment ! Je me suis
même demandé souvent s'ils ignorent le médoc parce qu'ils sont
mécréants, ou, ce qui est plus probable, s'ils sont mécréants parce
qu'ils ignorent le médoc. »[6] En humaniste, il renvoyait dos à dos les
barbares prétendument civilisés et les civilisés prétendument barbares.
   Le contraste entre les positions des différents auteurs, dès cette
époque, c'est-à-dire au milieu du XIXe siècle, était particulièrement
vif, et il aurait certainement été vain de prétendre maintenir ce débat

[1] F. Bastiat, *Cobden et la Ligue*, 1845 ; *Œuvres*, t. III, p. 11.
[2] F. Bastiat, *Sophismes économiques*, 2e série, 1848 ; *Œuvres*, t. IV, p. 131.
[3] F. Bastiat, *Paix et liberté*, 1849 ; *Œuvres*, t. V, p. 411.
[4] F. Bastiat, *Paix et liberté*, 1849 ; *Œuvres*, t. V, p. 452.
[5] F. Bastiat, *Le Courrier français*, 10 novembre 1846 ; *Œuvres*, t. VII, p. 156.
[6] F. Bastiat, *Sophismes économiques*, 2e série, 1848 ; *Œuvres*, t. IV, p. 200.

en dehors des pages de la grande publication collective des libéraux du temps, à savoir le *Journal des économistes*. Bien au contraire, il s'y retrouve, éclatant, et dès le premier numéro. Comme bon nombre de ses collègues rédacteurs dans la revue de Guillaumin, Louis Reybaud considérait que le peuple français, à l'image du peuple anglais, était appelé à développer son influence partout dans le monde. « Il y a quelques inconvénients attachés à ce rôle, reconnaissait-il, comme un gage donné à ses contradicteurs ; mais aussi que de gloire ! Laisser partout son empreinte, sa langue, ses mœurs, sa nationalité, est une ambition digne d'un grand peuple, et cette tâche, que la nature semble lui avoir déléguée, ne saurait être désavouée par la science. »[1] Regrettant que « le principe des colonisations ne jouit pas encore, auprès des économistes, de toute l'estime qu'il mérite »[2], Reybaud faisait, comme Molinari, la promotion de l'envoi aux colonies de l'excédent de population française comme d'une solution pratique de grande valeur. « L'expatriation, affirmait-il, est une propagande de la civilisation contre la barbarie »[3], et à ce titre elle était autre chose qu'une saine politique économique : elle était un impératif moral. Il en allait cependant bien autrement dans l'esprit de quelques autres. Pour Joseph Garnier, le système colonial n'était en vérité rien d'autre qu'un « énorme préjugé »[4]. De même, d'après Charles Dunoyer, la colonisation que quelques-uns osaient proposer devait s'avérer pleine d'embuches et de déceptions futures ; c'était en somme pour lui s'y prendre tout à fait de travers. « Ce n'est pas avec les populations de pacotille nées dans les grands centres industriels qu'on ira fonder au loin de nouveaux peuples »[5] clama-t-il dans le *Journal des économistes*.

Plus tard, la grande publication de Guillaumin oscilla entre les prises de position favorables et contraires à la politique colonialiste. Parmi les promoteurs se trouvait Horace Say qui, dans un article daté du mois d'août 1854, commenta les récents développements des relations entre les États-Unis et le Mexique. Il y expliquait comment, emporté par la fougue de ses pionniers, le peuple américain entretenait des visées sur son voisin du sud. L'auteur considérait que c'était là le rôle de l'Américain, laborieux, industrieux, de s'annexer le

---

[1] L. Reybaud, « Coup d'œil sur le cours de M. Rossi », *Journal des économistes*, janvier 1842, p. 193.

[2] *Ibid.*, p. 195.

[3] *Ibid.*

[4] J. Garnier, « Exposition des produits de l'industrie », *Journal des économistes*, juillet 1844, p. 341.

[5] C. Dunoyer, « Des objections qu'on a soulevées contre la concurrence », *Journal des économistes*, janvier 1842, p. 141.

Mexique pour entreprendre de le défricher et de le développer. « Toute peuplade indigène occupant un territoire fertile, sans savoir le mettre en culture, doit céder la place à plus habile qu'elle. Si la question d'équité est plus ou moins consciencieusement soulevée, on a toujours une réponse prête : Piochez avec nous, assimilez-vous par le travail aux hommes civilisés ; ou cédez-nous vos droits, vendez vos terres. »[1] Les États-Unis pouvaient donc bien, selon lui, conquérir le Mexique et l'annexer : ce serait un pas de plus fait dans la grande lutte de la civilisation contre la barbarie. Il n'y avait guère de scrupules à avoir, d'autant qu'« il n'y a guère à penser que les Anglo-Saxons reviennent sur leurs pas pour conquérir l'Europe ».[2]

Avant qu'autour d'Yves Guyot, une position anticolonialiste ferme ne se consolide, les contradicteurs restaient épars et leur voix bien faible, ceux-ci n'étant pas parvenu encore à rallier les grandes notoriétés. À partir de 1870, l'une des figures montantes du libéralisme français, Paul Leroy-Beaulieu, se présenta même comme un authentique colonialiste, et fit de cette question un sujet primordial.

Pour Leroy-Beaulieu, la colonisation était une mission première, une politique presque vitale, hautement morale, et qui pouvait seule soutenir la volonté de grandeur de la France. « Un peuple qui veut être grand doit déborder au dehors » avait-il dit dans le programme de son journal, L'Économiste français.[3] Au siècle des Lumières, la France avait rayonné par la pensée, par les lettres ; ce n'était toutefois pas sa destinée au XIXe et au XXe siècle, soutenait l'auteur, car la grande affaire du temps moderne devait être, dans ses termes, « la prise de possession du monde »[4], autrement dit la colonisation.

Le langage qu'il employait risque de choquer : c'est un signe qu'on peut dire positif, qui marque la distance à laquelle nous nous tenons désormais de ces thèses. Leroy-Beaulieu soutenait en préalable que le faible espace occupé par les nations civilisées sur le globe était une irrégularité. « Il n'est ni naturel ni juste, écrivait-il, que les civilisés occidentaux s'entassent indéfiniment et étouffent dans les espaces restreints qui furent leur première demeure, qu'ils y accumulent les merveilles des sciences, des arts, de la civilisation, et qu'ils laissent la moitié peut-être du monde à de petits groupes d'hommes ignorants, impuissants, vrais enfants débiles, clairsemés sur des superficies incommensurables, ou bien à des populations décrépites, sans énergie, sans direction, vrais vieillards incapables de tout effort,

---

[1] H. Say, « Les États-Unis et le Mexique », *Journal des économistes*, août 1854, p. 216.
[2] *Ibid.*, p. 222.
[3] P. Leroy-Beaulieu, « Programme », *L'Économiste français*, 19 avril 1873.
[4] P. Leroy-Beaulieu, *L'État moderne et ses fonctions*, 2e éd., 1891, p. 48.

de toute action combinée et prévoyante. »[1] Ces peuples n'avaient aucune initiative, aucune force morale et productive, et le monde resterait un désert s'il leur restait confié. « On peut croire que si l'on abandonnait pendant plusieurs milliers d'années encore l'Afrique équatoriale ou tropicale aux seules impulsions de ses habitants, on la retrouverait, au bout de ces milliers d'années, exactement ce qu'elle est aujourd'hui, sans une meilleure exploitation des richesses naturelles, sans un supérieur développement des arts. Il est aussi des races qui semblent incapables d'un développement intellectuel spontané : si l'Amérique du Nord et l'Australie n'avaient dû être découvertes qu'en l'an 3000 ou l'an 4000, au lieu de l'avoir été l'une à la fin du XVe, l'autre à la fin du XVIIIe siècle, il est probable qu'on eût trouvé les habitants de ces énormes terres exactement dans la situation où les virent les premiers Européens ; ils auraient eu 12, 15, 20 ou 25 siècles de plus pour perfectionner leur société, leurs arts, leur esprit ; mais ils ne semblent pas porter en eux-mêmes le germe d'un développement personnel ou social au-delà de la chétive situation où ils étaient arrivés. »[2] En considération de cet état de fait, et de ces hypothèses, qui paraissaient très solides à l'auteur, Leroy-Beaulieu appelait à une action de la part du monde civilisé. « L'intervention des peuples civilisés dans les affaires de ces deux catégories de populations se justifie comme une éducation ou comme une tutelle »[3], l'objectif étant, comme dans l'éducation parentale, de lancer dans le monde un être complet et capable d'y jouer son rôle. Néanmoins notre auteur ne concevait pas cette tutelle comme provisoire. « C'est une question de savoir, disait-il — mais que l'avenir seul pourra trancher — si, après avoir inculqué, par exemple, par la bienveillance, par une direction équitable, leur civilisation à ces peuples enfants ou à ces peuples décrépits, les nations européennes pourraient retirer leur main conductrice, sans que, au bout d'un certain nombre de dizaines d'années, les peuples ainsi relevés, éduqués, puis soudain abandonnés, revinssent à leur situation première. »[4] Ainsi, au bout de sa réflexion, se trouvait ces conséquences inquiétantes, d'une mainmise de l'Occident sur le monde, sans terme fixe imaginé comme terme final. « Il y a une certitude, disait-il, c'est que dans ces pays la civilisation doit être importée de l'extérieur ; il y a un point incertain, conjectural, c'est celui de savoir si, une fois importée de l'extérieur et maintenue pendant un ou deux siècles, la civilisation

---

[1] P. Leroy-Beaulieu, *L'État moderne et ses fonctions*, 2e éd., 1891, p. 427.
[2] *Ibid.*, p. 428.
[3] *Ibid.*, p. 427.
[4] *Ibid.*, p. 428.

pourrait se conserver d'elle-même, après la rupture de tout lien politique avec le peuple civilisateur. L'exemple de ce qu'est devenue
l'Afrique du Nord, quoique beaucoup de sang romain s'y fût infiltré,
quand s'est rompu le lien politique avec Rome, est de nature à donner des inquiétudes. Si la civilisation peut ainsi se maintenir d'elle-
même par la force acquise, la colonisation n'est qu'une éducation
passagère des peuples inférieurs par les peuples supérieurs ; elle doit,
toutefois, avoir une durée qui s'étende à plusieurs générations humaines, parce que l'éducation d'un peuple nécessite toute une série
de générations. Alors la colonisation ne serait qu'une tâche tempo-
raire ; ce n'en serait pas moins une grande tâche, dans l'état actuel
du monde, qui s'imposerait aux peuples riches en capitaux et en
lumières. Si, au contraire, la civilisation, quoique enseignée à certaines races, infusée dans certains climats, n'y peut être indéfiniment
conservée, sans une certaine permanence d'action de la puissance
extérieure civilisatrice, alors la colonisation, sous la forme adoucie
du protectorat, serait destinée à avoir une durée indéfinie. »[1]

Paul Leroy-Beaulieu avait tout de même pour lui le mérite de ne
pas promouvoir la sauvagerie, l'esclavage ou la tyrannie ; c'est un
petit mérite, mais il ne doit pas compter pour rien. Ainsi, la colonisation devait s'opérer d'après lui d'une manière essentiellement douce.
« Il convient de tâcher d'établir sa direction politique en froissant le
moins possible les populations indigènes, en les formant graduellement, en respectant leurs droits, en évitant les guerres »[2]. « Nous ne
saurions trop insister, disait-il encore, sur ce que la colonisation doit
s'inspirer des principes d'humanité ; qu'explorateurs, administrateurs, colons, doivent traiter avec bienveillance les populations indigènes ; que l'État colonisateur doit être pour celles-ci un patron et un
tuteur, doux et dévoué »[3]. C'était là, on s'en doute, des vœux pieux,
sans grande substance, car on a toujours recours à la force quand on
veut maintenir ou développer un état de fait qui blesse les sentiments
et les intérêts.

Tout au rebours de cette position était celle de maints auteurs du
Journal des économistes et de maints représentants du libéralisme français. L'un d'eux, Yves Guyot, fit de l'anticolonialisme un sujet de
préoccupation majeur. Son indépendance d'esprit et son courage ne
le forçaient pas à s'embarrasser de ménagements, ou à taire ses
convictions, pour ne pas faire de remous sur une question contro-
versée. Au contraire, reconnaissant que « la question à laquelle on a

[1] P. Leroy-Beaulieu, *L'État moderne et ses fonctions*, 2ᵉ éd., 1891, p. 429.
[2] *Ibid.*, p. 433.
[3] P. Leroy-Beaulieu, *L'État moderne et ses fonctions*, 3ᵉ éd., 1899, p. 458.

donné le nom de 'politique coloniale' est aujourd'hui la principale préoccupation de la France »[1], il croyait, en intellectuel, devoir se prononcer et suivre en tout ses convictions, quelque accueil qu'on leur fît. D'après lui, le procédé colonial était rempli de vices : immoral dans sa conception, il était même une imposture examiné dans ses résultats. Lui plaçait les faits bruts devant la face des lecteurs, leur demandant d'observer comment les Français s'avancent ininvités dans un pays, y font du tapage, et « quand la vengeance est décidée, alors ont lieu 'les bombardements intelligent' ; on tire sur des ennemis désarmés ou armés ridiculement, comme sur des lapins. Cela s'appeler 'relever le prestige de la France'. Une escarmouche prend l'importance d'une bataille. Les protectorats sont imposés à coups de fusil. On appelle cela travailler à 'l'expansion de la race française', 'ouvrir des débouchés à notre industrie', 'remplir la mission civilisatrice qui incombe aux races supérieures à l'égard des races inférieures'. »[2] Après le premier établissement, toujours peu honorable, les Français colonisateurs se retrouvent sur des terres étrangères, paralysés par le climat et les maladies qui font des ravages dans une population non préparée, et dès lors les colonies apparaissent comme mortes. « La plus grande partie de notre domaine colonial n'a qu'un malheur qui ressemble à celui de la jument de Roland, qui avait toutes les qualités et un seul défaut : celui d'être morte. »[3] L'économie française qu'on prétendait soutenir, n'y trouvait qu'un médiocre débouché ; et les nations qu'on prétendait relever de la médiocrité, mettaient d'abord des années pour se remettre des blessures imposées par la conquête, avant de se trouver à la merci de bienfaiteurs supposés, qui ne lui faisaient aucun bien.

Au Tonkin (nord Viêt Nam), par exemple, la colonisation française paraissait tourner au ridicule. Ce n'était partout qu'administration dépensière, amateurisme, clientélisme, le tout sans système, avec des manœuvres politiques à courte vue, créatrices de chaos, d'anarchie plutôt que d'ordre. Guyot n'y pardonnait pas non plus les mauvais traitements, l'usage de la « cadouille », le bâton, comme mode d'obtention de l'autorité, chez des représentants français qui, « une mission civilisatrice pour cocarde »[4], s'affichent comme les détenteurs de plus hautes valeurs morales. « Voilà où nous en sommes dans l'extrême Orient. Le gaspillage dans notre armée et notre marine, nous qui prétendons aller là-bas pour établir l'ordre

[1] Y. Guyot, *Lettres sur la politique coloniale*, 1885, p. iii.
[2] Y. Guyot, *La politique coloniale de M. Jules Ferry*, 1885, p. 4.
[3] *Ibid.*, p. 5.
[4] Y. Guyot, « L'anarchie au Tonkin », *La Lanterne*, 23 juin 1886.

dans les finances ! Des procédés barbares, nous qui prétendons aller y porter les bienfaits de la civilisation ! »[1] Dès lors, la conclusion générale s'imposait pour Guyot que « nos colonies sont un débouché non pas pour notre industrie et notre commerce, mais pour l'argent des contribuables. Nous y jetons les millions du contribuable ; puis le commerce va en chercher une partie et la rapporte : et après avoir ainsi pris aux uns pour donner aux autres, nos gouvernants s'écrient qu'ils ont fait aller le commerce. C'est ce que M. Jules Ferry appelle naïvement 'sa théorie des débouchés'. »[2] De même, l'état de guerre permanent dans lequel elle maintenait la France, au sujet de possessions qui ne méritent guère l'intérêt et qui blessaient les droits, était une autre face de l'imposture coloniale. « Nos colonies, écrivait-il, ne nous ont servi qu'à nous engager dans des guerres, et nos guerres ne nous ont servi qu'à perdre nos colonies. »[3]

En fin politique (il fut conseiller municipal, député, ministre) Guyot faisait encore usage d'un argument de sécurité nationale, à savoir que la colonisation distrayait des forces que le pays devait employer en entier pour la protection de ses propres frontières, dans un contexte européen explosif. « La France est une puissance continentale : l'expérience de 1870 doit le lui rappeler. Avant de songer à conquérir d'autres peuples, elle doit assurer sa sécurité en Europe. »[4] Telle était, telle devait être l'exigence et l'objectif premier des hommes véritablement patriotes et véritablement intéressés par la grandeur de leur pays. La voie des colonisations, elle, ne menait à rien. « Certes, écrivait Guyot, je suis convaincu que beaucoup de gens, de très bonne foi, s'imaginent que la politique coloniale de sang, de guerre, de ravages, de bombardement, de spoliation est une politique vraiment patriotique ; que nos généraux et amiraux rendent de grands services à notre industrie et à notre commerce, et que les hommes d'État qui se lancent dans cette aventure font de la grande politique. Je considère au contraire leur politique comme aussi étroite qu'immorale ; comme aussi myope que nuisible à notre patrie ; comme aussi imprévoyante au point de vue intérieur et extérieur que rétrograde. À la politique de fracas, nous devons opposer la politique de résultats. Selon moi, de tous les échanges les coups sont le plus mauvais. Mes solutions se résument donc dans cette phrase : Faire exactement le contraire de ce qu'on a fait et de ce

[1] Y. Guyot, « L'anarchie au Tonkin », *La Lanterne*, 23 juin 1886.
[2] Y. Guyot, *La politique coloniale de M. Jules Ferry*, 1885, p. 19.
[3] Y. Guyot, *Lettres sur la politique coloniale*, 1885, p. 285.
[4] Y. Guyot, *La politique coloniale de M. Jules Ferry*, 1885, p. 27.

qu'on fait. »[1] Conclusion qui aurait pu s'exprimer aussi de la manière suivante : faire exactement le contraire de ce que disent Leroy-Beaulieu et quelques-uns de mes autres collègues ; ce qui, avouons-le, méritait d'être signalé, au milieu de l'histoire du libéralisme français, conçu comme tradition intellectuelle cohérente.

À certains égards, la religion, comme le féminisme et comme le chauvinisme, sont capables d'une acceptation intérieure, même chez un intellectuel ; car dans son âme, c'est-à-dire en tant qu'homme, il peut croire à certains dogmes ou à d'autres, ou les refuser tous d'un même geste, de même qu'il peut porter sur le sexe féminin le jugement qu'il lui plaît, admirer sa nation et dépriser les autres, et jusqu'à certaines limites nous n'avons pas à nous en intéresser. À ce stade, l'affaire dépend du jugement et de la sensibilité de chacun. Ce qui importe toutefois, c'est que ces domaines entrent incidemment dans ses réflexions, lorsqu'il envisage les problèmes qu'ils posent du point de vue social, politique ou économique. Dès lors sa pensée devient extérieure, publique, et nous interpelle, s'offrant à nos jugements.

On sait comment, au XVIIe et au XVIIIe siècles, la tolérance religieuse domina les esprits, avant de s'imposer dans les lois. Au moment où le siècle tout entier se convertit à ces idées, il n'est guère étonnant que les libéraux eux-mêmes, et quelles que soient les divergences de leur foi intérieure, aient tous embrassé cette même doctrine. Ici les sceptiques et les dévots se tiennent la main, les catholiques et les protestants s'unissent. C'est le temps de la concorde et de la rigueur du principe. Pour Turgot, qui développe une opinion commune, les religions n'ont droit qu'à la liberté. « Aucune religion n'a droit à une autre protection que la liberté, et elle perd ce droit quand ses dogmes ou son culte sont contraires à l'intérêt de l'État. »[2] Il arrive cependant qu'une religion, jouissant de la tolérance, énoncent des dogmes qui paraissent irrecevables. « S'il y a dans une religion un dogme qui choque un peu le bien de l'État, dit Turgot, il est fort rare que l'État en ait rien à craindre, pourvu que ce dogme ne renverse pas les fondements de la société ; que les règles du droit public bien établies, bien éclaircies, et le pouvoir de la raison ramèneront plutôt les hommes au vrai que ne le feraient des lois par lesquelles on attaquerait des opinions que les hommes regarderaient comme sacrées ; que, si la persécution ne presse pas le ressort

[1] Y. Guyot, *Lettres sur la politique coloniale*, 1885, p. 332-333.
[2] Turgot, Première lettre à un grand vicaire sur la tolérance, 1753 ; *Œuvres*, t. I, p. 345.

du fanatisme, la fausseté du dogme deviendra dans l'esprit des gens sages, contre cette religion, une démonstration qui la minera à la longue, et fera écrouler de lui-même un édifice contre lequel toutes les forces de l'autorité se seraient brisées ; qu'alors, pour l'intérêt même de cette religion et pour se justifier à eux mêmes leur croyance, ses ministres seront forcés de devenir inconséquents, et de donner à leurs dogmes des adoucissements qui les rendront sans danger. »[1]

Cependant il fallait une religion au peuple. Mirabeau dit que l'athéisme n'est qu'une « platitude de l'orgueil humain désœuvré »[2]. Turgot, sans en venir là, craint que certains villages se retrouvent sans religion, et donc sans instruction, et par conséquent il voudrait qu'il y ait une religion protégée, afin que la nation ne cesse pas d'être religieuse. « Je crois donc que l'État doit, parmi les religions qu'il tolère, en choisir une qu'il protège »[3]. Les religions qui ne seraient pas protégées, n'en jouiraient pas moins de la liberté ; même celles, comme on l'a vu, qui blessent un peu les conceptions courantes. « Par exemple, soutient Turgot, une religion qui mettrait des obstacles au nombre et à la facilité des mariages, une religion qui aurait établi un grand nombre de dogmes faux et contraires aux principes de l'autorité politique, et qui en même temps se serait fermé la voie pour revenir de ses erreurs qu'elle aurait consacrées, ou qu'elle se serait incorporées, ne serait pas faite pour être la religion publique d'un État : elle n'aurait droit qu'à la tolérance. »[4]

La difficulté qu'il y avait à concilier la tolérance pour toutes les religions, avec les atteintes portées aux lois par certaines d'entre elles, ou par certains groupements (on pense aux Jésuites), ne disparût pas au XIXe siècle. La gradation, d'une religion protégée ou officielle, à une religion d'État, à une religion financée par l'État, soulevait également des interrogations. Benjamin Constant se disait favorable à ce que l'État salarie tous les grands cultes, écrivant qu'« il en est de la religion comme des grandes routes : j'aime que l'État les entretienne, pourvu qu'il laisse à chacun le droit de préférer les sentiers. »[5] Pierre Daunou, au contraire, entendait borner la participation matérielle de l'État à une seule religion nationale. « Un culte professé depuis plusieurs siècles, par le plus grand nombre des habi-

[1] Turgot, Première lettre à un grand vicaire sur la tolérance, 1753 ; Œuvres, t. I, p. 345.

[2] Marquis de Mirabeau, Des Devoirs, 1780, p. 313.

[3] Turgot, Première lettre à un grand vicaire sur la tolérance, 1753 ; Œuvres, t. I, p. 346.

[4] Ibid., p. 347.

[5] B. Constant, Principes de politique ; Œuvres, t. IX, p. 835.

tants, disait-il, peut avoir, et par sa propre nature, et par de si longues habitudes, assez de relations avec la morale publique pour mériter qu'on le place au nombre des institutions propres à la maintenir. »[1] Cela emportait la contribution financière de tous, à une religion dont certains ne croyaient pas, et à cette objection-là, Daunou apportait une justification qui paraîtra peut-être un peu légère. « Les frais du culte déclaré national sont supportés par tous les habitants, y compris ceux qui ne la professent point. Cette condition, qui pourrait sembler dure, si ces frais devenaient énormes, résulte immédiatement de l'hypothèse d'une religion de l'État ; et l'obligation de contribuer à cette dépense est incontestable, comme celle de s'abstenir de tout acte attentatoire au plein exercice de ce culte dans l'intérieur de ses temples. »[2] Il maintenait néanmoins, du moins en apparence, la liberté totale pour toute religion. « Nous ne raisonnons point, écrivait-il, dans l'hypothèse d'une religion exclusive, et de l'interdiction absolue de toutes les doctrines hors une seule, de tous les cultes hors celui que l'État préfère. Nous supposons, au contraire, que chacun professe sa religion particulière *avec une égale liberté*, et obtient pour son culte *la même protection*. »[3] Et plus loin il répétait encore vouloir « que le culte privilégié, entretenu aux frais de tous les citoyens, même de ceux qui ne le professent pas, ne restreigne en aucun sens, ni en aucune manière, la liberté des autres croyances religieuses quelconques. »[4]

Une difficulté surgissait cependant à l'horizon : le cas de l'Islam. Il faut rappeler qu'à toutes les époques, la haine contre cette religion a été assez courante, et que *mahométisme* (comme on disait) et christianisme étaient tenus pour irréconciliables. Déjà Montaigne écrivait en son temps que « quand Mahumet promet aux siens un paradis tapissé, paré d'or et de pierreries, peuplé de garses d'excellente beauté, de vins, et de vivres singuliers, je voy bien que ce sont des moqueurs qui se plient à nostre bestise, pour nous emmieller et attirer par ces opinions et esperances, convenables à nostre mortel appetit »[5], et je précise que *garce*, courant chez Montaigne et Rabelais, aucunement une insulte, ne voulait dire encore alors que « jeune fille ». De même, au XIXe siècle, Pierre Daunou disait qu'« en regardant Mahomet comme un imposteur, et son Alcoran comme un amas d'absurdités, j'obéis à une conviction intime dont je ne suis

[1] P. Daunou, *Essai sur les garanties individuelles que réclame l'état actuel de la société*, 1819, p. 116.
[2] *Ibid.*, p. 117-118.
[3] *Ibid.*, p. 125-126.
[4] *Ibid.*, p. 241.
[5] Montaigne, *Essais*, II, xii ; éd. Pléiade, p. 546.

aucunement le maître »[1], et Tocqueville, qui a sur les deux autres l'avantage d'avoir véritablement lu le Coran, écrivait à son tour : « Les tendances violentes et sensuelles du Coran frappent tellement les yeux que je ne conçois pas qu'elles échappent à un homme de bon sens. Le Coran est un progrès sur le polythéisme en ce qu'il contient des notions plus nettes et plus vraies de la divinité et qu'il embrasse d'une vue plus étendue et plus claire certains devoirs géné-raux de l'humanité. Mais il passionne et sous ce rapport je ne sais s'il n'a pas fait plus de mal aux hommes que le polythéisme, qui n'étant un ni par sa doctrine ni par son sacerdoce ne serrait jamais les âmes de fort près et leur laissait prendre assez librement leur essor. Tandis que Mahomet a exercé sur l'espèce humaine une immense puissance que je crois, à tout prendre, avoir été plus nuisible que salutaire. »[2] Toutefois, ces théoriciens de la liberté civile et politique ne s'en émouvaient guère. Pour Benjamin Constant, une religion contraire à la liberté n'en doit pas moins jouir de la liberté. « Lorsqu'un peuple, qui veut être libre, croit reconnaître dans une croyance l'ennemie de sa liberté, il est disposé à persécuter cette croyance. Il a tort. Il suffi-rait de l'empêcher d'être dominante et de la placer sur le pied d'égalité sur lequel doivent être rangés tous les cultes. En perdant sa suprématie, elle cesserait d'être dangereuse tandis que la proscrip-tion, soulevant en sa faveur toutes les passions généreuses de notre nature, la rend plus redoutable en la rendant plus intéressante. »[3] Et Daunou soutient de même que « dès qu'il y a moyen de proscrire une doctrine, il est toujours plus probable que la fausse proscrira la vraie »[4], de sorte que la liberté reste en tout temps la conduite la plus sage.

Ces auteurs, toutefois, considéraient la religion sous un jour fa-vorable. À l'instar de Frédéric Bastiat, pour qui la liberté « est un acte de foi en Dieu et en son œuvre »[5], ils avaient pour les croyances des égards, étaient prêts à des aménagements, trop bien convaincus de leur utilité. Même ceux qui, à l'instar de Mme de Staël, pronon-çaient leur préférence pour le protestantisme[6], se rangeaient néan-moins à cette opinion première, que la religion était fondamentale-

---

[1] P. Daunou, *Essai sur les garanties individuelles*, 1819, p. 68.

[2] Lettre d'A. de Tocqueville à L. de Kergolay, 21 mars 1838 ; *Œuvres*, t. XIII, vol. II, p. 28-29.

[3] B. Constant, *Éloge de Sir Samuel Romilly*, 1818 ; *Œuvres*, t. XV, p. 253.

[4] P. Daunou, *Essai sur les garanties individuelles que réclame l'état actuel de la société*, 1819, p. 76.

[5] F. Bastiat, *La Loi*, 1850 ; *Œuvres*, t. IV, p. 393.

[6] G. de Staël, *Considérations sur les principaux évènements de la Révolution française*, 1818, p. 22.

ment un bien. Avant de déchirer les trois grands de la fin du siècle, à savoir Gustave de Molinari, Paul Leroy-Beaulieu et Yves Guyot, cette idée première fut déjà refusée par Jean-Baptiste Say. Les mérites de la religion en général, et du christianisme en particulier, étaient jugés par lui bien différemment. Dans son petit livre *Olbie*, puis dans les diverses éditions du *Traité* et du *Cours complet*, il professa ses doutes sur l'utilité des religions. « Les religions n'ont pas amélioré les mœurs du genre humain, écrivait-il dans *Olbie* ; c'est une vérité dont l'histoire offre malheureusement des preuves trop multipliées. Les temps de la plus grande dévotion ont toujours été les temps de la plus grande férocité, de la plus profonde barbarie ; les temps que chaque nation aurait voulu pouvoir effacer de ses annales. »[1] Il en concluait à la nécessité d'un financement entièrement privé des religions, par leurs adeptes mêmes, car il y avait de l'injustice à forcer des hommes à payer pour l'enseignement de croyances erronées. « L'enseignement religieux, rigoureusement parlant, ne devrait être payé que par les différentes sociétés religieuses ; car chacune de ces sociétés regarde comme des erreurs plusieurs des dogmes professés par toutes les autres, et trouve injustes les sacrifices qu'on lui impose pour propager ce qu'elle regarde comme des erreurs. »[2]

Nous apercevons bien, dès lors, que la grande fracture du libéralisme français de la fin du siècle, entre ceux qui admirent la religion et la présentent comme le soutien nécessaire de l'avancée vers la liberté, et ceux qui la condamnent, la moquent ouvertement et espéreraient qu'elle s'effaçât ou qu'elle n'eût pas existé, cette fracture n'était guère nouvelle à l'époque où Guyot, Molinari et Leroy-Beaulieu sont devenus les grands représentants du libéralisme français. Elle va prendre, toutefois, une nouvelle ampleur, les distinctions devenant plus marquées. Pour Guyot, libre-penseur, la religion est source de dégradation de l'homme et constitue un frein au progrès ; pour Molinari, au contraire, elle a été et sera encore à l'avenir la base solide d'une société libre et prospère, mais à condition qu'on procède à la séparation stricte de l'Église et de l'État, et que la religion devienne une affaire purement privée ; enfin, pour Leroy-Beaulieu, cette dernière réforme appellerait des ménagements, que ni Guyot ni Molinari n'acceptent de lui donner, et il critique la séparation de 1905, faite avec violence et idéologie.

---

[1] J.-B. Say, *Olbie, ou Essai sur les moyens de réformer les mœurs d'une nation*, 1799, p. 83.
[2] J.-B. Say, *Traité d'économie politique*, 2ᵉ édition, 1814, t. III, p. 275 ; *Œuvres*, t. I, vol. II, p. 963.

Pour Yves Guyot, en effet, la religion chrétienne, telle qu'il l'observe en France, est fondamentalement anti-libérale. « Dégagée des hypocrisies qui l'enveloppent, la doctrine chrétienne se résume en un mot : la servilité ! »[1] En effet, « que fait le christianisme ? Il dit à l'homme : Sois humble, aplatis-toi, ne pense pas, crois ! »[2] Présentant la prière, plutôt que le travail, comme source d'amélioration humaine, le christianisme fait de l'homme un quémandeur de grâce, qui est réduit à demander à une intervention divine les moyens de devenir meilleur. « Tâcher d'attirer sur soi un regard favorable de Dieu ; voilà le but du chrétien. Il s'humilie, se fait bien humble, bien petit, bien rampant ; nul comme lui n'a l'adoration toute orientale de la puissance. »[3]

Dès ses premières heures, soutient Guyot, cette religion a enseigné le mépris des richesses, l'autorité, le rabaissement de l'individu. Aussi se missionne-t-il de le rabaisser à son tour. Dans son *Étude sur les doctrines sociales du christianisme*, co-écrite avec Sigismond Lacroix, il raconte la vie et les doctrines de Jésus, sa métaphysique obscure, débitée « du haut du vertige où il s'était perdu »[4], enveloppée de mystères et de mystifications, « avec cette subtilité des gens ignorants »[5]. Les doctrines du messie ne sont pour lui qu'un ramassis de préjugés. « Étourdi de son succès, de son impunité, avec son inexpérience d'homme du désert, habitué à ce que sa parole ne rencontrât que des échos, il perd la notion de la réalité »[6], dit-il sévèrement. Et notre auteur continue en récusant ceux qui prétendent que le christianisme fut un progrès au point de vue social, en comparant les idées des disciples de Jésus à celles des philosophes du temps, sur les femmes, la condition du peuple, l'esclavage. Il en conclut au profond retard du christianisme en matière sociale. Le christianisme émit bien d'immenses promesses de fraternité, d'égalité, mais sa réalité fut très décevante. « Ses disciples ne cesseront de jouer avec cette équivoque : fraternité. Mais si, esclave, tu en réclames les bénéfices, on te répondra : fraternité, oui, mais en Dieu, après la nouvelle résurrection ! Égalité ? Mais ne t'avise pas de la vouloir, on te répondra : égalité, oui, mais en Dieu ! Communauté ? Oui, mais en Dieu ! Bonheur promis ? Ah ! naïf, que viens-tu de dire ? Ce monde n'est qu'une vallée de larmes : tu n'auras de bonheur que par-delà la

---

[1] Y. Guyot et S. Lacroix, *Étude sur les doctrines sociales du christianisme*, 1873, p. xxiv.
[2] *Ibid.*, p. 138.
[3] *Ibid.*, p. 148.
[4] *Ibid.*, p. 20.
[5] *Ibid.*, p. 25.
[6] *Ibid.*, p. 20.

tombe, s'il plaît à Dieu. »[1] Tout cela, analysé froidement, n'apparaît guère pour Guyot que comme une « immense duperie »[2] ; c'est « l'équivoque continuelle, l'hypocrisie constante, la tartufferie du christianisme dès le premier jour »[3], et rien n'est honnête ni noble dans « ce quiproquo, dans ce jeu de mots entre le ciel et la terre, dans ce tour de passe-passe »[4]. De même, rien n'apparaît plus insupportable, que cette prétention du christianisme à l'abolition de l'esclavage. « Ils disent que le christianisme a affranchi l'esclave, écrit Guyot ; pourquoi donc y a-t-il des esclaves d'église au cinquième siècle ? pourquoi y a-t-il des esclaves au douzième siècle ? Les derniers serfs affranchis, avant la Révolution, n'ont-ils pas été les serfs de l'Église ? Pourquoi donc au dix-septième siècle, Bossuet justifie-t-il l'esclavage ? Pourquoi donc les derniers pays d'esclaves sont-ils des pays catholiques : l'Espagne et le Brésil ? »[5]

Le christianisme, religion dominante en France, en avait pour son compte. Néanmoins, d'après Guyot, la religion, toutes les religions, étaient également des vestiges d'un temps révolu, que l'ère de la science devait clôturer. « La science, soutient-il en effet, sonde les mystères ; la religion les respecte. Elles ne peuvent ni s'entendre, ni se rencontrer : quand la science vient, les dieux s'en vont. »[6] Leur essence à toutes est anti-libérale. « Toute religion conclut au despotisme »[7], dit Guyot, et la religion chrétienne, à l'identique des autres, c'est « l'humanité à plat ventre »[8] : car « voilà ce qu'a fait le christianisme : il a jeté les peuples à plat ventre. À plat ventre devant Dieu, à plat ventre devant le prince ».[9]

En théoricien de la liberté humaine et en homme de progrès, Yves Guyot n'entendait guère subir plus longtemps le règne barbare et despotique des religions. Il savait trop que les autorités religieuses, dès qu'elles obtenaient quelque force, se faisaient persécutrices, à l'instar des chrétiens au pouvoir, à travers toute notre histoire. « Dès qu'ils sont forts, ils deviennent persécuteurs »[10] écrivait Guyot.

Dès lors, il devenait urgent de détruire la puissance religieuse : dans les esprits, en attaquant les dogmes et en favorisant la science,

---

[1] *Ibid.*, p. 69-70.
[2] Y. Guyot et S. Lacroix, *Étude sur les doctrines sociales du christianisme*, 1873, p. 70.
[3] *Ibid.*, p. 90.
[4] *Ibid.*, p. 70.
[5] *Ibid.*, p. 92-93.
[6] *Ibid.*, p. xix.
[7] *Ibid.*, p. 184.
[8] *Ibid.*
[9] *Ibid.*, p. 109.
[10] *Ibid.*, p. 60.

mais aussi dans les lois, par différentes réformes profondes. C'était d'abord et surtout la séparation de l'Église et de l'État. « Nous libres-penseurs du dix-neuvième siècle, dit Guyot, nous sommes blessés aussi de la vue de vos cathédrales, de vos églises, de vos pompes, chrétiens ! et nous le sommes avec d'autant plus juste raison que ce n'est point une religion que nous venons vous opposer, mais une certitude : vous nous forcez à les entretenir pour notre part propor-tionnelle, et cependant votre dieu, votre vierge, vos saints ne repré-sentent point notre patrie, comme les vieux dieux du Capitole. Eh bien ! nous ne demandons point qu'on les renverse 'parce qu'ils nous blessent les yeux'. Il est vrai que nous avons assez foi dans la vérité pour espérer qu'ils tomberont d'eux-mêmes en poussière. »[1] Dès lors le christianisme cessera d'être largement subventionné par la puis-sance publique, et d'être partout, avec ses églises et ses édifices in-nombrables. Dès lors il vivra par ses moyens et contribuera aux charges communes, car pour le moment, « quant à ses charges, il n'en a pas : il est exempt du service militaire, il en fait exempter tous ses acolytes. Les autres vont se faire tuer ; lui les exhorte, quelque-fois les enterre. »[2] Dès lors, surtout, la religion deviendra une affaire purement privée. « Chacun payera son prêtre comme son boulan-ger » disait notre auteur. [3] Yves Guyot défendit cette transformation dès ses tous premiers écrits, trente ans avant la mise en œuvre par la loi de 1905. En mai 1886, à peine entré à la Chambre des députés, il avait en outre déposé un projet de loi sur ce sujet qui, porté par trente-sept autres collègues, n'aboutit pas.

Il s'agissait également d'extirper du sol national les enclaves de soumission qu'on nomme proprement les *cloîtres*, toutes ces « mai-sons religieuses fondées sur la claustration, où des jeunes filles, pour des motifs de famille, tantôt par force, tantôt par captation intellec-tuelle, sont enterrées vivantes. »[4]

L'ambition était radicale, tout comme le langage. De l'autre côté du spectre, Gustave de Molinari et Paul Leroy-Beaulieu se faisaient de la religion une idée toute différente. Pour Molinari, tout au con-traire de son collègue Guyot, la religion, née d'un besoin naturel de l'homme, a accompagné le développement moral, intellectuel et économique de l'humanité, elle a servi de base nécessaire à l'amélioration humaine, étant vectrice d'ordre et de concorde. « Plus un peuple est religieux, écrit Molinari, mieux il observe les lois,

---

[1] Y. Guyot et S. Lacroix, *Étude sur les doctrines sociales du christianisme*, 1873, p. 51-52.
[2] *Ibid.*, p. 171-172.
[3] *Ibid.*, p. 181.
[4] Y. Guyot, préface à l'édition de la *Religieuse* de Diderot, 1886, p. xxiv.

moins aussi il a besoin de recourir à l'intervention du pouvoir tem-
porel pour les faire respecter. »[1] De là découlait d'ailleurs pour lui la
grande utilité des religions dans le futur des peuples : la religion
devait accompagner l'avancée vers une plus grande liberté, si l'on
entendait que l'application du libéralisme soit concluante. Tous les
systèmes économiques, eux-mêmes plus ou moins moraux, seraient
inopérants, disait-il, si les hommes n'étaient pas guidés par la religion, transformés, améliorés par la religion. Ainsi il était futile, pour
Molinari, de décrire les religions comme des choses du passé, con-
damnées par l'expérience, destinées à une mort certaine avec les
progrès de la science. Il s'en fallait de beaucoup, enfin, pour que les
religions puissent être tenues pour responsables des maux que
Guyot, notamment, imputait au catholicisme. « Si haut qu'on puisse
l'évaluer, écrivait Molinari, le passif des religions ne forme certainement pas la centième partie de leur actif. »[2] Cependant, en libéral,
il réclamait aussi la liberté, la propriété et la concurrence pour les
religions comme pour le reste. On s'illusionnerait, soutenait-il, si
l'on considérait que les vertus de la concurrence n'étaient valables
que pour la sphère matérielle et économique. L'action régulatrice
qu'elle effectue naturellement, en forçant les hommes à s'améliorer
constamment sous peine d'être exclu du marché, se retrouve tout
aussi bien dans le domaine intellectuel et moral. Ce n'est qu'aux
époques où le culte était libre que les religions ont tâché de rendre
leurs pratiques plus respectables, plus modernes et plus visiblement
utiles. Le croyant doit payer pour son église comme il paie pour son
journal ou pour sa société de chemin de fer. Cela passe, naturellement, par le préalable de la séparation de l'Église et de l'État et la fin
du financement public des religions. Et sur ce dernier point le désaccord s'ouvrait avec Leroy-Beaulieu, qui la soutenait également, mais
espérait qu'elle puisse se faire avec des ménagements, des transitions, et qui critiquait la manière brutale et dogmatique avec laquelle
la loi de 1905 l'avait finalement accomplie. « Au lieu d'être réfléchie
et équitable, disait-il, cette mesure a été une œuvre de passion et de
violence. »[3] Même à l'intérieur du camp des libéraux favorables aux
religions, les disparités restaient fortes et empêchaient toute coali-
tion. Les débats paraissaient éternels, et l'union impossible.

---

[1] G. de Molinari, *Religion*, 1892, p. 32.
[2] *Ibid.*, p. 339.
[3] P. Leroy-Beaulieu, *L'État moderne et ses fonctions*, 4ᵉ édition, 1911, p. 306.

CHAP. VIII. — ÉTERNELS DÉBATS

Partie 2 : Les singularités doctrinales

Dans l'examen de questions sensibles, sociales ou sociétales, peu consensuelles d'elles-mêmes, les cheminements individuels n'étonnent guère, même au sein d'un mouvement intellectuel qui tranche avec le paysage ambiant et dont le succès paraît conditionné à son unité. Que ces originalités se retrouvent encore dans des questions comme le pacifisme ou l'éducation, où l'on espérerait une doctrine commune, doit davantage nous marquer. Ce sera l'objectif de ce chapitre que d'en prendre la mesure, pour juger de l'hétérogénéité réelle du courant libéral français dans son ensemble, avant qu'une dernière réflexion, sur les questions essentielles du libéralisme comme la place de l'État, nous offre l'occasion de conclure.

À travers l'histoire, les libéraux français furent si unanimement pacifistes que cette donnée peut bien passer avec raison pour une part de leur patrimoine génétique. On en trouve bien des exceptions, quoique très rares : ainsi de l'ardent Boisguilbert, resté attaché à la conception euphorisante et dynamisante des guerres, chez un peuple français accusé de se corrompre dans la torpeur et de s'affaiblir dans les plaisirs de la paix. [1] Mais ces irrégularités s'expliquent par le temps et par le caractère : de même on trouvera quelques libéraux bellicistes après le choc des guerres franco-anglaises ou la défaite de 1870, et je ne craindrais pas de donner cette explication simple que l'euphorie de l'histoire leur était alors tout bonnement montée à la tête. Dans leur trajectoire commune, les libéraux français maintinrent pourtant des attaches très fortes avec leurs premiers représentants, tels Crucé ou Saint-Pierre. Si l'on donne aujourd'hui du mérite à cette disposition d'esprit, elle fut aussi longtemps vue comme une exagération, et en l'examinant je n'ai pas pour vocation de les applaudir ; comportement d'ailleurs peu justifiable pour un historien. La guerre aussi a eu ses apôtres, on en vanta les mérites avec talent, et ses justifications ne furent pas toutes absurdes et intéressées. Il viendra peut-être même un temps, et il n'est peut-être pas éloigné, où la masse estimera plus positivement la guerre et verra le pacifisme comme une tare, une faiblesse et une couardise.

---

[1] P. de Boisguilbert, *Traité de la nature, culture, commerce et intérêt des grains, etc.*, 1707 ; *Œuvres*, t. II, p. 843.

Héritier de l'humanisme, le libéralisme français du XVIe et XVIIe siècle embrassa chaudement l'idéal de la paix et de l'échange libre entre les nations. Éméric Crucé et Sully acquirent même une gloire mondiale et durable en échafaudant, contre les conceptions courantes du temps, des institutions européennes ou mondiales vouées à s'affranchir des guerres. Cette direction se maintint au XVIIIe siècle, de manière fameuse chez Saint-Pierre, ou même chez le marquis d'Argenson, comme de même avec les physiocrates. Pour Mirabeau, il n'y a guère qu'une politique légitime dans les relations avec les autres nations, et cette politique a un nom simple, elle « s'appelle *paix* »[1]. Le Trosne écrit pareillement que la guerre doit être reléguée dans les livres d'histoire, les conquêtes et les luttes nationales ayant prouvé leur caractère funeste, et la civilisation ne pouvant prospérer que par la paix. « Le goût barbare des conquêtes doit être passé, soutient-il exactement. L'impossibilité d'obtenir des avantages considérables, le danger de perdre plus que l'on ne peut espérer, les hasards et les malheurs inséparables de la guerre, l'épuisement où elle réduit bientôt la nation la plus puissante : tout conspire à en dégoûter pour toujours les souverains. »[2] Aussi, en 1789, lorsque le pays en appelle à eux, ou aux survivants, pour concevoir les contours de la législation nationale, leur dernier porte-parole en cette période, Du Pont de Nemours, n'hésite pas à proposer une loi prohibant distinctement toute guerre qui ne serait pas purement défensive. « Une guerre offensive, ou pour conquérir, est un crime ; les traités offensifs sont donc nuls par leur nature même ; et il faut que les nations qui se les permettent, ou se les sont permis, sachent et soient nettement prévenues qu'en signant un traité offensif elles n'ont rien fait qu'un délit, et n'ont rien acquis que de la honte. »[3] Il proposa en conséquence un texte de loi dont le premier article était conçu ainsi : « Article Ier. — La nation française ne se permettra aucune guerre offensive pour s'emparer du territoire d'autrui, ni pour porter atteinte aux droits ou à la liberté d'aucune nation. »[4]

C'était la conception, fort ancienne, et très solide en apparence, de la guerre proscrite car injuste. À ceci, les libéraux français de la première moitié du XIXe siècle ajoutèrent une réflexion supplémentaire, tirée des principes de la Révolution de 1789 et du développement économique de la Révolution industrielle : la guerre, soutin-

---

[1] Marquis de Mirabeau, *L'Ami des Hommes*, 1756, p. 151.

[2] Le Trosne, *Discours sur le droit des gens et sur l'état politique de l'Europe*, 1762, p. 37.

[3] Opinion de M. Du Pont, député du baillage de Nemours, sur l'exercice du droit de la guerre et de la paix, exposée à l'Assemblée nationale, le 19 mai 1790, 1790, p. 8-9.

[4] *Ibid.*, p. 14.

rent-ils, est un non-sens dans les sociétés industrielles. Cet argument fut énoncé de manière extrêmement convaincante par Jean-Baptiste Say. Celui-ci faisait valoir tout d'abord que le progrès technique rendait les guerres sans cesse plus coûteuses. « Les progrès mêmes de l'art de la guerre ne permettent plus aucun succès durable à des barbares. Les instruments de la guerre exigent le développement d'une industrie très perfectionnée. Des armées beaucoup plus nombreuses que celles qu'on levait autrefois, ne peuvent se recruter qu'au moyen d'une population considérable ; et les seuls pays civilisés peuvent être fort populeux. »[1] Ensuite, le développement économique a offert à une grande masse de population des jouissances et une situation : choses qu'une guerre mettrait en péril. Une peuplade qui vit de la cueillette ou de la pêche ne songe même pas à redouter la guerre ; mais un peuple industrieux, qui a aménagé soigneusement ses terrains labourables, qui a monté des manufactures, ou construit à grand frais des aménagements urbains ou des voies de communication, n'ose guère les mettre en péril. « Plus un État est industrieux, dit Say, et plus la guerre est pour lui destructive et funeste. Lorsqu'elle pénètre dans un pays riche de ses établissements agricoles, manufacturiers et commerciaux, elle ressemble à un feu qui gagne des lieux pleins de matières combustibles ; sa rage s'en augmente, et la dévastation est immense. »[2]

Dès lors, la science économique ne peut que condamner la guerre. Une appréciation juste, faite, pour parler comme Bastiat, de *ce qu'on voit et de ce qu'on ne voit pas*, fait conclure que « la guerre coûte plus que ses frais ; elle coûte ce qu'elle empêche de gagner. »[3] De même, on en vient à repousser l'appréciation trop dilettante d'Adam Smith, faisant du soldat un travailleur improductif. « Smith appelle le soldat un travailleur improductif, réclame Say ; plût à dieu ! C'est bien plutôt un travailleur destructif ; non seulement il n'enrichit la société d'aucun produit, non seulement il consomme ceux qui sont nécessaires à son entretien, mais trop souvent il est appelé à détruire, inutilement pour lui-même, le fruit pénible des travaux d'autrui. »[4]

À la suite de Say, Benjamin Constant écrivit dans *De l'esprit de conquête et de l'usurpation* que « le but unique des nations modernes, c'est le repos, avec le repos, l'aisance, et comme source de l'aisance, l'industrie. La guerre est chaque jour un moyen plus inefficace

---

[1] J.-B. Say, *Traité d'économie politique*, 5e édition, 1826, t. II, p. 299 ; *Œuvres*, t. I, vol. II, p. 751.

[2] J.-B. Say, *Traité d'économie politique*, 1ère édition, 1803, t. II, p. 426-427 ; *Œuvres*, t. I, vol. II, p. 951.

[3] *Ibid.*, p. 426 ; *Œuvres*, t. I, vol. II, p. 949.

[4] *Ibid.*, p. 427 ; *Œuvres*, t. I, vol. II, p. 951.

d'atteindre ce but. Ses chances n'offrent plus, ni aux individus, ni aux nations, des bénéfices qui égalent les résultats du travail paisible et des échanges réguliers. Chez les anciens, une guerre heureuse ajoutait, en esclaves, en tributs, en terres partagées, à la richesse publique et particulière. Chez les modernes, une guerre heureuse coûte infailliblement plus qu'elle ne rapporte. »[1]

Constant explique que la guerre fut anciennement une nécessité et qu'elle est désormais un mal absolu, du fait que la civilisation est désormais à l'abri du monde barbare. [2] « Le système guerrier est en contradiction avec l'état actuel de l'espèce humaine, écrit-il. L'époque du commerce est arrivée ; et plus la tendance commerciale domine, plus la tendance guerrière doit s'affaiblir. »[3]

L'époque de Say et de Constant nous fournit des aperçus intéressants ; et qu'on ne les repousse pas comme des banalités. Déjà, ils entrevoient l'avenir, ils semblent y toucher, et on trouve dans leurs écrits la trace des débats qui agiteront leurs lointains successeurs.

Benjamin Constant, en effet, critiquait déjà les penseurs du XVIIIe siècle, ses ancêtres, qui prétendirent remédier aux maux du pouvoir par un bon usage du pouvoir, alors qu'il fallait d'abord et avant tout limiter sa sphère d'action. « Tous les projets philanthropiques sont des chimères, dit-il, quand une liberté constitutionnelle ne leur sert pas de base. »[4] Tous ces auteurs ont imaginé que ce que les gouvernements faisaient en mal, avec la même force ils pouvaient le faire en bien, et que leur large pouvoir, ainsi, n'était pas un danger en soi.

À la même époque, Alexis Tocqueville anticipe le fait que, tout en devenant de plus en plus rares, du fait des caractères essentiels de la démocratie et de l'économie industrielle, les guerres deviendront également plus brutales et plus violentes dans le futur, car elles feront s'agiter des alliances de nations. « Il sera presque impossible que deux d'entre eux se fassent isolément la guerre. Les intérêts de tous sont si enlacés, leurs opinions et leurs besoins si semblables, qu'aucun ne saurait se tenir en repos quand les autres s'agitent. Les guerres deviennent donc plus rares ; mais lorsqu'elles naissent, elles ont un champ plus vaste. »[5] Les principes qui donneront naissance

[1] B. Constant, *De l'esprit de conquête et de l'usurpation dans leurs rapports avec la civilisation européenne*, 1814, p. 8 ; *Œuvres*, t. VIII, p. 562.

[2] B. Constant, *De l'esprit de conquête et de l'usurpation dans leurs rapports avec la civilisation européenne*, 4e éd., 1814, p. 6-7 ; *Œuvres*, t. VIII, p. 699.

[3] B. Constant, *Commentaire sur l'ouvrage de Filangieri*, 1822 ; *Œuvres*, t. XXVI, p. 122.

[4] *Ibid.*, p. 118.

[5] A. de Tocqueville, *De la Démocratie en Amérique*, t. IV, 1840 ; *Œuvres*, t. I, vol. II, p. 287.

aux tensions et à la diversité du mouvement libéral français du tournant du XXᵉ siècle, venaient d'apparaître. Ils feront bientôt que les libéraux français, tous sincèrement pacifistes et ennemis de la guerre, n'en seront pas moins désunis.

Ne serait-ce qu'entre Gustave de Molinari et Frédéric Passy, l'opposition sera sensible : d'un côté, Passy, pacifiste humaniste, attaché aux déclamations contre l'immoralité des guerres ; de l'autre, Molinari, pacifiste plus pragmatique, dont l'attention se porte sur les institutions. L'un et l'autre n'ont guère collaboré.

Grand pacifiste dès sa jeunesse (quoiqu'aussi colonialiste, mais n'y revenons pas) Gustave de Molinari soutint l'idée de l'archaïsme de la guerre, c'est-à-dire que, dans la voie tracée par Say et Constant, la guerre ne peut être qu'une chose du passé. Il milita activement pour la paix, intégrant les premiers groupuscules pacifistes, collaborant à leur œuvre d'agitation, et écrivant une grande étude sur l'abbé de Saint-Pierre, la première de cette envergure.

Tout en comprenant bien que la guerre avait *perdu* sa raison d'être (nous verrons pourquoi ce terme de *perdu* a son importance), Molinari voyait bien qu'il fallait assurer à la paix ses assises. Cela passait par des instances internationales solides, mais également par la lutte contre l'étatisme, car « dans tous ces États, quelle que soit la forme de leur gouvernement, monarchie absolue, constitutionnelle ou république, la direction des affaires publiques demeure entre les mains d'une classe intéressée à la persistance de l'état de guerre et de l'énorme et coûteux appareil de destruction qu'il nécessite ». [1]

Dans les années 1860, Gustave de Molinari se lança dans la promotion de son idée d'institution pour la paix, dans des articles publiés dans le *Times* ainsi que dans son propre journal, *l'Économiste belge*. Cette institution aurait pour but de constituer, à côté des forces belliqueuses, une force collective pacifique, amenée à prononcer un verdict sur les différends entre les nations. La différence qui existe entre ce projet et ceux, innombrables, d'une institution pacifique, proposés par les partisans de la paix depuis le XVIᵉ siècle, repose dans la mise à disposition de cette instance d'une force militaire purement défensive, qui puisse constituer un rempart contre les visées belliqueuses de certains peuples, et prévenir leurs menées guerrières en faisant peser sur elles un grand risque d'échec et de ruine. « Les puissances actuellement les plus agressives finiraient par désarmer si, chaque fois qu'elles emploieraient leurs armements à menacer la paix, elles rencontraient des armements plus forts em-

---

[1] G. de Molinari, *Grandeur et décadence de la guerre*, 1898, p. 171-172 ; idem : *Comment se résoudra la question sociale*, 1896, p. 128 ; *La morale économique*, 1888, p. 349.

ployés à la défendre. »[1] La morale, l'intérêt, étaient considérés par Molinari comme de trop faibles remparts.

Ainsi naissait cette différence d'appréciation entre Molinari et plusieurs de ses collègues pacifistes, comme Frédéric Passy, au sujet d'une instance internationale de garantie de la paix. Frédéric Passy avait fondé en 1867 la Ligue internationale et permanente de la Paix, cherchant à instaurer puis maintenir un état de paix par une propagande pacifiste et une instance de résolution des conflits, dénuée de toute force militaire. Molinari reprochait à ces pacifistes leur insistance déplacée sur le côté philanthropique et moral de la question. Il est faux, disait-il, que la guerre ait été toujours injuste, néfaste et immorale, et soutenir cette position discréditait le pacifisme en général. « L'anathème, explique-t-il, dans lequel la philanthropie pacifique enveloppe indistinctement les guerres utiles et morales des périodes précédentes de la vie de l'humanité et les guerres nuisibles et immorales de la période actuelle, jette du discrédit sur ses prédications. »[2] Au surplus, une instance internationale dénuée du pouvoir de contraindre serait sans effet, sans utilité. « L'auteur, écrit Molinari en parlant de lui-même dans *Grandeur et décadence de la guerre*, tout en rendant hommage à leur généreuse propagande, se sépare d'eux sur ce point. Il ne croit pas que la force morale suffise pour établir la paix entre les États, pas plus qu'elle ne suffit pour la faire régner entre les individus ; il est d'avis, en un mot, que la justice, pour être obéie, a besoin d'être appuyée sur la force. »[3] Cela signifie que la politique ou plutôt le principe de la non-intervention n'est pas dans tous les cas la base la plus solide pour établir la paix du monde. Même alliée à un tribunal international de résolution des conflits, cette logique est stérile car sa seule force réside dans l'opinion publique. Le problème, selon Molinari, est que « la force morale est certainement très respectable, mais elle n'est respectée qu'à la condition de s'appuyer par une force matérielle suffisante. »[4] Sans une telle force, les résolutions d'une instance internationale resteraient lettre morte.

Pendant quarante ans, Frédéric Passy fit de son côté son agitation pacifiste, ce combat qui était pour lui « la grande œuvre, la grande croisade de notre temps, la croisade pacifique, la croisade de la paix. Ce n'est plus avec l'épée, c'est contre l'épée qu'il faut se

---

[1] G. de Molinari, *Grandeur et décadence de la guerre*, 1898, p. 275 ; idem : *La morale économique*, 1888, p. 438.

[2] G. de Molinari, *La morale économique*, 1888, p. 350.

[3] G. de Molinari, *Grandeur et décadence de la guerre*, 1898, p. 258.

[4] *Ibid.*, p. 279.

lever ; c'est contre l'épée qu'il faut pousser ce cri qui entraînait jadis l'Europe tout entière hors de chez elle, et qui, aujourd'hui, la rassièra sur elle-même : Dieu le veut. »[1] Passy s'y livra tout entier, résolu, infatigable : non pas à la manière de Molinari, dont ce fut un thème majeur, mais non pas premier et unique ; non pas, non plus, comme Leroy-Beaulieu, qui dès ses tous premiers écrits[2] donna des gages de son sincère attachement au pacifisme, mais qui s'illustra avant tout comme économiste et libéral généraliste et comme partisan de la colonisation. Passy au contraire se recommanda par sa persistance. En 1901, il partagea avec Henri Dunant, fondateur de la Croix Rouge, l'honneur de recevoir le premier prix Nobel de la paix de l'histoire.

Ce prix récompensait son énergie, son influence, et les avertissements énergiques qu'il avait formulés inlassablement, sans être entendu, et qu'un proche avenir ferait devenir des anticipations ou des prémonitions. En 1895, par exemple, il avait donné une conférence remarquable sur l'avenir de l'Europe : il entrevoyait le continent se lancer aveuglément dans une lutte armée d'ampleur jamais vue. C'était, selon ses mots prophétiques, « toute la population valide de l'Europe se préparant à se massacrer mutuellement ; personne, il est vrai, ne voulant attaquer, tout le monde protestant de son amour de la paix et de sa résolution de la maintenir, mais tout le monde sentant qu'il suffit de quelque incident imprévu, de quelque accident impossible à prévenir pour que d'un moment à l'autre l'étincelle tombe, suivant l'expression de lord Palmerston, sur ces amas de matières inflammables qu'on amoncelle imprudemment sur les champs et sur les routes, et fasse sauter, pour ainsi dire, l'Europe tout entière. »[3] Or l'occasion, qui se distinguait à l'horizon était remplie de périls, les forces armées et les technologies militaires étant capables de dégâts sur une toute autre échelle. « Je n'essaierai pas de vous dire ce que seraient les guerres de l'avenir si malheureusement il en éclatait, avec le perfectionnement des engins de destruction d'aujourd'hui. Je n'essaierai pas de vous dire par combien de dizaines ou de centaines de mille les hommes pourraient être fauchés ; comment la mort lancée à 10, 15 et 20 kilomètres de distance,

---

[1] F. Passy, *La Paix et la Guerre, conférence faite à l'École de médecine de Paris, le 21 mai 1867*, 1867, p. 35.

[2] P. Leroy-Beaulieu, *Les guerres contemporaines (1853-1866). Recherches statistiques sur les pertes d'hommes et de capitaux* (brochure de la Ligue internationale et permanente de la paix), 1869.

[3] F. Passy, *L'avenir de l'Europe. Conférence faite le 14 février 1895, à la mairie du VIᵉ arrondissement de Paris, au nom de la Société française pour l'arbitrage entre nations*, p. 6-7 ; *Journal des économistes*, février 1895, p. 163-164.

sur des hommes qu'on ne voit pas, par des hommes qui ne sont pas vus, pourrait abattre les bataillons et les régiments comme la faux du moissonneur ou plutôt comme la moissonneuse mécanique abat les épis dans le champ du laboureur. Je n'essaierai pas de vous dire comment on pourrait faire sauter des villes entières ; comment du haut d'un de ces ballons qui commencent à naviguer dans les airs on pourrait faire tomber sur une armée ou sur une ville des asphyxiants ou des détonnants qui mettraient tout en poussière et ne laisseraient que la mort là où était la vie. Non. Je n'essaierai pas de vous dire tout cela : votre imagination, qui ne fera pas en cela œuvre d'imagination, peut vous le faire apercevoir. »[1] Aussi, devant de telles anticipations, la sagesse, la simple prudence demandait la fin des différends et la construction d'une entente. « Il faut absolument ou en revenir à la justice, à la conciliation, à l'accord, à la bienveillance, à l'équité ; il faut nous entendre pour que les mains laborieuses soient rendues au travail, ou bien il faut nous dire : *Finis Europœ* ! Et quelque jour l'histoire dira : malgré les avertissements, les conseils, les menaces, les efforts de quelques hommes de bien qui se sont usés à cette tâche, l'Europe n'a rien voulu entendre. Elle a été punie, elle a péri et elle a péri par sa faute. »[2]

Cette réalité s'offrait aux regards de tous ces sincères pacifistes que furent les libéraux français du tournant du XXe siècle. Observant que les armements s'accumulent, que les alliances se forment, que l'étatisme se renforce et augmente donc le nombre des personnes intéressées à la continuation de la politique guerrière, Molinari fit également de telles prédictions. « Dans une telle situation, demande-t-il, ne peut-on pas dire que l'Europe n'est pas seulement un camp, qu'elle est un magasin à poudre que le frottement d'une allumette peut faire sauter ? Je sais bien que la perspective d'un si effroyable désastre est de nature à engager les gardiens du magasin à surveiller leurs allumettes. Mais il y a des accidents qui déjouent toutes les précautions de la sagesse humaine. Quel que soit le désir de conserver la paix qui anime, d'un côté, la France et la Russie, d'un autre côté, la Triple Alliance, un incident imprévu peut survenir qui réveille les passions belliqueuses, maintenant assoupies, et provoque une guerre que les énormes effectifs en présence et la puissance plus énorme encore des instruments de destruction perfectionnés rendront la plus cruelle et la plus désastreuse de toutes celles qui ont

---

[1] F. Passy, *L'avenir de l'Europe. Conférence faite le 14 février 1895* ; *Journal des économistes*, février 1895, p. 167-168.
[2] *Ibid.*, p. 178.

affligé l'humanité. »[1] Certaines de ses conceptions personnelles, comme l'appétence des hommes de pouvoir et de la classe bureaucratique pour la guerre, lui faisait aussi pressentir le pire. « Si l'on examine et si l'on compare la puissance de la classe immédiatement intéressée au maintien de l'état de guerre et au coûteux appareil qu'il nécessite, à celle des classes bien autrement nombreuses mais politiquement moins influentes qui sont intéressées à la conservation de la paix et au désarmement, on demeure malheureusement convaincu que ce sera seulement à la suite des effroyables désastres d'une nouvelle et grande guerre que les intérêts pacifiques pourront prendre le dessus et exiger des gouvernements la création d'un organisme de la paix. »[2] Contrairement à Passy, Molinari ne fut pourtant ni récompensé de son vivant, ni reconnu par la postérité. Il n'eut guère d'autre plaisir que celui d'avoir dit vrai.

En suivant des inspirations communes, les libéraux français de la fin du XIXᵉ siècle pouvaient-ils s'empêcher de poursuivre des voies individuelles ? Il ne me semble pas être possible de répondre autrement qu'en soulignant, par un nouvel exemple, que même dans les domaines où l'unanimité paraissait atteignable, elle ne le fut pas. C'est le cas de l'éducation, où après deux siècles de relative cohésion doctrinale, le libéralisme français présenta l'image d'un camp fracturé, et où deux grands, Molinari et Passy, s'affrontèrent publiquement en faisant valoir deux conceptions opposées.

Au XVIIIᵉ siècle, contre certaines tendances oubliées de la philosophie du siècle des Lumières, les honnêtes libéraux du temps avaient défendu les vertus de l'instruction et ils furent ardents pour la répandre. Ils goûtaient peu, en effet, l'austérité éducative d'un Voltaire, pour qui il était « essentiel qu'il y ait des gueux ignorants »[3], ou d'un Rousseau, qui conseillait de même : « N'instruisez pas l'enfant du villageois, car il ne lui convient pas d'être instruit. »[4] Les physiocrates entonnèrent une toute autre mélodie. Pour Mirabeau, « le peuple n'est brutal et absurde qu'à force d'habitude d'être forcé de l'être pour supporter son état d'asservissement... Tous, si nous devenons un jour humains, sauront lire, écrire et l'arithmétique »[5]. Aussi pour Baudeau, l'éducation du peuple est la première

[1] G. de Molinari, *Grandeur et décadence de la guerre*, 1898, p. 289.

[2] *Ibid.*, p. 198-199.

[3] Lettre de Voltaire à Étienne Noël Damilaville, 1ᵉʳ avril 1766 ; *Œuvres*, éd. Voltaire Foundation, vol. 114, 1973, p. 155.

[4] J.-J. Rousseau, *La Nouvelle Héloïse*, 1761 ; *Œuvres*, éd. Pléiade, t. II, p. 567.

[5] Lettre du marquis de Mirabeau au margrave de Bade, 1769 ; Knies, *Carl Friedrichs von Baden brieflicher verkehr mit Mirabeau und Du Pont*, 1892, t. I, p. 17.

des missions de l'autorité publique. « Ce premier devoir de l'autorité publique, ce soin de perpétuer, d'étendre, de perfectionner sans cesse l'instruction, n'en est pas moins le plus important de tous, quoiqu'il soit souvent très négligé. Il n'en est pas moins le fondement de tout le reste. Un État prétendu policé, dans lequel on croirait pouvoir établir l'autorité même et ses fonctions, ainsi que l'art productif et l'art stérile, sur une autre base que l'instruction universelle, ne serait jamais qu'une pyramide qu'on voudrait bâtir la pointe en bas. »[1] Pour cela, chacun conçut les plans d'une éducation nationale, où les connaissances essentielles seraient transmises à tous, d'une manière toutefois qui ne perturbe pas le travail des campagnes et ne mette pas en péril la condition des familles. Il est inutile ici d'entrer dans l'infini détail de leurs propositions, sauf à mentionner qu'une condition du succès paraissait pour eux de rendre la condition des professeurs assez enviable, étant entendu qu'on « ne peut se flatter d'avoir de bons collèges qu'en payant bien les maîtres »[2], comme disait Turgot, ce que je signale d'autant plus librement que je ne suis pas professeur et n'aspire pas à l'être ; et aussi, qu'en développant des plans d'une éducation nationale, ils ne perdirent pas tout à fait de vue les vertus de la concurrence libre, Du Pont de Nemours écrivant par exemple qu'« instruire est une action louable qui ne doit être prohibée à personne. »[3]

Au XIXe siècle, les libéraux français portèrent encore une voix unie contre le monopole de l'éducation, les programmes archaïques et les examens uniformes, et cette unité ne laissait pas présager des déchirements. À peine le monopole de l'éducation pointe-t-il à leur horizon, ces penseurs s'en effraient, le condamnent. « Tant que l'instruction sera donnée par le gouvernement, avertissent Comte et Dunoyer dans le *Censeur européen*, elle sera ce qu'est une denrée produite sans concurrence : mauvaise et chère ! Un monopole est, dans tous les cas, le fléau le plus funeste à ceux qui consomment, et c'est bien pis lorsque le gouvernement se l'attribue. »[4] Tandis que les branches de l'industrie et du commerce se diversifient et se perfectionnent, et que les économistes libéraux français, bientôt groupés autour de Guillaumin, les pénètrent toutes par l'analyse, les hommes qui sont chargés de leur mise en action apparaissent paralysés par l'uniformité éducative. « Nous avons en France, dit Adolphe Blan-

---

[1] N. Baudeau, *Première introduction à la philosophie économique*, 1771, p. 45-46.

[2] Turgot, Lettre à M. Dudon, avocat général du Parlement de Bordeaux, 19 juillet 1762 ; *Œuvres*, t. II, p. 214.

[3] P. S. Du Pont de Nemours, *Sur l'éducation nationale dans les États-Unis d'Amérique*, Paris, 1812, p. 139.

[4] *Le Censeur européen*, t. II, 1817, p. 140.

qui, mille à douze cents industries différentes, et un seul mode d'enseignement invariable pour toute la jeunesse, et encore cet enseignement est-il étranger à ce qui importe le plus à l'industrie. »[1] Tandis que tout progresse, vivifié par la science, le progrès, en l'initiative individuelle, la grande machine éducative paraît seule en retrait, figée dans des formes éternelles et attachée à des pratiques, à des contenus, qu'on peut croire démodés. « Quels sont les modes d'activité humaine qui offrent le spectacle de la stagnation la plus complète, demande Bastiat ? Ne sont-ce pas précisément ceux qui sont confiés aux services publics ? Voyez l'enseignement. Il en est encore où il en était au Moyen-âge. Il n'est pas sorti de l'étude de deux langues mortes, étude si rationnelle autrefois, et si irrationnelle aujourd'hui. Non seulement on enseigne les mêmes choses, mais on les enseigne par les mêmes méthodes. Quelle industrie, excepté celle-là, en est restée où elle en était il y a cinq siècles ? »[2] Aussi Bastiat, de même que les autres, demande pour l'éducation la liberté et la fin d'une mise en tutelle qui s'avère tout à fait pernicieuse. « Le plus pressé, dit-il alors, ce n'est pas que l'État enseigne, mais qu'il laisse enseigner. Tous les monopoles sont détestables, mais le pire de tous, c'est le monopole de l'enseignement. »[3]

Tous ces auteurs maintiennent une forte répulsion, au-delà de la forme monopolistique, pour le plan particulier auquel on s'est alors arrêté, celui de faire l'éducation longue et centrée sur l'héritage latin et grec. Tout cet apprentissage s'avère fastidieux et de peu de valeur. « C'est à peine, dit Blanqui, si à vingt-cinq ans un homme peut être libre et se livrer à un travail productif. Les États-Unis peuvent en cela nous servir de modèle ; c'est à dix-neuf ans que le citoyen américain peut gagner sa vie. Pourquoi en est-il ainsi ? c'est que, lorsqu'il doit être fermier, par exemple, il ne passe pas sa jeunesse à retenir quelques paroles de latin pour savoir chanter au lutrin. »[4] Ce contenu classique paraît peu propre à former l'élite et même la masse d'une nation qui se dévoue à l'industrie et au commerce, non à la guerre et aux conquêtes ; qui doit aimer la paix, et non la guerre ; et enfin qui vit près de deux millénaires plus tard, dans une société parmi laquelle on pourrait bien trouver d'autres maîtres. Mais à la rigueur, éducation classique ou moderne, le travers majeur réside

[1] A. Blanqui, *Cours d'économie industrielle au Conservatoire des arts et métiers, 1836-1837,* 1837, p. 29.

[2] F. Bastiat, « Funestes illusions », *Journal des économistes,* mars 1848 ; *Œuvres,* t. II, p. 478.

[3] F. Bastiat, « Maudit argent », *Journal des économistes,* 15 avril 1849 ; *Œuvres,* t. V, p. 93.

[4] A. Blanqui, *Cours d'économie industrielle, etc.,* 1837, p. 28.

toujours dans l'usage de la contrainte, pour former unanimement selon l'une ou l'autre. « Veuillez bien remarquer ceci, dit pertinemment Bastiat : quand je m'élève contre les études classiques, je ne demande pas qu'elles soient interdites ; je demande seulement qu'elles ne soient pas imposées. Je n'interpelle pas l'État pour lui dire : Soumettez tout le monde à mon opinion, mais bien : Ne me courbez pas sous l'opinion d'autrui. La différence est grande, et qu'il n'y ait pas de méprise à cet égard. M. Thiers, M. de Riancey, M. de Montalembert, M. Barthélemy Saint-Hilaire, pensent que l'atmosphère romaine est excellente pour former le cœur et l'esprit de la jeunesse, soit. Qu'ils y plongent leurs enfants ; je les laisse libres. Mais qu'ils me laissent libre aussi d'en éloigner les miens comme d'un air pestiféré. Messieurs les réglementaires, ce qui vous paraît sublime me semble odieux, ce qui satisfait votre conscience alarme la mienne. Eh bien ! suivez vos inspirations, mais laissez-moi suivre la mienne. Je ne vous force pas, pourquoi me forceriez-vous ? »[1] On croit d'ailleurs former des émules du *Lycée* de Platon ; on en a conservé soigneusement l'appellation, comme si la chose suffisait : mais le système est sans moelle, sans principe de vie ; ses formes sont barbares, comme l'est sa prétention monopolistique, et rien n'étonne à ce qu'il fabrique l'indigence éducative en prétendant pétrir tout un peuple dans un bon moule. À bout de course, quoiqu'encore une fois les préjugés ne meurent pas de sitôt, le système d'éducation nationale est l'objet de plaintes très vives, un demi-siècle après Bastiat. « Des milliers d'enfants, écrit Leroy-Beaulieu, continuent à recevoir, dans des établissements d'une lamentable indigence intellectuelle, une sorte de parodie de l'instruction secondaire ; les produits de ces petits collèges sont par rapport à ceux des grands ce qu'est l'argenterie ruolz par rapport à l'argenterie véritable, ayant de métal précieux une couche superficielle d'une extrême ténuité qui ne tient pas au fond et qui, au moindre usage, disparaît et met à nu la matière brute dans sa grossièreté primitive. »[2]

Dans tout ce système où la logique paraît exclue ou renversée, les examens donnent la mesure du travestissement, étant eux-mêmes une comédie, une tartufferie. Déjà Jean-Baptiste Say avertissait de ne pas confier les examens à un corps unique d'enseignants, qui les conduiraient avec esprit de corps et s'en serviraient pour défendre une doctrine unique. « Il est essentiel de ne leur attribuer aucune juridiction. Un candidat est-il appelé à faire des preuves ; il ne convient pas de consulter des professeurs qui sont juges et parties, qui

[1] F. Bastiat, *Baccalauréat et socialisme*, 1850 ; *Œuvres*, t. IV, p. 480-481.
[2] P. Leroy-Beaulieu, *L'État moderne et ses fonctions*, 2e éd., 1891, p. 271.

doivent trouver bon tout ce qui sort de leur école, et mauvais tout ce qui n'en vient pas. »[1] Et quand le siècle déraisonne, ou qu'un certain accès de folie touche les détenteurs de l'autorité éducative, c'est toute l'enfance qui est martyrisée, comme à l'époque de Bastiat, où le baccalauréat valide l'apprentissage de doctrines pernicieuses et l'inculcation de sentiments directement opposés aux besoins de l'époque et qui, compte tenu de l'état de la civilisation, peuvent être appelés antisociaux. « Si encore les connaissances exigées par le baccalauréat avaient quelques rapports avec les besoins et les intérêts de notre époque, se plaindra-t-il ! Si du moins elles n'étaient qu'inutiles ! Mais elles sont déplorablement funestes. Fausser l'esprit humain, c'est le problème que semblent s'être posé et qu'ont résolu les corps auxquels a été livré le monopole de l'enseignement. »[2] Et comme la méthode est puérile et basse, quelque soit le contenu ! Enregistrer servilement, s'imbiber l'esprit comme une éponge, pour retranscrire fidèlement, voilà à quoi se résume le baccalauréat. C'est oublier que, comme soulignait en son temps Vauvenargues[3], les enfants sont déjà fort enclins d'eux-mêmes à la servilité, à l'obéissance et à faire œuvre de copistes, et qu'il faudrait plutôt leur apprendre à être originaux, entreprenants, indépendants. Et pourtant qu'est-ce que le baccalauréat, dans une société prétendument libre et faite pour l'initiative et l'entreprenariat ? « C'est un examen de perroquets, dit Yves Guyot, excellent pour les jeunes gens doués de peu d'intelligence et doués d'une grande mémoire, d'une grande facilité, comme disent les parents et les professeurs. C'est une pure affaire de mnémotechnie, où la palme appartient à celui qui sait le plus de mots et connaît le moins de choses. »[4] « Savez-vous comment se prépare cet examen, poursuit-il ? On achète un manuel, celui de Lefranc, par exemple, et, deux ou trois mois avant l'examen, on se met à peu près à l'apprendre par cœur. Rien de plus commode que ce manuel ; M. Lefranc est un homme intelligent : il a compris les nécessités du baccalauréat. Ancien membre de l'Université, il les connaît par expérience. Aussi a-t-il rédigé son manuel dans le sens demandé par les professeurs, c'est-à-dire que ce manuel ne contient qu'une masse de faits, de formules, de dates sans liaison entre eux, n'apprenant rien, ne disant rien à l'intelligence. Mais qu'on le sache par cœur, qu'on le récite à peu près, et on passe un examen triomphal. Il est vrai qu'on est si abruti par cette étude, qu'il faut au moins

---

[1] Say, *Traité d'économie politique*, 1ère éd., 1803, t. II, p. 431 ; *Œuvres*, t. I, vol. II, p. 955.

[2] F. Bastiat, *Baccalauréat et socialisme*, 1850 ; *Œuvres*, t. IV, p. 446.

[3] Vauvenargues, *Réflexions et maximes* ; *Œuvres morales*, t. III, 1874, p. 152.

[4] Y. Guyot, *L'Inventeur*, 1867, p. 45.

un mois pour s'en remettre. Au bout d'un mois on a oublié tout cela, on s'est débarrassé le cerveau de tout ce fatras inutile, on redevient soi-même et on recouvre l'intelligence quand on a oublié la dernière ligne du manuel. »[1] L'intelligence n'en a pas moins pris un certain tour, et tout le caractère en est changé. « Veut-on obtenir de petits pédants, demande Guyot, qui parlent de tout, se mêlent de tout, connaissent tout ? Et c'est là un des caractères des bacheliers. Ils ont un amour-propre immense, infini ; comme en deux mois, ils ont appris l'histoire universelle, la logique, la physique, la géométrie, etc., dans le Manuel Lefranc, ils se figurent posséder la science universelle. »[2] Pour Guyot, tout se résume à savoir ce qu'on cultive. « Veut-on avoir des hommes ou des perroquets ? »[3] Apparemment, on cultive l'uniformité ; l'éducation nationale ne voit de beauté que dans la symétrie parfaite, comme ces architectes trop scrupuleux et pas assez artistes. « Elle cultive l'esprit humain : soit ; mais aveuglément. Elle veut exiger des sols les plus différents les mêmes produits ; et pour cela elle ordonne le même engrais et le même labour, et elle croit avoir bien rempli sa tâche ; et elle regarde comme mauvais le terrain qui ne rapporte pas des récoltes qui sont contraires à sa nature. »[4] Et pour conclure par une image, il dit encore : « Le baccalauréat est comme l'anneau dont on se sert pour mesurer le macadam ; toutes les pierres qui sont trop grosses pour passer à travers doivent être brisées de nouveau »[5].

Jusqu'à présent, tous nos auteurs se retrouvent pour parler à l'unisson. Ils se prêtent encore la main, dans un même mouvement et une même philosophie, pour peindre le tableau sinistre des effets à venir d'un maintien de l'éducation nationale et monopolistique. Il y a peu à espérer, disent-ils, quant aux méthodes. Tout d'abord, une administration monopolistique n'innove pas, le corps de l'éducation nationale n'a jamais innové et n'innovera jamais ; son système de *classes*, qu'elle use jusqu'au déraisonnable, est une ancienne invention des jésuites, qu'elle a fait sienne et qu'elle corrompt. La seule manière pour elle d'innover est de se laisser séduire, par accès de frénésie incontrôlable, et de conduire de subites réformations, dans lesquelles elle avance avec passion et les yeux bandés. Ainsi, comme l'analyse Leroy-Beaulieu, se succèderont sans fin des périodes de somnolence, d'un conservatisme incroyable, puis de phases de ré-

[1] Y. Guyot, *L'Inventeur*, 1867, p. 46.
[2] *Ibid.*, p. 48.
[3] *Ibid.*, p. 47.
[4] *Ibid.*, p. 49.
[5] *Ibid.*, p. 50.

formisme aigüe. « L'enseignement d'État offre un autre défaut, écrit-il, c'est l'alternance entre la routine prolongée des méthodes et leur soudain et radical changement. L'État moderne, en proie à la lutte d'opinions ardentes, ne connaît ni le juste milieu ni les transitions adoucies. Il restera pendant un quart de siècle sans rien modifier à ses programmes puis, tout à coup, pris d'un beau zèle, il fauchera en quelque sorte tous les exercices en usage, et il leur en substituera violemment de nouveaux ; comme un malade qui va d'une prostration complète à une agitation fiévreuse, l'ère des changements constants succédera à celle de la stagnation. Tous les ans ou toutes les deux années, on modifiera, soit l'ordre des diverses connaissances enseignées, soit les proportions de l'instruction orale ou des travaux écrits, soit les livres et les manuels, déclarant détestable tout ce qui se faisait la veille, sans se douter que l'avenir portera peut-être le même jugement sur ce qui se fait aujourd'hui. »[1]

Quand au sort des individus qui sortiront, dans les décennies ou les siècles à venir, de la machine éducative publique, les libéraux français du XIXe siècle le prédisent bien noir. L'État n'ayant aucun moyen de borner ses efforts aux besoins, le plus probable est d'après eux qu'il se produira une surabondance des bacheliers et des diplômés. Déjà Blanqui, en 1837, observe que « la production des bacheliers-ès-lettres a dépassé la consommation que peuvent en faire l'industrie, le commerce et l'agriculture manquant d'hommes capables. D'un côté, il y a un encombrement désespérant, de l'autre une disette qui ne l'est pas moins ». [2] Un demi-siècle plus tard, Paul Leroy-Beaulieu reprend et étend cette observation inquiétante. « Les employés, les bacheliers, les gens qui ont des diplômes ou des degrés quelconques, ce sont là les prolétaires de l'avenir, mille fois plus à plaindre, pour la disproportion entre leurs besoins et leurs ressources, que les simples artisans qui d'ailleurs partout seront bientôt plus rémunérés, le sont même souvent déjà, que tous ces demi-savants sortis de nos superficielles écoles. Ce qui va entretenir et développer le paupérisme, c'est le lycée ou le collège gratuit. »[3] Pour Leroy-Beaulieu, en effet, l'école doit être ouverte à tous, mais ne devrait pas être tout à fait gratuite, du moins pas à tous les niveaux ; il faut un minimum de sacrifice financier, même très faible, pour faire sentir, un peu, le prix de l'éducation, et forcer à ce que l'offre des savants ne dépasse pas sa demande. Car le risque pour l'avenir

---

[1] P. Leroy-Beaulieu, *L'État moderne et ses fonctions*, 2e éd., 1891, p. 271-272.

[2] A. Blanqui, *Cours d'économie industrielle*, 1837,

[3] P. Leroy-Beaulieu, *Essai sur la répartition des richesses et sur la tendance à une moindre inégalité des conditions*, 1888, p. 549-550.

est bien que les universités et l'enseignement supérieur fabriquent des faux savants, et en trop grand nombre, ce dont la société n'aura ensuite que faire. C'est le phénomène qui s'accomplit sous ses yeux, où, au-delà de « créer des légions innombrables de quarts de lettrés ou de quarts de savants, les libéralités inhumaines de l'État lancent chaque année dans la société plusieurs milliers de pauvres hères, indigents de cervelle et de connaissances, aiguisés d'appétits, qu'attend la destinée la plus triste, la misère après des rêves dorés. »[1]

Dans leurs conceptions éducatives et jusque dans leurs prédictions, les libéraux français paraissent entraînés par une même philosophie et partager des valeurs tout à fait communes. Sur ce sujet comme sur les autres, toutefois, ils se fracturèrent, se divisèrent, deux grands géants (Passy et Molinari) adoptant des conceptions opposées.

Au début du siècle, Benjamin Constant ouvrit le débat qui marquerait la fracture, en étudiant les prérogatives respectives des parents et de l'État en matière d'éducation. Il concluait que « l'éducation appartient aux parents, auxquels par la nature les enfants sont confiés. Si ces parents préfèrent l'éducation domestique, la loi ne peut s'y opposer sans être usurpatrice. »[2] La reconnaissance des droits des parents formait une justification complémentaire à la libre concurrence en matière éducative, car « il importe que si le système d'éducation que le gouvernement favorise est ou paraît être vicieux à quelques individus, ils puissent recourir à l'éducation particulière, ou à des instituts sans rapport avec le gouvernement. La société doit respecter les droits des individus, et, dans ces droits, sont compris ceux des pères sur leurs enfants ».[3] Ainsi la mission de l'État apparaissait réduite : « En éducation, comme en tout, que le gouvernement veille et qu'il préserve, mais qu'il n'entrave ni ne dirige ».[4]

En allant plus loin dans cette analyse, Frédéric Passy ouvra un large débat et aussi une scission dans le camp libéral français. Les parents ont tellement de droits sur leurs enfants, et l'État tellement peu de légitimité à se soustraire à eux pour imposer à leur place, qu'on doit refuser l'éducation obligatoire comme prescription légale, et ne voir l'instruction de ses enfants que comme un devoir moral. Ce minimum d'instruction qu'on voudrait contraindre chaque parent d'offrir à son enfant, soutint Passy, est impossible à définir de manière précise, et il est destiné à varier inlassablement ; en outre, le

---

[1] P. Leroy-Beaulieu, *L'État moderne et ses fonctions*, 2e éd., 1891, p. 278.
[2] B. Constant, *Commentaire sur l'ouvrage de Filangieri*, 1822 ; *Œuvres*, t. XXVI, p. 137.
[3] B. Constant, Principes de politique, 1806 ; *Œuvres*, t. V, p. 548.
[4] B. Constant, *Mélanges de littérature et de politique*, 1829, *Œuvres*, t. XXXIII, p. 335.

désavantage de ne point être éduqué n'est pas toujours certain, évident pour chaque enfant quel qu'il soit et quelle que soit la place qu'il entend occuper dans la société ; enfin, c'est un mal qui n'est pas nécessairement volontaire, et il serait injuste de condamner un père qui n'aurait pas eu les moyens matériels de fournir une instruction à son enfant.

Gustave de Molinari, porte-parole, en ceci, de la grande majorité de ses collègues, prit place dans ce débat pour combattre cette conception jugée trop libérale. Pour Molinari, l'instruction doit être conçue avant tout comme une dette. Certainement, il souhaiterait que la morale parvienne seule à contraindre chaque parent à fournir à son enfant son dû, mais de même que pour l'établissement de la paix (car ces deux débats qui opposèrent Passy et Molinari se touchent un peu) il est certain que la contrainte morale n'est pas suffisante, et que, dans certains cas, il est nécessaire que le gouvernement intervienne pour contraindre les parents à remplir ce que Molinari appelle leurs obligations envers leurs enfants. Car c'est pour lui une véritable dette, exigible par les lois, que fait naître la naissance d'un enfant pour chacun de ses deux parents. Paul Leroy-Beaulieu parle sur ce point comme Molinari, et soutient que l'État a le droit de forcer les parents à scolariser leurs enfants. « Dans nos sociétés telles que les a faites l'imprimerie, écrit-il, la plus grande conservatrice et propagatrice des connaissances humaines, un homme qui ne connaît ni l'écriture, ni la lecture, ni le calcul élémentaire, se trouve tellement dépourvu, qu'on peut affirmer que c'est un devoir positif pour les parents de donner à leurs enfants ces notions faciles, au même titre qu'ils sont obligés de les nourrir, de les vêtir, de leur apprendre un métier. Cette obligation, sans faire l'objet d'une loi spéciale, peut être considérée comme découlant naturellement du code, et s'il y avait, sur ce point, quelque ambiguïté, on pourrait l'y inscrire. Quand des parents, par indifférence, par idée de lucre, se refusent à donner aux enfants ces quelques notions, l'État peut légitimement intervenir, comme il intervient quand des parents maltraitent leurs enfants, ou refusent d'en prendre soin. »[1] Et pareillement Guyot, au bout d'un certainement cheminement et avec des scrupules, aboutit également à cette conclusion. « Il faut donc que l'instruction soit répandue à foison ; il faut qu'elle inonde, qu'elle envahisse tout, de gré ou de force. Il faut forcer le père à donner l'éducation à son enfant ; il faut lui offrir toutes les ressources possibles pour qu'il accomplisse ce devoir. »[2] Or c'est ce que, avec peine, Guyot recon-

---

[1] P. Leroy-Beaulieu, *L'État moderne et ses fonctions*, 2e éd., 1891, p. 279.
[2] Y. Guyot, *L'Inventeur*, 1867, p. 39.

naît que la liberté totale accordée aux parents ne saurait permettre.
« Tout en admettant en principe que l'instruction obligatoire pouvait
être imposée aux parents par la loi, rien ne me répugnait plus qu'une
pareille nécessité : mais les chiffres de la statistique sont là ; mais j'ai
vu par expérience la nonchalance, l'indifférence du paysan pour
l'instruction de ses enfants »[1]. Même l'obligation, indirectement li-
berticide, pour un individu sans enfant (ou même stérile, pour
forcer le trait) de contribuer *quand même* par l'impôt aux frais de
l'éducation nationale, ne fait guère alors l'objet de plaintes. Lors
d'une réunion de la Société d'économie politique, J.-E. Horn y répond en disant que « si je n'ai pas d'enfants à envoyer aux écoles, je
n'en suis pas moins intéressé à ce que l'enseignement public existe et
fonctionne : les lumières qu'il répand, les progrès qu'il fait faire à la
société, l'adoucissement qu'il produit dans les mœurs, profitent à
tout le monde indistinctement. »[2] Frédéric Passy était décidément
bien seul dans son combat, qu'on peut qualifier d'*ultra-libéral*, pour
utiliser au moins une fois dans l'histoire ce mot correctement.

Dans plusieurs chapitres précédents, j'ai déjà mentionné la
grande libéralité de l'accueil des étrangers en France avant le XVIIIe
siècle, l'admiration de l'étranger qui se maintient jusqu'à la Révolution, et le cas fameux du modèle chinois ; tout comme j'ai parlé du
renversement produit par les évènements de 1789, qui débarrassa la
France de ces valeurs et introduisit progressivement l'universalisme,
la supériorité nationale et le rôle civilisateur de la France.

Ces caractères changeants influencèrent la perception des exemples nationaux et leur service pour l'amélioration nationale, de
même que la conduite de l'entreprise coloniale, et c'est par ces côtés
que nous les avons jusqu'à présent rencontrées. Je voudrais ici citer à
nouveau un passage qui figure en tête du premier chapitre, tant il
paraît avoir à nous dire sur le sujet qui s'ouvre à présent pour nous, à
savoir l'immigration : autre sujet de division chez les libéraux français du tournant du XXe siècle.

On se souvient de cet auteur anglais qui écrivait en 1614 que « le
monde ne rendit jamais grâces assez amplement à l'hospitalité françoise, laquelle semble ouvrir le temple de l'humanité, pour y donner
entrée à la fortune de tous les estrangers. L'on y faict estat de l'esprit
des hommes et non de leur pays. L'on n'y suit l'erreur commun des
autres nations, lesquelles punissent aux estrangers et passagers, le

---

[1] Y. Guyot, *L'Inventeur*, 1867, p. 41.
[2] Société d'économie politique, réunion du 5 juin 1863 ; *Annales de la Société d'économie politique*, t. IV, 1891, p. 279.

sort de leur naissance. Elle se porte si candidement et sincèrement à l'amour de la vertu, qu'elle admire sans envie és grands personnages de quelque part qu'ils viennent, et se plaist à leur faire part de son opulence. Aussi pour récompense d'une si grande humanité, elle reçoit en premier lieu la loüange publique, puis elle joüit de la fortune et la réputation de tant d'estrangers, qu'elle a inserez en son corps par une adoption non indigne ni inutile. Il n'est pas besoin aux estrangers d'oublier les mœurs de leur pays, ou les ployer à la mode de France, moyennant qu'il n'y ait point d'orgueil, ou de barbarie trop rustique : Car mesme l'on peut gagner les affections de cette nation curieuse, en faisant profession d'une mode estrangere ; veu qu'elle juge plus candidement des coustumes estrangeres que des siennes : voire mesme elle se plaist à quelques imperfections de vie ou de corps si elles viennent de loin. » [1] Ce passage documente une position extrêmement ouverte vis-à-vis de l'immigration, faite non seulement d'un accueil libre, mais encore d'une liberté donnée de maintenir en France les pratiques de son pays, et encore d'une admiration des mœurs étrangères.

En ce temps reculé, cette ouverture ne plaisait pas à tous. L'un des premiers théoriciens du nationalisme économique, un certain Antoine de Montchrétien, eut soin de réagir, dans un livre qui parut précisément à la même époque, car il porte la date de 1615. Pour Montchrétien, il faudrait refuser l'étranger, le repousser hors du pays, car « la capacité d'un mesme vase ne peut admettre de contenir deux corps ensemble. » [2] Les idées de ces peuples étrangers ne peuvent être accueillies librement, elles sont funestes, elles nous pervertissent. « La doctrine estrangère, dit-il, empoisonne notre esprit et corrompt nos mœurs. » [3] En somme, ces étrangers sont des parasites, vivant sur le dos de la grandeur économique de la France. « Tous, autant qu'il y en a parmy nous, sont des pompes qui tirent et jettent hors du royaume, non l'égout ou la sentine du vaisseau (si l'on peut appeler ainsi les richesses), mais la pure subsistance de vos peuples. Ce sont des sangsues qui s'attachent à ce grand corps, tirent son meilleur sang et s'en gorgent. Puis quittent la peau, et se déprennent. Ce sont des poux affamez qui en sucent le suc, et s'en nourrissent jusques au crever. » [4] Il faudrait donc les repousser, et à défaut les avilir dans le pays, en leur refusant les mêmes droits et les mêmes

---

[1] *Le Tableau des Esprits de M. Jean Barclay traduict en François*, Paris, 1625 ; rééd. Brepols, 2009, p. 132 ; l'original latin, *Ioannis Barclaii Icon animorum*, fut publié à Londres en 1614.
[2] A. de Montchrétien, *Traicté de l'œconomie politique*, 1615 ; éd. Droz, 1999, p. 117.
[3] *Ibid.*, p. 113.
[4] *Ibid.*, p. 303.

privilèges qu'aux Français. « On ne trouvera jamais raisonnable, ni par le droit ni par l'exemple, soutient l'auteur, que les estrangers soient égaux en privilèges, et concurrents en tous avantages avec les citoyens. L'humaine société nous commande de bien faire à tous, mais à nos domestiques sur tous. »[1]

Une autre réaction commune, à la grande libéralité de l'époque envers les étrangers, consistait à distinguer ses formes et à courber les pratiques selon les circonstances. Ainsi, bienveillant pour les hommes paisibles, Émeric Crucé se refuse à accueillir les fauteurs de trouble et ne veut aucune pitié pour les étrangers qui viennent faire du désordre dans le pays. « Je sçay qu'il ne faut pas chasser les estrangers, et que c'est l'honneur d'un monarque de recevoir amiablement ceux qui implorent sa misericorde, et se mettent soubs sa protection : mais cela se doibt entendre des marchands, ou de ceux qui sont affligez, et poursuivis à tort, non pas des traistres, seditieux et assasins, qui troublent le repos public, et tiennent le premier rang entre les meschans. Telles pestes sont indignes de compassion. Et qui voudroit avoir de tels hostes ? Comment un roy seroit-il asseuré, s'il reçevoit ceux qui auroient fait banqueroute à leur patrie ? J'entends les siditieux, en la punition desquels tous les monarques ont interest, tant s'en faut qu'ils leur doivent donner aucun lieu de refuge. »[2]

Progressivement, dans ces siècles mêmes qui se recommandent par l'humanisme, la sensibilité et le cosmopolitisme, les hommes retrouvaient cet amour plus fort, plus invincible, pour leurs semblables, dans leur village, leur région ou leur pays, et plaçaient ceux-là en priorité, devant tout autre peuple, aussi recommandable soit-il, pour peu qu'il soit éloigné. Au XVIIIᵉ siècle, Jean-François Melon dit bien, un peu sceptique, mais très conscient des réalités, que « l'esprit philosophique d'une législation générale doit porter indistinctement sur tous les hommes ; mais malgré nous, les Européens nous sont plus chers que les Africains ; cela s'étend jusqu'à notre ville, jusqu'à notre rue, dont nous préférons la totalité des habitants, parce que nous les connaissons, comme s'ils gagnaient à être connus. »[3] Malgré ces préjugés très humains, l'immigration libre trouvait encore ses partisans. Turgot traduit, pour appuyer ces idées, les *Réflexions* de Tucker sur la naturalisation des protestants étrangers en Angleterre. Plusieurs des chapitres de cette brochure sont très cu-

---

[1] A. de Montchrétien, *Traicté de l'œconomie politique*, 1615 ; éd. Droz, 1999, p. 70.

[2] Émeric Crucé, *Le nouveau Cynée, ou Discours des occasions et moyens d'établir une paix générale et la liberté du commerce par tout le monde*, 1623, p. 93.

[3] J.-F. Melon, *Essai politique sur le commerce*, 2ᵉ éd., 1736, p. 57.

rieux à relire aujourd'hui, notamment : « Section VI. — Faux prétexte : Commençons par trouver de l'emploi pour ces étrangers
avant de les appeler »[1] ; ou « Section XVII. — Examen de cette
objection : Que les étrangers ôteraient le pain de la bouche à nos
compatriotes, et nous enlèveraient les secrets du commerce. »[2] Ces
objections sont vaincues dans la brochure traduite par Turgot, qui
milite en faveur d'une immigration libre.

La Révolution vint alors, l'orgueil national se gonfla de tout
l'héroïsme qu'on avait manifesté bien ou mal, et enfin l'étranger
redevint ce qu'il avait été de toute éternité : étrange, autre, et lointain.

C'est au milieu du XIXe siècle que la question migratoire ressur-
git. Elle ne fut examinée d'abord que sous la forme des émigrations :
les Européens émigrant aux États-Unis, les Français émigrant en
Algérie, par exemple. D'après Horace Say, qui traita de la question
au cours d'une réunion de la Société d'économie politique, l'immigration est avantageuse pour le pays qui la reçoit, car ce sont des
hommes faits qu'elle reçoit et les frais immenses qu'on paye pour
éduquer un homme ont déjà été payés ; au contraire, pour le pays de
départ, c'est une perte terrible. Dès lors on peut dire que « ces émigrations tendent à appauvrir le pays. En effet, les hommes ne partent
pas sans un capital quelconque et ils sont eux-mêmes un capital tout
formé. »[3]

L'immigration elle-même est alors peu étudiée, et le sera peu
jusqu'à la fin du XIXe siècle, où la problématique jaillit presque d'un
coup. L'immigration de travail, qui se développe alors, pose le problème de la concurrence et de l'effet de l'afflux d'étrangers sur le
niveau des salaires nationaux. Les ouvriers s'émeuvent de manière
croissante de ces légions d'étrangers qui viennent occuper leurs
emplois à leur place, dans leur propre pays. À leurs yeux, comme
aux yeux des spécialistes de la science économique, l'effet de cette
concurrence est rude, car, comme partout où elle s'applique, elle
pousse à produire mieux et davantage ; elle ne laisse personne en

---

[1] *Section VI. The plea "Let us first find employment for these foreigners before we invite them
over" considered and examined.* — J. Tucker, *Reflections on the Expediency of a Law for the
Naturalization of Foreign Protestants*, 1751, p. 15 ; trad. Turgot, *Questions importantes sur le
commerce à l'occasion des oppositions au dernier bill de naturalisation des protestants étrangers*,
1755 ; *Œuvres*, t. I, p. 402.

[2] *Section XVII. The objection "that foreigners would take the bread out of the mouths of the
natives, and carry away the mysteries of trade" considered and examined.* — J. Tucker, *Reflections, etc.*, 1751, p. 34 ; trad. Turgot, *Questions importantes, etc.*, 1755 ; *Œuvres*, t. I, p. 412.

[3] Société d'économie politique, réunion du 10 mars 1853 ; *Annales de la Société
d'économie politique*, t. I, 1889, p. 388.

repos. Dans le nord de la France, la concurrence des Belges rend illusoire la baisse du temps de travail, l'ouvrier étranger étant volontaire pour travailler jusqu'à douze ou quatorze heures. « Quant aux manufacturiers de Roubaix et des autres centres industriels de la même région, raconte alors Alglave devant la Société d'économie politique, ils n'accorderont pas non plus bénévolement la réduction à dix heures, parce qu'ils trouvent autant qu'ils en veulent des Belges qui consentent à travailler douze et quatorze heures. C'est malheureux pour les ouvriers français, mais on n'y peut rien ». [1] Cette concurrence, effrayante dans l'immédiat pour l'ouvrier, qui est forcé à la tempérance, à l'activité, et au travail bien fait, rend finalement son sort plus enviable, que si une situation privilégiée l'avait poussé à la paresse et au désœuvrement. La société elle-même y retire un surplus de production, un bien-être plus commun et plus à la portée du moindre de ses membres. L'homme que le travail étranger dérange dans sa carrière n'y fait cependant nul égard. Il entend protéger son existence confortable au détriment du reste de l'humanité et ne voit pas d'un mauvais œil la prohibition pour l'étranger, y compris démuni, des travaux mêmes qu'il n'envisagerait jamais de se charger. « Ni l'ouvrier américain, ni l'ouvrier français, raconte Leroy-Beaulieu, ne veulent admettre la concurrence de l'émigrant pauvre, même pour les travaux qu'ils ne consentent pas à faire, parce qu'ils les jugent trop rudes ou trop rebutants ; ils s'indignent de ce que les étrangers s'en chargent. Les législatures se mettent à légiférer contre les ouvriers étrangers »[2]. Or c'est pourtant ainsi que se résout une grande partie de l'immigration de travail, observent les libéraux français. Évoquant la controverse brûlante à l'époque aux États-Unis, au sujet de l'immigration chinoise, Molinari raconte les deux opinions qui s'y présentent. « D'un côté, on fait valoir la nécessité de protéger le travail national de l'ouvrier américain contre un concurrent qui travaille à moitié prix, dont la peau est d'un jaune sale, et qui porte une queue [la coiffure traditionnelle chinoise] ! D'un autre côté, on constate qu'une foule de travaux ne pourraient être entrepris sans l'aide de l'émigrant chinois, et que bien des fonctions modestes mais indispensables resteraient vacantes. »[3] Aussi, Molinari conclut-il dans le sens de la liberté pour l'immigrant chinois : « Sans lui, le chemin de fer du Pacifique ne serait pas construit, on serait réduit à blanchir son linge et à cirer ses bottes soi-même, la richesse croîtrait

[1] Société d'économie politique, réunion du 5 février 1881 ; *Annales de la Société d'économie politique*, t. XIII, 1896, p. 228.
[2] P. Leroy-Beaulieu, *L'État moderne et ses fonctions*, 3ᵉ éd., 1900, p. 433.
[3] G. de Molinari, *Lettres sur les États-Unis et le Canada*, 1876, p. 15.

moins vite, la vie serait moins supportable, et, comme une conséquence finale, l'ouvrier américain trouverait aujourd'hui en Califor-
nie un débouché moins vaste et moins avantageux. Ce serait donc,
même au point de vue étroit de l'intérêt de l'ouvrier américain, un
mauvais calcul de prohiber, comme il en est question, l'importation
des Chinois, sauf à laisser pendant la grave affaire de la queue ! »[1]
Les libéraux qui n'estimaient guère les prétentions à la prohibition
des modes étrangères ridiculisaient volontiers leurs défenseurs ; on
en verra d'autres exemples chez Yves Guyot.

En France, l'immigration importante de travailleurs étrangers
ouvrait la question de la criminalité des étrangers en France. En
1890, le *Journal des économistes* accueillit un débat public entre Gustave de Molinari et Théophile Ducrocq, un collègue défenseur du
libre-échange. Contre Ducrocq, statisticien de son état, qui affirmait
qu'en France la criminalité des étrangers était quatre fois plus importante de celle des nationaux, Molinari appelait à se méfier des statistiques. Selon lui, elles voilaient certaines réalités, comme le déséqui-
libre homme-femme dans cette population immigrée, et ces statistiques légères conduisaient un peu aveuglément à des conclusions
rigoureuses, comme le renvoi des étrangers hors de France et
l'interdiction de leur entrée future.[2]

La grande question de l'assimilation, au sein de la nation française, de populations d'origines diverses, n'en restait pas moins
brûlante. Déjà à son époque, Alexis de Tocqueville avait noté dans
ses brouillons, pour la retrancher avant publication, cette opinion
qu'il avait conçue en parcourant l'Amérique : « Je regarde comme le
plus grand malheur de l'humanité le mélange des races. »[3]

Les vagues successives d'immigration renforcèrent la nécessité
du questionnement. L'une des époques charnières dans ce débat fut
celle qui succéda immédiatement à la Première Guerre mondiale :
l'émigration connut en France un essor considérable, étant donné
que pour reconstruire, pour relancer l'activité économique du pays,
des forces humaines extra-nationales étaient demandées et obtenues.
Cela, bien naturellement, ne se fit pas sans poser un certain nombre
de questions, que la Société d'économie politique crut bon de traiter
dans sa réunion du 5 novembre 1924. Yves Guyot et quelques autres
débattirent ainsi du chiffrage de l'immigration étrangère en France,
des raisons de son afflux, des moyens d'assimiler et de rendre le plus
utile cette population nouvelle, et enfin des dangers éventuels qu'elle

---

[1] G. de Molinari, *Lettres sur les États-Unis et le Canada*, 1876, p. 15.
[2] *Journal des économistes*, avril 1890, p. 91-95.
[3] Alexis de Tocqueville, *De la Démocratie en Amérique*, éd. Nolla, vol. I, p. 264.

représentait, à divers points de vue. Le propos était mené par Joseph Barthélémy, qui commença par dire que la France avait un besoin d'un afflux de main-d'œuvre étrangère, et que l'immigration était donc pour elle une nécessité, mais que plusieurs questions se posaient, qu'il soumettait à ses collègues. D'abord, tous les secteurs ne se valent pas, et il faudrait sans doute « diriger les étrangers là où ils ne doivent pas créer du chômage »[1]. De plus, la nation est une masse d'individus partageant des caractères communs, et par conséquent, indique-t-il, « au point de vue de la sauvegarde de la race, il est nécessaire d'avoir une politique de l'immigration, tous les éléments étrangers n'étant pas désirables ».[2] D'autres questions viennent encore à son esprit : « au point de vue de l'école, quelle instruction convient-il de donner aux enfants de ces immigrés ? »[3] Et aussi, « au point de vue police, l'immigration soulève des problèmes assez graves, car les étrangers fournissent un assez fort appoint à la criminalité ». [4]

Ces questions sont traitées, de manière assez diverse, par les différents intervenants. Yves Guyot, en sa qualité de président, intervint en fin de séance, et conclut sur les craintes de Barthélémy quant à la race : « Il a manifesté des inquiétudes pour la 'race française', répond le doyen des libéraux du temps. Qu'est-ce que la race française ? Placé à l'ouest de l'Asie et de l'Europe, le territoire français a subi des invasions de toutes sortes, qui forcées de s'arrêter devant l'Océan, ont constitué des populations de toutes sortes d'origines. Prenez la Bretagne et voyez le mélange qui s'y trouve : les grands Léonnais, maigres, bavards et remuants ; les bas Bretons, de petite taille, par suite du défaut de calcaire, ramassés et immobiles, à crâne brachycéphale ; les grands blonds dolicocéphales de Guérande, à type scandinave, saulniers qu'on appelle les 'culs salés', des Méditerranéens dolicocéphales qu'on appelle à tort des Celtes ; des Bigoudens qui ont le type Kalmouk, et qui font des broderies Kalmouks, etc. Voilà de singuliers éléments pour une race unique. Nous sommes tous des métèques. Peu importe l'origine des hommes. Sont-ils utiles ou inutiles, toute la question est là. Le protectionnisme ouvrier ne vaut pas mieux que les autres. »[5]

Si, parmi les grands noms, Guyot et Molinari repoussèrent la question de l'immigration d'un revers de main, considérant la con-

---

[1] Société d'économie politique, 5 novembre 1924 ; *Bulletin de la Société d'économie politique*, 1924, p. 149.
[2] *Ibid.*
[3] *Ibid.*
[4] *Ibid.*
[5] *Ibid.*, p. 155.

currence comme bénéfique et la nation comme une collection hasardeuse de différentes individualités, un autre, plus porté par l'idée de communauté nationale et de destin national, s'en émut davantage. Dans un livre sur la population, publié en 1913, Paul Leroy-Beaulieu consacra un chapitre complet, d'une lecture aujourd'hui extrêmement intéressante, à deux questions connexes, « la question des étrangers résidant » et « l'éventualité de la dénationalisation de la France »[1]. La France connaissait alors une baisse de sa natalité, ce qui faisait craindre (la guerre franco-allemande n'était pas loin, ni dans le passé, ni dans l'immédiat avenir), que la nation ne s'affaiblisse indéfiniment. Or « nombre de personnes comptent sur cette immigration pour prévenir, d'une part, la dépopulation du pays et, grâce à la faculté d'absorption qui distingue notre race et que démontrent de nombreux précédents historiques, pour fortifier, par des éléments étrangers graduellement assimilés, la nationalité française. »[2] À l'appui de cette position, assez commune chez les libéraux français de l'époque, « on insiste sur l'expérience qui prouve que la race française possède d'exceptionnelles facultés assimilatrices. »[3]

Et en effet la loi française s'était mise à assimiler, du moins comme elle peut le faire, c'est-à-dire légalement : en 1889, la loi voulut résoudre une situation jugée mauvaise et injuste, en facilitant la naturalisation des populations étrangères présentes sur le territoire français, qui primitivement y vivaient sans en supporter toutes les charges, notamment celle du service militaire. Elle fit de l'étranger un français, et, ceci fait, s'arrêta, satisfaite d'elle-même.

Or selon Leroy-Beaulieu, la situation française qui découlait du double mouvement de l'immigration et de la naturalisation, transformait progressivement la nation française. Des questions se posaient au moraliste, au philosophe politique et à l'économiste qu'il était. Problème de cohésion nationale, d'abord. « Une nation composée d'éléments aussi hétérogènes, dit Leroy-Beaulieu, risquerait d'être fort inférieure en harmonie, en coopération volontaire et dévouée, en discipline acceptée, en communauté ou rapprochement de mœurs et d'idées, aux vieilles nations européennes où les éléments divers, en les supposant hétérogènes, ont été fondus par l'action lente des siècles, comme l'Allemagne, l'Angleterre et même l'Italie. »[4] Venait ensuite le problème de l'assimilation. « Les immi-

---

[1] P. Leroy-Beaulieu, *La question de la population*, 1913, p. 366.
[2] *Ibid.*, p. 367.
[3] *Ibid.*
[4] *Ibid.*, p. 369.

grants temporaires ne prennent rien de la mentalité française et des usages français. Souvent même, ils ne se donnent pas la peine d'en apprendre, nous ne dirons pas la langue, mais les mots les plus usuels de cette langue. »[1] D'après l'auteur, la situation empirait encore du fait de la concentration géographique de la population immigrée. « Elle ne se disperse pas, en effet, sur la surface entière de la France ; elle reste coagulée dans certains districts ».[2] Aussi, « à l'intérieur de ces départements, la concentration des étrangers est souvent plus forte dans un arrondissement que dans les autres, de sorte que les étrangers peuvent arriver à constituer la majorité des habitants d'un arrondissement »[3]. Deux recensements subséquents, en 1906 et 1911, donnaient à Leroy-Beaulieu la mesure du développement précis de l'augmentation de la population étrangère en France. « Toute la périphérie de la France et le cœur même, en ce qui concerne la capitale et sa banlieue, sont ainsi envahis par les étrangers, dont la proportion, par rapport à la population totale, dans une dizaine de départements, parmi lesquels trois sont des plus importants, variait, naturalisés compris, entre 4,5% et près de 30% en 1906. Le nombre des étrangers, dans l'intervalle des deux recensements de 1906 et de 1911 s'est donc accru dix fois plus relativement que le nombre total des habitants de la France. Peu importe que les départements de la Creuse, du Morbihan, de la Vendée, du Finistère, du Cantal, de la Lozère, de la Mayenne, de la Corrèze et quelques autres n'aient qu'un nombre tout à fait insignifiant d'étrangers et de naturalisés, quelques dizaines ou quelques centaines, de 4 à 8 p. 10 000 habitants : ou plutôt il vaudrait beaucoup mieux qu'ils en continssent dix fois plus et que les étrangers et naturalisés ne constituassent pas de grosses agglomérations sur la périphérie du territoire et dans quelques grandes villes. »[4]

Puisqu'il fallait convenir que les populations étrangères s'installant en France conservaient le plus souvent leur caractère (et comment en eût-il pu être autrement, quand la loi ne prévoyait pas même alors pour eux la simple possibilité de franciser leur nom ?), Leroy-Beaulieu en venait ensuite à juger du caractère des nationalités intégrées. Il y avait d'abord « les Belges et les Luxembourgeois au nombre de 310 433 en 1906 »[5] : ceux-ci ne donnaient lieu « à aucune appréhension particulière, leur nationalité n'étant pas redoutable et

[1] P. Leroy-Beaulieu, *La question de la population*, 1913, p. 372.
[2] *Ibid.*, p. 373.
[3] *Ibid.*, p. 380.
[4] *Ibid.*, p. 379.
[5] *Ibid.*, p. 382.

étant sympathique »[1]. Venaient ensuite les Anglais, Russes, Polonais, Américains, Austro-Hongrois : par leur nationalité ils étaient plutôt recommandables, « ces peuples divers n'étant pas en antagonisme avec la France, et ayant peu de chances de le devenir ».[2] Les Italiens, de même, donnaient peu à craindre, pour notre auteur, quand bien même dans un roman récent (*L'Invasion*, 1907) Louis Bertrand venait de peindre leur assimilation en Provence comme hautement problématique. Dans l'ensemble, Leroy-Beaulieu concevait pour l'heure peu de craintes quant au caractère de l'immigration. Mais le chiffre de cette immigration, la masse qu'elle représentait peu à peu, effrayait notre auteur. Ses prédictions, à cent ans de distance, se lisent avec délectation. « On doit s'attendre à voir le nombre des étrangers résidant en France et des naturalisés, qui est aujourd'hui de 1 360 000, doubler, tripler, ultérieurement quadrupler et quintupler ; ce sera 2,5 millions d'étrangers et de naturalisés, puis 4 millions, plus tard 5,5, ensuite 6,5 millions et avant la fin du siècle peut-être une dizaine ou une douzaine de millions d'étrangers et de naturalisés, non pas dispersés uniformément sur toute la superficie du pays, mais concentrés en grandes masses, en véritables colonies formant des sociétés presque exclusives, à nationalité et à langue déterminée dans certains quartiers et dans certaines industries des grandes villes, et dans une vingtaine de départements, voisins chacun de la nation à laquelle ces différentes colonies d'émigrants appartiennent par leur origine. Dans nombre de ces départements, l'élément étranger arrivera à équivaloir, numériquement, à l'élément d'origine française puis à dépasser celui-ci. »[3] Et il poursuivait, comme s'il pouvait lire dans l'âme de la France du XXIᵉ siècle les peurs qui la glace : « Ces colonies étrangères en France, ayant chacune une population compacte considérable appartenant à la même nationalité d'origine, constituées d'ailleurs dans le voisinage immédiat de cette nationalité, recevant d'elle sans cesse des recrues nouvelles, ayant conservé le sentiment national, la langue nationale, les mœurs nationales, l'orgueil national, peuvent arriver à constituer, dans la France de la frontière, de considérables corps étrangers permanents, presque imperméables à la langue française et encore plus à la mentalité de la France. Les chances d'assimilation ici sont très faibles ; les conditions d'assimilation sont beaucoup plus défavorables ici que dans les époques historiques écoulées, où les immigrants avaient perdu tout esprit national et n'avaient plus aucun lien

---

[1] P. Leroy-Beaulieu, *La question de la population*, 1913, p. 382.
[2] *Ibid.*
[3] *Ibid.*, p. 385.

avec leur pays d'origine. Il est douteux que, si des colonies étrangères compactes, chacune d'une seule nationalité, se forment ainsi dans nos départements frontières et dans des quartiers spéciaux de nos grandes villes, on puisse éliminer complètement parmi elles leur langue d'origine et y substituer complètement la langue française. Aussi doit-on conclure que, *s'il ne se produit un changement prompt et profond dans la mentalité française, relevant parmi nous la natalité ou tout au moins la préservant d'un nouveau déclin, la France ne pourra éviter la dépopulation qu'en subissant la dénationalisation et cette dénationalisation peut s'effectuer très rapidement, en quatre ou cinq générations.* »[1]

De ce fait, le monde avançait de plus en plus, d'après Leroy-Beaulieu, vers une situation où les nations, considérées en tant que groupements humains, « sont et seront de plus en plus des conglomérats de races diverses ».[2] « En recevant des milliers, des dizaines de mille, même des centaines de mille, et ultérieurement des millions d'immigrants des nations prolifiques voisines ou peu distantes, la France ne constituerait donc pas une exception dans l'univers ; elle se rapprocherait de l'état interne des peuples du Nouveau-Monde. »[3] Et il concluait avec cette appréciation : « L'avenir qu'on nous présente ainsi nous apparaît comme peu séduisant. »[4]

---

[1] P. Leroy-Beaulieu, *La question de la population*, 1913, p. 386-387. — Souligné dans l'original.
[2] *Ibid.*, p. 368.
[3] *Ibid.*
[4] *Ibid.*, p. 369.

Partie 3 : L'homogénéité impossible

Dans toutes les grandes questions qui agitent l'époque, les libéraux de la seconde moitié du XIXᵉ siècle et du début du siècle suivant répondent en fonction de leur tempérament. Ils présentent ainsi, aux yeux de la postérité, une tradition libérale multiple et complexe, où l'individualité est reine, comme elle doit être, et où l'homogénéité paraît impossible.

Pour fixer tout à fait ce caractère, il me reste encore à étudier la position, unie, unique ou diverse, qu'ils adoptaient sur des questions tout à fait centrales et décisives pour eux, à savoir la place de l'État ou le socialisme : et par *unie*, que j'oppose à *unique*, j'entends une position commune, à laquelle tous se rangent, malgré des divergences de détail. Car si cohérence il y a eu sur ces sujets — ce qui ne nous étonnerait guère — il importe aussi de savoir si elle fut obtenue par pure similarité de pensée, ou plus par une synthèse, je dirais presque stratégique, où des divergences n'en demeuraient pas moins, ne serait-ce qu'au fond du cœur.

Sur la grande question de la délimitation du rôle de l'État, mon instinct était d'abord de n'espérer qu'une bien faible unicité. Aujourd'hui, les fonctions erronées de la puissance publique se sont à ce point multipliées, embrassant mille domaines telle une pieuvre, qu'un libéral ne réfléchit plus et ne peut plus réfléchir sainement qu'à des retranchements, dans une tendance essentiellement *négative*. Or il m'apparaissait qu'à de plus anciennes époques, la fixation de la pratique sur une balance un peu moins outrée, sur une étatisation moins féroce des différents pans de la vie sociale et économique, pouvait ouvrir à des débats et des propositions contraires, c'est-à-dire qu'un libéral, tout en critiquant des usurpations de l'autorité, pouvait encore, alors, réclamer dans un sens positif des attributions nouvelles sans perdre tout à fait son titre, ni à nos yeux ni plus encore aux siens et à ceux de ses contemporains.

Dans l'histoire, c'est naturellement la tendance négative, restrictive, qui a seule conservé notre attention : c'est elle, uniquement, qui semble faire le délice de la pensée libérale et son actualité. Trier ainsi les faits et n'en conserver qu'une part fait toutefois oublier la tendance *positive* que nombreux libéraux ont exposé, dans la voie de la détermination de fonctions coercitives restant souhaitables dans le cadre d'une société libre. On doit aussi s'abstenir de lire trop vite les revendications de ceux-là mêmes qui criaient *laissez faire, laissez passer*, dont on corromprait gravement l'idéal en imaginant qu'il veuille dire que la puissance publique doit strictement *ne rien faire*.

Le marquis d'Argenson, en explicitant son idée de laissez faire, dit bien que « le retranchement des obstacles est tout ce qu'il faut au commerce »[1], mais c'est pour ajouter immédiatement : « Il ne demande à la puissance publique que de bons juges, la punition du monopole, une égale protection à tous les citoyens, des monnaies invariables, des chemins et des canaux »[2], ce qui ouvre à la puissance publique un nombre important de domaines d'intervention légitime. Et de même, un physiocrate plus radical, Le Trosne, en refusant que l'État soit interventionniste, c'est-à-dire acteur, ne se refuse pas à le voir protecteur. « La fonction du gouvernement, écrit-il, se réduit à assurer inviolablement la propriété des biens, la liberté dans l'emploi des hommes et des richesses, et la liberté des échanges, et consiste beaucoup plus en protection qu'en action. »[3]

Au XIXe siècle, les libéraux rassemblés autour de Guillaumin, et qui conservaient le laissez-faire, laissez-passer, comme leur dogme officiel, présentaient à la fois une certaine fermeté sur la valeur supérieure de la liberté et un maintien tout aussi ferme et assez étendu d'un certain nombre d'attributions pour l'État. À lire la critique qu'ils engagent contre l'interventionnisme, ou les mentions récurrentes qu'ils font au fait que la sphère légitime de l'État est très réduite, on s'imagine aisément qu'ils vont nous présenter jusqu'au bout un idéal négatif. Bastiat dit bien que « le nombre des choses qui rentrent dans les attributions essentielles du gouvernement est très limité : faire régner l'ordre, la sécurité, maintenir chacun dans la justice, c'est-à-dire réprimer les délits et les crimes, et exécuter quelques grands travaux d'utilité publique, d'utilité nationale, voilà, je crois, quelles sont ses attributions essentielles ».[4] Et cependant, au fil des sujets, il n'aura de cesse de revendiquer pour l'État des attributions supplémentaires, concessions légères, mais importantes à rappeler, au grand principe de la supériorité de la liberté sur la con-

---

[1] Marquis d'Argenson, « Lettre à l'auteur du Journal œconomique, au sujet de la dissertation sur le commerce de M. le marquis de Belloni », *Journal œconomique*, avril 1751, p. 109.

[2] *Ibid.*

[3] G.-F. Le Trosne, *De l'utilité des discussions économiques, etc.*, 1766 ; *Recueil de plusieurs morceaux économiques*, 1768, p. 58 ; *Discussions et développements, etc.*, suite de la Physiocratie, t. IV, 1768, p. 55.

[4] F. Bastiat, Discours sur l'impôt des boissons, 12 décembre 1849 ; *Œuvres*, t. V, p. 488.

trainte. Ainsi Bastiat, qui tonne fort contre la spoliation, ne croit pas devoir maintenir cet anathème lorsque l'État emploie le fruit de l'impôt à des travaux publics qui s'avèrent utiles au public. « J'appelle bon impôt, dit-il, celui en retour duquel le contribuable reçoit un service supérieur ou du moins équivalent à son sacrifice. »[1] Ainsi, « qu'une nation, après s'être assurée qu'une grande entreprise doit profiter à la communauté, la fasse exécuter sur le produit d'une cotisation commune, rien de plus naturel. »[2] Bastiat n'exclut pas non plus les travaux publics en temps de crise, comme moyen d'employer les bras inoccupés. [3] De même il se range à l'idée de la poste publique. « L'État s'est emparé du transport et de la distribution des lettres, écrit-il. Je ne songe pas à lui disputer, au nom des droits de l'activité individuelle, ce délicat service, puisqu'il l'accomplit du consentement de tous. » [4] Il refuse toutefois que ce service soit opéré sous forme de monopole : une entreprise privée ou un individu doit conserver le droit de concurrencer l'État. [5]

Au XIXe siècle, on distingue un groupe assez fourni de penseurs qui, jusqu'à Molinari, emploient des mots très fermes pour rejeter l'intervention de la puissance publique et la pousser à devenir progressivement inutile, à se faire oublier, mais cela sans désirer distinctement une extinction totale de l'État. Jean-Baptiste Say donne ce conseil à l'administration publique : « *Travaillez à vous rendre inutile. J'oserais même ajouter : et, s'il est possible, à vous faire oublier.* »[6] Benjamin Constant dit aussi, en employant un langage très marqué, que « les fonctions du gouvernement sont purement négatives. Il doit réprimer les désordres, écarter les obstacles, empêcher en un mot que le mal n'ait lieu. On peut ensuite s'en fier aux individus pour trouver le bien. »[7] Ceci ne laisse, en termes d'attributions légitimes de la puissance publique, que des missions en effet négatives, de protection. « La législation comme le gouvernement n'a que deux objets : le premier, de prévenir les désordres intérieurs ; le second, de repousser les invasions étrangères. Tout est usurpation par-delà cette borne. »[8] Au-delà du cas de Molinari, qui est très spécifique, comme

[1] F. Bastiat, *Le Courrier français*, 11 novembre 1846 ; *Œuvres*, t. VII, p. 161.

[2] F. Bastiat, *Ce qu'on voit et ce qu'on ne voit pas*, 1850 ; *Œuvres*, t. V, p. 353.

[3] *Ibid.*, p. 355.

[4] F. Bastiat, *Mémorial bordelais*, 23 avril 1846 ; *Œuvres*, t. VII, p. 78.

[5] *Ibid.*, p. 81.

[6] J.-B. Say, *Cours complet d'économie politique pratique*, 1828, t. IV, p. 11 ; *Œuvres*, t. II, vol. I, p. 660.

[7] B. Constant, *Commentaire sur l'ouvrage de Filangieri*, 1822 ; *Œuvres complètes*, 2012, t. XVI, p. 139.

[8] *Ibid.*, p. 136.

on l'a vu, beaucoup de libéraux du XIXe siècle adoptent un langage radical. « Le meilleur gouvernement est celui qui gouverne le moins et qui laisse le plus d'initiative à l'individu »[1] dit Yves Guyot. Ils entrouvrent toutefois pour la plupart des voies qu'ils n'osent pas eux-mêmes emprunter. Car, là encore, il ne faut pas lire de travers. Guyot n'était pas anarchiste, pas plus que ceux qui parlèrent en ce sens. « L'État, disait-il ailleurs, doit avoir peu de fonctions, mais les remplir, et non pas se charger de tout et ne rien faire. »[2] Il ne chercha jamais à retirer à l'État toute fonction.

Ces conceptions variaient aussi avec l'époque. Vers 1880, on assista en effet à la résurgence assez vive d'un nouveau courant, relativement inédit. Refusant le laissez-faire et les idées exposées par exemple par Molinari, dans la logique d'une extinction progressive et réelle de la coercition, de nombreux libéraux entendaient désormais établir, de manière positive, des fonctions coercitives pour l'État qui soient compatibles avec les principes d'une société libre. Signe de cette mutation progressive, un grand concours organisé par l'Académie des sciences morales et politiques sur le rôle économique de l'État récompensa deux mémoires, l'un d'Alfred Jourdan, l'autre d'Edmond Villey, concluant tous deux sur un domaine d'intervention assez notable. Et lors d'une réunion subséquente de la Société d'économie politique, les résultats de ce concours furent évoqués et on remarqua ce trait positif qu'« aucun d'eux ne borne à la sécurité le rôle de l'État ». [3]

Parmi les grands, Paul Leroy-Beaulieu illustra merveilleusement cette tendance. Trouvant pour l'État beaucoup d'interventions justifiées, il entendait refonder la doctrine libérale sur ce point, et cela contre les partisans du laissez-faire intégral ou de l'État privatisé comme Molinari. Leroy-Beaulieu se plaignait avec nombre de ses autres collègues qu'après l'époque d'Adam Smith « les disciples, comme toujours, exagérèrent la pensée des maîtres. Certains en vinrent à tenir un langage ridicule et niais. Quelques-uns représentèrent l'État comme un 'mal nécessaire' ; on vit surgir une formule nouvelle, anonyme, croyons-nous, celle de 'l'État ulcère'. »[4] Contre cette tendance essentiellement négative, Leroy-Beaulieu cultiva une voie positive, quoique prudente et rationnelle. « Le service de défense à l'extérieur, écrivait-il, celui de la justice au dedans, voilà les

[1] Y. Guyot, L'inventeur, 1867, p. 30.

[2] Y. Guyot, La doctrine individualiste, texte dactylographié non daté (vers 1902) ; Fonds Guyot, D21J 102.

[3] Société d'économie politique, réunion du 5 mars 1885 ; Bulletin de la Société d'économie politique, 1896, p. 45.

[4] P. Leroy-Beaulieu, L'État moderne et ses fonctions, 2e éd., 1891, p. 8.

deux fonctions absolument essentielles, irréductibles, de l'État. Dieu me garde de dire qu'elles suffisent à un peuple civilisé, comme certains économistes forcenés l'ont prêché longtemps ! »[1] Parmi les fonctions nouvelles que les libéraux radicaux avaient oublié, l'auteur citait des points qui nous sont aujourd'hui familiers, comme « la préservation contre certaines maladies contagieuses »[2]. Représentant l'intérêt général, l'État avait légitimement le droit, pour Leroy-Beaulieu, de travailler à ce que les maladies ne se propagent pas. « Les sciences naturelles, notamment la science médicale, poussent toujours au développement de la police hygiénique, à des règles imposées aux individus, dans l'intérêt de tous. Cette police est, en principe, parfaitement justifiée ».[3] Pour ces raisons, le contrôle public de la salubrité et de la sécurité des installations et des constructions pouvait se concevoir, dans son esprit, quoique l'auteur disait que dans ces domaines l'intervention de l'État serait compliquée et n'irait pas sans inconvénient. Le même sentiment lui faisait aussi songer à une action étatique pour la protection de l'environnement. Au-delà de la protection du climat, il s'agissait de protéger également la faune et la flore, car il en va « de même pour les lois sur la chasse, sur la pêche, non seulement fluviale, mais maritime, pour la préservation de toutes ces richesses naturelles que l'homme épuise : l'État devrait avoir une prévoyante rigueur. Beaucoup d'entre elles disparaissent, traquées et exploitées sans miséricorde : ici, ce sont certaines espèces de poissons, là les oiseaux, ailleurs les baleines, dont il n'existe plus guère ; ailleurs encore les éléphants avec leur ivoire, autre part la gutta-percha, autre part encore le quinquina. Oui, pour la préservation de ces richesses exceptionnelles, l'État a un rôle conservatoire à jouer, car l'État, nous l'avons vu, est surtout un organe de conservation. »[4] L'État moderne de Leroy-Beaulieu devait encore se soucier d'accomplir les travaux publics, quoique l'auteur reconnaissait qu'en ce domaine aussi il pouvait commettre de grands abus. [5] L'État pouvait encore légitimement et rationnellement œuvrer pour soulager la misère : celle du moins qui proviendrait de causes imprévisibles, comme les déformations à la naissance. Quelles que soient les circonstances, l'État pouvait légitimement protéger l'enfant. « La législation y a pourvu dans la plupart des pays du monde, et elle a eu raison. L'enfant rentre incontestablement dans la

[1] P. Leroy-Beaulieu, *L'État moderne et ses fonctions*, 2e éd., 1891, p. 39.
[2] *Ibid.*, p. 94.
[3] *Ibid.*, p. 387.
[4] *Ibid.*, p. 126-127.
[5] *Ibid.*, p. 130.

catégorie des êtres faibles qui ne disposent pas librement d'eux-mêmes ; il peut être exploité par des parents cupides. »[1] Leroy-Beaulieu se demandait même si cette conception ne devait pas être également étendue à « la femme enceinte, ou relevant de couches dans les quinze ou vingt jours qui suivent celles-ci, parce que cette femme a la charge d'un autre être humain ; mais cette détermination est très délicate, et il vaut mieux laisser agir les mœurs. »[2] Enfin, le grand symbole de l'arbitraire qu'est l'expropriation trouvait en lui un défenseur convaincu. Les expropriations pour cause d'utilité publique entraient pour lui dans le domaine naturel de l'État. « Il est mille cas où une œuvre ne peut se passer de l'expropriation pour cause d'utilité publique. Le droit individuel, si respectable qu'il soit, ne peut tenir absolument en échec un intérêt commun qui est évident et notable. »[3] Et il raillait l'opposition alors assez minoritaire de certains libéraux radicaux, comme Molinari, en la citant sans même la réfuter, et la nommant « une simple curiosité doctrinale »[4].

L'étude de ce dernier sujet nous en convainc : les libéraux français ne paraissent jamais avoir rencontré l'*unicité*. C'est même une question sérieuse que de savoir s'ils l'ont cherché, ou même estimé, et plus encore si ce serait un mérite de la trouver aujourd'hui. Ils parvinrent cependant à l'*unité*, et ce sur un sujet unique, à savoir dans leur opposition au socialisme, au collectivisme et au communisme : et encore ce fut d'une manière un peu forcée, dans une attitude défensive où, traqués comme des fauves, il semblait en aller de leur survie.

Si j'analysais leur antisocialisme, la multiplicité se trouverait chez tous les auteurs, soit que le goût de la controverse les entraîne plus ou moins loin dans les déclamations, soit que leur spécialité leur dicte une réfutation plus poussée sur un sujet de prédilection, soit même qu'un certain interventionnisme, appelé par d'autres socialisme, passe encore à leurs yeux pour recevable. Mis bout à bout, cependant, l'antisocialisme des libéraux français du tournant du XXe siècle se présente à nous, pour la première fois, comme une idée cohérente, quoique faite de morceaux épars et variés.

Le socialisme est d'abord, pour l'ensemble des libéraux du temps, une doctrine erronée, reposant sur des principes tout à fait faux, ou sur des sophismes, c'est-à-dire des demi-vérités. C'est par

[1] P. Leroy-Beaulieu, *L'État moderne et ses fonctions*, 2e éd., 1891, p. 334.
[2] *Ibid.*, p. 339.
[3] *Ibid.*, p. 139.
[4] *Ibid.*, p. 9.

exemple la fameuse *gratuité* des services publics, qui n'est qu'une fausse manière de dire que le prix n'est plus payé par l'usager en son particulier, mais par le contribuable en masse, et qui voile le fait que la facture globale, pour un service en décrépitude, est plus élevée, et sans cesse croissante. Il en va de même des doctrines qui, à l'époque, et encore de nos jours, font du travailleur l'élément unique de la production et qui condamnent le profit comme un accaparement : elles prêtent à la critique par leur caractère fallacieux et honteusement démagogique. Pour Maurice Block, ces doctrines « ne nient pas seulement les droits du capital, elles affectent aussi de méconnaître les droits du travail intellectuel. Il n'est toujours question que du travail manuel ; c'est l'ouvrier seul qui produit, le patron est censé ne rien faire. »[1] Le marxisme renferme de nombreuses confusions de cette sorte ; il les répand, il en joue. « Avec ses airs de prophète, dit Guyot, Karl Marx en impose aux naïfs qui aiment mieux croire que de vérifier ». [2] Par sa prétention rationnelle et son recours cependant incessant à des mythes économiques et à des sophismes, le marxisme se décrédibilise. Paul Leroy-Beaulieu réclame contre tous ceux, adeptes ou adversaires, qui se laissent prendre à parler du « socialisme scientifique » : c'est « comme qui dirait l'astrologie scientifique » soutient-il. [3] Les théories de Marx reposent sur des sophismes et les conclusions qu'il tire sont partout outrées ; leur forme politique pratique est plus aberrante encore. « Il appartient à l'État d'intervenir pour assurer aux salariés le maximum de salaire et le minimum de travail. Il le doit. Il le peut. S'il ne le fait pas, il est contre les ouvriers pour les patrons. Voilà tout »[4] écrit Guyot. Sûrement on en attend davantage pour confier à un réformateur tyrannique le pouvoir de régénérer la société et de transformer l'homme, de réinstituer la propriété, d'établir un meilleur partage des fortunes, etc.

S'agirait-il de transformer la société et l'économie à la mode socialiste ou communiste, aucun des auteurs qui y prétend n'a d'ailleurs le même plan. Les socialistes, bâtissant en l'air, sur la base de leurs propres rêveries, se voient refusés le privilège même de la plus légère similitude. « Quand des hommes supposent une imperfection dans les lois de la nature, écrit Molinari, et donnent carrière à leur imagination pour la redresser, ce serait un grand hasard s'ils

---

[1] *Société d'économie politique*, réunion du 5 décembre 1874 ; *Annales de la Société d'économie politique*, 1895, p. 589.

[2] Y. Guyot, *Les conflits du travail et leur solution*, 1903, p. 223.

[3] P. Leroy-Beaulieu, *L'État moderne et ses fonctions*, 2ᵉ éd., 1891, p. 322.

[4] Y. Guyot, « Le sophisme de Karl Marx », *Journal des Économistes*, août 1901, p. 207.

allaient tous découvrir le même remède ». [1] Cela est même un danger en lui-même, car passée la première folie de s'être fait organisée sous le plan d'un socialiste ou communiste particulier, dans quelles convulsions la société n'entrerait-elle pas quand on finirait par goûter davantage une autre combinaison, toute différente ? Faudrait-il renverser à nouveau tous les rapports humains et la base même du travail, des échanges et de la vie sociale même ? « Songez, dit bien Bastiat, que le nombre des inventions sociales est aussi illimité que le domaine de l'imagination ; qu'il n'y a pas un publiciste, qui, se renfermant pendant quelques heures dans son cabinet, n'en puisse sortir avec un plan d'organisation artificielle à la main ; que les inventions de Fourier, Saint-Simon, Owen, Cabet, Blanc, etc., ne se ressemblent nullement entre elles ; qu'il n'y a pas de jour qui n'en voie éclore d'autres encore ; que, véritablement, l'humanité a quelque peu raison de se recueillir et d'hésiter avant de rejeter l'organisation sociale que Dieu lui a donnée, pour faire, entre tant d'inventions sociales, un choix définitif et irrévocable. Car, qu'arriverait-il, si, lorsqu'elle aurait choisi un de ces plans, il s'en présentait un meilleur ? Peut-elle chaque jour constituer la propriété, la famille, le travail, l'échange sur des bases différentes ? Doit-elle s'exposer à changer d'organisation tous les matins ? »[2] Pour les libéraux français du temps, la stabilité est un avantage précieux, dont on fait trop peu de cas. Or la passion du temps, celle du collectivisme et de l'expérimentation sociale, pourvu qu'on soit assez fort pour obtenir le pouvoir, est pleine de dangers : car alors, dit Ambroise Clément, « le règne des organisateurs s'exercerait sans obstacles ; chacun d'eux se mettrait à l'œuvre pour pétrir la société à sa guise, et comme il existe déjà vingt ou trente systèmes différents d'organisation du travail, qu'il en naîtrait infailliblement des milliers d'autres, et que chacun d'eux aurait un même droit à se faire expérimenter, la société devrait passer successivement au creuset de tous les alchimistes sociaux jusqu'à ce qu'il n'en restât plus que les cendres. »[3] Même le dernier entrée en lice, chez les prétendants à la refondation sociale, Karl Marx, doit inspirer la crainte. Quoique ses principes se fassent très timides, lorsqu'il s'agit, non de critiquer la société de marché, mais d'établir les plans d'une société nouvelle, son enthousiasme et l'apparente facilité que paraît être, pour lui, ce grand renversement révolutionnaire, pourrait toujours séduire les masses.

[1] G. de Molinari, Introduction aux *Mélanges d'économie politique*, t. I, 1847 ; *Œuvres*, t. IV, p. 426-427.

[2] F. Bastiat, *Harmonies économiques*, ; *Œuvres*, t. VI, p. 34.

[3] A. Clément, « Le socialisme et la liberté », *Journal des économistes*, juin 1848, p. 250.

Refaire l'homme, comme si on pétrissait à nouveau une terre un peu sèche, ou un pâton de pain mal formé, semble aux libéraux une atrocité. Or si certains socialistes, trop modestes, n'avouent pas cette ambition, elle se trouve toutefois en droite ligne de leurs théories, dans lesquels les mobiles premiers de l'homme doivent changer. « Il faudrait changer la nature de l'homme, disait déjà en son temps Mercier de la Rivière, déraciner en lui les mobiles qui le mettent en action, faire perdre à l'évidence la force dominante qu'elle a sur son esprit et sur ses volontés, pour que les hommes cessassent d'être attachés à la liberté de jouir qui résulte du droit de propriété, et qu'ils ne cherchassent pas à se soustraire aux violences que cette liberté peut éprouver, ou du moins à s'en dédommager. »[1] Un philosophe ne peut pas faire que l'homme n'ait pas été créé dans le temps de la manière qu'il l'a été. Or, continue le physiocrate, « malgré les diffé-rences prodigieuses qui se trouvent, à plusieurs égards, parmi les hommes, il est en eux deux mobiles communs qui les mettent tous en action : l'appétit des plaisirs et l'aversion de la douleur sont ces mobiles communs qui tiennent à notre constitution, et qui sont les principes de tous nos mouvements. Vouloir que l'homme agisse dans un sens contraire à l'impulsion de ces mobiles, c'est prétendre changer l'ordre immuable de la nature ; c'est se proposer de rendre les effets indépendants des causes ; c'est entreprendre de faire re-monter une rivière vers sa source. »[2] Et c'est peut-être sur la base de ce passage que Jean-Baptiste a écrit, en critiquant les voies révolu-tionnaires et utopiques, que « quand on est raisonnable, on ne déli-bère pas si l'on fera remonter un fleuve vers sa source. »[3]

La philosophie politique et l'économie politique, au sens des li-béraux, ne s'apparentaient pas à l'alchimie, où l'on tente de créer l'impossible par des combinaisons aléatoires. « Il y a des publicistes, écrit Bastiat, qui se préoccupent beaucoup de savoir comment Dieu aurait dû faire l'homme : pour nous, nous étudions l'homme tel que Dieu l'a fait. »[4] Or l'analyse de l'homme et des sociétés aboutissait dans leur esprit à la reconnaissance d'un ordre naturel, d'une har-monie qui, quoiqu'elle ne puisse pas être proprement qualifiée de parfaite, organisait toutefois naturellement les efforts humains dans le sens de la justice et de l'utilité. « Pour moi, dit aussi Bastiat, je l'avoue, dans mes études économiques, il m'est si souvent arrivé

---

[1] Mercier de la Rivière, *L'ordre naturel et essentiel des sociétés politiques*, 1767, p. 78.

[2] *Ibid.*, p. 133.

[3] J.-B. Say, *Cours complet d'économie politique pratique*, 1828, t. I, p. 395 ; *Œuvres*, t. II, vol. I, p. 194-195.

[4] F. Bastiat, « Propriété et loi », *Journal des économistes*, 15 mai 1848 ; *Œuvres*, t. IV, p. 277.

d'aboutir à cette conséquence : Dieu fait bien ce qu'il fait, que, lorsque la logique me mène à une conclusion différente, je ne puis
m'empêcher de me défier de ma logique. »[1] Ainsi le même auteur
avertissait les socialistes utopistes de la dangerosité de leur entreprise. D'abord, placer l'autorité entre la main de certains hommes,
pour solutionner le malheur attribué aux mobiles et passions de
l'homme en tant qu'homme, apparaissait hautement présomptueux,
les soi-disant pères des peuples étant hommes comme les autres.
Ensuite, en conseillant de reformer l'âme humaine, les socialistes ne
cultivaient pas seulement l'impossible, mais entraient dans une voie
où les bénéfices espérés ne compensaient pas, même en théorie, les
sources de bien que la combinaison tarissait. L'individu, agité par
des passions jugées funestes, produisait en effet la plus grande partie
du bien et du beau de ce monde, sous leur pression directe.

Que resterait-il de l'homme, une fois qu'on l'aurait déchargé du
soin de veiller à sa conservation, de la puissance de choisir librement, et de la pression exercée sur sa raison par les conséquences
qu'il subissait et assumait de subir de ses propres actes ? Il ne subsis-
terait plus, disaient les libéraux, qu'une fiction d'homme. L'humanisme, par conséquent, était dans la défense de la pleine liberté de
l'homme, alliée à la responsabilité individuelle. Les autres voix
déprimaient la volonté, la raison, et dépravaient finalement cette
belle création qu'est l'homme. « Quiconque repousse la liberté n'a
pas foi dans l'humanité » proclamait distinctement Bastiat. [2] L'être
humain était indigne de figurer dans un tableau, dans une case, et
d'être dirigé comme un enfant. Pour ces raisons, ce même auteur
jetait à la face des socialistes cette harangue : « Ô sublimes écrivains,
veuillez donc vous souvenir quelquefois que cette argile, ce sable, ce
fumier, dont vous disposez si arbitrairement, ce sont des hommes,
vos égaux, des êtres intelligents et libres comme vous, qui ont reçu
de Dieu, comme vous, la faculté de voir, de prévoir, de penser et de
juger pour eux-mêmes ! »[3] Bien sûr, eux n'avaient pas de difficulté à
admettre ces facultés : mais ils entendaient qu'elles fussent limitées
aux seuls administrateurs de l'État. L'homme en général n'est pas
apte à choisir, mais l'homme de l'État est très capable de se substituer à lui, dans des décisions dont il méconnaît tous les enjeux, et où
il se trouve placé à une distance formidable des lieux dans lesquels il
s'agissait de choisir. C'est l'éternelle mystification socialiste. Tocqueville avait raison de railler cette prétention, commune aux

---

[1] F. Bastiat, *Harmonies économiques*, 1850 ; *Œuvres*, t. VI, p. 497.
[2] *Ibid.*, p. 42.
[3] F. Bastiat, *La Loi*, 1850 ; *Œuvres*, t. IV, p. 373.

hommes de pouvoir. « Les despotes eux-mêmes ne nient pas que la liberté ne soit excellente, notait-il ; seulement ils ne la veulent que pour eux-mêmes, et ils soutiennent que tous les autres en sont tout à fait indignes. »[1] Similairement, l'emploi du temps, de l'argent, du travail, qui paraissait critiquable aux socialistes particulier par parti-culier, devenait soudainement hautement moral et impeccable dans le cadre d'une action étatique. « Convenez-en, disait ainsi Bastiat aux socialistes, ce qui vous gêne, c'est le droit, c'est la justice ; ce qui vous gêne, c'est la propriété, non la vôtre, bien entendu, mais celle d'autrui. Vous souffrez difficilement que les autres disposent libre-ment de leur propriété (seule manière d'être propriétaire) ; vous entendez disposer de la vôtre... et de la leur. »[2] Et ce même auteur signalait la grande inconséquence du socialisme prétendu démocra-tique, dans lequel le citoyen était jugé assez grand pour décider des affaires du pays, mais pas des siennes. C'était le système combiné du socialisme et du suffrage universel. « Après avoir jugé tous les hommes sans exception capables de gouverner le pays, nous les déclarons incapables de se gouverner eux-mêmes. »[3] Et cette incohé-rence n'est pas petite.

L'homme de pouvoir est un homme, accablé de toutes les fragili-tés courantes de l'humaine condition. Ses vues sont bornées et son esprit bien faible, comme nous l'enseignait déjà Descartes. Aussi cette doctrine du socialisme pêche-t-elle sévèrement, aux yeux des libéraux, par la supposition qu'elle est contrainte de faire partout que les administrateurs de l'État seront parfaits. Au XVIIIᵉ siècle, les physiocrates défendirent la liberté comme seule compatible avec les fragilités de l'homme, et ils critiquaient ceux qui entendaient con-duire de grands plans, pour lesquels cent Colbert ne suffiraient pas. « Ce sera toujours un très mauvais système d'administration que celui qui exigera des administrateurs parfaits, dit Turgot... Tout plan compliqué ne peut être conduit qu'avec de grandes lumières et un grand travail ; donc tout plan compliqué sera généralement mal conduit. »[4] La solution de facilité, qui consiste à renfermer dans l'État, puissance tutélaire supérieure et abstraite, toute la perfection de ce monde, cette solution ne satisfait, je devrais dire ne trompe personne. La déification de l'État pousse à son terme l'imposture

[1] A. de Tocqueville, *L'Ancien régime et la Révolution*, 1856, p. xx-xxi.
[2] F. Bastiat, « Spoliation et loi », *Journal des économistes*, 15 mai 1850 ; *Œuvres*, t. V, p. 2.
[3] F. Bastiat, « Propriété et spoliation », *Journal des débats*, 18 septembre 1848 ; *Œuvres*, t. IV, p. 431.
[4] Réponses de Turgot à des observations du Garde des Sceaux (de Miromes-nil), 1776 ; *Œuvres*, t. V, p. 154.

intellectuelle du socialisme. L'État devient « cet être mystérieux dont tant de prétendus sages prononcent le nom avec adoration, que tous les hommes invoquent, que tous se disputent, et qui semble être le seul dieu auquel le monde moderne veuille garder respect et confiance »[1], et dès lors quels miracles ne saurait-il pas accomplir ? Contre Rousseau et ses émules, les libéraux rappellent donc que, d'après les mots de Benjamin Constant, « le titre de législateur ne confère point de privilège intellectuel »[2], et par conséquent qu'il est vain de paraître se satisfaire d'une délégation des responsabilités à une entité abstraite, plutôt qu'à des hommes concrets, comme si la chose aboutissait à des conséquences pratiques différentes. Filangieri, auquel s'attaque Constant dans un texte de circonstance, à la portée théorique cependant très générale, participe à cette mystification intellectuelle. « Il considère sans cesse, dans son ouvrage, le législateur comme un être à part, au-dessus du reste des hommes, nécessairement meilleur et plus éclairé qu'eux : et s'enthousiasmant pour ce fantôme créé par son imagination, il lui accorde sur les êtres soumis à ses ordres une autorité qu'il ne songe que par intervalles à contenir ou à limiter. »[3] Or l'être parfait, qui pourrait régir l'espèce humaine par ses décrets, et entrer dans les détails infinis de ce qui s'ordonne tous les jours par la simple interaction humaine, libre et non contrainte, n'existe nulle part. Par conséquent il n'y a aucune raison de se satisfaire des plans qui ont cette duperie pour base ultime. « S'il y a, dit Bastiat, dans le monde, un homme (ou une secte) infaillible, remettons-lui non seulement l'éducation, mais tous les pouvoirs, et que ça finisse. Sinon, éclairons-nous le mieux que nous pourrons, mais n'abdiquons pas. »[4] N'abdiquons pas, ni devant l'imposture de la théorie interventionniste, ni devant la folie de cet orgueil en délire, qui passe pour un sentimentalisme et un humanisme. La prétention du socialisme à organiser la société, en effet, suppose l'impossible. Dans la lignée des physiocrates, dont nous avons déjà étudié les doctrines, Ambroise Clément dit de même, confronté au socialisme de 1848, qu'« un petit nombre d'individus, quelque vaste que fût leur génie, ne sauraient jamais embrasser l'innombrable quantité de connaissances qu'il faut nécessairement réunir pour diriger avec intelligence les travaux immenses et infiniment variés d'une grande nation, et que nul ne peut croire, sans

---

[1] P. Leroy-Beaulieu, *L'État moderne et ses fonctions*, 2ᵉ éd., 1891, p. 25.

[2] Benjamin Constant, *Commentaire sur l'ouvrage de Filangieri*, 1822 ; *Œuvres complètes*, 2012, t. XVI, p. 136.

[3] *Ibid.*, p. 131.

[4] F. Bastiat, *Baccalauréat et socialisme*, 1850 ; *Œuvres*, t. IV, p. 486.

pousser l'orgueil jusqu'aux dernières limites de l'extravagance, qu'il pourrait avantageusement substituer sa propre impulsion à l'intelligente activité de plusieurs millions de producteurs, incessamment poussés par l'intérêt à rendre leurs travaux de plus en plus fructueux, à rechercher, avec ardeur, tous les perfectionnements que peut comporter la spécialité restreinte à laquelle chacun d'eux consacre exclusivement ses facultés. »[1]

En s'opérant par l'intermédiaire d'une collection d'être faibles, malgré la prétention de perfection qu'ils s'attribuent en groupe comme pour se rassurer, le socialisme aboutit à une pratique du pouvoir tout à fait arbitraire. Arbitraire d'abord parce qu'aveugle, et nécessairement aveugle. « Les hommes qui sont à la tête du gouvernement, écrit Guyot, ne connaissent jamais les causes intimes qui amènent les effets les plus pernicieux. Ils ne tiennent jamais compte des individus. Ils n'ont confiance qu'en leurs lois et leurs règlements. Ils croient qu'en publiant un décret, ils ont tout fait. Ils sont convaincus qu'on doit marteler l'homme comme une barre de fer et que plus il est forgé, meilleur il est. »[2] C'est l'arbitraire de l'ignorant, qui se détermine d'après des causes qu'il ne démêle pas et qui s'abandonne au hasard et à la chance. Plus encore, l'arbitraire se manifeste comme moyen, la doctrine socialiste reposant toujours sur l'emploi de la contrainte. Le rêve mal inspiré se transforme en loi, et en tant que tel il doit être repoussé. « Remarquez, écrivit un jour Bastiat, que ce que je leur conteste, ce n'est pas le droit d'inventer des combinaisons sociales, de les propager, de les conseiller, de les expérimenter sur eux-mêmes, à leurs frais et risques ; mais bien le droit de nous les imposer par l'intermédiaire de la loi, c'est-à-dire des forces et des contributions publiques. »[3] Or c'est ce à quoi les réformateurs socialistes ne peuvent souffrir de se ranger : et peut-être avec raison, car que pèseraient leurs doctrines, si elles étaient jugées sur la base du succès de leur application ?

Les libéraux français condamnent encore le socialisme, dans un même mouvement, pour l'assise extrêmement imparfaite qu'il trouve dans le fonctionnariat. À la toute fin du XIXe siècle, Eugène Rostand fait remarquer que le fonctionnarisme forme le fonds du socialisme, tant dans sa version réformiste que dans sa version utopiste. Les solutions socialistes se résument en effet toujours à agrandir le périmètre de l'État et, en multipliant ses tâches, à multiplier ses agents. C'est là, juge Rostand, un véritable non-sens, car l'État est

---

[1] A. Clément, « Le socialisme et la liberté », *Journal des économistes*, juin 1848, p. 245.
[2] Y. Guyot, *L'inventeur*, 1867, p. 63.
[3] F. Bastiat, *La Loi*, 1850 ; *Œuvres*, t. IV, p. 384-385.

« un exploitant médiocre, gaspilleur, sans habileté commerciale, sans initiative, routinier, paperassier, lent, ahuri, et débordé par ce dont il a déjà charge. »[1] Aussi, concluait-il, « ce rêve de livrer toute la conduite de la production et de la distribution à des pouvoirs publics qui ne cessent dans un cercle relativement restreint de nous déconcerter par leurs inaptitudes, ce rêve est d'une déraison si frappante ». [2]

Le fonctionnarisme est un procédé inférieur, en ce qu'il aboutit, l'aiguillon de la concurrence étant absent, et la pression du résultat disparaissant de même, à la routine et à la médiocrité des pratiques. Les entreprises privées se donnent vocation de récompenser les travailleurs d'élite ; au contraire ils périssent, faute d'incitation, dans les grandes administrations, où pullulent plutôt les travailleurs nonchalants, médiocres de naissance ou abâtardi par l'environnement, dont l'avancement à l'ancienneté rompt à jamais la force intérieure. « Il n'échappe à personne, écrit Leroy-Beaulieu, que des patrons privés mettraient tous ces mauvais employés en demeure de s'amender, de devenir assidus et exacts, ou qu'ils les congédieraient ; en tout cas, ils ne les feraient pas avancer, même à l'ancienneté ! Il en serait de même des sociétés anonymes bien conduites. L'État, au contraire, non seulement tolère ces mauvais ouvriers, mais il les fait avancer ! Aussi, son personnel doit-il être inférieur. »[3]

Représenté par des hommes bridés, comme désossés, et vidés de la puissance productive intérieure que la concurrence seule stimule et entretient, l'État est rustre dans ses procédés, abusivement expéditif ou terriblement lourd. Semblable à un grand corps engourdi, il a des mouvements maladroits et emportés. « L'État ne sait rien faire avec mesure »[4] dit Leroy-Beaulieu. « Faits pour agir d'après quelques grandes règles uniformes dans quelques services généraux et simples, les rouages de l'État sont tout déconcertés quand ils doivent s'appliquer aux infiniment petits. On dirait un géant habitué aux rudes besognes extérieures, que soudainement l'on veut charger, par surcroît, d'ouvrages tout menus, tout délicats, demandant les doigts les plus agiles, les yeux les plus fins, l'esprit le plus alerte. »[5] Les administrations de l'État perdent (si jamais elles en eussent jamais été dotées) cette souplesse si précieuse, aussi bien dans l'action présente que dans la prospective. Leur archaïsme présent ne donne qu'une médiocre idée de leur archaïsme futur, l'État étant reconnu

[1] E. Rostand, *Les solutions socialistes et le fonctionnarisme*, 1896, p. 34.
[2] *Ibid.*, p. 42.
[3] P. Leroy-Beaulieu, *L'État moderne et ses fonctions*, 4ᵉ éd., 1911, p. 110.
[4] P. Leroy-Beaulieu, *L'État moderne et ses fonctions*, 2ᵉ éd., 1891, p. 423.
[5] *Ibid.*, p. 310.

parfaitement incapable d'innover. Ainsi il enseigne aux enfants dans les classes, par une méthode empruntée aux écoles privées des jésuites, et qu'il n'est jamais parvenu à améliorer ; et de même tous les services publics, à toutes les époques, étonnent les yeux du commun par leur retard technologique. En 1899, Leroy-Beaulieu observe que l'administration des postes « n'a su encore utiliser d'une façon étendue ni la bicyclette, ni l'automobile. En un mot, le service des postes peut être considéré comme l'un des plus crassement routiniers qui soient. »[1] Et à toutes les époques les services de l'État, dont la mission est prétendument d'impulser et de permettre le développement de tout le reste, apparaissent comme grossiers, routiniers, déficients, et profondément sous-développés.

Au final, les libéraux français, tous convaincus des défauts du socialisme, qu'ils exposent ensemble individuellement, mais en se tenant la main, tous ces défauts, si nombreux, si décisifs, les convainquent que cette doctrine ne peut s'imposer en France. L'optimisme qu'ils partageaient en ce sens, très curieux à découvrir pour un homme de notre temps, n'en était pas moins sincère. « En dépit de quelques apparences résultant surtout de l'ignorance et de la faiblesse de beaucoup d'hommes politiques et de jeunes arrivistes, annonce Guyot, on peut affirmer, en raison même de sa propre doctrine, que le marxisme est sans avenir. L'exploitation du travail ne devient pas plus dure ; les salaires augmentent forcément en raison de l'augmentation du capital ; la loi de concentration des capitaux s'est évanouie ; le nombre des possédants augmente. Donc la société capitaliste, loin de fabriquer des socialistes, en diminue le nombre. Plus nous irons et plus le marxisme manquera de matière première. »[2] Tous les faits contredisent en effet la doctrine marxiste et la rendent sans avenir. « Le socialisme, basé sur le développement de la conception historique de Karl Marx, est sans avenir, puisque les faits sont exactement le contraire de ses prévisions ».[3] Paul Leroy-Beaulieu, quoique plus précautionneux, ne craint pas davantage que le collectivisme parvienne jamais à s'imposer en France. « Je ne redoute pas, dit-il, le triomphe prochain du collectivisme, quoique je considère qu'il gagne plus de disciples qu'on ne le pense ». [4] En revanche il a conscience de l'aspect séducteur de la démagogie marxiste, et se méfie d'une insinuation progressive dans la pratique.

[1] P. Leroy-Beaulieu, *L'État moderne et ses fonctions*, 3ᵉ éd., 1899, p. 214.
[2] Y. Guyot, *Les conflits du travail et leur solution*, 1903, p. 235.
[3] *Ibid.*, p. 229.
[4] P. Leroy-Beaulieu, *Le collectivisme. Examen critique du nouveau socialisme*, 3ᵉ éd., 1893, p. xvi.

« Avons-nous quelque crainte de voir le collectivisme triompher, demande-t-il dans un autre texte ? Nous ne croyons pas que son avènement soit proche ».[1] Et sur un ton plus pessimiste, mais réaliste, il ajoute alors : « Le socialisme est comme la morphine ; on en prend à petites doses d'abord, par curiosité, pour adoucir une légère douleur ; fatalement on augmente la dose. »[2]

---

[1] P. Leroy-Beaulieu, préface au livre d'E. Richter, *Où mène le socialisme*, 1892, p. vi.
[2] *Ibid.*, p. viii.

CONCLUSION

Le libéralisme n'est pas un ensemble de doctrines fixes, qu'on doit apprendre par cœur et réciter consciencieusement, sous peine d'anathème : c'est un tour de l'esprit, fondé sur la reconnaissance de la valeur de l'individu et des mérites de l'initiative individuelle, de la tolérance, et de la diversité.

Son utilité pour notre temps n'en est que plus grande. S'il ne fournit pas de programme strict, applicable les yeux fermés, il ouvre toutes les voies par lesquelles s'obtient la justice, la paix et la prospérité. Sa connaissance importe au citoyen et à l'homme d'État, quand même il ne serait qu'une intuition et non un plan précis.

Il exige un travail de l'esprit, non seulement pour être compris, mais encore pour être appliqué ; et même pour survivre, ne pouvant souffrir d'être reçu par des automates. Ceci fait sa valeur, comme aussi un peu de sa difficulté, que d'ailleurs, on n'ose souvent reconnaître, préférant voir dans le libéralisme une doctrine facile à appliquer. N'y aurait-il aucunes frictions, aucuns intérêts anciens à ménager, qu'il serait déjà complexe de choisir entre certaines dispositions précises, où les théoriciens français du libéralisme ont présenté des vues multiples. Mais combien la situation s'empire-t-elle quand, au milieu d'une société toute formée selon un moule contraire, on voudrait y joindre du libéralisme par dose homéopathique, au moins jusqu'à ce que la plus grande masse de la population convienne de sa valeur et en réclame davantage. Même alors, la connaissance de l'idée libérale, complète et dans sa pureté doctrinale, resterait hautement nécessaire. Turgot le dit bien, « il faut connaître les vrais principes, lors même qu'on est obligé de s'en écarter, afin de savoir du moins précisément à quel point on s'en écarte, afin de ne s'en écarter qu'autant exactement que la nécessité l'exige, afin de ne pas du moins suivre les conséquences d'un préjugé qu'on craint de renverser, comme on suivrait celles d'un principe dont la vérité serait reconnue. »[1]

Mais la France veut-elle de ce libéralisme, que ses fils ont modelé de leurs mains, mais dont elle s'est si complètement éloignée et depuis si longtemps ? Certainement aujourd'hui elle n'en veut guère, à quelque degré que ce soit : et en cela il faut bien lui en tenir rigueur, quoique sans prendre le parti de la plaindre. Car un pays, comme un individu, mérite son sort quand il refuse les traitements. Montaigne

---

[1] Turgot, Mémoire sur les prêts d'argent, 1770 ; *Œuvres*, t. III, p. 152.

le dit bien, « le malade n'est pas à plaindre qui a la guarison en sa manche. »[1] Cela vaut à divers degrés.

On ne doit pas davantage se mettre en peine de ce que l'étatisme apparaisse régnant en France. Pour le succès de la vérité, le spectacle douloureux de l'erreur est une étape cruciale. De même l'échec du socialisme en France peut servir : c'est toujours une bonne expérience d'avoir poussé contre une porte, pour remarquer qu'elle est close.

Depuis des siècles, et malgré la contribution historique des penseurs français de la liberté, notre pays est dominé par des idées interventionnistes, étatistes et socialistes, qui font sa singularité. En cela, il transporte dans les annales un caractère unique, les Français paraissant toujours de même, à travers les siècles, étant « un peuple tellement inaltérable dans ses principaux instincts, qu'on le reconnaît encore dans des portraits qui ont été faits de lui y il a deux ou trois mille ans »[2]. La France, centralisée et sur-gouvernée, ne date pas d'hier. Dès l'Ancien régime, raconte Tocqueville, « le ministre a déjà conçu le désir de pénétrer avec ses propres yeux dans le détail de toutes les affaires et de régler lui-même tout à Paris. À mesure que le temps marche et que l'administration se perfectionne, cette passion augmente. Vers la fin du dix-huitième siècle, il ne s'établit pas un atelier de charité au fond d'une province éloignée sans que le contrôleur-général veuille surveiller lui-même la dépense, en rédiger le règlement et en fixer le lieu. Crée-t-on des maisons de mendicité : il faut lui apprendre le nom des mendiants qui s'y présentent, lui dire précisément quand ils sortent et quand ils entrent. »[3]

L'esprit français — sans qu'on puisse raisonnablement en attribuer la responsabilité à un penseur unique (et surtout pas à Descartes) — a cultivé de tout temps une tendance pour le monopole et la centralisation. Leroy-Beaulieu remarque aussi que « les Français sont grands monopoleurs. Leurs antécédents historiques et les tendances de leur esprit les y disposent. La centralisation séculaire et l'absence de particularisme local, un penchant aussi pour l'uniformité, pour une sorte d'ordre plus apparent que réel, qui consiste dans la similitude des contours extérieurs, une conception bizarre et très inexacte de la justice qui la confond avec l'absolue égalité, tout cela incline le Français au monopole ».[4]

[1] Montaigne, *Essais*, liv. III, chap. III ; éd. Pléiade, p. 869.
[2] A. de Tocqueville, *L'Ancien régime et la Révolution*, 1856, p. 321.
[3] *Ibid.*, p. 95.
[4] P. Leroy-Beaulieu, *L'État moderne et ses fonctions*, 2ᵉ éd., 1891, p. 142.

Dans ces conditions, on s'étonnerait que le libéralisme, quelque forme qu'il prenne, puisse jamais survenir et se maintenir en France, et on s'étonnera tout autant que les penseurs français de la liberté aient espéré et anticipé son succès. En 1775, le marquis de Mirabeau rappelait à son collègue physiocrate Butré sa prédiction : « j'ai fixé à six générations, il y a longtemps, y compris celles qui existent, le temps où l'ordre naturel sera connu et son régime établi »[1], et Frédéric Bastiat, en 1845, parle de même de ce mot de *laisser faire*, guère alors de mode, mais qui se fera bientôt une place. « Les modes ont leur retour, et quoiqu'il soit téméraire de prophétiser, j'ose prédire qu'avant dix ans, il sera la devise et le cri de ralliement de tous les hommes intelligents de mon pays. »[2]

L'histoire n'a guère tourné dans ce sens-là. Le temps avançant, on ne se défait pas aisément des mauvais principes. Il en va ici d'un peuple, comme d'un enfant. Ainsi que l'écrivait le marquis d'Argenson, « un peuple entier prend ces mauvaises habitudes sous les mauvais gouvernements, comme un enfant qu'on élève mal ; ces habitudes peuvent passer, mais elles tiennent longtemps au fonds du caractère. »[3] Or l'habitude française, c'est de mépriser la liberté, de fermer les yeux aux biens qu'elle produit, et de lui attribuer injustement les maux qu'elle seule peut guérir, et qui proviennent directement de son absence. À ce titre, c'est bien l'idée qu'on se fait de la valeur de la liberté, qui oppose un obstacle au libéralisme. « Un peuple est libre, écrivait Jean-Baptiste Say, parce qu'il veut l'être ; et le plus grand obstacle à la liberté publique, c'est de n'en pas sentir le besoin. »[4] Or quand une chose est désirable, il n'y a qu'à la montrer. Il faut la présenter sous toutes ses faces, dignement, objectivement, sans crainte de l'échec ni espérance directe du succès, et dire à son semblable : regarde, et juge — c'est ce que j'ai voulu faire aussi, à ma manière. Car « *démontrer*, pour citer Du Pont, ne signifie que *faire voir* ; et l'art de juger n'est autre chose que le talent d'ouvrir les yeux. »[5] C'est l'attitude de l'esprit avide de vérité, dont on ne peut douter qu'elle vaille mieux que celle de l'homme qui, commençant à se sentir perdu, choisirai de fermer éternellement les yeux, de peur de constater son égarement.

[1] Lettre du marquis de Mirabeau à Charles de Butré, 18 décembre 1775 ; R. Reuss, *Charles de Butré*, 1887, p. 26.

[2] F. Bastiat, article destiné au *Journal des économistes* ; *Œuvres*, t. VII, p. 24.

[3] Marquis d'Argenson, *Considérations sur le gouvernement ancien et présent de la France*, 1764, p. 98.

[4] J.-B. Say, *Traité d'économie politique*, 2ᵉ éd., 1814, vol. II, p. 294 ; *Œuvres*, t. I, vol. II, p. 983.

[5] P. S. Du Pont, *De l'exportation et de l'importation des grains*, 1764, p. vii.

Si nous sommes perdus, pourquoi ne pas ouvrir dès aujourd'hui les yeux ? Et, cherchant des guides sûrs, pourquoi ne pas tendre la main ? Dans son petit volume de morale, Jean-Baptiste Say disait ceci, qu'« une des plus grandes preuves de médiocrité, c'est de ne pas savoir reconnaître la supériorité là où elle se trouve réellement. »[1] Or, entourés que nous sommes de penseurs pionniers, clairvoyants et fréquemment prophètes, pourquoi n'en ferions nous aucun usage ?

Aujourd'hui le pays est secoué par une agitation perpétuelle dont on recherche les causes dans des petits faits, simples circonstances, quand le grand mouvement de fond, qui y conduit, était tout tracé d'avance, et bien aperçu des penseurs de la liberté. Eux sentent parfaitement que le socialisme, dont les promesses aboutissent à des impasses et des désillusions, crée invariablement de l'insatisfaction et des troubles. « Si le gouvernement, écrit Bastiat, se charge d'élever et de régler les salaires et qu'il ne le puisse ; s'il se charge d'assister toutes les infortunes et qu'il ne le puisse ; s'il se charge d'assurer des retraites à tous les travailleurs et qu'il ne le puisse ; s'il se charge de fournir à tous les ouvriers des instruments de travail et qu'il ne le puisse ; s'il se charge d'ouvrir à tous les affamés d'emprunts un crédit gratuit et qu'il ne le puisse ; si, selon les paroles que nous avons vues avec regret échapper à la plume de M. de Lamartine, 'l'État se donne la mission d'éclairer, de développer, d'agrandir, de fortifier, de spiritualiser, et de sanctifier l'âme des peuples', et qu'il échoue ; ne voit-on pas qu'au bout de chaque déception, hélas ! plus que probable, il y a une non moins inévitable révolution ? »[2]

On dira que c'est la pauvreté, la précarité, le chômage, qui en sont cause. Cela fut de tout temps : Jean Bodin, écrivant en 1576, signale que « ceux qui ne sçavent aucun mestier pour gaigner s'adonnent à voler, ou semer des seditions »[3]. Mais le chômage lui-même, d'où vient-il ? Les théoriciens français de la liberté humaine ont signalé depuis longtemps que les mécanismes par lesquels on croit secourir le travailleur détruisent souvent l'initiative individuelle et nuisent à son activité. « Ce n'est jamais sans créer pour l'avenir de grands dangers et de grandes difficultés qu'on soustrait l'individu aux conséquences de ses propres actes »[4] soutenait Bastiat. « Le jour où tous les citoyens diraient : 'Nous nous cotisons pour venir en aide à ceux qui ne peuvent travailler ou ne trouvent pas d'ouvrage', il

[1] J.-B. Say, *Petit volume contenant quelques aperçus des hommes et de la société*, 2ᵉ éd., 1818, p. 13.
[2] F. Bastiat, *La Loi*, 1850 ; *Œuvres*, t. IV, p. 386-387.
[3] Jean Bodin, *Les six livres de la République*, éd. de 1580, p. 494.
[4] F. Bastiat, *Harmonies économiques*, 1850 ; *Œuvres*, t. VI, p. 459.

serait à craindre qu'on ne vît se développer, à un point dangereux, le penchant naturel de l'homme vers l'inertie, et que bientôt les laborieux ne fussent réduits à être les dupes des paresseux. »[1] De même ces réglementations bienveillantes, appliquées sans distinction ni discernement, n'aboutiraient finalement qu'au chômage pour les plus faibles. « On croit rendre service à ceux dont le travail paraît excessif et le salaire insuffisant, note Frédéric Passy, en les préservant de l'exagération de la journée de travail et de l'insuffisance de la rémunération. On ne réfléchit pas que ces prétendues améliorations peuvent aboutir dans bien des cas à une véritable proscription et à l'interdiction de gagner sa vie. Si un homme est, malheureusement pour lui, dans l'impossibilité de faire dans le temps légal le travail équivalent au salaire légal, il ne sera point employé parce qu'il ne pourrait être employé qu'à perte, et qu'il n'y a point d'industriel qui d'une façon régulière puisse se condamner à travailler à perte. »[2] Toute l'activité législative, déterminant les conditions du salaire, du travail, de l'activité de telle ou telle industrie, frénétiquement débattue et sans cesse remise sur le métier, désarçonne l'entrepreneur et empêche de concevoir des combinaisons stables, où l'employé trouverait une place sûre. « Quel est en ce moment le hardi spéculateur qui oserait monter une usine ou se livrer à une entreprise, demande Bastiat ? Hier on décrète qu'il ne sera permis de travailler que pendant un nombre d'heure déterminé. Aujourd'hui on décrète que le salaire de tel genre de travail sera fixé ; qui peut prévoir le décret de demain, celui d'après-demain, ceux des jours suivants ? Une fois que le législateur se place à cette distance incommensurable des autres hommes ; qu'il croit, en toute conscience, pouvoir disposer de leur temps, de leur travail, de leurs transactions, toutes choses qui sont des propriétés, quel homme, sur la surface du pays, a la moindre connaissance de la position forcée où la loi le placera demain, lui et sa profession ? Et, dans de telles conditions, qui peut et veut rien entreprendre ? »[3] « Je vous avoue que l'avenir m'inquiète beaucoup, disait-il encore à la même époque. Comment l'industrie pourra-t-elle reprendre, quand il est admis en principe que le domaine des décrets est illimité ? Quand chaque minute, un décret sur les salaires, sur les heures de travail, sur le prix des choses, etc., peut déranger toutes les combinaisons ? »[4]

[1] F. Bastiat, *Harmonies économiques*, 1850 ; Œuvres, t. VI, p. 459.
[2] Société d'économie politique, réunion du 5 décembre 1890 ; *Bulletin de la Société d'économie politique*, 1890, p. 216.
[3] F. Bastiat, « Propriété et loi », Journal des économistes, 15 mai 1848 ; Œuvres, t. IV, p. 287.
[4] Lettre de F. Bastiat à Horace Say, 12 avril 1848 ; Œuvres, t. VII, p. 382.

Les règlements s'amassent, leur pénétration est croissante, et leur ravage suit de même. « Bientôt, prédisait Bastiat, il y aura deux ou trois agents salariés auprès de chaque Français, l'un pour l'empêcher de trop travailler, l'autre pour faire son éducation, un troisième pour lui fournir du crédit, un quatrième pour entraver ses transactions, etc., etc. »[1] Or, arrivés à cette funeste époque, nous aurons perdu les vertus de l'initiative individuelle. « Là où les citoyens comptent trop sur les autorités, ils finissent par ne pas assez compter sur eux-mêmes, et la cause la plus efficace du progrès en est certainement neutralisée. »[2] Dès lors le peuple s'en remettra aux autorités pour lui garantir son salaire, son logement, sa nourriture et ses loisirs : n'osant plus par soi-même et, à force de ne pas employer ses propres forces, ne pouvant plus, matériellement, par soi-même, il portera un regard quémandeur vers l'État, qui sera chargé d'apporter à pleine main les bienfaits. Alors « les finances publiques ne tarderont pas d'arriver à un complet désarroi. Comment pourrait-il en être autrement quand l'État est chargé de fournir tout à tous ? Le peuple sera écrasé d'impôts, on fera emprunt sur emprunt ; après avoir épuisé le présent, on dévorera l'avenir. »[3] Les gouvernements, vivant dans un présent très réduit et occupés par leur survie plutôt que par le sort de leurs arrière-neveux, ne s'en émouvront guère, et prétexteront la nécessité. Les libéraux, partisans d'une modestie financière, ont toujours considéré la dette publique d'un fort mauvais œil. Au milieu du XVIIIe siècle, Simon Clicquot écrit que « l'emprunt est un bien pour le présent, mais c'est un grand mal pour l'avenir, quand on n'applique pas sur le champ le remède au remède même. Je dis anathème au ministre qui le premier en a donné le conseil aux rois. Il a ouvert la boîte de Pandore ».[4] Et son biographe, Jules de Vroil, ajoute ce commentaire assez caractéristique : « Il est même incroyable qu'une dette aussi faible lui ait causé autant d'inquiétudes. »[5]

Les libéraux, en effet, craignent plus encore les endettements publics que privés, estimant que le bon sens et la prudence ont plus de chance d'être retrouvées, après quelques moments d'errance, par un

[1] F. Bastiat, « Propriété et spoliation », *Journal des débats*, 18 septembre 1848 ; *Œuvres*, t. IV, p. 431.

[2] F. Bastiat, « Du communisme », *Le Libre-Échange*, 27 juin 1847 ; *Œuvres*, t. II, p. 121-122.

[3] F. Bastiat, « Justice et fraternité », *Journal des économistes*, 15 juin 1848 ; *Œuvres*, t. IV, p. 313.

[4] S. Clicquot-Blervache, *Mémoire sur les moyens d'améliorer en France la condition des laboureurs, etc.*, 1789, p. 60-61.

[5] J. de Vroil, *Étude sur Cliquot-Blervache, économiste du XVIIIe siècle*, 1870, p. 320.

particulier qu'un gouvernement. Les particuliers, en effet, s'endettent moins follement que les gouvernements. « En finances, comme en toute matière, bien loin que l'État soit l'éducateur des particuliers, ce sont les particuliers qui, peu à peu, avec beaucoup de peine, font l'éducation de l'État. »[1] Les particuliers, parfois téméraires, ne donnent pas habituellement des signes de folie en conduisant leurs opérations avec leurs propres deniers. Les États, au contraire, perdent très tôt toute raison, et se maintiennent longtemps dans l'euphorie délirante : au bord du précipice, ils avancent encore chantonnant. Au moment où des retranchements très forts peuvent à peine les sauver, on les voit se charger de nouvelles charges immenses. L'histoire en donne mille exemples, et les libéraux également : j'en citerai un, qu'on peut méditer. C'est Yves Guyot qui parle, il y a cent ans, avant l'arrivée des Jeux Olympiques à Paris : « Pour une nation qui a besoin de faire des économies, dit-il, qui a plus de dettes à payer que de créances à recouvrer, les prodigalités comme les subventions aux Jeux Olympiques sont des aberrations. »[2]

Arrivés à ce stade, les habiles font prétendre qu'imposer les riches résoudrait tous les maux. Cette prétention courante des ministres n'a guère apporté que des déceptions. « Imposer à l'État des attributions exorbitantes, et persuader qu'il pourra y faire face avec l'argent prélevé sur le superflu des riches, c'est donner au public une vaine espérance » disait en son temps Bastiat.[3] Et pour ses successeurs, cette vérité semble trouver un plus grand éclat quand, les barrières s'abaissant et les distances se réduisant par l'influence des chemins de fer, une fiscalité oppressive sur les riches se trouverait facilement esquivée par eux. Dans un petit livre sur l'impôt sur le revenu, qu'on discutait alors, Yves Guyot imagine d'avance les stratagèmes auxquels on aura recours. Son personnage, M. Faubert, fait la rencontre d'un Suisse qui tâche de ne rester sur le sol français que jusqu'à la limite fixant la résidence fiscale, puis c'est un Américain, amoureux de la France, qui se prépare à repartir, voulant échapper à l'impôt. « M. Jonathan. — Ils n'ont aucun moyen de contrôle sur ma fortune : car ils s'adresseraient aux banques des États-Unis pour la connaître, on les enverrait promener. Ils ne peuvent quelque chose sur moi que parce que j'ai eu le tort d'acheter un hôtel ici. J'ai été imprudent, mais je suis un homme de résolution. Je vais le vendre ; et bonsoir à la France ! Nous y dépensions quelques centaines de mille francs par an. Nous irons ailleurs... C'est tout de

---

[1] P. Leroy-Beaulieu, *L'État moderne et ses fonctions*, 2ᵉ éd., 1891, p. 360.
[2] Chronique d'Yves Guyot dans le *Journal des économistes*, décembre 1923, p. 492.
[3] F. Bastiat, *Paix et liberté, ou le budget républicain*, 1849 ; *Œuvres*, t. V, p. 416.

même bien ennuyeux. Ma femme et ma fille adoraient Paris. Votre gouvernement a une drôle de manière d'attirer les étrangers dans votre magnifique pays. Est-ce qu'il croit travailler à sa prospérité en agissant ainsi ? »[1] Et comme ce sont surtout les grands détenteurs de capital qui s'en vont, les individus entreprenants, ce personnage dit encore : « Ils voudraient organiser le chômage à leurs dépens qu'ils ne s'y prendraient pas autrement. »[2] Deux siècles plus tôt, Boisguilbert témoignait aussi contre la fiscalité française, l'accusant d'avoir fait renvoyer dans leurs pays des étrangers qui étaient venus s'établir et travailler en France. « On les a si bien fatigués par des tailles exorbitantes, écrit-il, qu'on leur faisait payer aussi fortes que s'ils avaient eu des recettes de dix mille livres, sans nulle protection, qu'ils se sont retirés entièrement... La plus grande partie, étant de la nouvelle religion, a passé en Hollande, où ils ont acquis des richesses immenses ».[3]

Il n'est plus temps, disent les libéraux français, de se prétendre une nation solitaire, sur laquelle on puisse faire porter toutes les expériences farfelues qu'on imaginera. En Europe et au-delà, des peuples avancent dans d'autres voies, protégeant le travail et l'activité, entretenant la flamme de l'initiative individuelle. « Qu'on réfléchisse, dit par exemple Leroy-Beaulieu, que les Occidentaux, gâtés par un monopole industriel qui va bientôt leur échapper, sont en train de beaucoup s'amollir et que, là-bas, dans l'Extrême-Orient, de vieux peuples engourdis, à population dure et sobre, se réveillent, qu'ils naissent à l'industrie et que, beaucoup moins ménagers de leurs aises, ils pourraient, sur le marché international élargi, préparer de poignantes surprises à nos enfants et à nos petits-enfants »[4] Ceci fut écrit il y a plus d'un siècle.

Comme d'autres, Leroy-Beaulieu paraît notre contemporain, ici et jusqu'à un autre sujet, qui nous préoccupe tant et à raison, à savoir l'administration de la justice. Il y a un siècle, il analysait très bien comment, du fait de ses ressorts internes, l'État moderne était naturellement enclin à protéger les petits délinquants et à laisser rouler la criminalité, ne voulant se réduire à sévir. En 1911, il remarque que « le nombre des crimes et des délits en France n'a pas cessé de s'accentuer ; la proportion de ces délits et de ces crimes restée impunie s'est terriblement accrue ; la mollesse de la police, d'une part, de la justice de l'autre, à prévenir ou empêcher les mé-

---

[1] Y. Guyot, *Les tribulations de M. Faubert. L'impôt sur le revenu*, 1896, p. 59-60.
[2] *Ibid.*, p. 60.
[3] P. de Boisguilbert, *Le Détail de la France*, 1695 ; *Œuvres*, t. II, p. 595.
[4] P. Leroy-Beaulieu, *L'État moderne et ses fonctions*, 2ᵉ éd., 1891, p. 353.

faits et à les réprimer, s'est étalée au grand jour ; l'habitude et parfois la nécessité pour les citoyens de se défendre eux-mêmes et de se faire eux-mêmes justice tendent à se propager... Si une certaine détérioration dans les mœurs privées a contribué à ce mal, la maladie constitutionnelle inhérente à l'État moderne, à savoir l'absence de volonté cohérente et persévérante, l'inclination à ménager les mauvais sujets, leur entourage ou leurs relations, un faux humanitarisme qui se manifeste par le pullulement des grâces, la fréquence des amnisties, la libération du condamné avant l'application complète de la peine, l'application sans mesure de la loi dite de sursis, y sont pour beaucoup aussi, sinon pour davantage. » [1]

Contre toutes ces tendances graves et déjà avérées, parfaitement explicitées il y a plus d'un siècle par les grands esprits libéraux français, des réformes sont-elles possibles ?

Les pessimistes répondent non, ou demandent d'attendre que les défauts du socialisme se soient faits plus notoires. Ceci me paraît peu raisonnable, d'abord parce que l'expérience est en elle-même malheureuse. Jean-Baptiste Say rappelait en son temps que « l'expérience est une manière d'apprendre excessivement longue et dispendieuse ; car on ne fait pas une seule faute qu'on ne la paie chèrement. »[2] Et en outre, on ne se convainc bien de sa faute que quand on la comprend : et pour la comprendre il faut réfléchir.

L'application de la liberté semble pourtant difficile. Cet arrangement naturel et spontané des intérêts, cette force supérieure qu'est la concurrence libre, ne sont pas toujours d'une connaissance intuitive. L'ordre libéral paraît surprenant à celui qui n'y a jamais pensé. Pourtant, qu'y a-t-il de mieux accepté et de plus invraisemblable que l'État ? Hippolyte Taine le rappelait : « Qu'un homme dans son cabinet, parfois un vieillard débile, dispose des biens et des vies de vingt ou trente millions d'hommes dont la plupart ne l'ont jamais vu ; qu'il leur dise de verser le dixième ou le cinquième de leur revenu et qu'ils le versent ; qu'il leur ordonne d'aller tuer ou se faire tuer et qu'ils y aillent ; qu'ils continuent ainsi pendant dix ans, vingt ans, à travers toutes les épreuves, défaites, misères, invasions, comme les Français sous Louis XIV, les Anglais sous M. Pitt, les Prussiens sous Frédéric II, sans séditions ni troubles intérieurs : voilà certes une merveille ». [3] De même, on prend peur et on se refuse à suivre les dogmatiques ; mais qui est plus dogmatique que l'étatiste ? À toutes

---

[1] P. Leroy-Beaulieu, *L'État moderne et ses fonctions*, 4e éd., 1911, p. 126.
[2] J.-B. Say, *Cours complet d'économie politique pratique*, 1828, vol. I, p. 73 ; *Œuvres*, t. II, vol. I, p. 36.
[3] H. Taine, *Les origines de la France contemporaine*, t. I, 1876, p. 34.

les époques, les libéraux ont été traités de dogmatiques par des gens qui prétendaient accomplir des opérations impossibles et surestimaient infiniment la portée de l'esprit humain. « Si l'on prend le mot de système, dit Turgot au sujet de son maître Vincent de Gournay, dans le sens philosophique que j'ai développé en premier lieu, personne n'en a jamais été plus éloigné que lui, et il aurait eu bien plutôt le droit de rejeter ce reproche sur les principes qu'il combattait, puisque toute sa doctrine se fondait sur l'impossibilité absolue de diriger, par des règles constantes et par une inspection continuelle, une multitude d'opérations que leur immensité seule empêcherait de connaître, et qui, de plus, dépendent continuellement d'une foule de circonstances toujours changeantes, qu'on ne peut ni maîtriser ni même prévoir ; il voulait en conséquence que l'administration ne présumât pas de conduire tous les hommes par la lisière, qu'elle les laissât marcher, et qu'elle comptât plus sur le ressort naturel de l'intérêt que sur la contrainte extérieure et artificielle de règlements toujours arbitraires dans leur composition et souvent dans leur application. Si l'arbitraire et la manie de plier les choses à ses idées, et non pas ses idées aux choses, sont la marque caractéristique de l'esprit de système, ce n'était assurément pas M. de Gournay qui était homme à systèmes. »[1]

Sans dogmatisme, mais avec l'éclairage de la réflexion, faite sur la base des apports multiples des meilleurs esprits, un chemin s'ouvrira. La voie à suivre sera claire, même si, dans un premier temps, la politique avisée demandera de n'y pas marcher tout droit. « Il faut dans toute matière d'administration, dit le même Turgot, tâcher de ne pas marcher tout à fait à l'aveugle ; il faut, lors même qu'on est forcé de suivre l'usage, savoir quels en sont les fondements et à quel point il s'approche ou s'écarte des vrais principes, afin du moins de ne s'astreindre qu'à la lettre et non à l'esprit des règlements actuels et de pouvoir revenir aux principes dans tout ce que ces règlements n'ont pas expressément décidé. »[2] Et Jean-Baptiste Say donnait ce même conseil : « Les meilleurs principes ne sont pas toujours applicables. L'essentiel est qu'on les connaisse ; on en prend ensuite ce qu'on peut, ou ce qu'on veut. »[3]

Ces précautions sont celles qui doivent permettre la transition d'une idée à une mesure. Mais cela n'emporte pas les concessions infinies et le recours unique aux demi-mesures. S'il s'agit de guérir la

---

[1] Turgot, *Éloge de Gournay*, 1759 ; *Œuvres*, t. I, p. 543-544.

[2] Turgot, *Mémoire sur les mines et carrières*, 1764 ; *Œuvres*, t. II, p. 316.

[3] J.-B. Say, *Traité d'économie politique*, 2ᵉ éd., 1814, vol. I, p. lxxiii-lxxiv ; *Œuvres*, t. I, vol. I, p. 63.

France de son mal, il faut employer son curatif, et non autre chose. « Ce qui calme les maux sans les guérir ne s'appelle que palliatif »[1] disait le marquis d'Argenson. Et ceci, nos contemporains, après avoir raisonné sur la santé publique pendant plusieurs mois, peuvent bien le comprendre.

L'application des doctrines de la liberté ouvrira des difficultés infinies : soyons-en conscients, et faisons le mieux malgré tout. On sait par exemple, que, pour reprendre les mots de Jean-Baptiste Say, « une vérité non contestée a souvent des conséquences que l'on conteste beaucoup. »[2] Il faudra encore compter sur la difficulté qu'il y a à accommoder à notre pays des idées qui y semblent devenues si étrangères, et qu'on ne s'imagine plus pouvoir jamais convenablement mêler ; comme l'embarras d'un homme qui hériterait d'un meuble de style Louis XV et qui ne trouverait pas à l'employer dans son salon. On peut comprendre la répugnance d'accorder ce qui ne peut être accordé, ou de détruire entièrement une bâtisse bien que branlante et menacée par la ruine. Mais celui qui emploierait son meuble Louis XV pour en tirer des planches et du bois à brûler, passerait mal pour raisonnable.

Au reste, ma tâche semble bien achevée, et désormais il ne m'appartient pas de dire quelle application il faut faire, et comment, de vérités anciennes et oubliées, il faut tirer une force nouvelle. Pour moi, je suis assez heureux si elles peuvent renforcer la sagesse et guider l'esprit curieux. Le rôle de législateur convient peu à mon caractère : je ne me rêve ni en Solon ni en Lycurgue. Mais que je jette quelques idées à la prochaine génération, je serai déjà comblé ; dans ce monde où l'opinion publique est reine, j'imagine qu'il y a de la douceur pure et innocente à être le précepteur de la dauphine.

---

[1] Marquis d'Argenson, *Considérations sur le gouvernement ancien et présent de la France*, 1764, p. 125.

[2] J.-B. Say, *Petit volume contenant quelques aperçus des hommes et de la société*, 3ᵉ éd., 1839, p. 8-9.

TABLE DES MATIÈRES